Legitimationsdefizite bei der Bestimmung der Höhe der Rundfunkgebühr

Studien zum deutschen und europäischen Medienrecht

herausgegeben von Dieter Dörr und Udo Fink

mit Unterstützung der Dr. Feldbausch Stiftung

Bd. 54

PETER LANG

Frankfurt am Main · Berlin · Bern · Bruxelles · New York · Oxford · Wien

Philipp Karl Julius Mohr

Legitimationsdefizite bei der Bestimmung der Höhe der Rundfunkgebühr

Eine verfassungsrechtliche Untersuchung zu dem Spannungsverhältnis zwischen Rundfunkfreiheit und Demokratieprinzip

PETER LANG
Internationaler Verlag der Wissenschaften

Bibliografische Information der Deutschen Nationalbibliothek
Die Deutsche Nationalbibliothek verzeichnet diese Publikation in der Deutschen Nationalbibliografie; detaillierte bibliografische Daten sind im Internet über http://dnb.d-nb.de abrufbar.

Zugl.: Bonn, Univ., Diss., 2012

D 5
ISSN 1438-4981
ISBN 978-3-631-62463-0

Internationaler Verlag der Wissenschaften
Frankfurt am Main 2012

www.peterlang.de

Vorwort

Die vorliegende Arbeit wurde im Wintersemester 2011/2012 von der Rechts- und Staatswissenschaftlichen Fakultät der Rheinischen Friedrich-Wilhelms-Universität Bonn als Dissertation angenommen. Die Arbeit wurde im September 2011 eingereicht, und befindet sich, von einigen wenigen Aktualisierungen abgesehen, auf diesem Stand. Berücksichtigt ist, soweit dies nötig war, die Umstellung der gerätebezogenen Rundfunkgebühr auf eine Haushaltsabgabe, wobei diese Reform das Kernproblem der Arbeit nicht berührt, da das Verfahren der Rundfunkgebührenfestsetzung unverändert geblieben ist (wodurch mir eine grundlegende Überarbeitung erspart blieb, aus fachlicher Sicht wäre eine Reform – wie in der Arbeit nachgewiesen wird – jedoch angezeigt gewesen).

Diese Arbeit wäre ohne Unterstützung von unterschiedlichsten Seiten so nicht möglich gewesen, weshalb ich im Rahmen dieses Vorwortes meinen Dank hierfür aussprechen möchte.

Ein ganz besonderer Dank gebührt meinem Doktorvater, Prof. Dr. Christian Waldhoff, nicht nur für die immer freundschaftliche und hilfsbereite Betreuung meines Projekts, sondern auch für die vielen Jahre, die ich an seinem Bonner Lehrstuhl in menschlich und fachlich sehr angenehmer Atmosphäre als studentische Hilfskraft arbeiten durfte. Diese Zeit war ein großer Gewinn für mich! Mein Dank gilt darüber hinaus Prof. Dr. Wolfgang Löwer für die rasche Erstellung des Zweitgutachtens, aber mehr noch für die lehrreiche und schöne Zeit als wissenschaftlicher Mitarbeiter an seinem Lehrstuhl an der Universität Bonn.

Bedanken möchte ich mich darüber hinaus bei Prof. Dr. Dieter Dörr und Prof. Dr. Udo Fink für die Aufnahme in diese Schriftenreihe.

Die Erstellung einer Doktorarbeit ist nicht nur abhängig von den betreuenden Professoren, sondern ebenso von dem Beistand des persönlichen Umfelds. Hierbei bin ich im besonderen Maß froh über die vielen Freunde und Verwandte, die mich bei der Erstellung der Arbeit – und sei es lediglich durch die auch notwendige Ablenkung in der Freizeit (Fußball ist hier ein wichtiges Stichwort) – unterstützt haben. Es würde den Rahmen dieses Vorwortes sprengen, alle einzeln zu nennen, weshalb ich hier nur einige wenige persönlich aufführen kann. Zu allererst möchte ich mich bei meiner Verlobten Astrid Finger bedanken, die mich über all die Jahre immer so genommen hat, wie ich bin – auch in Situationen mit etwas angespannter Laune. Ohne diese Unterstützung wäre die Fertigstellung der Arbeit deutlich erschwert gewesen. Ferner möchte ich mich bei Tobias Schwan (stellvertretend für die gesamte „Bonner Clique“) für lebhafte fachliche und politische Diskussionen sowie für die gemeinsam gemeisterten Herausforderungen des Bonner Uni-Lebens bedanken.

Besonders hervorheben möchte ich Till Jakob sowie meinen Bruder Sebastian Kuhn, die die zeitraubende Arbeit des Korrekturlesens übernommen haben. Ferner danke ich meinen Brüdern Dr. Marius Mohr und Dr. Daniel Mohr dafür, dass sie jederzeit ein offenes Ohr für mich haben und dazu bereit sind, mich in allem und jederzeit zu unterstützen. Zuletzt und insbesondere möchte ich meinen Eltern, Christine und Peter Mohr, sagen: danke für alles!

Hamburg, den 10. Juli 2012 Philipp Mohr

Inhaltsverzeichnis

Einleitung

A. Problemstellung

Das Bundesverfassungsgericht hat in seiner zweiten Rundfunkgebührenentscheidung vom 11. September 2007 ausgeführt:

> „Trifft der Gesetzgeber die Gebührenentscheidung selbst, wie in § 14 Abs. 4 RStV, § 7 Abs. 2 S. 1 RFinStV vorgesehen, muss bei der Bestimmung der Reichweite seiner Abweichungsbefugnisse dem mit seiner verfassungsrechtlichen Stellung verbundenen Gestaltungsraum – namentlich im Hinblick auf das Demokratieprinzip (Art. 20 Abs. 1, Abs. 2 S. 1 GG) – Rechnung getragen werden, ohne dass dadurch der gebotene prozedurale Grundrechtsschutz leer laufen darf."[1]

An dieser Stelle benennt das Bundesverfassungsgericht klar das Dilemma der Festsetzung der Rundfunkgebühren: den Ausgleich zwischen Rundfunkfreiheit und Demokratieprinzip. Das Bundesverfassungsgericht räumt dem parlamentarischen Gesetzgeber zwar formal die ihm zukommende gewichtige Rolle ein. Gleichwohl hält es an dem im Urteil vom 22. Februar 1994 vorgeschlagenen Verfahren zur Festlegung der Rundfunkgebühr fest[2], welches durch Staatsvertrag von den Ländern so übernommen wurde[3]. Dadurch wird die Entscheidungsfreiheit der Landtage[4] denkbar eng begrenzt. Der Rückgriff auf den „prozeduralen Grundrechtsschutz", durch den die Rundfunkfreiheit gewährleistet werden soll, ist an dieser Stelle sowohl überraschend als auch problematisch.

Das Verfahren zur Festlegung der Rundfunkgebührenhöhe ist in Übereinstimmung mit der Rechtsprechung des Bundesverfassungsgerichts dreistufig ausgestaltet. Auf der ersten Stufe melden die öffentlich-rechtlichen Rundfunkanstalten ihren Finanzbedarf an, der auf der nächsten Stufe von der Kommission zur Ermittlung des Finanzbedarfs der Rundfunkanstalten (KEF) geprüft und ermittelt wird. Die Festsetzung der Höhe der Rundfunkgebühr erfolgt dann auf der dritten Stufe durch Staatsvertrag[5]. Das Bundesverfassungsgericht geht davon

---

1 BVerfGE 119, 181 (225f.).

2 Vgl. BVerfGE 90, 60.

3 Geregelt ist dieses Verfahren in §§ 1-7 RFinStV, 14 Abs. 4 RStV.

4 Sofern hier oder im Folgenden lediglich die Bezeichnung „Landtag" gewählt wird, sind selbstverständlich sämtliche Landesparlamente, also auch die Bürgerschaften der Stadtstaaten Hamburg und Bremen sowie das Berliner Abgeordnetenhaus gemeint; Gleiches gilt für die Bezeichnung „Ministerpräsident": auch hier sind die Regierenden Bürgermeister der Stadtstaaten inbegriffen.

5 Vgl. exemplarisch *Beater*, Medienrecht, Rn. 686.

aus, dass es sich auf dieser dritten Stufe um eine „gebundene Entscheidung“ des Landesgesetzgebers handele[6], so dass die Länder nur unter engen Voraussetzungen vom Votum der KEF abweichen könnten. Als Abweichungsgründe kämen die Sicherung des Informationszugangs sowie die Angemessenheit der Belastung der Gebührenzahler in Betracht[7]. Hergeleitet wird dieses Verfahren aus Art. 5 Abs. 1 S. 2 GG[8], der jedoch schlicht lautet: „Die Pressefreiheit und die Freiheit der Berichterstattung durch Rundfunk und Film werden gewährleistet.“

Die sehr differenzierten Einzelheiten, die das Bundesverfassungsgericht in Bezug auf die Rundfunkfreiheit aus Art. 5 Abs. 1 S. 2 GG ableitet, haben ihm die – nicht ganz fernliegende – Kritik eingebracht, dass es sich zu einer Art „Ersatzgesetzgeber“ entwickle[9], da das Bundesverfassungsgericht die maßgeblichen Leitlinien der Rundfunkfreiheit festgelegt und teils sehr detailreich ausgeformt hat. Art. 5 Abs. 1 S. 2 GG schreibe demnach vor, dass der Rundfunk – auch der öffentlich-rechtliche – staatsfrei[10] organisiert sein müsse[11], also „die Freiheit des Rundfunks von staatlicher Beherrschung und Einflußnahme“ verlange[12], wobei sich das Gebot der Staatsfreiheit auch auf Akte der Legislative beziehe[13]. Umfasst seien nicht nur eine unmittelbare oder mittelbare Beherrschung oder Maßregelung einer Rundfunkanstalt, sondern ebenso „die subtileren Mittel, mit denen sich staatliche Organe Einfluß auf das Programm verschaffen oder Druck auf die im Rundfunk Tätigen ausüben können (vgl. BVerfGE 73, 118 [183]).“[14] Die Grundsätze zur Staatsfreiheit des Rundfunks seien auch bei der Finanzierung zu berücksichtigen, da hier die Gefahr einer indirekten Einflussnahme besonders hoch sei. Gleichzeitig sei es Aufgabe des Staates, für eine funktionsgerechte Finanzierung der öffentlich-rechtlichen Rundfunkanstalten zu sorgen[15]. Die Gebührenfinanzierung sei weiterhin die dem öffentlich-rechtlichen Rund-

---

6 BVerfGE 90, 60 (104).

7 BVerfGE 119, 181 (226).

8 BVerfGE 90, 60 (60, Ls. 2).

9 Vgl. *v. Münch*, in: FS Selmer, S. 821 (829).

10 Zur begrifflichen Klarstellung, ob das Gebot als Staatsfreiheit oder Staatsferne zu bezeichnen ist, wobei letztlich die verschiedenen Begrifflichkeiten das Gleiche bezeichnen, vgl. *Westphal*, Föderale Privatrundfunkaufsicht S. 452ff.

11 BVerfGE 57, 295 (319f.); 83, 238 (323).

12 BVerfGE 57, 295 (320).

13 BVerfGE 83, 238 (323).

14 BVerfGE 90, 60 (88).

15 BVerfGE 90, 60 (90ff.); so auch bereits Ende der 1960er-Jahre *Stern/Bethge*, Funktionsgerechte Finanzierung.

funk gemäße Art der Finanzierung, da sie es erlaube, unabhängig von Einschaltquoten eine Grundversorgung mit Rundfunkprogrammen sicherzustellen[16].

Welch große Rolle die Rundfunkgebühren im Rahmen der Rundfunkfinanzierung spielen und welch ein Einfluss folglich über die Festlegung der Rundfunkgebührenhöhe möglich sein könnte, zeigen die Zahlen über die Finanzausstattung der Rundfunkanstalten. So lag der Anteil der Rundfunkgebühren an den Gesamteinnahmen im Zeitraum 2005-2008 bei der ARD bei 84,3 % (Werbeeinnahmen machten 5,7 % aus, sonstige Erträge 10,0 %) und beim ZDF bei 85,4 % (Werbeeinnahmen 5,9 %, sonstige Erträge 8,7 %)[17]. Für die Ertragsperiode 2009-2012 ist vorgesehen, dass die Anteile auf ähnlichem Niveau verbleiben, bei einer ganz leichten Tendenz nach unten bei den Gebühren und einer leichten Tendenz nach oben bei den Werbeeinnahmen[18]. Seit dem 1. Januar 2009 beträgt gemäß § 8 RFinStV die Höhe der Rundfunkgebühr insgesamt 17,98 Euro, wovon 5,76 Euro auf die Grundgebühr und 12,22 Euro auf die Fernsehgebühr entfallen. Insgesamt liegen die jährlichen Einnahmen aus den Rundfunkgebühren bei ca. 7 Mrd. Euro[19].

Der Ausgangspunkt für den Streit, der in dem zweiten Rundfunkgebührenurteil von 2007 gipfelte, liegt in dem von Länderseite geleisteten Widerstand gegen die von der KEF geforderten Rundfunkgebührenerhöhung. Die KEF hatte eine Erhöhung der Rundfunkgebühren um 1,09 Euro ab dem 1. Januar 2005 vorgeschlagen[20]. Die Länder einigten sich auf der dritten Stufe des Verfahrens zur Festsetzung der Rundfunkgebühr lediglich auf eine Erhöhung um 88 Cent ab dem 1. April 2005, was unter Berücksichtigung der zeitlichen Verzögerung einer Erhöhung um 81 Cent ab dem 1. Januar 2005 entsprechen sollte. Somit blieben die Länder um 28 Cent hinter dem Vorschlag der KEF zurück[21].

Nachdem die öffentlich-rechtlichen Rundfunkanstalten gegen Teile des 8. Rundfunkänderungsstaatsvertrags (RÄndStV) Verfassungsbeschwerde eingelegt hatten, erklärte das Bundesverfassungsgericht die Abweichung der Länder vom Vorschlag der KEF mit Urteil vom 11. September 2007 für verfassungs-

---

16 BVerfGE 87, 181 (199); 90, 60 (90).

17 *KEF*, 17. KEF-Bericht, Tz. 45.

18 Der Anteil der Gebühren soll bei ARD und ZDF bei 85,5 % liegen, wohingegen der Anteil der Werbung bei beiden Anstalten 5,8 % ausmachen soll, vgl. *KEF*, 17. KEF-Bericht, Tz. 45.

19 *KEF*, 17. KEF-Bericht, Tz. 303; zur Reform der Rundfunkfinanzierung s. unten 1. Kap. C. II. 6.

20 *KEF*, 14. KEF-Bericht, Tz. 444.

21 Vgl. die Sachverhaltsdarstellung in BVerfGE 119, 181 (190f.).

widrig, da die Länder dadurch die öffentlich-rechtlichen Rundfunkanstalten in ihrer Rundfunkfreiheit aus Art. 5 Abs. 1 S. 2 GG verletzt hätten[22]. Demnach seien Abweichungen von der Bedarfsfeststellung der KEF zwar nicht von vornherein ausgeschlossen, jedoch kämen dafür „nur Gründe in Betracht, die vor der Rundfunkfreiheit Bestand haben.“[23] Zwar führt das Bundesverfassungsgericht aus, dass

> „die Abweichungsbefugnis insbesondere unter dem Gesichtspunkt der angemessenen Belastung der Gebührenzahler und ihres Informationszugangs [...] zur abwägenden Berücksichtigung gerade auch der wirtschaftlichen Interessen der Gebührenzahler [ermächtigt]. Außerhalb des Rundfunks liegende Faktoren wie die allgemeine wirtschaftliche Lage, die Einkommensentwicklung oder sonstige Abgabenbelastungen der Bürger darf der Gebührengesetzgeber im Rahmen der Abweichungsbefugnis berücksichtigen, soweit sie sich auf die finanzielle Belastung der Gebührenzahler auswirken oder deren Zugang zur Information durch Rundfunk gefährden.“[24]

Gleichzeitig schränkt das Bundesverfassungsgericht die Möglichkeiten zur Abweichung stark ein und knüpft diese an eine besondere Darlegungs- und Begründungslast. Der von der KEF ermittelte Finanzbedarf müsse die Grundlage für die Festsetzung der Gebührenhöhe bleiben[25].

Das vom Bundesverfassungsgericht in diesem Zusammenhang gebrauchte Schlagwort ist der „prozedurale Grundrechtsschutz“[26], also ein Grundrechtsschutz durch Verfahren, der notwendig sei, um die Rundfunkfreiheit zu sichern. Dieser Grundrechtsschutz soll im Bereich der Gebührenfestsetzung durch ein Verfahren gewährleistet werden, bei dem das Sachverständigengremium KEF zwischengeschaltet wird. Die Rechtsfigur des Grundrechtsschutzes durch Organisation und Verfahren ist in der Rechtswissenschaft etabliert[27]. Allerdings bezieht sich die Dogmatik hinsichtlich des prozeduralen Grundrechtsschutzes in erster Linie auf das Verwaltungs- und das Gerichtsverfahren, durch deren Ausgestaltung die Grundrechte geschützt werden sollen[28]. Ein Grundrechtsschutz durch ein qualifiziertes *Gesetzgebungsverfahren* müsste aufgrund der herausra-

---

22 BVerfGE 119, 181.

23 BVerfGE 119, 181 (223f.).

24 BVerfGE 119, 181 (227).

25 BVerfGE 119, 181 (227ff.).

26 BVerfGE 90, 60 (96); 119, 181 (226).

27 *Bergner*, Grundrechtsschutz, S. 105ff.; *Bethge*, in: NJW 1982, S. 1ff.; *Denninger*, in: HStR V, 2. Aufl., § 113; *Häberle*, in: VVDStRL 30 (1972), S. 43 (87ff.); *Huber*, Grundrechtsschutz.

28 *Hebeler*, in: DÖV 2010, S. 754 (762); *Schmidt-Aßmann*, in: Merten/Papier (Hrsg.), HGR II, § 45 Rn. 20.

genden Stellung des Parlaments im Grundgesetz mit dem Demokratieprinzip in Einklang gebracht werden, da ein Ausgleich divergierender Grundrechtspositionen gerade durch das unmittelbar demokratisch legitimierte Parlament erfolgen soll. Dennoch wendet das Bundesverfassungsgericht diese Rechtsfigur ohne weitere Diskussion oder vertiefte Auseinandersetzung mit den sich stellenden Fragen im vorliegenden Zusammenhang, d.h. bei der Festlegung der Höhe der Rundfunkgebühr, an[29]. Durch diese Rechtsprechung kehrt das Bundesverfassungsgericht zugleich die Wesentlichkeitstheorie um. Galt bislang, dass Wesentliches vom Gesetzgeber geregelt werden musste, so gilt jetzt, dass besonders Wesentliches (zumindest im Bereich der Rundfunkfinanzierung) nicht mehr vom Gesetzgeber (allein) geregelt werden darf. Stattdessen besteht im Rahmen des prozeduralen Grundrechtsschutzes eine weitgehende Bindung an das KEF-Votum.

Auf das Demokratieprinzip geht das Bundesverfassungsgericht in den Rundfunkgebührenurteilen lediglich am Rande ein[30]. Dieses Prinzip ist jedoch im deutschen Verfassungsstaat grundlegend, wie die Regelung in Art. 20 Abs. 2 S. 1 GG zeigt: „Alle Staatsgewalt geht vom Volke aus.“ Dieser Satz ist ein „Fundamentalsatz demokratischer Ordnung“[31] der unter die „Ewigkeitsgarantie“ des Art. 79 Abs. 3 GG fällt. Gleichzeitig knüpft das Demokratieprinzip an das Prinzip der Volkssouveränität an, nach dem politische Herrschaftsgewalt einer Legitimation bedarf, die nur vom Volk selbst gegeben werden kann[32]. Zwar ist der Demokratiebegriff durch eine „notorische Unschärfe“[33] gekennzeichnet, dennoch lassen sich Eckpunkte herausarbeiten, die zur Beachtung des Demokratieprinzips notwendig sind. Nach dem herrschenden Demokratiemodell, welches auch vom Bundesverfassungsgericht vertreten wird, müssen sich sämtliche Akte der Staatsorgane auf den Willen des Volkes zurückführen lassen[34]. Es gibt dabei verschiedene Komponenten demokratischer Legitimation, zwischen denen unterschieden wird: Die funktionell-institutionelle Legitimation macht es erforderlich, dass in der Verfassung selbst die Funktionen bzw. die Institutionen von Legislative, Exekutive und Jurisdiktion festgeschrieben sind. Die personell-organisatorische Legitimation erfordert eine auf das Volk rückführbare ununterbrochene Legitimationskette für den einzelnen Amtswalter. Die sachlich-

29 Vgl. BVerfGE 90, 60 (96); 119, 181 (222).

30 Vgl. BVerfGE 119, 181 (225f.).

31 *Dreier*, in: Dreier, Grundgesetz, Art. 20 Rn. 86.

32 *Böckenförde*, in: HStR II, § 24 Rn. 2f.

33 *Dreier*, in: Dreier, Grundgesetz, Art. 20 Rn. 66.

34 BVerfGE 68, 1 (87f.); 83, 60 (72).

inhaltliche Legitimation verlangt, dass sich die Handlungen der Staatsorgane inhaltlich aus dem Willen des Volkes herleiten lassen[35]. Auch die Öffentlichkeit der staatlichen Beratungs- und Entscheidungsprozesse wird als Bestandteil des Demokratieprinzips angesehen[36]. Insgesamt muss durch diese Leitlinien ein – je nach Wichtigkeit der zu treffenden Entscheidung – ausreichendes Legitimationsniveau sichergestellt werden, so dass sich die einzelnen Elemente des Demokratieprinzips gegenseitig bis zu einem gewissen Maß kompensieren können. Hierbei ist kollidierendes Verfassungsrecht verhältnismäßig zuzuordnen[37].

Ein Problem, das eng mit dem Demokratieprinzip verknüpft ist, ist die Frage der Entparlamentarisierung politischer Entscheidungen, die u.a. durch die Verlagerung von Entscheidungskompetenzen auf Kommissionen zutage tritt[38]. Das Problem der Verlagerung auf ein Expertengremium hat *Dieter Dörr* im Anschluss an den Vortrag von *Matthias Herdegen* bei der 62. Jahrestagung der Vereinigung der Deutschen Staatsrechtslehrer sehr klar formuliert:

> „Es gibt aber ein weiteres Phänomen, und da ist die Verlagerung von Entscheidungskompetenzen sogar besonders weitreichend. Es ist das Phänomen, dass bestimmte Lebensbereiche, die grundrechtlich geschützt sind, staatsfern – manchmal sagt man auch staatsfrei – zu organisieren sind, aber andererseits vom Staat ausgestaltet werden müssen. Ein ganz prägnantes Beispiel mit der Übertragung von Entscheidungskompetenzen auf Expertengremien ist der gesamte Bereich des Rundfunkrechts, gestützt auf Art. 5 GG. [...] Es gibt aber einen weiteren Bereich, wo die Entscheidungskompetenzen des Parlamentes unmittelbar betroffen sind. Dies hat das Bundesverfassungsgericht damit begründet, dass Staatsferne gewährleistet werden muss. Das ist der Bereich des Rechts der Gebührenentscheidung. Hier ist durch das Verfassungsgericht ein Entscheidungsverfahren mit der Legitimationskette ‚Expertenwissen' zustande gebracht worden, wo wesentliche Entscheidungsträger eine Expertenkommission bilden, die pluralistisch zusammengesetzt ist und wo man die Legitimation, wie Herr *Engel* ausgeführt hat, aus dem Expertenwissen ableitet. Mit dem ganz weitreichenden Phänomen, dass an diesem [sic!] Vorschlag auch die Parlamente zumindest teilweise gebunden sind und nur noch unter besonderen Gründen abweichen dürfen. Ich würde gerne Sie fragen, Herr *Herdegen*, wie Sie dieses Phä-

---

35 *Böckenförde*, in: HStR II, § 24 Rn. 14ff.; *Dreier*, in: Dreier, Grundgesetz, Art. 20 Rn. 114ff.; *Sommermann*, in: v. Mangoldt/Klein/Starck, Grundgesetz, Art. 20 Rn. 163ff.

36 BVerfGE 70, 324 (358); 118, 277 (353); *Pieroth*, in: Jarass/Pieroth, Grundgesetz, Art. 20 Rn. 11.

37 *Pieroth*, in: Jarass/Pieroth, Grundgesetz, Art. 20 Rn. 9; *Sommermann*, in: v. Mangoldt/Klein/Starck, Grundgesetz, Art. 20 Rn. 186.

38 Vgl. zur Entparlamentarisierung *Morlok*, in: VVDStRL 62 (2003), S. 37 (44); *Puhl*, in: HStR III, § 48; s. auch *Isensee*, in: VVDStRL 62 (2003), S. 91.

nomen bewerten, weil dies ein ganz besonders prägnantes Beispiel für die Bindung eines Parlaments an eine Expertenkommission darstellt."[39]

Die vorliegende Arbeit beschäftigt sich mit eben dieser Frage, die in der Diskussion bei der Staatsrechtslehrertagung offenbleiben musste[40].

Im Kern geht es verfassungsdogmatisch darum, ob das kollidierende Verfassungsrecht – hier die aus Art. 5 Abs. 1 S. 2 GG hergeleitete Staatsfreiheit des öffentlich-rechtlichen Rundfunks – dem Demokratieprinzip in verhältnismäßiger Weise zugeordnet wurde. Im Ausgangspunkt stehen sich dabei Freiheitsrechte und Demokratieprinzip antagonistisch gegenüber[41]. Das verfassungsrechtliche Demokratieprinzip steht zunächst in einem Konflikt zu den Freiheitsrechten des Grundgesetzes. Auch in der Demokratie wird durch Mehrheitsentscheidung[42] „Herrschaft" ausgeübt, die den einzelnen in seinen Rechten beschränken kann. Diese Ausübung von Herrschaft ist freilich demokratisch legitimiert, dennoch ist das Individuum dieser Gewalt ausgeliefert. Auf der anderen Seite stehen die grundgesetzlichen Freiheitsrechte, die das Individuum vor dem demokratisch handelnden Staat schützen sollen. Dadurch wird gleichzeitig die Handlungsfreiheit des demokratisch unmittelbar legitimierten Gesetzgebers eingeschränkt[43]. Diese Einschränkung ist im Grundgesetz durch die Verpflichtung auf die Grundrechte in Art. 1 Abs. 3 GG ausdrücklich geregelt[44]. Folglich stehen sich beide Prinzipien zunächst gegenläufig gegenüber. Gleichzeitig sind die Freiheitsrechte aber unverzichtbare Grundlage für das Demokratieprinzip, da ohne den grundlegenden Schutz der Freiheit des Einzelnen Demokratie undenkbar wäre[45]. Erst durch die Beachtung der Freiheitsrechte durch den demokratischen Staat ent-

---

39 *Dörr*, in: VVDStRL 62 (2003), S. 93f.

40 Vgl. *Herdegen*, in: VVDStRL 62 (2003), S. 114ff.

41 *Starck*, in: HStR III, § 33 Rn. 24; *Stern*, Staatsrecht, Bd. 1, S. 625; von *Merten* wurde dies als „gegenläufige Wechselbeziehung" zwischen Freiheit und Demokratie bezeichnet, *Merten*, in: ders./Papier (Hrsg.), HGR II, § 27 Rn. 52; vgl. auch *Grzeszick*, in: Maunz/Dürig, Grundgesetz, Art. 20 Rn. 251 zum allgemeineren Antagonismus zwischen Rechtsstaat und Demokratie.

42 Ausführlich zur Mehrheitsentscheidung in der Demokratie *Hillgruber*, in: AöR 127 (2002), S. 460ff.

43 *Isensee*, in: Der Staat 20 (1981), S. 161 (165); *Starck*, in: HStR III, § 33 Rn. 8f.; *Wahl*, in: JuS 2001, S. 1041 (1044); vgl. in dieser Richtung auch *Grzeszick*, in: Maunz/Dürig, Grundgesetz, Art. 20 Rn. 251; *Merten*, in: ders./Papier (Hrsg.), HGR II, § 27 Rn. 53; *Starck*, in: Merten/Papier (Hrsg.), HGR II, § 41 Rn. 7.

44 *Löwer*, in: HStR III, § 70 Rn. 54.

45 *Isensee*, in: Der Staat 20 (1981), S. 161 (171f.); *Starck*, in: HStR III, § 33 Rn. 8ff.; *Stern*, Staatsrecht, Bd. 1, S. 625.

steht eine liberale Demokratie[46]. Der Antagonismus zwischen Freiheitsrechten und Demokratie muss im Einzelfall zugunsten des einen oder des anderen Prinzips aufgelöst werden, wozu das Bundesverfassungsgericht in letzter Konsequenz berufen ist[47]. Die vorliegende Untersuchung wird zeigen, dass die Auflösung dieses Konflikts im Bereich der Rundfunkfinanzierung durch das Bundesverfassungsgericht nicht überzeugend gelöst wurde. Ein prozeduraler Grundrechtsschutz, wie vom Bundesverfassungsgericht eingefordert, gerät in eine Spannungslage mit dem grundgesetzlichen Demokratieprinzip, die auch nicht durch die Rundfunkfreiheit aufgelöst werden kann.

Damit folgt diese Arbeit nicht der Rechtsprechung des Bundesverfassungsgerichts zur Rundfunkfinanzierung und kritisiert diese an entscheidenden Stellen. Trotz der starken Stellung des Bundesverfassungsgerichts können seine Entscheidungen keinen absoluten „Ewigkeitswert“[48] für sich beanspruchen, so dass eine Änderung der Rechtsprechung durchaus in Betracht kommt. Da es sich insbesondere im Bereich des Rundfunkrechts um eine schwierige Grenzziehung zwischen Recht und Politik handelt, ist auch die Wissenschaft dazu aufgerufen, die Rechtsprechung des Bundesverfassungsgerichts kritisch zu begleiten[49], wozu die vorliegende Arbeit einen Beitrag leisten soll.

B. Gang der Untersuchung

Die Arbeit gliedert sich in drei Kapitel. Zunächst wird im 1. Kapitel die aktuelle Situation der Rundfunkfinanzierung dargestellt. Hierbei wird ein besonderes

---

46 *Hillgruber*, in: AöR 127 (2002), S. 460 (470); vgl. hierzu *Wahl*, in: JuS 2001, S. 1041 (1043f.): „Demokratie und Grundrechte entstammen derselben Idee. Sie verfolgen dasselbe Ziel der Freiheitsgewährleistung, wenn auch auf unterschiedlichen Wegen: Die Grundrechte sichern dem Einzelnen und gesellschaftlichen Gruppen Entfaltungs- und Handlungschancen; die Demokratie sichert politische Freiheit dadurch, dass sie dem Einzelnen Mitwirkungs- und Mitbestimmungsrechte bei den allgemeinen Angelegenheiten einräumt.“.

47 *Starck*, in: HStR III, § 33 Rn. 24; vgl. auch *Hillgruber*, in: AöR 127 (2002), S. 460 (471ff.).

48 *Ossenbühl*, in: FS 50 Jahre BVerfG, S. 33 (36f.); ähnlich auch *Bryde*, Verfassungsentwicklung, S. 350, der davon ausgeht, dass das Bundesverfassungsgericht verfassungswidrig handeln kann.

49 *H. Schiedermair*, in: FS Badura, S. 477 (489).

Augenmerk auf die Grundprobleme der Rundfunkfreiheit[50] und die Interpretation von Art. 5 Abs. 1 S. 2 GG durch das Bundesverfassungsgericht gelegt. Darüber hinaus wird hier das Verfahren zur Festlegung der Höhe der Rundfunkgebühr erläutert und das Prinzip der Staatsfreiheit des Rundfunks und der Rundfunkfinanzierung entwickelt. Das 2. Kapitel widmet sich dem Demokratieprinzip des Grundgesetzes und den unterschiedlichen Interpretationen dieses Prinzips. Insbesondere wird die herrschende Meinung hinsichtlich der Auslegung des Demokratieprinzips dargestellt und einer kritischen Prüfung unterzogen. Im 3. Kapitel werden das Verfahren zur Festlegung der Rundfunkgebühr und die Anforderungen des Demokratieprinzips zusammengeführt. Besondere Beachtung findet hier einerseits die demokratische Legitimation der KEF, und andererseits die Rolle der Landesparlamente in diesem Verfahren. Abschließend werden die wesentlichen Ergebnisse der Untersuchung zusammengefasst.

---

50 Auf das Problem der Vereinbarkeit der Rundfunkgebühren mit dem Europarecht insbesondere hinsichtlich der Frage, ob Rundfunkgebühren eine europarechtlich unzulässige Beihilfe darstellen, wird in dieser Arbeit nicht näher eingegangen. Vgl. für eine ausführliche Darstellung dieses Problems *Braum-Schleicher*, Daseinsvorsorge, S. 75ff.; *Krausnick*, Einfluss des Europarechts, S. 98ff.; *Krone*, Gebührenfinanzierter Rundfunk, insb. S. 59ff.; *F. Kübler*, in: FS Immenga, S. 231ff.; *Oppermann*, Rundfunkgebühren; *Schwendinger*, Gemeinschaftsrechtliche Grenzen; *Selmer/Gersdorf*, Finanzierung des Rundfunks; *Smith*, Rundfunkgebühr; zum anders gelagerten Problem der Rundfunkfinanzierung unter dem GATS s. *H.-M. Schmidt*, Rundfunkgebührenfinanzierung.

1. Kapitel: Rundfunkfinanzierung

Die Frage der Rundfunkfinanzierung wirft vielschichtige Probleme auf. Zunächst gibt es eine Reihe von rundfunkverfassungsrechtlichen Grundproblemen, die als Grundlage für die Kernfrage näher beleuchtet werden (A.). Daran schließt sich eine Analyse des derzeitigen Verfahrens zur Festlegung der Höhe der Rundfunkgebühr an, das maßgeblich auf der Auslegung des Art. 5 Abs. 1 S. 2 GG in der Deutung des Bundesverfassungsgerichts basiert (B.). Zudem wird die Reformbedürftigkeit des derzeitigen Systems der Rundfunkfinanzierung thematisiert (C.).

A. Rundfunkverfassungsrechtliche Grundprobleme

Als Grundlage für die weitere Untersuchung ist zunächst von Bedeutung, was der Rundfunkbegriff, den Art. 5 Abs. 1 S. 2 GG zugrunde legt, umfasst (I.). Folgen wird ein knapper Abriss über die geschichtliche Entwicklung von Rundfunk und Rundfunkfinanzierung, da dies für die Hintergründe der aktuellen Situation eine hohe Relevanz hat (II.). Anschließend wird auf den Tatbestand der Rundfunkgebühr eingegangen (III). Die Einordnung der Rundfunkgebühren in die klassischen Strukturen des Finanzverfassungsrechts wird seit Langem in der Literatur intensiv diskutiert (IV.).

I. Rundfunkbegriff

Bei der Bestimmung des verfassungsrechtlichen Rundfunkbegriffs ist der Wortlaut von Art. 5 Abs. 1 S. 2 GG nicht weiter hilfreich. Ursprünglich geht der Begriff „Rundfunk“ auf die von *Heinrich Hertz* 1887/1888 erfundene Funken-Telegraphie zurück, wobei das Wort „Rund“ lediglich auf die Radialwirkung der elektrischen Wellen hinweist[51] und „Funk“ sich von Ätherschwingungen ableitet, die durch elektrische Schwingungen erzeugt werden[52]. Der Begriff Rundfunk bezieht sich folglich ausschließlich auf die technische Herkunft, ohne zur

---

51 Vgl. *v. Holtzbrinck*, Definitions- und Rangfolgeprobleme, S. 32ff., auch zur ausführlicheren historischen und internationalen Herleitung des Begriffs „Rundfunk“; s. auch *Janik*, in: AfP 2000, S. 7 (7).

52 *Beater*, Medienrecht, Rn. 200.

Bestimmung des heutigen Rundfunkbegriffs beizutragen[53]. *Hans Bredow* hat 1919 als Leiter der Funkabteilung im Reichspostministerium ein erstes inhaltliches Merkmal geprägt, indem er im Rundfunk einen „an alle", also nach „außen" gerichteten Vorgang der Massenkommunikation erkannte[54]. Im Grundgesetz wird der Begriff Rundfunk in Art. 5 Abs. 1 S. 2 vorausgesetzt, jedoch nicht näher definiert. Die Länder, denen im Bereich des Rundfunkrechts die Gesetzgebungskompetenz zukommt, haben den Begriff des Rundfunks in § 2 Abs. 1 RStV zumindest einfachgesetzlich definiert:

> „Rundfunk ist die für die Allgemeinheit bestimmte Veranstaltung und Verbreitung von Darbietungen aller Art in Wort, in Ton und in Bild unter Benutzung elektromagnetischer Schwingungen ohne Verbindungsleitung oder längs oder mittels eines Leiters. Der Begriff schließt Darbietungen ein, die verschlüsselt verbreitet werden oder gegen besonderes Entgelt empfangbar sind. Telemedien sind alle elektronischen Informations- und Kommunikationsdienste, soweit sie nicht Telekommunikationsdienste nach § 3 Nr. 24 des Telekommunikationsgesetzes sind, die ganz in der Übertragung von Signalen über Telekommunikationsnetze bestehen oder telekommunikationsgestützte Dienste nach § 3 Nr. 25 des Telekommunikationsgesetzes oder Rundfunk nach Satz 1 und 2 sind. Telemedien sind auch Fernseh- und Radiotext sowie Teleshoppingkanäle."

Nach dieser Definition des Rundfunks ist in erster Linie die Methode der Verbreitung des Rundfunks entscheidend, nicht der Inhalt. Aufgrund der Normenhierarchie und der Grundrechtsbindung des Gesetzgebers kann diese Definition der Landesgesetzgeber allerdings nicht ohne Weiteres mit dem Rundfunkbegriff des Grundgesetzes gleichgesetzt werden. Die Verfassung braucht vielmehr eine eigenständige Interpretation[55]. Die Regelungen des Staatsvertrags können allen-

---

53 *Janik*, in: AfP 2000, S. 7 (7); der Begriff wurde ursprünglich wohl von *Hans Bredow* 1919 in Abgrenzung zum nur bestimmte Adressaten ansprechenden „Korrespondenzfunk" verwandt, vgl. *Brand*, Rundfunk, S. 32, und meinte die in einem „Radius" rundgestrahlten Funksendungen; es bürgerten sich die Begriffe „Radio" und, begünstigt durch die Fremdwörterphobie nach dem Ersten Weltkrieg eben der Begriff „Rundfunk" ein, *Herrmann/Lausen*, Rundfunkrecht, S. 83..

54 *v. Holtzbrinck*, Definitions- und Rangfolgeprobleme, S. 32; *Janik*, in: AfP 2000, S. 7 (7).

55 Vgl. *Brand*, Rundfunk, S. 37f.; *Gersdorf*, Der verfassungsrechtliche Rundfunkbegriff, S. 82; *H. H. Klein*, Rundfunkfreiheit, S. 23; *Paschke*, Medienrecht, 3. Aufl., Rn. 257; *Rudolf/Meng*, Rechtliche Konsequenzen, S. 46; *Stern*, in: Stern, Staatsrecht, Bd. 4/1, S. 1661; allgemein zu diesem Problem *Leisner*, Verfassungsmäßigkeit der Gesetze.

falls verfassungskonkretisierend sein[56], sie können aber keinen für die Verfassung bindenden Rundfunkbegriff festschreiben[57]. Anderenfalls würde man zu Ergebnissen bei der Verfassungsinterpretation gelangen, die man „durch Verwendung von unterverfassungsrechtlichen Begriffen in sie hineingelegt hat“[58]. Nicht zuletzt bedarf der verfassungsrechtliche Rundfunkbegriff einer gewissen Unschärfe, damit er offen ist für neuere Entwicklungen, evtl. auch für weniger regulierungsbedürftige Erscheinungen im Bereich der elektronischen Medienkommunikation[59].

Es war wiederum *Hans Bredow*, einer der Wegbereiter des „Unterhaltungsrundfunks“[60], der schon 1947, also vor Beginn der Beratungen über das Grundgesetz, formulierte: „Der Rundfunk im Sinne dieses Gesetzes [des zonalen Rundfunkgesetzes] umfaßt die Veranstaltung und Übermittlung von Darbietungen aller Art unter Benutzung elektrischer Schwingungen in Wort, Ton und Bild, soweit sie sich an ‚Alle' wenden.“[61] Nach dieser Definition und nach der allgemeinen Auffassung in Rechtsprechung und Literatur umfasst der Begriff Rundfunk nicht nur den Hörfunk, sondern auch das Fernsehen[62].

Das Bundesverfassungsgericht hat in seiner Rundfunkrechtsprechung an die Funktion des Rundfunks – die Gewährleistung der freien und individuellen Meinungsbildung[63] – angeknüpft und es mit Hinweis auf die möglichen Entwicklungen im Rundfunkbereich vermieden, den Begriff „Rundfunk“ genau zu definieren. Es solle nicht an eine bereits eingeführte Technik angeknüpft werden, da es maßgeblich auf den Vorgang der Massenkommunikation ankomme. Diese

---

56 So *Bethge*, in: Recht der Neuen Medien, S. 74 (95); *Stern*, in: Stern, Staatsrecht, Bd. 4/1, S. 1661.

57 *Degenhart*, in: BK, Art. 5 Abs. 1 und 2 Rn. 689.

58 *Rudolf/Meng*, Rechtliche Konsequenzen, S. 46; vgl. hierzu auch *Lieb*, Kabelfernsehen und Rundfunkgesetze, S. 106f.; *Forsthoff*, in: AfP 1975, S. 739ff.

59 *Bethge*, in: Recht der Neuen Medien, S. 74 (95f.); *Ladeur*, in: Hamburger Kommentar, 4. Abschn. Rn. 74; *Stern*, in: Stern, Staatsrecht, Bd. 4/1, S. 1664.

60 Ausführlicher zu *Bredow* und seinem Einfluss auf die Entwicklung des Rundfunks *Brand*, Rundfunk, S. 30ff.

61 *Bredow*, in: AfPF 1949, S. 333 (333, § 1); sehr ausführlich zu den einzelnen Tatbestandsmerkmalen *Brand*, Rundfunk, S. 41ff.

62 Z.B. BVerfGE 12, 205 (212); vgl. hierzu nur *Clemens*, in: Umbach/Clemens, Grundgesetz, Art. 5 Rn. 98a; *Herrmann*, Fernsehen und Hörfunk, S. 49ff.; *J. Petersen*, Medienrecht, § 2 Rn. 17.

63 Z.B. BVerfGE 74, 297 (350); vgl. hierzu auch *Dargel*, Rundfunkgebühr, S. 49.

könne auch mit neuen technischen Mitteln betrieben werden, so dass der Rundfunkbegriff dynamisch bleiben müsse[64].

Ähnlich weit wird der verfassungsrechtliche Rundfunkbegriff in der Literatur verstanden. Diese setzt lediglich voraus, dass eine an die Allgemeinheit, also an einen individuell unbestimmten Personenkreis[65], gerichtete Übermittlung von Gedankeninhalten durch physische, in erster Linie elektromagnetische Wellen, vorliegt. Auf die Existenz einer Darbietung soll es hierbei nicht ankommen[66], bzw. der Begriff der Darbietung wird denkbar weit ausgelegt[67]. Somit gehören zum Rundfunk nicht nur der herkömmliche Hörfunk und das Fernsehen unter Berücksichtigung z.B. von Krankenhaus- und Betriebsrundfunk[68]. Erfasst werden vielmehr auch neuartige Dienste, die mittels elektrischer Schwingungen verbreitet werden[69], wie u.a. Pay-TV[70] und Videotext[71]. Eine Zuordnung des Internets zum Rundfunk ist strittig, wird aber wohl überwiegend (noch) abge-

---

64 Vgl. BVerfGE 74, 297 (350); 83, 238 (302); hierzu auch *Janik*, in: AfP 2000, S. 7 (7); *Michel*, in: ZUM 2009, S. 453 (454); *Starck*, in: v. Mangoldt/Klein/Starck, Grundgesetz, Art. 5 Abs. 1, 2 Rn. 103; *Stern*, in: Stern, Staatsrecht, Bd. 4/1, S. 1511ff., 1664ff.

65 *Bullinger*, in: HStR VII, §163 Rn. 4; *Degenhart*, in: BK, Art. 5 Abs. 1 und 2 Rn. 678f.; *Schulze-Fielitz*, in: Dreier, Grundgesetz, Art. 5 I, II Rn. 99.

66 *Castendyk/Böttcher*, in: MMR 2008, S. 13 (15).

67 *Stern*, in: Stern, Staatsrecht, Bd. 4/1, S. 1672; zur Darbietung sehr ausführlich *Brand*, Rundfunk, S. 61ff., der zum Ergebnis kommt, dass Darbietung „*jede durchgeführte Auslese von Inhalten jedweder Art* aus dem unendlichen Fundus möglicher Informationseinheiten“ sei, S. 120 (Hervorhebungen im Original vorhanden).

68 *Schemmer*, in: Epping/Hillgruber, GG, Art. 5 Rn. 68; *Schulze-Fielitz*, in: Dreier, Grundgesetz, Art. 5 I, II Rn. 100.

69 *Schulze-Fielitz*, in: Dreier, Grundgesetz, Art. 5 I, II Rn. 100 m.w.N.; vgl. allgemein zur Zuordnung von Neuen Medien zu schon existenten verfassungsrechtlichen Begriffen *Bethge*, in: Recht der Neuen Medien, S. 74ff.; *Degenhart*, in: BK, Art. 5 Abs. 1 und 2 Rn. 700ff.; ausführlich zur Zuordnung von Mediendiensten zum einfachgesetzlichen Rundfunkbegriff *Gersdorf*, Rundfunkbegriff, S. 53ff.

70 Vgl. hierzu *Bermanseder*, in: ZRP 1997, S. 330 (332); *Kollek*, Rundfunkfinanzierung, S. 133ff.; *Schemmer*, in: Epping/Hillgruber, GG, Art. 5 Rn. 67; differenzierend *Stettner*, in: ZUM 1995, S. 293ff., der Pay-TV grundsätzlich als Rundfunk ansieht, nicht jedoch Video on Demand (Abruf-Pay-TV).

71 *Bamberger*, Medienrecht, S. 71; *Wendt*, in: v. Münch/Kunig, Art. 5 Rn. 58; *Wittig-Terhardt*, in: Recht der Neuen Medien, S. 38 (44); *Tettinger*, Neue Medien, S. 24f. sieht neben rundfunkähnlichen Elementen auch presseähnliche Elemente, und findet entsprechend eine Einordnung als intermediales Phänomen nicht fernliegend.

lehnt[72]. Insgesamt müssen die unterschiedlichen Angebote im Internet differenziert betrachtet und über eine Zuordnung zum Rundfunk im Einzelfall entschieden werden[73].

Unter Berücksichtigung der dynamischen Offenheit für eventuelle neue Angebote lässt sich insgesamt als Leitlinie für einen verfassungsrechtlichen Rundfunkbegriff auf die Formel von *Bredow* zurückgreifen[74]. *Bredows* Rundfunkbegriff besteht aus fünf Tatbestandsmerkmalen: (1) Verbreitung (also „Übermittlung"), (2) Benutzung elektrischer Schwingungen, (3) Darbietungen aller Art (4) in Wort, Ton und Bild (5) für die Allgemeinheit (also „an alle").

Für detaillierte Ausführungen zu den einzelnen Tatbestandsmerkmalen kann auf andere Werke verwiesen werden[75]. Die *Bredow*'schen Tatbestandsmerkmale ähneln insgesamt den einfachgesetzlich in § 2 Abs. 1 RStV normierten. Im Sinne einer dynamischen Interpretation müssen diese jedoch im Zweifel zurückste-

---

72 Vgl. *Degenhart*, in: BK, Art. 5 Abs. 1 und 2 Rn. 698; *Reislhuber*, in: MMR 2010, S. 459ff.; *Starck*, in: v. Mangoldt/Klein/Starck, Grundgesetz, Art. 5 Abs. 1, 2 Rn. 100; für eine Zuordnung des World Wide Web zum Rundfunkbegriff *Stern*, in: Stern, Staatsrecht, Bd. 4/1, S. 1673.

73 Vgl. hierzu *Brand*, Rundfunk, S. 248; *Klaes*, in: ZUM 2009, S. 135ff.; *Koreng*, in: AfP 2009, S. 117 (118ff.); *F. Kübler*, Medien, S. 182; s. auch *Hochstein*, in NJW 1997, S. 2977ff., der auf die Problematik der Zuordnung „neuer Medien" – man könnte selbstverständlich auch die Frage aufwerfen, wie lange ein Medium als „neu" gilt – eingeht und auf die Zuordnungsschwierigkeiten im Hinblick auf den Rundfunkbegriff verweist. Er begrüßt, dass sich der Staat auf „entwicklungsoffene Strukturprinzipien" beschränkt und in einen „Such- und Lernprozeß" eingetreten ist; s. auch *Janik*, in: AfP 2000, S. 7 (12f.), der einerseits auch differenzieren möchte, aber andererseits Angebote wie Internetradio systemwidrigerweise nicht als Rundfunk ansieht, da ansonsten für Computer Rundfunkgebühren gezahlt werden müssten. Aufgrund der inzwischen vorgesehenen Gebührenpflicht für internetfähige Computer dürften solche Angebote jedoch inzwischen unter den verfassungsrechtlichen Rundfunkbegriff zu subsumieren sein, vgl. *Nolden/Schramm*, in: MMR 2009, S. 65ff.; a.A. hierzu VG Münster MMR 2009, S. 64f.

74 Vgl. hierzu ausführlich *Brand*, Rundfunk, S. 43ff.; so auch *Wieland*, Freiheit, S. 89f.

75 Eine sehr umfangreiche Darstellung findet sich insbesondere bei *Brand*, Rundfunk, S. 43-153; vgl. auch *Janik*, in: AfP 2000, S. 7 (8), der den verfassungsrechtlichen Rundfunkbegriff auf drei Tatbestandsmerkmale reduziert (Allgemeinheit, Verbreitung, Darbietung) und diese erläutert; *Herrmann*, Fernsehen und Hörfunk, S. 22ff. kritisiert den üblicherweise diskutierten Rundfunkbegriff als zu technisch und setzt ihm einen Begriff entgegen, der die Aspekte der „Erforschung der Funktionen und Strukturen der Massenmedien einschließlich des Rundfunks" berücksichtigt.

hen und für den verfassungsrechtlichen Rundfunkbegriff teilweise enger, teilweise aber auch weiter ausgelegt werden[76].

II. Geschichtliche Entwicklung des Rundfunks in Deutschland unter besonderer Berücksichtigung der Rundfunkfinanzierung

1. Entwicklung des Rundfunks bis zum Ende des Zweiten Weltkriegs

Die Entwicklung des Rundfunks in Deutschland[77] beginnt mit der Entdeckung der drahtlosen Verbreitung elektromagnetischer Schwingungen durch *Heinrich Rudolf Hertz* im Jahre 1887/1888. Mit dieser Entdeckung wurde es möglich, Informationen drahtlos und über weite Strecken zu verbreiten. So verwundert es nicht, dass diese Möglichkeit zunächst militärisch und in der Schifffahrt sowie im Kontakt zu den deutschen Kolonien, zu denen keine telegraphische Drahtverbindung bestand, genutzt wurde. In der ersten Phase stand der „Korrespondenzfunk" im Vordergrund, also die wechselseitige Übermittlung von Nachrichten zwischen Geräten, die sowohl senden als auch empfangen konnten. Vor dem Ersten Weltkrieg lag somit die Aufgabe des Funks überwiegend in der gegenseitigen Übermittlung von Informationen[78]. Die erste gesetzliche Regelung dieser neuen Technologie bestand im bereits am 6. April 1892 erlassenen Reichsgesetz über das Telegraphenwesen des Deutschen Reichs[79]. Dort wurde dem Reich das Recht vorbehalten, Funktelegrafenanlagen zur Vermittlung von Nachrichten zu installieren und zu betreiben. Eine Genehmigung an Privatunternehmen zur Ausübung dieses Rechts war jedoch nicht ausgeschlossen.

Der Erste Weltkrieg sorgte dafür, dass Kabelverbindungen zerstört waren, aber dennoch die neuesten Informationen an die langen Frontabschnitte gelangen sollten. Hierzu bediente man sich reiner Empfangsgeräte, die nicht mehr in der Lage waren, selbst zu senden. Der Funk war vielmehr an eine große Anzahl

---

76 *Gersdorf*, Der verfassungsrechtliche Rundfunkbegriff, S. 91; vgl. auch *Schütz*, in: MMR 2009, S. 228 (230f.).

77 Zur internationalen Entwicklung s. *Holznagel*, Rundfunkrecht, S. 29ff.; *Rudolf*, in: Recht der Neuen Medien, S. 148ff.

78 *Beater*, Medienrecht, Rn. 201; *Brand*, Rundfunk, S. 30; *Herrmann/Lausen*, Rundfunkrecht, S. 82; *Stern*, in: Stern, Staatsrecht, Bd. 4/1, S. 1642.

79 Reichsgesetz vom 6. April 1892 über das Telegraphenwesen des Deutschen Reichs, RGBl. 1892, S. 467; vgl. zur Entwicklung des Rechts, das mit der technischen Entwicklung nicht Schritt halten konnte, *Stern*, in: Stern, Staatsrecht, Bd. 4/1, S. 1644ff.

von Empfängern, überwiegend Soldaten, gerichtet. Unter der Leitung von *Hans Bredow*[80] fanden 1917 dann erste Versuche statt, an der Westfront einen musikalischen Unterhaltungsdienst einzurichten[81].

Nach dem Ende des Ersten Weltkriegs war es 1919 wiederum unter *Bredows* Ägide, dass die Reichspost – nachdem sie sich gegen Widerstände aus dem Reichsinnenministerium die Senderechte gesichert hatte[82] – über den Sender Königs Wusterhausen einen funktelegraphischen Presserundspruchdienst eingerichtet hat. Die gesendeten Nachrichten wurden von Postämtern mit speziellen Geräten empfangen, mittels eines Hektographen vervielfältigt und mit dem Fahrrad an die Empfänger verteilt[83]. Auch hier richteten sich die Angebote allerdings nur an einen begrenzten Abnehmerkreis, da von einer Freigabe der Funktechnik wegen der instabilen politischen Situation zu Beginn der Weimarer Republik abgesehen wurde[84]. Die ausschließliche Gesetzgebungs- und Verwaltungszuständigkeit für das „Post- und Telegrafenwesen" lag gem. Art. 6 Nr. 7, Art. 88 Abs. 1 WRV vom 11. August 1919 beim Reich. Begünstigt durch die Hoffnung auf neue Einnahmequellen für die Post und für die Geräteindustrie – der in Großbritannien und den USA eingeführte Rundfunk erfreute sich bereits großen Interesses – und durch die technische Entwicklung wurde der Betrieb eines wirklichen Rundfunks in Angriff genommen[85].

Der erste Hörfunkprogrammdienst, der regelmäßig gesendet wurde, nahm am 29. Oktober 1923 seinen Betrieb auf. Eigentlich war geplant, von dem Sender in Königs Wusterhausen aus einen zentralen Sender mit den Programmen der „Deutschen Stunde" (Gesellschaft für drahtlose Belehrung und Unterhaltung mbH) einzurichten. Aus technischen Gründen war dies jedoch nicht realisierbar. Stattdessen entstanden neun regionale Sendegesellschaften[86] mit jeweils eigen-

---

80 Ausführlich zu *Hans Bredows* Einfluss auf die Entwicklung des deutschen Rundfunks und damit auch zur deutschen Rundfunkgeschichte *Goebel*, in: AfPF 1955, S. 153ff.

81 *Brand*, Rundfunk, S. 31; *Kloepfer*, Technik und Recht, S. 169, 173f.; *Stuiber*, Medien, Bd. 2 I, S. 50, 135f.

82 Vgl. hierzu *Stöber*, Mediengeschichte, S. 103.

83 *Brand*, Rundfunk, S. 31; *Goebel*, in: AfPF 1955, S. 153 (176); *Stuiber*, Medien, Bd. 2 I, S. 138ff.

84 *A. Hesse*, Rundfunkrecht, S. 1.

85 *A. Hesse*, Rundfunkrecht, S. 2; *Krey*, Demokratischer Rundfunk, S. 2; vgl. auch zu dem großen Anteil, den wiederum *Hans Bredow* an dieser Entwicklung hatte *Brand*, Rundfunk, S. 32f.

86 Dies waren neben der erwähnten „Deutschen Stunde" in Königs Wusterhausen die Mitteldeutsche Rundfunk-AG (Leipzig), die Deutsche Stunde in Bayern GmbH (München), die Südwestdeutsche Rundfunk-AG (Frankfurt/Main), die Norddeutsche Rundfunk-AG

ständigen Programmen. Der Reichspost fehlten jedoch die finanziellen Mittel zum alleinigen Betrieb der Rundfunkgesellschaften. Aus diesem Grund mussten mittels Konzessionsvergabe private Gesellschaften beteiligt werden, die unter erheblichem staatlichen Einfluss standen. Dies wurde mit der Eindämmung von Umsturzgefahren, dem Verhindern eines Wellenchaos und dem Schutz des Fernmeldegeheimnisses begründet, hatte aber auch mit der Idee zu tun, dass der Rundfunk von der Politik ferngehalten werden sollte. Die Konzessionen für die privaten Betreiber wurden deshalb mit der Auflage versehen, dass der ausgestrahlte Rundfunk nicht einer politischen Partei dienen durfte, da der Rundfunk anderenfalls in den Parteienstreit geraten könnte. Damit einhergehend wurde befürchtet, dass ein Rundfunk, der sich in einem Parteienstreit aufreiben und dadurch unpopulär werden könnte, als Einnahmequelle für die Reichspost unbrauchbar würde. Entsprechend wurde dann auch nicht die politische Seite des Rundfunks in den Vordergrund gestellt, sondern vielmehr die kulturelle. Aus der damit einhergehenden weitgehenden staatliche Einflussnahme ergibt sich auch, dass Rundfunk in Deutschland von jeher als öffentliche Aufgabe verstanden wurde. Er sollte nur der Allgemeinheit verpflichtet sein und nicht privaten bzw. politischen Interessen[87].

Die Begeisterung für das neue Medium war groß. Vom 1. Dezember 1923 bis zum 1. April 1926 stieg die Zahl der registrierten Hörer von 467 auf mehr als 1,2 Mio. Durch die „Verordnung zum Schutz des Funkverkehrs" vom 8. März 1924[88] wurde festgelegt, dass eine Anmeldung zum Empfang von Rundfunk notwendig ist und eine Missachtung, also ein Schwarzhören, mit Gefängnis bestraft werden kann. Mit steigender Popularität stieg der Wunsch nach staatlicher Kontrolle des Rundfunks, da mit steigenden Hörerzahlen eine steigende Bedeutung für die öffentliche Meinungsbildung einherging[89]. Das Innenministerium wollte den Rundfunk in den Dienst der republikanischen Idee stellen und gründete mit Einwilligung der Reichspost die „Drahtlose Dienste AG" (DRADAG), eine staatliche, dem Innenministerium untergeordnete Nachrichtenagentur. Dies

---

(Hamburg), die Süddeutsche Rundfunk-AG (Stuttgart), die Schlesische Funkstunde-AG (Breslau, heutiges Wrocław, Polen), die Ostmarken Rundfunk-AG (Königsberg, heutiges Kaliningrad, Russland) und die Westdeutsche Rundfunk-AG (Münster, später Köln), vgl. *F. Schuster*, in: AfPF 1949, S. 309 (313).

87 Vgl. hierzu insgesamt *Brand*, Rundfunk, S. 33f.; *Fechner*, Medienrecht, Kap. 10 Rn. 3; *Fiebig*, Rundfunkgebührenpflicht, S. 56; *Gröpl*, in: FS Wadle, S. 317 (323ff.); *Herrmann/Lausen*, Rundfunkrecht, S. 83; *A. Hesse*, Rundfunkrecht, S. 1f.

88 RGBl. 1924 I, S. 273f.

89 *Gersdorf*, Rundfunkrecht, Rn. 6f.; *A. Hesse*, Rundfunkrecht, S. 2.

stieß auf den Widerstand der Länder, die unter Berufung auf ihre Kulturhoheit an der Programmkontrolle beteiligt werden wollten. Eine offene Auseinandersetzung wurde jedoch vermieden. Reich und Länder einigten sich schließlich auf die Einrichtung von Überwachungsausschüssen innerhalb der Programmgesellschaften. Diese waren mehrheitlich von den Ländern besetzt. Den Rundfunkgesellschaften wurde Anfang 1926 eine auf zwölf Jahre befristete „Genehmigung zur Benutzung von Funksendeanlagen der Deutschen Reichspost (DRP) für die Zwecke des Unterhaltungsrundfunks“ erteilt. Teil dieser Genehmigung war, dass die Rundfunkgesellschaften die Kontrolle durch die Überwachungsausschüsse dulden mussten und ausschließlich das von der DRAGAG gelieferte Nachrichtenmaterial verwendet werden durfte[90]. Die Überwachungsausschüsse wurden bereits 1927 in der rechtswissenschaftlichen Literatur als „Instanzen der Zensur“ bezeichnet[91]. Auch im Reichstag wurde die von der Ministerialbürokratie installierte Rundfunkordnung wegen der Verletzung des Neutralitätsgebots von der Opposition kritisiert. Die Mehrheit im Reichstag versuchte jedoch nicht, Einfluss auf die Gestaltung des Rundfunkwesens zu nehmen, als ihm die „Richtlinien über die Regelung des Rundfunks“ am 2. Dezember 1926 zur Information vorgelegt wurden[92].

Ab 1932 mussten die Rundfunkgesellschaften zunächst der Reichsregierung täglich eine halbe Stunde Sendezeit zur Verfügung stellen, damit die Regierung die Möglichkeit hatte, ihre Tätigkeiten und Einstellungen der breiten Öffentlichkeit – zu diesem Zeitpunkt hörten rund 4 Mio. Menschen in Deutschland Rundfunk – näher zu bringen[93]. Diese Idee ging bereits zurück auf einen Ministerialrat im Innenministerium, *Erich Scholz*, der Mitglied der NSDAP war und das Ziel verfolgte, den Einfluss des Reiches auf den Rundfunk zu vergrößern[94]. Im Ergebnis führte dies dazu, dass die in privater Hand befindlichen Anteile an den Rundfunkgesellschaften an den Staat übertragen werden mussten, so dass am Ende Reich und Länder die alleinigen Inhaber dieser Gesellschaften waren. Entsprechend konnte der Staat Sendungen untersagen, Programmänderungen anordnen und Mitarbeiter entlassen. Die vormals zumindest überwiegend unabhängigen Gesellschaften waren nun „staatseigene, selbständige juristische Per-

---

90 *Herrmann/Lausen*, Rundfunkrecht, S. 85; *A. Hesse*, Rundfunkrecht, S. 2ff.

91 *Dencker*, in: Stier-Somlo/Elster (Hrsg.), Handwörterbuch der Rechtswissenschaft, Bd. 2, Stichwort „Funkrecht“, S. 547 (551f.).

92 *Gersdorf*, Rundfunkrecht, Rn. 17; *A. Hesse*, Rundfunkrecht, S. 5.

93 *Dussel*, Rundfunkgeschichte, S. 74; *Herrmann/Lausen*, Rundfunkrecht, S. 86; *Stuiber*, Medien, Bd. 2 I, S. 157f.

94 *Dussel*, Rundfunkgeschichte, S. 75.

sonen des Privatrechts"[95], es waren also faktisch Staatsbetriebe[96]. Durch die „Richtlinien über den Rundfunk" vom 18. November 1932 wurde die Programmgestaltung dahingehend geändert, dass nunmehr der Rundfunk zur Aufbauarbeit an Volk und Staat verpflichtet war, also deutschnationale Ziele verfolgt wurden. Somit war bereits 1932 auf dem Gebiet des Rundfunks der Weg für die Machtübernahme der Nationalsozialisten bereitet[97].

Die Machtübernahme der Nationalsozialisten am 30. Januar 1933 führte zu einer endgültigen Gleichschaltung des Rundfunks[98]. Zunächst wurden die postalischen Rundfunkkompetenzen auf das Ministerium für Volksaufklärung und Propaganda unter *Joseph Goebbels* übertragen, im Folgenden „alle Aufgaben der geistigen Einwirkung auf die Nation, der Werbung für den Staat, Kultur und Wirtschaft, der Unterrichtung der in- und ausländischen Öffentlichkeit über sie und der Verwaltung aller diesem Zweck dienenden Einrichtungen"[99]. Die technische Verwaltung verblieb allerdings weiterhin beim Reichspostministerium[100]. Die Erkenntnis, dass der publizistische Bereich getrennt vom fernmeldetechnischen Rundfunkbereich betrachtet werden muss, ist eine entwicklungsgeschichtlich bemerkenswerte Beachtung der Funktionsunterschiede beider Bereiche[101]. Dies wurde bereits in der juristischen Literatur des NS-Staates herausgearbeitet[102].

Auch personell begann die Gleichschaltung, u.a. durch die Gründung der Reichskulturkammer, deren Präsident *Goebbels* wurde. Jeder, der im Bereich des Rundfunks tätig sein wollte, musste fortan Mitglied der Reichskulturkammer sein. Ein Anspruch auf Mitgliedschaft bestand allerdings nicht. In der Reichsrundfunkkammer mussten nicht nur die Mitarbeiter der Rundfunkunternehmen

---

95 *Freund*, Rundfunk, S. 63.

96 Vgl. *Bamberger*, Medienrecht, S. 19; *F. Kübler*, Medien, S. 14.

97 *Beater*, Medienrecht, Rn. 202; *Bullinger*, in: HStR VII, §163 Rn. 95; *Herrmann/Lausen*, Rundfunkrecht, S. 86f.; *A. Hesse*, Rundfunkrecht, S. 5f.; *F. Kübler*, Medien, S. 14f.

98 Vgl. zu den einzelnen „Phasen" des nationalsozialistischen Rundfunks *Hecker*, Medienmacht, S. 237ff.; ausführlich zum Rundfunk in der NS-Zeit auch *Dahl*, Arbeitersender und Volksempfänger, S. 103ff.

99 Verordnung über die Aufgaben des Reichsministers für Volksaufklärung und Propaganda vom 30. Juni 1933, RGBl. 1933 I, S. 449.

100 Verordnung über die Aufgaben des Reichsministers für Volksaufklärung und Propaganda vom 30. Juni 1933, RGBl. 1933 I, S. 449; die Kompetenz für den technischen Bereich durfte jedoch nur in Absprache mit dem Reichsminister für Volksaufklärung und Propaganda ausgeübt werden.

101 *Herrmann/Lausen*, Rundfunkrecht, S. 88.

102 Vgl. hierzu *Herrmann/Lausen*, Rundfunkrecht, S. 91.

organisiert sein, sondern selbst Radiohändler, Antenneninstallateure und Herausgeber und Mitarbeiter von Programmzeitschriften[103]. Insgesamt wurde gerade im Rundfunkbereich eine intensive personelle „Säuberung“ durchgeführt[104]. Gleichzeitig wurden unter der Regie der Nationalsozialisten die Sende- und Empfangsmöglichkeiten deutlich ausgeweitet. Ziel war es, alle Orte und alle Menschen im Reich für Propagandazwecke erreichen zu können. Bereits 1933 kam der vergleichsweise preiswerte „Volksempfänger“ auf den Markt, so dass die Zahl der angemeldeten Rundfunkteilnehmer von 4,3 Mio. im Jahr 1933 auf 9,1 Mio. im Jahr 1938 anstieg[105]. Der Trend hielt weiter an und wurde noch verstärkt durch den „Deutschen Kleinempfänger“. Mit diesem kam 1938 ein noch günstigeres Empfangsgerät auf den Markt, so dass die Zahl der Rundfunkteilnehmer bis 1943 auf über 16 Mio. anstieg[106]. Der „Deutsche Kleinempfänger“ war so ausgelegt, dass hauptsächlich deutsche Sender empfangen werden konnten. Der Empfang ausländischer Sender wurde nicht nur technisch erschwert, sondern während des Zweiten Weltkriegs durch die „Verordnung über außerordentliche Rundfunkmaßnahmen“ vom 1. September 1939 verboten[107]. Bei schweren Zuwiderhandlungen drohte die Todesstrafe.

Auch die ersten Fernsehsendungen fallen in diese Zeit; im Fernsehen wurde ein revolutionäres Mittel der Propagandaverbreitung gesehen. Bereits 1935 gab es die ersten Fernsehsendungen, die jedoch aufgrund mangelhafter Technik nicht die erhoffte Breitenwirkung hatten. Im Rahmen der Olympischen Spiele 1936 wurde das neue Medium Fernsehen weiterentwickelt und zu Propagandazwecken genutzt. Die geplante Massenproduktion eines Volksempfängers für das Fernsehen kam aufgrund des Ausbruchs des Zweiten Weltkriegs nicht mehr zustande[108].

---

103 *Dahl*, Arbeitersender und Volksempfänger, S. 112.

104 *Dussel*, Rundfunkgeschichte, S. 87ff.

105 *Pohle*, Rundfunk, S. 333, 336, wobei *Pohle* in der Entwicklung des Volksempfängers nur eine von mehreren Ursachen für den Anstieg sieht; in den Folgejahren kam es zu einem weiteren erheblichen Anstieg, der allerdings darauf zurückzuführen ist, dass sich die Zahlen auf das Deutsche Reich inklusive der bereits besetzten bzw. eingegliederten Gebiete beziehen, *Pohle*, Rundfunk, S. 335f.

106 *Beater*, Medienrecht, Rn. 206; *Fechner*, Medienrecht, Kap. 10 Rn. 5; *A. Hesse*, Rundfunkrecht, S. 7.

107 RGBl. 1939 I, S. 1683.

108 *Beater*, Medienrecht, Rn. 207; *Herrmann/Lausen*, Rundfunkrecht, S. 89; *Stern*, in: Stern, Staatsrecht, Bd. 4/1, S. 1643.

Das Ende des Zweiten Weltkriegs ging einher mit einem fast vollständigen Zusammenbruch des deutschen Sende- und Rundfunkbetriebs. Auch die Rundfunkorganisation brach am 8. Mai 1945 praktisch zusammen[109].

2. Entwicklung der Rundfunkfinanzierung bis zum Ende des Zweiten Weltkriegs

Die Entwicklung der Rundfunkfinanzierung verlief insgesamt in ruhigeren Bahnen, ist aber eng verzahnt mit der technischen Entwicklung des Rundfunks[110]. Die grundsätzliche Entgeltlichkeit des Rundfunks stand hierbei schon früh fest, von ihr hing die Entwicklung des Rundfunks ab. *Bredow* schrieb schon 1923, dass von der Anzahl der Hörer die Einnahmen abhingen, von diesen wiederum die Qualität der Programme und somit das Schicksal des Rundfunks insgesamt. *Bredow* sah die Zahlung von Rundfunkgebühren als Voraussetzung für die Einführung des Rundfunks überhaupt an[111]. Bereits am 24. Oktober 1923 wurde durch die Verfügung Nr. 815 des Reichspostministeriums eine gesetzliche Regelung getroffen, nach der für die Erteilung einer Genehmigung für Rundfunkempfänger eine Gebühr von 25 Mark pro Jahr fällig wurde[112]. Zwischenzeitlich wurde die Rundfunkgebühr zum 1. Januar 1924 auf 60 Mark pro Jahr erhöht. Durch einen verschärften Kampf gegen Schwarzhörer konnten die Einnahmen aber so gesteigert werden, dass die Gebühr durch die Verfügung Nr. 273 des Reichspostministeriums vom 14. Mai 1924[113] auf 2 Mark pro Monat gesenkt werden konnte[114]. Dank der steigenden Zahl von Gebührenzahlern konnte dieser Preis für das Radio bis zum 31. Dezember 1969 konstant bleiben[115].

---

109 *Herrmann/Lausen*, Rundfunkrecht, S. 91.

110 *Gröpl*, in: FS Wadle, S. 317 (319).

111 *Bredow*, in: Der Deutsche Rundfunk v. 14. Oktober 1923, S. 1 (1).

112 Nachrichtenblatt des Reichspostministeriums vom 24. Oktober 1923, S. 885 (886); in der Verfügung wurde gleichzeitig festgehalten, dass kein Anspruch auf den Empfang eines Rundfunkprogramms mit der Zahlung der Gebühr verbunden ist: „Irgendeine Gewähr für die Belieferung der Anlagen mit Nachrichten usw. kann die RTV angesichts der Neuheit der Einrichtung nicht übernehmen".

113 Amtsblatt des Reichspostministeriums vom 14.5.1924, S. 254 (255).

114 Dies war 1925 ein Betrag, der in ähnlicher Höhe für das Monatsabonnement einer Tageszeitung bezahlt werden musste; ein gelernter Arbeiter musste damals für die Rundfunkgebühr gut zwei Stunden arbeiten, vgl. *Lerg*, in: Bausch, Rundfunk, Bd. 1, S. 115.

115 *Fiebig*, Rundfunkgebührenpflicht, S. 59; *Gröpl*, in: FS Wadle, S. 317 (324f.); *Hasse*, Rundfunkfinanzierung, S. 10; *Herrmann/Lausen*, Rundfunkrecht, S. 84.

Bezahlt wurde explizit nicht für das Programm, sondern für die Genehmigung zum Betrieb eines Empfangsgeräts nach § 2 Telegrafengesetz, so dass auch kein Anspruch auf ein bestimmtes Programm abgeleitet werden konnte[116]. Die Zuständigkeit für die Einziehung der Rundfunkgebühr lag bei der Post, die diese dann, abzüglich eines Anteils von 40-60% für das Bereitstellen von Übertragungsleitungen und den Gebühreneinzug, an die Rundfunkgesellschaften überwies[117]. Neben den Einlagen der Gesellschafter und den Anteilen an den Rundfunkgebühren trug seit dem 15. September 1924 Wirtschaftswerbung zur Finanzierung der Rundfunkgesellschaften bei, auch wenn die Zeitungsverleger hiergegen protestierten[118].

Unter *Goebbels* wurde das Ziel formuliert, den Anteil der Rundfunkgebühren, der bei der Reichspost verblieb, zu senken, damit der Etat für die Propaganda entsprechend höher ausfallen konnte. Verbunden war hiermit der Vorwurf, dass die tatsächlichen Kosten geringer seien als der bei der Reichspost verbleibende Anteil[119]. An der Rundfunkgebühr selbst änderte sich aber nichts. Hinzu kam 1939 noch eine Gebühr für den Fernsehempfang. Hierfür waren monatlich 5 Mark zu entrichten. Diese blieb, ähnlich wie die Rundfunkgebühr, bis zum Ende der 1960er-Jahre konstant. Möglich war diese Konstanz bei Rundfunk- und Fernsehgebühr durch die kontinuierliche Steigerung der Empfänger, so dass der Gesamtertrag über die Jahre deutlich angestiegen ist[120].

3. Entwicklung des Rundfunks seit dem Zweiten Weltkrieg

Der Wiederaufbau des Rundfunks nach dem Zweiten Weltkrieg wurde von den vier Siegermächten organisiert. Entsprechend unterschiedlich waren zunächst die Ergebnisse, da jede Siegermacht ihr eigenes Rundfunksystem zu implementieren versuchte. Die USA setzten auf ein privates Rundfunksystem, welches sich durch den Markt selbst regulieren sollte, Frankreich bevorzugte eine zentrale staatliche Rundfunkanstalt, die Briten etablierten in ihrem Bereich einen an die BBC als „public corporation" angelehnten Rundfunk. In der sowjetischen Besatzungszone entwickelte sich ein zentralistisch organisierter Rundfunk, der

116 *A. Hesse*, Rundfunkrecht, S. 4; *Lerg*, in: Bausch, Rundfunk, Bd. 1, S. 108f.; *Scheel*, Rundfunkgebühr, S. 28f.

117 *A. Hesse*, Rundfunkrecht, S. 4f.; *Scheel*, Rundfunkgebühr, S. 29.

118 *Herrmann/Lausen*, Rundfunkrecht, S. 83.

119 *Diller*, in: Bausch, Rundfunk, Bd. 2, S. 162f.

120 *Scheel*, Rundfunkgebühren, S. 30.

unter der Führung der kommunistischen Partei stand[121]. Als einheitliches Modell der westlichen Besatzungszone war das amerikanische Modell nicht praktikabel, da es im Nachkriegsdeutschland keine wirtschaftliche Basis für einen privaten Rundfunk gab, und auch von der französischen zentralistischen Ausrichtung wurde letztlich abgesehen, da nach dem Missbrauch des Rundfunks in der NS-Zeit als staatliches Propagandainstrument eine Abhängigkeit von der Exekutive verhindert werden sollte. Das britische Modell setzte sich letztlich durch, folglich entstanden in ganz Westdeutschland Rundfunkanstalten, die nach einem öffentlich-rechtlichen Organisationsmuster strukturiert waren[122]. Dies geschah gegen den Widerstand der deutschen Politiker, die an die Rundfunkordnung der Weimarer Republik anknüpfen wollten und die Gefahr der missbräuchlichen staatlichen Instrumentalisierung des Rundfunks wegen der nunmehr demokratischen Legitimation der staatlichen Gewalt als ausgeschlossen ansahen[123]. Dieser Optimismus der deutschen Politik hinsichtlich der Missbrauchsgefahr beim Rundfunk wurde von den Alliierten jedoch nicht geteilt. Sie beharrten auf einer Rundfunkorganisation, die als höchsten Grundsatz die Staatsfreiheit hatte[124].

Als Rechtsform wurde im Westen die Anstalt des öffentlichen Rechts für die Rundfunkanstalten gewählt, da dadurch von vornherein eine gewisse Staatsferne garantiert werden konnte. Gleichzeitig sollte die Unabhängigkeit dadurch gewährleistet werden, dass keine umfassende staatliche Aufsicht stattfinden und die Rundfunkanstalten wirtschaftlich selbständig organisiert sein sollten[125]. Die Rundfunkkontrolle wurde einem Rundfunkrat übertragen, der pluralistisch mit Vertretern der gesellschaftlich relevanten Gruppen und nur einer begrenzten

---

121 Im Folgenden wird ausschließlich die Rundfunkentwicklung in der Bundesrepublik Deutschland thematisiert, da durch die Wiedervereinigung 1990 in erster Linie die westdeutschen Strukturen weitergeführt wurden, während der ostdeutsche Staatsfunk in seiner bisherigen Form ein schnelles Ende fand; vgl. zur Entwicklung des Rundfunks in der DDR *Dussel*, Rundfunkgeschichte, S. 131ff.; *Fiebig*, Rundfunkgebührenpflicht, S. 63f.

122 *Beater*, Medienrecht, S. 91f.; *Herrmann/Lausen*, Rundfunkrecht, S. 92f.; *Ricker/Schiwy*, Rundfunkverfassungsrecht, Kap. A Rn. 39ff.; *Scheel*, Rundfunkgebühr, S. 31; zunächst wurden in den Jahren 1947/1948 der Bayerische Rundfunk, der Hessische Rundfunk, Radio Bremen, der Süddeutsche Rundfunk (amerikanische Zone), der Nordwestdeutsche Rundfunk (britische Zone) sowie der Südwestfunk (französische Zone) gegründet, vgl. hierzu *A. Hesse*, Rundfunkrecht, S. 10.

123 *Gersdorf*, Rundfunkrecht, Rn. 27; *A. Hesse*, Rundfunkrecht, S. 9.

124 *Bullinger*, in: HStR VII, §163 Rn. 97; *Gersdorf*, Rundfunkrecht, Rn. 28; *A. Hesse*, Rundfunkrecht, S. 9.

125 *Herrmann/Lausen*, Rundfunkrecht, S. 93; *Magnus*, in: RuF 7 (1959), S. 260 (264).

Anzahl von Vertretern aus dem staatlichen Bereich besetzt wurde[126]. Für die Programmgestaltung galten Leitgrundsätze, insbesondere die Verpflichtung zu Ausgewogenheit, Unparteilichkeit und Objektivität[127]. Das Modell des Weimarer Rundfunks, das direkt auf die staatliche Exekutive bezogen war und entsprechend unter deren direktem Einfluss stand, wurde ersetzt durch ein „dynamische[s] Modell des öffentlich-rechtlichen Integrationsrundfunks", in dem mehr Vielfalt durch „mediatisierende Instanzen" wie Parlament, Parteien und ähnliche gesellschaftliche Vereinigungen, die Einfluss auf den Rundfunk haben, zugelassen werden muss[128]. Das damals herrschende staatliche Monopol für Rundfunkveranstaltungen konnte mit der Frequenzknappheit und dem außergewöhnlich hohen finanziellen Aufwand gerechtfertigt werden, die einen marktwirtschaftlichen Wettbewerb wie im Pressewesen nahezu unmöglich machten[129].

Die Rundfunkfreiheit – und erstmals auch die Informationsfreiheit in Reaktion auf die Restriktionen der Informationsbeschaffung während der NS-Zeit[130] – wurde 1949 als ein zentrales Grundrecht im Grundgesetz festgeschrieben. In den folgenden Jahrzehnten wurde dieses Grundrecht insbesondere durch die Rechtsprechung des Bundesverfassungsgerichts in einem ungewöhnlichen Detaillierungsgrad mit Leben gefüllt. Bevor das Bundesverfassungsgericht seine erste Rundfunkentscheidung getroffen hatte, nahm die Kooperation zwischen den einzelnen Rundfunkanstalten zu. So wurde am 9. Juni 1950 von den Landesrundfunkanstalten die Satzung der „Arbeitsgemeinschaft der öffentlich-rechtlichen Rundfunkanstalten der Bundesrepublik Deutschland" (ARD) beschlossen, ein loser Zusammenschluss der Rundfunkanstalten ohne eigene Rechtspersönlichkeit[131]. Ziel der ARD war zum einen eine gemeinsame Repräsentation auf Bundesebene, ohne freilich Erinnerungen an eine Reichsrundfunkanstalt wecken zu wollen. Zum anderen machte die bevorstehende (Wie-

---

126 *Bullinger*, in: HStR VII, § 163 Rn. 97; *Gersdorf*, Rundfunkrecht, Rn. 29; *A. Hesse*, Rundfunkrecht, S. 10; zur Unterscheidung zwischen dem gewählten binnenpluralistischen Modell und dem auch denkbaren außenpluralistischen Modell *Degenhart*, in: BK, Art. 5 Abs. 1 und 2 Rn. 638.

127 *Gersdorf*, Rundfunkrecht, Rn. 29; *A. Hesse*, Rundfunkrecht, S. 10.

128 So *Vesting*, in: Hahn/Vesting, Einf. RStV Rn. 3; vgl. zur Integrationsfunktion des Rundfunks auch *Cornils*, Ausgestaltung, S. 81ff.

129 *Bausch*, in: ders., Rundfunk, Bd. 4, S. 522; *Paschke*, Medienrecht, 2. Aufl., Rn. 387; s. hierzu auch BVerfGE 12, 205 (262).

130 *Jutzi*, in: NVwZ 2008, S. 603 (603).

131 *Fuhr*, in: Recht der Neuen Medien, S. 251 (255); *Gersdorf*, Rundfunkrecht, Rn. 30; *Paschke*, Medienrecht, 2. Aufl., Rn. 388; s. für eine umfassende Darstellung von Entstehung, Tätigkeit und Rechtsnatur der ARD *Steinwärder*, Arbeitsgemeinschaft.

der-)Einführung des Fernsehens eine Zusammenarbeit der Landesrundfunkanstalten notwendig, da die Investitionen und Programmkosten nur gemeinsam aufgebracht werden konnten. Am 1. November 1954 nahm das Fernsehen seinen Betrieb auf[132].

Zu Beginn der 1960er-Jahre traf das Bundesverfassungsgericht mit seinem „Ersten Fernsehurteil“[133] einige Klarstellungen bezüglich der Rundfunkfreiheit[134]. Dabei ging es in erster Linie um die Zuständigkeit im Rundfunkbereich. Nachdem der Bund die „Deutschland Fernsehen GmbH“ als privatrechtliches Bundesfernsehunternehmen gegründet hatte, erhob sich Widerstand der Länder dagegen. Das Bundesverfassungsgericht stellte mit Urteil vom 28. Februar 1961 unter anderem fest, dass das „Post- und Fernmeldewesen“ in Art. 73 Nr. 7 GG, für das der Bund die Gesetzgebungskompetenz hat, „nur den sendetechnischen Bereich des Rundfunks unter Ausschluß der sogenannten Studiotechnik“ umfasst, wenn man vom Empfang der Rundfunksendungen absieht[135]. Aus diesem Grund besteht eine Kompetenz der Länder für die Regelung der Organisation der Veranstaltung sowie der Veranstalter von Rundfunksendungen. Somit war die Gründung der „Deutschland Fernsehen GmbH“ durch den Bund kompetenzwidrig[136]. Die Gründungen der Deutschen Welle als Auslandshörfunkprogramm und des Deutschlandfunks als Hörfunkprogramm für Deutschland und das europäische Ausland 1960 durch das Gesetz über die Errichtung von Rundfunkanstalten des Bundesrechts[137] waren von der Rechtsprechung des Bundesverfassungsgerichts jedoch nicht betroffen, da diese auf die Zuständigkeit des Bundes zur Pflege auswärtiger Beziehungen aus Art. 32 GG bzw. aus Art. 74 Nr. 1 GG gestützt werden konnten[138].

---

132 *Herrmann/Lausen*, Rundfunkrecht, S. 96; *A. Hesse*, Rundfunkrecht, S. 12f.; vgl. sehr ausführlich zur Geschichte und zur Rolle der ARD *Bausch*, in: ders., Rundfunk, Bd. 3, S. 239ff.

133 BVerfGE 12, 205; eine Dokumentation dieser ersten grundlegenden Entscheidung zum Rundfunk findet sich bei *Zehner* (Hrsg.), Fernsehstreit.

134 S. hierzu ausführlich unten 1. Kap. B. I. 1. a) aa).

135 BVerfGE 12, 205 (205, Ls. 3a)).

136 Vgl. zum „Ersten Fernsehurteil“ des Bundesverfassungsgerichts auch *Herrmann/Lausen*, Rundfunkrecht, S. 102ff.

137 BGBl. 1960 I, S. 862; vgl. ausführlich zur Geschichte der Deutschen Welle *Schmidt-Husson*, Deutsche Welle, S. 37ff.; umfassend zur Stellung der Deutschen Welle im verfassungsrechtlichen Kontext s. auch *Dörr*, Verfassungsrechtliche Stellung, sowie *dens./S. Schiedermair*, Deutsche Welle.

138 *Gersdorf*, Rundfunkrecht, Rn. 32; *Götz von Olenhusen*, Rundfunkrecht, S. 6; *Herrmann/Lausen*, Rundfunkrecht, S. 104f.; *Schwendinger*, Gemeinschaftsrechtliche Gren-

Die Länder nahmen die klare Kompetenzzuweisung für den Rundfunk zum Anlass, nun ihrerseits eine weitere Fernsehanstalt zu gründen. Dies geschah durch den „Staatsvertrag über die Errichtung der Anstalt des öffentlichen Rechts Zweites Deutsches Fernsehen"[139] (ZDF), der 1961 zwischen allen Ländern geschlossen wurde[140]. Auch die Gründung des ZDF war verfassungsrechtlich umstritten, zu einem Verfahren vor dem Bundesverfassungsgericht kam es jedoch nicht[141]. Durch die Gründung des ZDF als öffentlich-rechtliche Anstalt wurden die Erwartungen privater Interessenten enttäuscht, die sich – insbesondere aus dem Pressebereich kommend – eine Verbesserung ihrer Wettbewerbsposition durch die Beteiligung am Fernsehen und der entsprechenden Partizipation an den Werbeeinnahmen erhofft hatten[142].

In den 1970er-Jahren gab es technische Weiterentwicklungen, die auch die juristischen Diskussionen beeinflussten. So wurde an der Entwicklung eines leistungsfähigen Breitbandkabelnetzes und von Rundfunksatelliten als „Neue Medien" gearbeitet. Durch die sich abzeichnenden Lösungen für die bislang beschränkten Zugangsmöglichkeiten wurde über die Verfassungsmäßigkeit privater Rundfunkveranstalter neu diskutiert[143]. Eine Klärung der Zulässigkeit privater Rundfunkunternehmen brachte das „FRAG-Urteil" des Bundesverfassungsgerichts vom 16. Juni 1981[144]. Das Bundesverfassungsgericht hatte über die

---

zen, S. 182; *Stern*, in: Stern, Staatsrecht, Bd. 4/1, S. 1647; diese Frage bewusst offen lassend BVerfGE 12, 205 (241f.).

139 Z.B. GVBl. NRW 31/1961 vom 25. August 1961, S. 269ff.

140 *Gersdorf*, Rundfunkrecht, Rn. 35; vgl. ausführlich zum ZDF *Bausch*, in: ders., Rundfunk, Bd. 3, S. 447ff.

141 Nach Ansicht des Bundesverwaltungsgerichts lag kein Verstoß gegen Bundesrecht vor, BVerwGE 22, 299ff.; vgl. zu dieser Diskussion *Herrmann/Lausen*, Rundfunkrecht, S. 105 mit zahlreichen Nachweisen für und gegen eine Zulässigkeit des Staatsvertrags.

142 *Herrmann/Lausen*, Rundfunkrecht, S. 106f. mit weiteren Ausführungen und Nachweisen zur möglichen Verfassungswidrigkeit einer Beteiligung privater Zeitungsverlage am ZDF; zur von der Presse angeführten Wettbewerbsverzerrung s. *Bausch*, in: ders., Rundfunk, Bd. 4, S. 528ff.

143 Vgl. *Gersdorf*, Rundfunkrecht, Rn. 39ff.; *Herrmann/Lausen*, Rundfunkrecht, S. 112f. m.w.N. zur verfassungsrechtlichen Diskussion; *Kühn*, Rundfunkrecht, S. 31ff.; siehe zusammenfassend zur privaten Rundfunkordnung Anfang der 1990er-Jahre *Brack/Hübner/Oehler/Stern* (Hrsg.), Rechtsprobleme der privaten Rundfunkordnung; zu den neueren Diskussionen z.B. im Hinblick auf die wirtschaftliche Betätigung öffentlich-rechtlicher Rundfunkanstalten sowie ihre Internetauftritte vgl. *v. Wallenberg*, in: ZUM 2004, S. 875ff.

144 BVerfGE 57, 295.

Verfassungsmäßigkeit des Saarländischen Rundfunkgesetzes vom 7. Juni 1967 zu entscheiden, in dem die Erlaubnis zur Veranstaltung von privaten deutschsprachigen Rundfunksendungen vorgesehen war. Die „Freier Rundfunk AG" (FRAG) beantragte auf Grundlage dieses Gesetzes eine Konzession, die aber verweigert wurde. Das Bundesverfassungsgericht führt dazu aus, dass das Grundgesetz keine bestimmte Form der Rundfunkorganisation vorschreibe, aber zumindest eine umfassende gesetzliche Regelung zur Gewährleistung der Freiheit des Rundfunks zu treffen sei. Es stellte zahlreiche Hürden auf, die verhindern sollten, dass der private Rundfunk einer einzelnen gesellschaftlichen Gruppierung ausgeliefert sein könnte. Gleichzeitig zeigte das Bundesverfassungsgericht aber auch Wege auf, wie privater Rundfunk in Deutschland verfassungsmäßig zugelassen werden könnte. Wegen der großen Bedeutung des Rundfunks für die Meinungsbildung der Bevölkerung dürfe er jedenfalls nicht allein den Kräften des Marktes überlassen werden[145].

In der Folge wurden in allen Ländern nach und nach neue Rundfunkgesetze erlassen, die die Einrichtung privater Rundfunkanstalten ermöglichten. Hierbei entschied man sich für ein binnenpluralistisches Modell zur Sicherung der Freiheit des Rundfunks. Aus diesem Grund wurden die Rundfunkveranstalter zu umfassender Vielfalt in ihrem Programm verpflichtet, solange nicht durch die Summe der einzelnen Anbieter die gebotene Vielfalt erreicht würde[146]. Mit RTL-Plus und SAT 1 starteten 1984 bzw. 1985 erste private deutschsprachige Fernsehprogramme[147].

In seinem „Niedersachsen-Urteil" vom 4. November 1986[148] nahm das Bundesverfassungsgericht Stellung dazu, ob die gebotene Vielfalt bei einem werbefinanzierten Fernsehen überhaupt erreicht werden könne. Es kam dabei zu dem Ergebnis, dass Einschränkungen bei der Vielfalt des privaten Rundfunks verfassungsrechtlich hinnehmbar seien, solange und soweit eine Grundversorgung durch die öffentlich-rechtlichen Rundfunkanstalten sichergestellt sei. Hierzu müssten die Landesgesetzgeber die technischen, organisatorischen, personellen und insbesondere finanziellen Voraussetzungen sicherstellen. Nähere Ausfüh-

---

145 BVerfGE 57, 295 (321ff.); vgl. hierzu und zu der juristischen Diskussion infolge des FRAG-Urteils wiederum *Herrmann/Lausen*, Rundfunkrecht, S. 116f.

146 *Gersdorf*, Rundfunkrecht, Rn. 43; vgl. insoweit schon zur binnenpluralistischen Struktur des öffentlich-rechtlichen Rundfunks BVerfGE 57, 295 (325f.).

147 *Herrmann/Lausen*, Rundfunkrecht, S. 121; *Schüller*, Auftragsdefinition, S. 34ff.; s. zur Geschichte des Rundfunks, mit besonderer Berücksichtigung der Geschichte des privaten Rundfunks, auch *Wilke*, in: APuZ 9-10/2009, S. 12ff.

148 BVerfGE 73. 118.

rungen zur Konkretisierung des Begriffs der Grundversorgung finden sich dann im „Baden-Württemberg-Beschluss“ vom 24. März 1987[149]. Diese dürfe keine Mindestversorgung sein, „auf die der öffentlich-rechtliche Rundfunk beschränkt ist oder ohne Folgen für die an privaten Rundfunk zu stellenden Anforderungen reduziert werden könnte“[150]. Unter anderem aufgrund dieser Rechtsprechung des Bundesverfassungsgerichts etablierte sich eine duale Rundfunkordnung, in der private Rundfunkanbieter, wenn auch unter genau festgelegten gesetzlichen Anforderungen, zugelassen sind[151].

Im Anschluss an die Klarstellungen des Bundesverfassungsgerichts einigten sich die Länder 1987 auf einen Rundfunkstaatsvertrag, in dem das duale Rundfunksystem festgeschrieben wurde[152]. Demnach gab es eine Bestands- und Entwicklungsgarantie für den öffentlich-rechtlichen Rundfunk inklusive der Teilhabe an neuen technischen Möglichkeiten zur Verbreitung von Rundfunk und dem Erhalt seiner finanziellen Grundlagen. Gleichzeitig sollte den privaten Veranstaltern Aufbau und Entwicklung eines privaten Rundfunksystems ermöglicht werden. Die Bestands- und Entwicklungsgarantie wird weiter entfaltet durch das Urteil des Bundesverfassungsgerichts zum WDR-Gesetz vom 6. Februar 1991[153]:

> „Mit dieser Gewährleistungspflicht [der Pflicht zur Gewährleistung der erforderlichen technischen, organisatorischen und finanziellen Voraussetzungen] wäre es unvereinbar, den öffentlichrechtlichen Rundfunk auf den gegenwärtigen Entwicklungsstand in programmlicher, finanzieller und technischer Hinsicht zu beschränken. Der Grundversorgungsauftrag läßt sich im dualen System unter den bestehenden Bedingungen vielmehr nur erfüllen, wenn der öffentlichrechtliche Rundfunk nicht allein in seinem gegenwärtigen Bestand, sondern auch in seiner zukünftigen Entwicklung gesichert ist (vgl. BVerfGE 74, 297 [350f.]).“[154]

Nach der Wiedervereinigung 1990 fand eine weitgehende Anpassung der ostdeutschen Medienlandschaft an die des Westens statt. Hierzu gehörten öffent-

---

149 BVerfGE 74, 297.

150 BVerfGE 74, 297 (326).

151 *Fechner*, Medienrecht, Kap. 10 Rn. 10; vgl. zur Zukunft der dualen Rundfunkordnung unter Berücksichtigung der Rechtsprechung des Bundesverfassungsgerichts *Lindner*, in: AfP 2005, S. 429ff. sowie die darauf folgende Replik von *Krausnick*, in: AfP 2006, S. 125ff.

152 Staatsvertrag zur Neuordnung des Rundfunkwesens vom 1./3. April 1987, GVBl. NRW 46/1987 vom 30. November 1987, S. 405ff.; vgl. hierzu auch *Ricker*, in: NJW 1988, S. 453ff.

153 BVerfGE 83, 238; s. zum Urteil auch *Kohl* (Hrsg.), Freiheit des Rundfunks.

154 BVerfGE 83, 238 (298).

lich-rechtliche Rundfunkanstalten (MDR, ORB und der SFB für ganz Berlin) wie auch die Öffnung für privaten Rundfunk entsprechend dem Stand der dualen Rundfunkordnung in den alten Ländern[155]. Gleichzeitig wurden Verhandlungen über einen gesamtdeutschen Rundfunkstaatsvertrag aufgenommen, der am 1. Januar 1992 in Kraft trat[156]. In diesem Staatsvertrag vereinigten sich zahlreiche wesentliche Regelungen auf dem Gebiet der Rundfunkordnung, die gleichzeitig reformiert und an die aktuellen Verhältnisse angepasst wurden. Seitdem gab es zahlreiche Ergänzungen und Aktualisierungen, um den Entwicklungen im Rundfunkwesen und auch der Rechtsprechung des Bundesverfassungsgerichts gerecht zu werden, zuletzt durch den Fünfzehnten Rundfunkänderungsstaatsvertrag vom 15. bis 21. Dezember 2011[157].

4. Entwicklung der Rundfunkfinanzierung nach 1945

Im Bereich der Rundfunkfinanzierung blieb, anders als im bereits weitgehend staatsfern organisierten Rundfunk, auch während der Besatzungszeit nach dem Ende des Zweiten Weltkriegs der hoheitliche Einfluss deutlich erhalten[158]. Die Änderungen hielten sich in den Jahren nach der Gründung der Bundesrepublik Deutschland in Grenzen[159]. So wurde die Rundfunkgebühr weiterhin von der Deutschen Bundespost (vormals Deutsche Reichspost) als Entgelt für die Befugnis zur Errichtung und zum Betrieb einer Rundfunkempfangsanlage eingezogen und an die jeweilige Landesrundfunkanstalt weitergegeben. Allerdings erhielten die Rundfunkanstalten zur Sicherung ihrer Unabhängigkeit auch in finanzieller Hinsicht nunmehr den weit überwiegenden Teil der eingezogenen Gelder[160]. Die Hörfunkgebühr betrug weiterhin – wie seit 1924 – 2 DM (vormals Reichsmark), die Fernsehgebühr 5 DM[161]. Als neue Entwicklung trat in den 1950er-Jahren vermehrt Wirtschaftswerbung auch im Fernsehen als Ergänzung

---

155 Vgl. hierzu *Herrmann/Lausen*, Rundfunkrecht, S. 132ff.

156 Staatsvertrag über den Rundfunk im vereinten Deutschland vom 1. Januar 1992, z.B. GVBl. NRW 50/1991 vom 20. November 1991, S. 408ff.

157 S. z.B. GVBl. NRW 30/2011 vom 16.12.2011, S. 675ff.; vgl. zu den Neuregelungen seit 1992 im Einzelnen *Herrmann/Lausen*, Rundfunkrecht, S. 136ff.

158 *Scheel*, Rundfunkgebühr, S. 31f.

159 S. zu den Rundfunkgebühren in der DDR *Ohliger*, in: Hahn/Vesting, Vor RGebStV Rn. 24f.

160 *A. Hesse*, Rundfunkrecht, S. 10; vgl. auch *Dargel*, Rundfunkgebühr, S. 66ff.

161 *Herrmann/Lausen*, Rundfunkrecht, S. 94; *Scheel*, Rundfunkgebühr, S. 33.

zur Gebührenfinanzierung hinzu[162]. Zudem wurde ab 1958 ein Finanzausgleichssystem zwischen den einzelnen Anstalten etabliert, um finanzielle Ungleichheiten zu kompensieren[163].

Das erste Rundfunkurteil des Bundesverfassungsgerichts hatte zwar keine direkte Auswirkung auf die Erhebung der Rundfunkgebühr, da allerdings laut Urteil lediglich die technischen Vorgänge des Empfangs in die Gesetzgebungskompetenz des Bundes fielen, war das Urteil des Bundesverwaltungsgerichts vom 15. März 1968[164], in dem die Zuständigkeit der Länder für die Rundfunkfinanzierung festgestellt wurde, wenig überraschend. Denn die Rundfunkgebühr konnte nicht mehr in erster Linie als Entgelt für die Verleihung des Rechts auf Betrieb einer Fernmeldeanlage gesehen werden, da der überwiegende Teil der Gebühr an die Rundfunkanstalten abgeführt wurde. Entsprechend wurde die Rundfunkgebühr vor allem als Entgelt für die Leistung der Rundfunkanstalten gezahlt, also „wegen der gebotenen Möglichkeit zum Empfang der Rundfunksendungen"[165], und unterfiel somit der Gesetzgebungskompetenz der Länder[166]. Gleichzeitig wurden nunmehr die Landesrundfunkanstalten als Gläubiger der Rundfunkgebühr angesehen, mit deren Einziehung lediglich kraft stillschweigender Bevollmächtigung die Bundespost ermächtigt war[167]. Schon kurz nach dieser Klärung der Zuständigkeit für die Rundfunkgebühr schlossen die Länder den „Staatsvertrag der Länder über die Regelung des Rundfunkgebührenwe-

---

162 *Scheel*, Rundfunkgebühr, S. 33; vgl. zum Streit über die verfassungsrechtliche Zulässigkeit von Werbung im öffentlich-rechtlichen Fernsehen *VPRT* (Hrsg.), Öffentlich-rechtlicher Rundfunk und Werbefinanzierung; s. hierzu auch *Herrmann/Lausen*, Rundfunkrecht, S. 99f. mit zahlreichen weiteren Nachweisen; *Stern*, in: Stern, Staatsrecht, Bd. 4/1, S. 1683ff.; zu der verfassungsrechtlichen Zulässigkeit eines Werbeverbots in der heutigen Zeit *Bosman*, in: ZUM 2003, S. 444ff.; *Perten*, in: K&R 2010, S. 703ff.; auch das Bundesverfassungsgericht hat sich zur Frage geäußert, wie sich die Werbung im Fernsehen (hier in Bezug auf die privaten Sender ab Mitte der 1980er-Jahre) auf die Presse und die Pressefreiheit auswirkt, BVerfGE 73, 118 (180ff.); zu den beschränkenden Regelungen über Wirtschaftswerbung, auch für private Rundfunkveranstalter, vgl. noch *Cornils*, Ausgestaltung, S. 123ff.

163 So verfügte der WDR über mehr als 70 Mio. DM jährlicher Einnahmen aus den Rundfunkgebühren, Radio Bremen hingegen nur über 3,5 Mio. DM, vgl. *Dussel*, Rundfunkgeschichte, S. 201f.

164 BVerwGE 29, 214.

165 BVerwGE 29, 214 (217).

166 Vgl. *Hasse*, Rundfunkfinanzierung, S. 17f.; *Ricker/Schiwy*, Rundfunkverfassungsrecht, Kap. A Rn. 74; *Scheel*, Rundfunkgebühr, S. 34f.; *W. Schmidt*, Rundfunkgebühr, S. 29f.

167 BVerwGE 29, 214 (218).

sens“[168], der am 31. Oktober 1968 unterzeichnet wurde. Teil des Staatsvertrages war die derzeit noch geltende Regelung, dass die Gebühr an das bloße Bereithalten eines Rundfunkgeräts zum Empfang geknüpft ist. Es reicht also die Möglichkeit zum Empfang von Rundfunksendungen aus, um die Gebührenpflicht auszulösen. Auf die tatsächliche Nutzung der Programme des öffentlich-rechtlichen Rundfunks kommt es nicht an. Hierdurch ergab sich eine maßgebliche Änderung in der rechtlichen Beurteilung der Rundfunkgebühr: es handelte sich fortan nicht mehr um eine Verwaltungsgebühr zur Erlangung des Rechts, Rundfunk zu empfangen, sondern um ein Mittel zur Finanzierung des staatsfreien öffentlich-rechtlichen Rundfunks[169]. Zudem beschlossen die Länder durch Staatsvertrag vom 19. Februar – 21. Mai 1969[170], dass es eine Erhöhung der Rundfunkgebühr von 2 DM auf 2,50 DM für den Hörfunk und von 5 DM auf 6 DM für das Fernsehen geben sollte[171]. Darüber hinaus einigten sich die Länder, die Rundfunkgebühr fortan nicht mehr durch die Bundespost eintreiben zu lassen, sondern ein eigenes Inkassosystem zu installieren. Ab dem 1. Januar 1976 war die „Gebühreneinzugszentrale der öffentlich-rechtlichen Rundfunkanstalten der Bundesrepublik Deutschland“ (GEZ) mit dem Einzug der Rundfunkgebühren im Namen und auf Rechnung der jeweiligen Landesrundfunkanstalt beauftragt[172]. Die Gesamteinnahmen durch die Rundfunkgebühr betrugen 1979 – nach weiteren Gebührenerhöhungen 1974 und 1979 – mehr als 3 Mrd. DM[173].

Zur Sicherung der Staatsfreiheit des Rundfunks wurde 1975 die „Kommission zur Ermittlung des Finanzbedarfs der Rundfunkanstalten“ (KEF) von den

---

168 Staatsvertrag der Länder über die Regelung des Rundfunkgebührenwesens vom 31. Oktober 1968, z.B. GV.NW. 1969, S. 752; zu den weiteren Fundstellen vgl. *A. Grupp*, Grundfragen, S. 48 mit Fn. 81.

169 *Dargel*, Rundfunkgebühr, S. 69.

170 Staatsvertrag über die Höhe der Rundfunkgebühr vom 19.2. – 21.5.1969, GV.NW 1969 S. 984.

171 *Herrmann/Lausen*, Rundfunkrecht, S. 108f.; *Paschke*, Medienrecht, 2. Aufl., Rn. 436; *Ricker/Schiwy*, Rundfunkverfassungsrecht, Kap. A Rn. 75; *Scheel*, Rundfunkgebühr, S. 36f.; s. zu den Schwierigkeiten und der umfassenden Kritik der Printmedien an der Gebührenerhöhung *Bausch*, in: ders., Rundfunk, Bd. 4, S. 661, 684ff.

172 *Dargel*, Rundfunkgebühr, S. 69; *Gersdorf*, Rundfunkrecht, Rn. 36; *Herrmann/Lausen*, Rundfunkrecht, S. 110f.; *A. Hesse*, Rundfunkrecht, S. 179; ausführlich zum Gebühreneinzugsverfahren der GEZ *A. Grupp*, Grundfragen, S. 61ff.

173 *Bausch*, in: ders., Rundfunk, Bd. 4, S. 519; *Scheel*, Rundfunkgebühr, S. 37ff.; s. im Einzelnen zu der schrittweisen Erhöhung der Rundfunkgebühr bis 2009 *Hartstein/Ring/Kreile u.a.*, RStV, § 13 Rn. 10; *Libertus*, in: Hahn/Vesting, § 8 RFinStV Rn. 4f.

Ländern eingerichtet, nachdem beim vorhergehenden Verfahren die Rundfunkgebühr dem Vorwurf ausgesetzt war, ein „politischer Preis" zu sein. Der KEF, besetzt mit prinzipiell unabhängigen Sachverständigen und Ländervertretern, kam die Aufgabe zu, aufgrund von objektiven Kriterien den Ländern Entscheidungshilfen zu bieten, wie sich die Finanzierung des Rundfunks weiter entwickeln solle, auch wenn sich die Länder nicht zwangsläufig an die Empfehlung der KEF hielten[174].

Die Erhebung der Rundfunkgebühr durch die Länder wurde vom Bayerischen Verwaltungsgerichtshof in seinem Aussetzungs- und Vorlagebeschluss vom 6. Juli 1988[175] für verfassungswidrig erachtet, da die Staatsfreiheit nicht hinreichend gewährleistet sei. Der Beschluss enthielt die Erwägung, dass zur Sicherung der Staatsfreiheit eine Gebührenhoheit der Rundfunkanstalten und somit das Recht der Selbstfestsetzung der Gebührenhöhe verfassungsmäßig gefordert sein könnte[176]. Dies wurde zwar letztlich vom Bundesverfassungsgericht mit Urteil vom 22. Februar 1994 zurückgewiesen[177], gleichzeitig wurde die Rolle der KEF bei der Gebührenfestsetzung aufgrund der Staatsfreiheit jedoch deutlich gestärkt[178]. In seinem Urteil vom 11. September 2007 bestätigte und konkretisierte das Bundesverfassungsgericht seine Entscheidung von 1994 zugunsten der Staatsfreiheit des Rundfunks und verlieh der KEF beim Verfahren zur Ermittlung der Höhe der Rundfunkgebühr eine entsprechend einflussreiche Rolle[179].

III. Tatbestand der Rundfunkgebühr

Der derzeit noch gültige Tatbestand der Rundfunkgebühr[180] ergibt sich aus dem Rundfunkgebührenstaatsvertrag. In § 1 Abs. 2 RGebStV ist geregelt, dass „Rundfunkteilnehmer ist, wer ein Rundfunkempfangsgerät zum Empfang bereit hält." Nach § 2 Abs. 2 S. 1 RGebStV ist jeder Rundfunkteilnehmer i.S.d. § 1 Abs. 2 RGebStV verpflichtet, eine entsprechende Rundfunkgebühr zu bezahlen.

---

174 *Dussel*, Rundfunkgeschichte, S. 202f.; *Hartstein/Ring/Kreile u.a.*, RStV, § 14 Rn. 1ff.; *Scheel*, Rundfunkgebühr, S. 39ff.; ausführlich hierzu *Bausch*, in: ders., Rundfunk, Bd. 4, S. 747ff.; ausführlich zur KEF unten 1. Kap. B. II. 2. b).

175 BayVGH DVBl. 1989, S. 115ff.

176 BayVGH DVBl. 1989, S. 115 (116ff.).

177 BVerfGE 90, 60.

178 Hierzu ausführlich unten 1. Kap. B. II. 1.

179 BVerfGE 119, 181.

180 Zur geplanten Neuregelung in Gestalt der sog. Haushaltsgebühr s. unten 1. Kap. C. II. 6.

Die Rundfunkgebührenpflicht knüpft folglich nicht an die Nutzung des Rundfunks oder gar an den Empfang des Programms der entsprechenden Landesmedienanstalt an, sondern an das bloße „Bereithalten" eines Empfangsgeräts. Sie ist somit nicht die Gegenleistung für eine konkrete Leistung, sondern das Mittel zur Finanzierung der Gesamtveranstaltung Rundfunk[181]. Die Verfassungsmäßigkeit der Anknüpfung an das Bereithalten eines Rundfunkgeräts wurde durch das Bundesverfassungsgericht bestätigt[182].

Der Begriff des Rundfunkempfangsgeräts ist in § 1 Abs. 1 S. 1 RGebStV legaldefiniert. Eingeschlossen davon sind Geräte, die die Eignung zur nicht zeitversetzten Hör- und Sichtbarmachung oder zur Aufzeichnung von Rundfunkdarbietungen haben. Dies ist unabhängig davon, auf welche Art Rundfunk verbreitet wird (digital oder analog) und wie er empfangen wird (z.B. terrestrisch, mittels Satellit oder Leitung). Entsprechend sind auch sog. neuartige Rundfunkgeräte Empfangsgeräte nach § 1 Abs. 1 S. 1 RGebStV[183]. Die subjektive Zweckbestimmung des Gerätes ist gleichgültig, da es allein auf die objektive Eignung zum Empfang von Rundfunk ankommt[184].

Rundfunkteilnehmer können jede natürliche Person[185], aber auch juristische Personen des öffentlichen und privaten Rechts[186] sowie sonstige öffentliche und private Einrichtungen sein[187]. Zum Rundfunkteilnehmer wird eine Person durch den Realakt des Bereithaltens eines Rundfunkempfangsgeräts. Es bedarf keines zusätzlichen Rechtsakts – die in § 3 RGebStV vorgeschriebene Anzeigepflicht hat rein deklaratorischen Charakter[188]. Es kommt nicht darauf an, wer Eigentümer des Geräts ist, sondern wer die tatsächliche Verfügungsgewalt innehat, wer also über das „wie" oder auch das „ob" der Benutzung bestimmen kann[189].

---

181 So auch BVerfGE 31, 314 (330).

182 Vgl. nur BVerfGE 87, 181 (201); 90, 60 (90f.).

183 *Naujock*, in: Hahn/Vesting, § 1 RGebStV Rn. 12; vgl. zur Verfassungsmäßigkeit der Rundfunkgebührenpflicht für neuartige Rundfunkempfangsgeräte wie internetfähige PCs oder Mobiltelefone BVerwG K&R 2011, 138ff.; s. auch *Betzinger/S. Müller*, in: NVwZ 2010, S. 1131ff.; *Eicher/A. Schneider*, in: NVwZ 2009, S. 741ff.

184 *Naujock*, in: Hahn/Vesting, § 1 RGebStV Rn. 16.

185 Grundsätzlich auch Minderjährige, in der Geschäftsfähigkeit Beschränkte und Unzurechnungsfähige, vgl. *A. Grupp*, Grundfragen, S. 111.

186 VGH Baden-Württemberg MMR 2003, 544 (545).

187 Vgl. hierzu *Naujock*, in: Hahn/Vesting, § 1 RGebStV Rn. 30.

188 *Naujock*, in: Hahn/Vesting, § 1 RGebStV Rn. 29.

189 VGH Baden-Württemberg MMR 2003, 544 (545); *Herrmann/Lausen*, Rundfunkrecht, S. 787; zu Einzelfällen der Eigenschaft als Rundfunkempfänger s. *A. Grupp*, Grundfragen, S. 110 ff.; *Naujock*, in: Hahn/Vesting, § 1 RGebStV Rn. 37.

Nach § 1 Abs. 2 S. 2 RGebStV wird ein Gerät zum Empfang bereit gehalten, „wenn damit ohne besonderen zusätzlichen technischen Aufwand Rundfunkdarbietungen [...] empfangen werden können.“ Der Tatbestand knüpft an die Eignung des Geräts zum Empfang an. Das Merkmal des zusätzlichen technischen Aufwands wird dabei recht weit ausgelegt, so dass ein Rundfunkgerät erst dann nicht mehr als zum Empfang bereit angesehen wird, wenn der Rundfunkempfang auf Dauer technisch ausgeschlossen ist[190]. Eine bloße Reparaturbedürftigkeit genügt noch nicht, um einen Empfang dauerhaft auszuschließen, so dass in diesem Falle eine Gebührenpflicht bestehen bleibt[191]. Eine solch weitgehende Interpretation ist notwendig, da es sich beim Einzug der Rundfunkgebühren um ein Massenverfahren handelt, das auf Pauschalierungen angewiesen ist[192]. Ein Rundfunkgerät wird auch zum Empfang bereit gehalten, wenn aus technischen Gründen lediglich der Empfang von privatem Rundfunk möglich ist[193]. Ebenso wenig entfällt die Rundfunkgebührenpflicht bei vorübergehenden Abwesenheitszeiten z.B. während eines Urlaubs[194].

Gemäß § 5 RGebStV ist jedoch grundsätzlich für Zweitgeräte keine Rundfunkgebühr zu entrichten. Dies gilt für Geräte, die der Gebührenpflichtige – in diesem Falle kommen nur natürliche Personen in Betracht –, der Ehegatte oder weitere Personen, die mit dem Rundfunkteilnehmer in häuslicher Gemeinschaft leben, zum Empfang bereit halten, sofern deren Einkommen den einfachen Sozialhilfesatz nicht übersteigt. Es wird also lediglich einmal die Grundgebühr sowie einmal die Fernsehgebühr fällig. Dies gilt auch, wenn zusätzlich zu einem traditionellen Empfangsgerät neuartige Rundfunkgeräte in einem Haushalt vorhanden sind. Darüber hinaus enthält § 6 RGebStV einen Kanon von sozialen Gründen, aus denen eine Gebührenbefreiung für natürliche Personen folgen kann.

---

190 *Eicher/A. Schneider*, in: NVwZ 2009, S. 741 (743); *Naujock*, in: Hahn/Vesting, § 1 RGebStV Rn. 38.

191 VGH Baden-Württemberg MMR 2003, 544 (545); zu Einzelfällen vgl. wiederum *Naujock*, in: Hahn/Vesting, § 1 RGebStV Rn. 39.

192 *A. Grupp*, Grundfragen, S. 112f.; *Naujock*, in: Hahn/Vesting, § 1 RGebStV Rn. 38.

193 BVerfG NJW 2000, S. 649; OVG Berlin ZUM 1991, S. 212f.; *Gall*, in: ZUM 1991, S. 167ff.; a.A *Wenzel*, in: ZUM 1990, S. 497ff.

194 *Naujock*, in: Hahn/Vesting, § 1 RGebStV Rn. 42.

IV. Abgabenrechtliche Einordnung der Rundfunkgebühr

Der Streit über die abgabenrechtliche Einordnung der Rundfunkgebühr schwelt seit langer Zeit und wird mal intensiver, mal weniger intensiv geführt[195]. Eine große Bedeutung hat die Klassifizierung der Rundfunkgebühr schon allein aufgrund der Frage, welche verfassungsrechtlichen Anforderungen an die Rundfunkgebühr zu stellen sind, insbesondere an ihre Höhe. Während Steuern voraussetzungslos geschuldet werden, sind Gebühren und Beiträge durch das Kostendeckungs- und das Äquivalenzprinzip in ihrer Höhe begrenzt[196]. Das Bundesverfassungsgericht wie auch das Bundesverwaltungsgericht haben die Frage der abgabenrechtlichen Einordnung der Rundfunkgebühr bislang offen gelassen[197]. Da es sich bei den öffentlich-rechtlichen Rundfunkanstalten um Anstalten des öffentlichen Rechts handelt, ist auch die Rundfunkgebühr nach öffentlich-rechtlichem Abgabenrecht zu beurteilen, also insbesondere nach den Vorschriften des X. Abschnitts des Grundgesetzes, der sich am Leitbild des Steuerstaates orientiert[198]. Die Bezeichnung als „Gebühr“ kann allenfalls als Indiz herhalten, letztlich ist aber der materielle Gehalt entscheidend für deren Qualifikation[199].

Grundsätzlich lassen sich in der deutschen Finanzordnung vier Abgabearten unterscheiden: Steuern, Gebühren, Beiträge und Sonderabgaben[200], wobei über

195 Die wohl erste ausführliche und grundlegende Auseinandersetzung mit dieser Frage findet sich bereits 1953 bei *Ipsen*, Rundfunkgebühr, S. 32ff., der die Rundfunkgebühr als Anstaltsnutzungsgebühr mit Zügen eines verwaltungsrechtlichen Beitrags ansieht (S. 33ff.).

196 *Hasse*, Rundfunkfinanzierung, S. 153.

197 Vgl. z.B. BVerfGE 31, 314 (330), wo die Rundfunkgebühr nicht als Gegenleistung für eine Leistung, sondern als „das von den Ländern eingeführte Mittel zur Finanzierung der Gesamtveranstaltung“ bezeichnet wird; in BVerwGE 29, 214 (217) wird die Rundfunkgebühr als „Benutzungsgebühr“ bezeichnet, ohne dass daraus eine finanzverfassungsrechtliche Einordnung folgt; s. auch *Libertus*, in: Hahn/Vesting, § 13 RStV Rn. 12.

198 *Hasse*, Rundfunkfinanzierung, S. 154; *Selmer/Gersdorf*, in: DVBl. 1992, S. 79 (82f.).

199 BVerfGE 49, 343 (353) mit Verweis auf BVerfGE 7, 244 (251f.); vgl. auch BVerfGE 124, 348 (364); *Badura*, Rundfunkfreiheit, S. 19; *Hess*, Gebührenfinanzierung, S. 92; *Vogel/Waldhoff*, Finanzverfassungsrecht, Rn. 463.

200 *Henneke*, Finanzverfassung, Rn. 274.

diese Aufzählung hinausgehende nichtsteuerliche Abgaben anderer Art nicht ausgeschlossen sind, da es keinen Numerus-clausus der Abgabenarten gibt[201].

1. Rundfunkgebühr als Steuer

Eine Einordnung als Steuer wird teilweise in der Literatur vertreten[202], jedoch überwiegend abgelehnt[203]. Der verfassungsrechtliche Steuerbegriff ist im Kern identisch mit dem einfachgesetzlichen Steuerbegriff aus § 3 Abs. 1 AO[204]:

> „Steuern sind Geldleistungen, die nicht eine Gegenleistung für eine besondere Leistung darstellen und von einem öffentlich-rechtlichen Gemeinwesen zur Erzielung von Einnahmen allen auferlegt werden, bei denen der Tatbestand zutrifft, an den das Gesetz die Leistungspflicht knüpft; die Erzielung von Einnahmen kann Nebenzweck sein. Zölle und Abschöpfungen sind Steuern im Sinne dieses Gesetzes."[205]

Da die Rundfunkgebühr zur Finanzierung der Gesamtveranstaltung Rundfunk gezahlt wird[206], mithin keine Gegenleistung für eine *besondere* Leistung darstellt, sondern zur Erzielung von Einnahmen von allen Rundfunkteilnehmern zu zahlen ist, liegt eine Einordnung als Steuer nahe[207]. Allerdings spricht – überzeugend – gegen die Annahme einer Steuer nicht nur das Argument, dass die hoheitlich auferlegte Abgabe den Landesrundfunkanstalten und somit nicht der öffentlichen Hand im Sinne der unmittelbaren oder mittelbaren Staatsverwaltung zufließt[208], sondern auch, dass eine Gesetzgebungskompetenz der Länder nach

---

201 BVerfGE 82, 159 (181); *Dittmann/Scheel*, Finanzierung, S. 51f.; *Waldhoff*, in: HStR V, § 116 Rn. 83.

202 *Hümmerich/Beucher*, in: AfP 1989, S. 708 (714f.); *Reuters*, Rundfunkgebühr, S. 147ff. (174f.); *Siekmann*, in: Sachs, GG, vor Art. 104a Rn. 115; auch in der wirtschaftswissenschaftlichen Literatur wird dies teilweise vertreten, vgl. *Schmitz*, Rundfunkfinanzierung, S. 303ff.

203 *Brosius-Gersdorf/Gersdorf*, Rechtsfragen, S 70; *Hasse*, Rundfunkfinanzierung, S. 158ff.; *Oppermann*, Rundfunkgebühren, S. 18; *Vogel/Waldhoff*, Finanzverfassungsrecht, Rn. 466; ausführlich und mit gleichem Ergebnis zu dieser Frage *Dargel*, Rundfunkgebühr, S. 100ff.; *Fiebig*, Rundfunkgebührenpflicht, S. 230ff..

204 *Henneke*, Finanzverfassung, Rn. 283ff.; *Vogel/Waldhoff*, Finanzverfassungsrecht, Rn. 362f.; zum Tatbestand der Steuer ausführlich *Waldhoff*, in: FS Spindler, S. 853ff.

205 § 3 Abs. 1 AO in der Fassung der Bekanntmachung vom 1. Oktober 2002 (BGBl. I S. 3866, ber. I S. 61).

206 Vgl. BVerfGE 90, 60 (90); 119, 181 (218).

207 Vgl. *Fiebig*, Rundfunkgebührenpflicht, S. 231; *Hess*, Gebührenfinanzierung, S. 103.

208 Vgl. *Henneke*, in: Jura 1990, S. 63 (66) und in Bezug auf Sozialversicherungsbeiträge *Heun*, in: DVBl. 1990, S. 666 (668f.).

Art. 105 Abs. 2a GG nicht infrage kommt[209]. Bei der Rundfunkgebühr kann es sich aus diesen Gründen nur um eine nichtsteuerliche Abgabe handeln.

2. Rundfunkgebühr als Gebühr

Eine Einordnung als „Gebühr" kommt trotz der allgemeinen Bezeichnung als solche nicht in Betracht[210]. Eine Gebühr ist eine öffentlich-rechtliche Geldleistung, die aus Anlass individuell zurechenbarer öffentlicher Leistungen dem Gebührenschuldner durch eine öffentlich-rechtliche Norm oder sonstige hoheitliche Maßnahme auferlegt wird und dazu bestimmt ist, in Anknüpfung an diese Leistung deren Kosten ganz oder teilweise zu decken[211]. Aufgrund der fehlenden Gegenleistung – eine Inanspruchnahme des Programms der öffentlich-rechtlichen Rundfunkanstalten ist nicht Bestandteil des die Zahlungspflicht auslösenden Gebührentatbestands – liegt keine Gebühr vor.

3. Rundfunkgebühr als Beitrag

Von zahlreichen Autoren wird die Rundfunkgebühr als Beitrag angesehen[212]. Ein Beitrag wird definiert als eine öffentlich-rechtliche Geldleistung, die nicht den Empfang, sondern das bevorzugte Angebot einer Leistung der öffentlichen Hand entgilt; es kommt somit – in Abgrenzung zur Gebühr – nicht auf die *tatsächliche* Inanspruchnahme an, sondern auf die *Möglichkeit* der Inanspruch-

---

209 *Fiebig*, Rundfunkgebührenpflicht, S. 234ff.; *Oppermann*, Rundfunkgebühren, S. 18; a.A. ohne Begründung der Kompetenzzuordnung *Hümmerich/Beucher*, in: AfP 1989, S. 708 (715); s. auch *Reuters*, Rundfunkgebühr, S. 174f., die die Rundfunkgebühr als Steuer ansieht und folgerichtig argumentiert, dass diese verfassungswidrig sei, gerade weil die Gesetzgebungskompetenz fehle; dies führe folglich nicht zur Annahme, es läge keine Steuer vor, sondern vielmehr zur Verfassungswidrigkeit.

210 *Dargel*, Rundfunkgebühr, S. 105ff.; *Fechner*, Medienrecht, Kap. 10 Rn. 82; *Fiebig*, Rundfunkgebührenpflicht, S. 204; ausführlicher zu dieser Frage *Hasse*, Rundfunkfinanzierung, S. 162ff.

211 BVerfGE 50, 217 (226); 91, 217 (224); ausführlich zur Gebühr *Henneke*, Finanzverfassung, Rn. 373ff.; *Vogel/Waldhoff*, Finanzverfassungsrecht, Rn. 407ff.

212 *Badura*, Rundfunkfreiheit, S. 19; *Gall*, in: ZUM 1991, S. 167 (173); *Koch*, Möglichkeiten der Beteiligung, S. 131ff.; *Ladeur*, in: ZUM 1993, S. 385 (392); *W. Schmidt*, Rundfunkgebühr, S. 58; *Schneider-Freyermuth*, in: ZUM 2000, S. 564 (568); *Scholz*, in: AfP 1995, S. 357 (361); *Schwendinger*, Gemeinschaftsrechtliche Grenzen, S. 164ff.; s. auch OVG Koblenz NVwZ-RR 1995, S. 291 (291f.); ausführlich, im Ergebnis jedoch einen Beitrag ablehnend, insbesondere *Fiebig*, Rundfunkgebührenpflicht, S. 236ff.

nahme[213]. Dies spricht für die Einordnung der Rundfunkgebühr als Beitrag, da es lediglich auf das Bereithalten eines Rundfunkempfangsgerätes ankommt, nicht auf die Nutzung des Angebots der öffentlich-rechtlichen Rundfunkanstalten. Allerdings setzt die Beitragspflicht eine unmittelbare Verbindung zu „konkreten, einzeln greifbaren wirtschaftlichen Vorteilen" voraus[214]. An diesem Vorteil fehlt es, wenn der Empfang des öffentlich-rechtlichen Rundfunks überhaupt nicht gewünscht wird. Ein wirtschaftlicher Vorteil entsteht noch nicht durch das bloße Angebot, da dieses auch noch abgefragt werden muss. Dies gilt heute umso mehr, da seit dem 1. Januar 2007 für internetfähige Computer Rundfunkgebühren bezahlt werden müssen[215], obwohl der Empfang öffentlich-rechtlichen Rundfunks mittels Computer nicht vernünftigerweise jedem Besitzer eines Computers unterstellt werden kann[216]. Die Rundfunkgebühr stellt keinen Beitrag dar.

4. Rundfunkgebühr als Sonderabgabe

Auch die Einordnung als Sonderabgabe ist zu erwägen[217]. Eine Sonderabgabe ist eine seltene Ausnahme zur Steuer, so dass ihre Kriterien eng ausgelegt werden müssen[218]. Die Sonderabgabe dient der Finanzierung einer besonderen Aufgabe und darf nur eine homogene Gruppe belasten, wenn eine Sachnähe zwischen den Abgabepflichtigen und dem mit der Abgabe verfolgten Zweck besteht, aus der sich eine Gruppenverantwortung für die Zweckerfüllung ergibt. Das Aufkommen der Sonderabgabe muss gruppennützig verwendet werden[219]. Ist der Gegenleistungscharakter der Rundfunkgebühr schon problematisch hinsichtlich der Einordnung als Sonderabgabe[220], so kann die Gruppe der Rundfunkteilnehmer

---

213 BVerfGE 92, 91 (115); *Henneke*, Finanzverfassung, Rn. 413; *Vogel/Waldhoff*, Finanzverfassungsrecht, Rn. 429.

214 BVerfGE 49, 343 (353).

215 Vgl. hierzu auch *Eicher*, in: FS Drewitz, S. 213 (213ff.); *Kitz*, in: NJW 2006, S. 406ff.

216 Vgl. hierzu *Dargel*, Rundfunkgebühr, S. 118f.; *Fiebig*, Rundfunkgebührenpflicht, S. 240f.

217 So z.B. *Frank/Meyerholt*, in: FS Schatz, S. 149 (159ff.); *Hess*, Gebührenfinanzierung, S. 104ff.; *Lohbeck*, Rundfunkgebühr, S. 157ff.; *Rudolf*, in: v. Münch, Besonderes Verwaltungsrecht, S. 871 (916); *W. Schmidt*, in: MP 1986, S. 162 (167f.).

218 *Henneke*, Finanzverfassung, Rn. 435.

219 BVerfGE 55, 274; 108, 186 (218); *Henneke*, Finanzverfassung, Rn. 435; *Vogel/Waldhoff*, Finanzverfassungsrecht, Rn. 438.

220 *Dargel*, Rundfunkgebühr, S. 138.

jedenfalls aufgrund ihrer Größe nicht als homogen angesehen werden[221]. Zudem ist der Rundfunknutzer nicht automatisch identisch mit dem Empfangsgerätebesitzer[222]. Auch die besondere Sachnähe zur finanzierten Aufgabe und die Gruppennützigkeit der Aufkommensverwendung erscheinen problematisch[223], so dass die Rundfunkgebühr keine Sonderabgabe darstellt.

5. Rundfunkgebühr als sachkompetenzimplizite Abgabe

In der Rundfunkgebühr könnte auch eine sachkompetenzimplizite Abgabe gesehen werden[224], für deren Vorliegen eine eigene, verfassungsunmittelbare Abgabenerhebungskompetenz bestehen müsste[225]. Eine solche Qualifikation befasst sich freilich eher mit den kompetenzrechtlichen Grundlagen, als mit der eigentlichen Qualifikation als Abgabentypus. Die Rundfunkgebühr als sachkompetenzimplizite Abgabe könnte aus Art. 70 Abs. 1 i.V.m. Art. 5 Abs. 1 S. 2 GG hergeleitet werden, nach denen die Länder ein funktionsfähiges öffentlich-rechtliches Rundfunksystem zu gewährleisten haben[226]. Hierdurch wird jedoch in erster Linie die Kompetenz für die Erhebung der Rundfunkgebühren geklärt. Diese liegt jedoch unbestritten bei den Ländern[227]. Es ergeben sich außerdem aus dem Grundgesetz keine Hinweise über die Art des zu gewährleistenden Rundfunks und dessen öffentlich-rechtliche Finanzierung, so dass die Einordnung als sachkompetenzimplizite Abgabe keine verfassungsrechtliche Grundlage hat. Dies ist auch ein wesentlicher Unterschied zur Sozialversicherung, bei der eine solche Einordnung im Gegensatz zur Rundfunkgebühr vorgenommen werden kann[228]. Darüber hinaus ergeben sich keine Rückschlüsse in Bezug auf inhaltliche Anforderungen an die Rundfunkgebühr aus einer Einordnung als sachkompeten-

---

221 Vgl. hinsichtlich der fehlenden besonderen Finanzierungsverantwortlichkeit der Allgemeinheit von Stromverbrauchern die Kohlepfennig-Entscheidung, BVerfGE 91, 186 (186, Ls. 2; 203ff.).

222 *Fiebig*, Rundfunkgebührenpflicht, S. 244.

223 Vgl. hierzu und auch insgesamt zur Einordnung als Sonderabgabe wiederum ausführlich *Fiebig*, Rundfunkgebührenpflicht, S. 243ff.

224 So *Brosius-Gersdorf/Gersdorf*, Rechtsfragen, S. 64ff.; *Gersdorf*, Rundfunkrecht, Rn. 357; *Hasse*, Rundfunkfinanzierung, S. 171ff.

225 Vgl. für die Künstlersozialversicherung BVerfGE 75, 108 (147f.); 93, 319 (394).

226 *Brosius-Gersdorf/Gersdorf*, Rechtsfragen, S. 70f.; vgl. auch *Fiebig*, Rundfunkgebührenpflicht, S. 247.

227 Vgl. hierzu *Dargel*, Rundfunkgebühr, S. 141f.

228 *Fiebig*, Rundfunkgebührenpflicht, S. 249ff.

zimpliziter Abgabe[229], so dass hinsichtlich der Zulässigkeit der Rundfunkgebühren keine weiterführenden Anhaltspunkte geliefert würden. Eine Einordnung als sachkompetenzimplizite Abgabe ist demnach abzulehnen.

6. Rundfunkgebühr als Abgabe sui generis

Die Rundfunkgebühr könnte auch als Abgabe sui generis angesehen werden[230]. Da die Rundfunkgebühr sich nicht in das etablierte System der öffentlich-rechtlichen Abgaben einordnen lässt, bleibt letztlich nur die Annahme einer Abgabe sui generis, die im Falle der Rundfunkgebühr aus einer Mischform insbesondere von Steuer und Beitrag besteht. Aufgrund der großen Bedeutung des öffentlich-rechtlichen Rundfunks kommt der Rundfunkgebühr eine Sonderstellung im Bereich der öffentlich-rechtlichen Abgaben zu[231].

7. Zwischenfazit

Die Rundfunkgebühr ist als Abgabe sui generis zu qualifizieren, da die Besonderheiten der Rundfunkgebühr deren Zuordnung zu einer der klassischen Abga-

---

229 *Hasse*, Rundfunkfinanzierung, S. 173 sieht hierin kein Problem, sondern vielmehr das Recht, in der Ausgestaltung der Finanzierungsform einen großen Spielraum zu nutzen. Die inhaltliche Ausgestaltung der Rundfunkgebühr würde sich demnach nach verfassungsrechtlichen Vorgaben im Bereich der Sachmaterie richten; jede Verwendung der Rundfunkgebühr, die geeignet ist, das Ziel des Art. 5 Abs. 1 S. 2 GG zu verwirklichen, sei demnach unter verfassungsrechtlichen Gesichtspunkten zulässig.

230 So *U. Becker*, Existenzgrundlagen, S. 222; *Dargel*, Rundfunkgebühr, S. 147f.; *Dörr*, in: K&R 2001, S. 233 (234); *A. Grupp*, Grundfragen, S. 42; *Hartstein/Ring/Kreile u.a.*, RStV, § 13 Rn. 9; *Uphoff*, Fernsehmarkt, S. 51f.; *Waldhoff*, in: HStR V, § 116 Rn. 95.

231 Vgl. *Dargel*, Rundfunkgebühr, S. 143ff.; *Fiebig*, Rundfunkgebührenpflicht, S. 253ff. lehnt auch eine Einordnung als Abgabe sui generis ab, da eine solche Zuordnung keine Erhebungs- und Bemessungsprinzipien enthalte und darüber hinaus keinerlei Missbrauchsresistenz aufweise. Stattdessen nimmt *Fiebig* einen eigenen Einordnungsversuch vor, um solche Kriterien zu schaffen. Worin in diesem Ansatz der Unterschied zu der Annahme einer Abgabe sui generis liegt, bei der die allgemeinen verfassungsrechtlichen Voraussetzungen erfüllt sein müssen und zudem aufgrund der Ähnlichkeit mit hergebrachten Abgabetypen bestimmte Anforderungen geschaffen werden können, vermag *Fiebig* nicht überzeugend zu begründen, da auch er letztlich nur Kriterien anderer Abgabearten aufgreift und diese zu einem allgemeinen Rechtsrahmen für die Rundfunkgebühr verwenden möchte. Eine solche Möglichkeit besteht jedoch auch innerhalb der Einordnung zur Abgabe sui generis, ohne jedoch gleichzeitig einen eigenen, neuen Abgabetypus zu kreieren, der ausschließlich auf den einen Fall der Rundfunkgebühr anwendbar ist.

bearten unmöglich machen. Aus diesem Grunde muss, mangels verfassungsrechtlicher Vorgaben für Abgaben sui generis, geklärt werden, inwieweit die speziellen, anderen Abgabearten zuzuordnenden finanzverfassungsrechtlichen Regelungen erfüllt sein müssen[232]. Aufgrund der Ähnlichkeit der Rundfunkgebühr mit Steuer, Gebühr und Beitrag liegt es nahe, Anforderungen aus diesen Bereichen aufzustellen. Darüber hinaus bedarf es eines kritischen Blicks auf die Erfüllung der übrigen verfassungsrechtlichen Vorgaben, damit die Rundfunkgebühr nicht jenseits der grundgesetzlichen Anforderungen in gewisser Weise beliebig erhoben wird. Auch für die Rundfunkgebühr bedarf es eines Rechtsrahmens, der sich aus dem Grundgesetz zu ergeben hat.

B. Das Verfahren zur Festlegung der Höhe der Rundfunkgebühr

Das derzeitige Verfahren zur Festlegung der Höhe der Rundfunkgebühr basiert maßgeblich auf der Rechtsprechung des Bundesverfassungsgerichts zu Art. 5 Abs. 1 S. 2 GG. Dieses Verfahren hat das Bundesverfassungsgericht durch die beiden Rundfunkgebührenurteile[233] in seinen Grundpfeilern festgelegt. Gleichzeitig basiert die Rundfunkgebührenrechtsprechung auf der *allgemeinen* Rechtsprechung zur Rundfunkfreiheit, die den maßgeblichen Grundsatz der Staatsfreiheit postuliert hat. Aus diesem Grund widmet sich der folgende Abschnitt zunächst der verfassungsrechtlichen Grundlage, also der Auslegung der Rundfunkfreiheit aus Art. 5 Abs. 1 S. 2 GG[234] (I.). Im Anschluss werden die Details des Verfahrens zur Festlegung der Rundfunkgebührenhöhe dargestellt (II.).

---

232 Vgl. in dieser Richtung auch *P. Kirchhof*, in: HStR V, § 119 Rn. 107f.

233 BVerfGE 90, 60; 119, 181.

234 Die Frage der Grundrechtsfähigkeit der öffentlich-rechtlichen Rundfunkanstalten wird in dieser Arbeit nicht näher beleuchtet. Nach ganz herrschender Meinung kommt ihnen Grundrechtsfähigkeit in Bezug auf die Rundfunkfreiheit zu, vgl. BVerfGE 31, 314 (322); *Bethge*, in: Sachs, GG, Art. 5 Rn. 107; *Degenhart*, in: BK, Art. 5 Abs. 1 und 2 Rn. 764; *Frye*, Staatsaufsicht, S. 74; *Löwer*, in: HStR III, § 70 Rn. 181; *Starck*, in: v. Mangoldt/Klein/Starck, Grundgesetz, Art. 5 Abs. 1, 2 Rn. 125, 185; *Stern*, in: Stern, Staatsrecht, Bd. 4/1, S. 1694f.; a.A. mit unterschiedlicher Begründung *Hain*, Rundfunkfreiheit, S. 135ff.; *Hummel*, in: DVBl. 2008, S. 1215ff.; ausführlich und kritisch zur Rechtsprechung des Bundesverfassungsgerichts auch der Überblick bei *Schnapp*, in: Merten/Papier (Hrsg.), HGR II, § 52.

I. Verfassungsrechtliche Grundlage

Die verfassungsrechtliche Grundlage für das Verfahren zur Festlegung der Rundfunkgebührenhöhe wird der Rundfunkfreiheit des Art. 5 Abs. 1 S. 2 GG entnommen (1.). Im Folgenden wird auf das ebenfalls aus der Rundfunkfreiheit hergeleitete „Subgrundrecht" der Staatsfreiheit des Rundfunks eingegangen (2.).

1. Inhalte des Art. 5 Abs. 1 S. 2 Var. 2 GG

Kaum eine Materie im Verfassungsrecht ist so stark durch die Rechtsprechung des Bundesverfassungsgerichts geprägt wie die Auslegung der Rundfunkfreiheit[235]. Aus der prägnanten Aussage des Art. 5 Abs. 1 S. 2 GG, dass die Freiheit der Berichterstattung durch Rundfunk gewährleistet wird, hat das Bundesverfassungsgericht in zahlreichen Entscheidungen eine ausführliche und differenzierte Verfassungsauslegung konstruiert, die ihm den wohl nicht ganz unberechtigten Vorwurf, auf diesem Feld „Ersatzgesetzgeber" zu sein, bescherte[236]. Aus diesem Grund wird zunächst die Rechtsprechung des Bundesverfassungsgerichts näher beleuchtet (a), bevor auf die Kritik und somit die Auslegungen der Literatur (b) intensiver eingegangen wird.

---

235 *Koreng*, in: AfP 2009, S. 117 (118) spricht von einer „einmaligen interpretatorischen Leistung" der es bedurfte, um aus Art. 5 Abs. 1 S. 2 GG ein derart komplexes Regelwerk zu entwickeln.

236 Vgl. *Bethge*, in: ZUM 1991, S. 337 (338); *dens.*, in: ZUM 1995, S. 514 (514); *v. Münch*, in: FS Selmer, S. 821 (829); *Stock*, in: NJW 1987, 217ff.; *Wilhelmi*, Verfassungsrechtliche Probleme, S. 179; *Kloepfer*, Informationsrecht, § 14 Rn. 1 spricht von „Rundfunkverfassungsrecht als Richterrecht"; s. zur Bedeutung der Verfassungsgerichtsrechtsprechung auch *Dörr*, in: VerwArch 92 (2001), S. 149ff.; neuerdings taucht auch der Begriff des „case law" auf, vgl. *Lehr*, in: Johlen/Oerder (Hrsg.), MAH Verwaltungsrecht, § 23 Rn. 2 sowie auch *M. Müller*, in: AfP 2009, S. 433 (433); s. auch *Böckenförde*, Lage der Grundrechtsdogmatik, S. 54ff.; zum Richterrecht in der Demokratie im Allgemeinen vgl. *v. Dücker*, in: FS Maurer, S. 49ff.; kritisch zu den weitgehenden Interpretationen der Rundfunkfreiheit durch das Bundesverfassungsgericht auch *Ossenbühl*, in: FS 50 Jahre BVerfG, S. 33 (44), der das Bundesverfassungsgericht jedoch nicht als Ersatzgesetzgeber, sondern als praeceptor legislatoris ansieht; ähnlich auch *Engel*, in: AfP 1994, S. 185 (186) der das Bundesverfassungsgericht als „Präzeptor" des Gesetzgebers bezeichnet und feststellt, dass dieses den Gesetzgeber „offensichtlich entmannt" habe; weiter geht nunmehr *v. Münch*, in: FAZ vom 14. Dezember 2010, S. 35, der formuliert, dass „die Rolle des Bundesverfassungsgerichts bei der Ausgestaltung des Rundfunkrechts gar nicht hoch genug veranschlagt werden kann: ‚Ersatzgesetzgeber' ist insoweit eine noch sehr milde Beschreibung".

a) Rechtsprechung des Bundesverfassungsgerichts

aa) Deutschland-Fernsehen – Erste Rundfunkentscheidung

In seinem Ersten Rundfunkurteil vom 28. Februar 1961[237], das auch als „Magna Charta" der Rundfunkfreiheit bezeichnet wird[238], hatte das Bundesverfassungsgericht darüber zu entscheiden, ob die durch *Konrad Adenauer* initiierte Gründung der „Deutschland-Fernsehen-GmbH" als zweitem deutschen Fernsehprogramm gegen das Grundgesetz verstoßen hat. Dies wurde vom Bundesverfassungsgericht schon wegen der fehlenden Kompetenz des Bundes für das Rundfunkwesen mit Ausnahme des sendetechnischen Bereichs bejaht[239]. Darüber hinaus enthielt das Urteil auch Ausführungen zur Interpretation des Art. 5 Abs. 1 S. 2 GG. Der Vergleich mit der Pressefreiheit zeige, dass auch der Rundfunk mehr als nur „Medium" der öffentlichen Meinungsbildung sei, er sei vielmehr ein eminenter „Faktor" derselben. Dementsprechend sei die institutionelle Freiheit für den Rundfunk nicht weniger wichtig als für die Presse. Zudem führt das Gericht aus, dass trotz des Wortlauts des Art. 5 Abs. 1 S. 2 GG, in dem lediglich die „Berichterstattung" erwähnt wird, nicht nur Nachrichtensendungen und ähnliches gewährleistet würden, sondern auch Sendungen außerhalb der eigentlichen Information und des politischen Bereichs. Weiter heißt es:

> „Der Unterschied zwischen Presse und Rundfunk besteht aber darin, daß innerhalb des deutschen Pressewesens eine relativ große Zahl von selbständigen und nach ihrer Tendenz, politischen Färbung oder weltanschaulichen Grundhaltung miteinander konkurrierenden Presseerzeugnissen existiert, während im Bereich des Rundfunks sowohl aus technischen Gründen als auch mit Rücksicht auf den außergewöhnlich großen finanziellen Aufwand für die Veranstaltung von Rundfunkdarbietungen die Zahl der Träger solcher Veranstaltungen verhältnismäßig klein bleiben muß. Diese Sondersituation im Bereich des Rundfunkwesens erfordert besondere Vorkehrungen zur Verwirklichung und Aufrechterhaltung der in Art. 5 GG gewährleisteten Freiheit des Rundfunks."[240]

Diese Vorkehrungen bestünden z.B. in der Organisation als Anstalten des öffentlichen Rechts ohne staatlichen Einfluss bzw. mit einer lediglich beschränkten staatlichen Rechtsaufsicht, auch wenn private Organisationsformen vom Bundesverfassungsgericht explizit nicht ausgeschlossen werden. Art. 5 GG ver-

---

237 Zum Folgenden insgesamt BVerfGE 12, 205 (260ff.).

238 Vgl. z.B. *Dörr*, in: VerwArch 92 (2001), S. 149 (151); *Fechner*, Entscheidungen, S. 288; *Hain*, in: JZ 2008, S. 128 (129); *Kloepfer*, Technik und Recht, S. 237ff.; *Ladeur/Gostomzyk*, in: JuS 2002, S. 1145 (1147).

239 BVerfGE 12, 205 (205, Ls. 3a)).

240 BVerfGE 12, 205 (261).

lange jedoch, dass der Rundfunk „weder dem Staat noch *einer* gesellschaftlichen Gruppe ausgeliefert wird“[241]. Der Rundfunk müsse durch die staatliche Rundfunkordnung so organisiert werden, dass ein Mindestmaß an inhaltlicher Ausgewogenheit, Sachlichkeit und gegenseitiger Achtung gewährleistet sei. Dies sei bei der Deutschland-Fernsehen-GmbH, die völlig in der Hand des Staates lag, nicht der Fall.

bb) Umsatzsteuer – Zweite Rundfunkentscheidung

In der Zweiten Rundfunkentscheidung vom 27. Juli 1971[242] wurde die Frage beantwortet, ob der Bund eine Umsatzsteuerpflicht für die öffentlich-rechtlichen Rundfunkanstalten einführen konnte, ob der Bund also die Tätigkeit der Rundfunkanstalten in eine Tätigkeit beruflicher oder gewerblicher Art umdeuten durfte. Gleichzeitig steht die Frage der Beschwerdebefugnis der öffentlich-rechtlichen Rundfunkanstalten, die letztlich vom Bundesverfassungsgericht bejaht wird, im Mittelpunkt der Entscheidung. Das Bundesverfassungsgericht spricht sich darüber hinaus klar dafür aus, dass es eines Eingreifens des Staates in Bezug auf die Rundfunkordnung bedürfe:

> „Der Rundfunk ist, nicht zuletzt infolge der Entwicklung der Fernsehtechnik, zu einem der mächtigsten Kommunikationsmittel und Massenmedien geworden, das wegen seiner weitreichenden Wirkungen und Möglichkeiten sowie der Gefahr des Mißbrauchs zum Zweck einseitiger Einflußnahme auf die öffentliche Meinung nicht dem freien Spiel der Kräfte überlassen werden kann.“[243]

Weiter heißt es, dass die öffentlich-rechtlichen Rundfunkanstalten eine Tätigkeit nicht im gewerblichen, sondern im öffentlich-rechtlichen Bereich wahrnähmen[244], die eine integrierende Funktion für das Staatsganze hätte. Diese habe allerdings staatsfrei und unter Beteiligung aller relevanten gesellschaftlichen Kräfte zu erfolgen[245]. Auch könne von der zu zahlenden Rundfunkgebühr nicht auf eine gewerbliche Natur der Rundfunkdarbietung geschlossen werden, da die Rundfunkgebühr nicht Gegenleistung für eine Leistung sei, sondern das von den

241 BVerfGE 12, 205 (262) (Hervorhebung im Original vorhanden).

242 Zum Folgenden insgesamt BVerfGE 31, 314 (325ff.).

243 BVerfGE 31, 314 (325).

244 Zur Frage, ob die öffentlich-rechtlichen Rundfunkanstalten eine öffentliche Aufgabe wahrnehmen und der mittelbaren Staatsverwaltung zuzuordnen sind *Hain*, in: K&R 2010, S. 242ff.

245 Ausführlich zum Grundsatz der Staatsfreiheit im Rahmen der Rundfunkfreiheit unten 1. Kap. B. I. 2.

Ländern eingeführte Mittel zur Finanzierung der Gesamtveranstaltung Rundfunk. Aus diesem Grund war die durch den Bund beschlossene Ausweitung der Umsatzsteuer auf die öffentlich-rechtlichen Rundfunkanstalten verfassungswidrig.

Zur Gebührenerhebung wird in einem Sondervotum der Richter *Geiger*, *Rinck* und *Wand* festgestellt:

> „[Die] Höhe [der Gebühr] wird nicht, wie es dem Grundsatz der Freiheit und Unabhängigkeit vom Staat entsprechen würde, von den Organen der Anstalt, sondern vom Staat festgesetzt; die Ministerpräsidenten der Länder vereinbaren sie, die Länder schließen einen entsprechenden Staatsvertrag und die Landesparlamente stimmen dem Staatsvertrag zu. Die darin liegende Einschränkung des Grundsatzes der Freiheit und Unabhängigkeit vom Staat ist gerechtfertigt im Hinblick darauf, daß das jedem Großunternehmen mit einer faktischen Monopolstellung eigentümliche Interesse an Erhöhung seiner Finanzmittel die Gefahr in sich birgt, daß bei der Bestimmung der Gebührenhöhe nicht nach dem Grundsatz größtmöglicher Sparsamkeit verfahren wird, die Monopolstellung ausgenutzt wird und die Interessen der Rundfunk- und Fernsehteilnehmer zu kurz kommen. Die Festsetzung der Gebühr durch den Staat ist andererseits mit jenem Grundsatz der Freiheit und Unabhängigkeit der Anstalt vom Staat vereinbar, als dieser nicht über seine Entscheidungszuständigkeit Einfluß auf das Programm zu nehmen versucht, also eine ausreichende Finanzierung der Anstalten sichert."[246]

Somit wird – wenn auch nur in einem Sondervotum – bereits auf den problematischen Ausgleich zwischen der Staatsfreiheit des Rundfunks und der gleichzeitigen Finanzgewährleistung durch den Staat hingewiesen und Letztere als gerechtfertigt angesehen.

cc) FRAG – Dritte Rundfunkentscheidung

Die FRAG-Entscheidung des Bundesverfassungsgerichts[247] erging am 16. Juni 1981 zum Saarländischen Rundfunkgesetz. In diesem war vorgesehen, dass private Rundfunkanbieter zugelassen werden könnten. Ein Antrag der FRAG (Freie Rundfunkgesellschaft) auf Erteilung einer Konzession wurde jedoch abgelehnt[248]. Das Bundesverfassungsgericht sieht in Art. 5 Abs. 1 S. 2 GG eine „dienende Freiheit". Die Rundfunkfreiheit sei also kein Selbstzweck, sondern diene

> „der Gewährleistung freier individueller und öffentlicher Meinungsbildung, dies in einem umfassenden, nicht auf bloße Berichterstattung oder die Vermittlung politi-

246 BVerfGE 31, 314 (345), Sondervotum der Richter *Geiger*, *Rinck* und *Wand*.

247 Zum Folgenden insgesamt BVerfGE 57, 295 (319ff.).

248 BVerfGE 57, 295 (302f.).

scher Meinungen beschränkten, sondern jede Vermittlung von Information und Meinung umfassenden Sinne"[249].

Die freie Meinungsbildung bestehe nicht nur aus der Meinungsäußerungsfreiheit, sondern ebenso aus der Freiheit, geäußerte Meinungen zur Kenntnis zu nehmen, sich also zu informieren. Die Meinungsfreiheit sei ein objektives Prinzip der Gesamtrechtsordnung, „wobei subjektiv- und objektivrechtliche Elemente einander bedingen und stützen (vgl. BVerfGE 7, 198 [204f.] – Lüth)."[250] Für eine individuelle und öffentliche Meinungsbildung durch den Rundfunk müsse der Rundfunk selbst von staatlicher Beherrschung und Einflussnahme frei sein. Diesbezüglich sei Art. 5 Abs. 1 S. 2 GG ein klassisches Abwehrrecht. Jedoch sei es gleichzeitig Aufgabe des Gesetzgebers, eine positive Ordnung zu schaffen, die gewährleiste,

> „daß die Vielfalt der bestehenden Meinungen im Rundfunk in möglichster Breite und Vollständigkeit Ausdruck findet und daß auf diese Weise umfassende Information geboten wird."[251]

Hierbei fänden die Grundsätze der Wesentlichkeitstheorie Anwendung, so dass das zur Gewährleistung der Rundfunkfreiheit Wesentliche vom Parlament selbst bestimmt werden müsse. Dem Gesetzgeber wurde also durch das Bundesverfassungsgericht aufgegeben, eine Rundfunkordnung zu schaffen, die die Pluralität der Meinungen widerspiegelt. Wie diese Rundfunkordnung im Einzelnen auszusehen hat, sei dem Gesetzgeber überlassen, solange nur die freie, umfassende und wahrheitsgemäße Meinungsbildung gewährleistet und der Rundfunk nicht einer oder einzelnen gesellschaftlichen Gruppen ausgeliefert werde[252]. Dies gelte auch, wenn aufgrund der modernen Entwicklung eine Sondersituation des Rundfunks entfalle. Durch diese Erkenntnis gibt das Bundesverfassungsgericht seine bisherige Sichtweise auf, nach der es eine Sondersituation aufgrund der eingeschränkten Frequenzen angenommen hatte. Gleichwohl sei eine positive Ordnung notwendig, da ein „Meinungsmarkt" nicht – wie im Pressewesen – automatisch durch eine größere Anzahl an Rundfunkanbietern entstehe. Auch eine Sicherung der Meinungspluralität ausschließlich durch die öffentlich-rechtlichen

---

249 BVerfGE 57, 295 (319).

250 BVerfGE 57, 295 (319f.).

251 BVerfGE 57, 295 (320).

252 Vgl. zum gesetzgeberischen Ermessen, die verfassungsgerichtliche Formulierung richtigerweise einschränkend, *Bethge*, Verfassungsrechtliche Position, S. 20f., 38f.; s. hierzu auch *Gersdorf*, in: Mainzer Rechtshandbuch, S. 81 (84ff.); eingehender zum Postulat der „dienenden Freiheit" vgl. *Mahrenholz*, in: ZUM 1995, S. 508 (508ff.); *Rühl*, in: ZUM 1995, S. 167 (167f.).

Anstalten bei gleichzeitiger einseitiger Berichterstattung durch private Sender würde das Gleichgewicht des „Zu-Wort-Kommens“ stören oder aufheben.

Das Bundesverfassungsgericht lässt dem Gesetzgeber zwar einigen Spielraum bei der Regelung einer Rundfunkordnung, die auch private Anbieter zulassen kann. Gleichzeitig gibt es klare Vorgaben, worauf der Gesetzgeber zu achten hat und durch welche Maßnahmen die Rundfunkfreiheit gewährleistet werden kann. Dies könnte demnach sowohl ein binnen- wie auch ein außenpluralistisches Modell sein, wobei die Etablierung eines außenpluralistischen Modells aus Sicht des Bundesverfassungsgerichts deutlich größere Probleme aufwerfen würde. Binnenpluralistisch ist der Rundfunk, wenn durch die Organisation der einzelnen Rundfunkanstalt bereits Vielfalt in den Gremien herrscht und dadurch ebenfalls im Programm gewährleitet wird. Außenpluralistisch ist hingegen ein Rundfunk, bei dem durch eine Vielzahl verschiedener Rundfunkprogramme mit unterschiedlichen Ausrichtungen die Vielfalt hergestellt wird. Ein Kernpunkt des Urteils ist die Interpretation des Art. 5 Abs. 1 S. 2 GG als dienender Freiheit, die in erster Linie eine institutionelle Interpretation darstellt. Das klassische Abwehrrecht stehe demnach nicht im Mittelpunkt dieses Grundrechts[253].

dd) Niedersachsen – Vierte Rundfunkentscheidung

Im Vierten Rundfunkurteil vom 4. November 1986[254] war über die Rechtmäßigkeit des Niedersächsischen Rundfunkgesetzes zu befinden. Hierbei urteilte das Bundesverfassungsgericht, dass die unerlässliche „Grundversorgung“ Sache der öffentlich-rechtlichen Rundfunkanstalten sei, wodurch der öffentlich-rechtliche Rundfunk in seiner besonderen Eigenart seine Rechtfertigung finde[255]. Insgesamt festigt und konkretisiert das Urteil die bisherige Rechtsprechung des Verfassungsgerichts, fügt aber den Begriff der Grundversorgung ein und erläutert, dass nur die öffentlich-rechtlichen Sender zu ihrer Sicherung in der Lage seien. Die privaten Sender „vermögen der Aufgabe umfassender Information nicht in vollem Ausmaß gerecht zu werden.“[256] Zum einen erreichten die privaten Sender nicht die gesamte Breite der Bevölkerung, zum anderen stehe aber auch die Werbefinanzierung der Gewährleistung einer Grundversorgung im Weg:

---

253 Vgl. auch die Urteilsanmerkungen von *Kull*, in: AfP 1981, S. 378ff.; *Ricker*, in: NJW 1981, S. 1925ff.; *Scholz*, in: JZ 1981, S. 561ff.

254 Zum Folgenden insgesamt BVerfGE 73, 118 (155ff.).

255 BVerfGE 73, 118 (118, Ls. 1a)).

256 BVerfGE 73, 118 (155).

„[Die Einnahmen aus Wirtschaftswerbung] können nur dann ergiebiger fließen, wenn die privaten Programme hinreichend hohe Einschaltquoten erzielen. Die Anbieter stehen deshalb vor der wirtschaftlichen Notwendigkeit, möglichst massenattraktive, unter dem Gesichtspunkt der Maximierung der Zuschauer- und Hörerzahlen erfolgreiche Programme zu möglichst niedrigen Kosten zu verbreiten. Sendungen, die nur für eine geringe Zahl von Teilnehmern von Interesse sind und die oft – wie namentlich anspruchsvolle kulturelle Sendungen – einen hohen Kostenaufwand erfordern, werden in der Regel zurücktreten, wenn nicht gänzlich fehlen, obwohl erst mit ihnen die ganze Breite umfassender Information zu erreichen ist, ohne die es keine ‚Meinungsbildung' im Sinne der Garantie des Art. 5 Abs. 1 Satz 2 GG geben kann."[257]

Da diese Problematik bei den öffentlich-rechtlichen Sendeanstalten nicht bestehe, seien diese gefordert, die Grundversorgung sicherzustellen, wobei hierzu nicht nur bloße politische Information zu zählen sei, sondern auch Unterhaltungs- und Kulturprogramme gehörten. Gleichzeitig könnten wegen der bereits bestehenden Grundversorgung durch die öffentlich-rechtlichen Anstalten in der neuen dualen Rundfunkordnung in Bezug auf die Breite des Programmangebots und die Sicherung gleichgewichtiger Vielfalt im privaten Rundfunk geringere Anforderungen gestellt werden. Letztlich wird der Sache nach mit der Rundfunkgebühr somit nicht lediglich das Programm des öffentlich-rechtlichen Rundfunks bezahlt, sondern vielmehr das gesamte duale Rundfunksystem erst ermöglicht. Gäbe es die durch die Rundfunkgebühr finanzierten öffentlich-rechtlichen Rundfunkanstalten nicht oder nicht in der heutigen Form, müssten auch an die privaten Anbieter höhere Anforderungen hinsichtlich Qualität und Ausgewogenheit des Programms gestellt werden. Entsprechend ergibt sich hieraus, dass eine Zahlungspflicht auch beim ausschließlichen Empfang von Sendungen des privaten Rundfunks bestehen muss, da dieser – wenn auch nicht unmittelbar finanziell – von der Rundfunkgebühr profitiert[258].

Das Urteil ist ein großer Schritt hin zur dualen Rundfunkordnung, die in der Bundesrepublik Deutschland seit den 1980er-Jahren geschaffen wurde. Gleichzeitig weist das Bundesverfassungsgericht dem öffentlich-rechtlichen Rundfunk eine entscheidende Rolle in der Rundfunkordnung zu, die in den folgenden Rundfunkentscheidungen weiter konkretisiert wurde[259].

---

257 BVerfGE 73, 118 (155f.).

258 Vgl. hierzu auch *Degenhart*, in: BK, Art. 5 Abs. 1 und 2 Rn. 810; *Ory*, in: ZUM 1994, S. 610 (612f.); *Pieper/Hess*, in: ZUM 1994, S. 484 (485f.).

259 Vgl. auch die Urteilsanmerkungen von *Bethge*, in: ZUM 1987, S. 199ff.; *Fuhr*, in: ZUM 1987, S. 145ff.; kritisch, insbesondere zur Frage der bestehenden „Sondersituation",

ee) Baden-Württemberg – Fünfte Rundfunkentscheidung

In seinem Baden-Württemberg-Beschluss vom 24. März 1987[260] bestätigt das Bundesverfassungsgericht seine Rechtsprechung zur Gewährleistung der Grundversorgung. Es stellt klar, dass es sich bei der Grundversorgung weder um eine Art Mindestversorgung noch um eine Grenzziehung in dem Sinn handele, dass der Grundversorgung zuzurechnende Programme dem öffentlich-rechtlichen, alle übrigen dem privaten Rundfunk vorbehalten seien. Demnach gehöre zur Grundversorgung

> „eine Übertragungstechnik, bei der ein Empfang der Sendungen für alle sichergestellt ist […]; weiterhin der inhaltliche Standard der Programme im Sinne eines Angebots, das nach seinen Gegenständen und der Art ihrer Darbietungen oder Behandlung dem dargelegten Auftrag des Rundfunks nicht nur zu einem Teil, sondern voll entspricht; schließlich die wirksame Sicherung gleichgewichtiger Vielfalt in der Darstellung der bestehenden Meinungsrichtungen durch organisatorische und verfahrensrechtliche Vorkehrungen."[261]

Ferner stellt das Bundesverfassungsgericht fest, dass zur Erfüllung dieser Aufgabe ein Anspruch auf hinreichende Sicherung der Finanzierung bestehe. Diese Finanzierung müsse nicht Werbeeinnahmen beinhalten, wenn die Finanzierung auf andere Art vom Gesetzgeber gesichert werde. In keinem Fall dürfe aber die Finanzierung durch den Gesetzgeber beschränkt werden, um Einfluss auf die Art der Programmgestaltung oder gar auf den Inhalt einzelner Programme auszuüben und damit Gebote oder Verbote der Rundfunkfreiheit zu unterlaufen. Insgesamt wurde durch den Baden-Württemberg-Beschluss die Rechtsstellung der öffentlich-rechtlichen Anstalten gegenüber dem Gesetzgeber gestärkt und seine Position innerhalb der dualen Rundfunkordnung gefestigt[262].

Seemann, in: DÖV 1987, S. 127ff.; s. auch die Dokumentation der Schriftsätze und des Urteils bei *Hoffmann-Riem/Starck* (Hrsg.), Niedersächsisches Rundfunkgesetz.

260 Zum Folgenden insgesamt BVerfGE 74, 297 (325ff.).

261 BVerfGE 74, 297 (326).

262 Vgl. *Fechner*, Entscheidungen, S. 320f.; s. hierzu auch die Urteilsbesprechungen von *Kull*, in: AfP 1987, S. 568ff.; *Ory*, in: ZUM 1987, S. 427ff.; *Schmitt Glaeser*, in: DÖV 1987, S. 837ff.; *Seemann*, in: DÖV 1987, S. 844ff.; s. auch die Dokumentation des Verfahrens bei *Wittig-Terhardt/Rüggeberg* (Hrsg.), Landesmediengesetz Baden-Württemberg.

ff) WDR-Gesetz – Sechste Rundfunkentscheidung

Das Urteil zum WDR-Gesetz vom 5. Februar 1991[263] bestätigt die bisherige Rechtsprechung in dem Punkt, dass die Ausgestaltung der Rundfunkordnung eine gesetzgeberische Entscheidung sei und diese nicht an der konsistenten Verwirklichung des einmal gewählten Modells, sondern vielmehr allein an der Gewährleistung freier und umfassender Berichterstattung gemessen werde. Zugunsten der öffentlich-rechtlichen Rundfunkanstalten wird von einer „Bestands- und Entwicklungsgarantie“ ausgegangen, die

> „im dualen Rundfunksystem verfassungsrechtlich geboten [ist], solange die privaten Veranstalter den klassischen Rundfunkauftrag, von dem Art. 5 Abs. 1 S. 2 GG ausgeht, nicht in vollem Umfang erfüllen (vgl. BVerfGE 73, 118 [155ff.]). [...] Angesichts der schnellen Entwicklung des Rundfunkwesens, namentlich der Rundfunktechnik, würde eine auf den gegenwärtigen Zustand bezogene Garantie nicht ausreichen, die Wahrnehmung der Grundversorgungsaufgabe sicherzustellen.“[264]

Bezüglich der Finanzierung des Rundfunks weist das Bundesverfassungsgericht auf das Dilemma hin, dass eine Finanzierung durch Gebühren oder Haushaltsmittel Möglichkeiten der politischen Einflussnahme eröffne, während eine Werbefinanzierung kommerziellen Interessen Einfluss auf das Programm verschaffe. Entsprechend sei eine Mischfinanzierung geeignet, einseitige Abhängigkeiten zu lockern. Zudem wird eine Regelung des WDR-Gesetzes, die es dem Staat erlaubt, frei werdende Übertragungskapazitäten zuzuordnen, als Verstoß gegen die Staatsfreiheit des Rundfunks gewertet, da über eine solche Vergabe eine Einflussnahme auf das Programm nicht wirksam ausgeschlossen würde. Dies gelte nicht nur für die Exekutive, sondern auch für das Parlament und seine Unterorgane. Das Urteil klärt insgesamt weitere Anforderungen an die Rundfunkordnung, verweist aber vielfach auf Gestaltungsspielräume des Gesetzgebers z.B. in Bezug auf das Rundfunkmodell, die aber durch die klaren Grenzziehungen des Bundesverfassungsgerichts stark eingeschränkt sind[265].

---

263 Zum Folgenden insgesamt BVerfGE 83, 238 (296ff.).

264 BVerfGE 83, 238 (299).

265 Vgl. auch die Urteilsbesprechungen von *Berg*, in: MP 1991, S. 217ff.; *Degenhart*, in: DVBl. 1991, S. 510ff.; *Kull*, in: AfP 1991, S. 716ff.; *Ory*, in: AfP 1991, S. 402ff.; *Stock*, in: MP 1991, S. 133ff.; s. auch ausführlich zum Urteil *Kohl* (Hrsg.), Freiheit des Rundfunks.

gg) Hessen 3 – Siebte Rundfunkentscheidung

In seinem Beschluss vom 6. Oktober 1992[266] befasst sich das Bundesverfassungsgericht erstmalig ausführlicher mit der Rundfunkfinanzierung. Bestätigt wird die Finanzierungspflicht des Staates, mit der ein Recht der Anstalten korrespondiere, die zur Erfüllung ihrer Aufgaben erforderlichen Mittel zu erhalten. Grundsätzlich sei es Sache des Gesetzgebers, wie er diese verfassungsrechtliche Pflicht erfülle, allerdings erfordere Art. 5 Abs. 1 S. 2 GG – nach dieser Entscheidung im Übrigen ein Grundrecht, das seinen Trägern nicht zum Zweck der Persönlichkeitsentfaltung oder Interessenverfolgung eingeräumt sei – eine funktionsgerechte Finanzierung: „[w]as die Verfassung in funktionaler Hinsicht verlangt, darf der Gesetzgeber nicht mit finanziellen Regelungen durchkreuzen.“[267] Zudem sei die dem öffentlich-rechtlichen Rundfunk gemäße Art der Finanzierung die Gebührenfinanzierung, auch wenn andere Finanzierungsquellen nicht untersagt seien, solange die Gebührenfinanzierung nicht in den Hintergrund gedrängt werde.

Den Rundfunkanstalten komme innerhalb der verfassungsrechtlichen Zielsetzung und gesetzlichen Aufgabenzuweisung Programmautonomie zu. Den Gesetzgeber treffe jedoch keine Pflicht, jede Programmentscheidung der öffentlich-rechtlichen Rundfunkanstalten auch finanziell zu honorieren, da es nicht den Rundfunkanstalten überlassen werden könne zu bestimmen, was zur Funktionserfüllung erforderlich sei. Dies liege daran, dass diese „wie jede Institution ein Selbstbehauptungs- und Ausweitungsinteresse [haben], das sich gegenüber der ihnen auferlegten Funktion verselbständigen kann.“[268] Die Bestimmung der Gebührenhöhe könne jedoch aufgrund des engen Zusammenhangs zwischen Programmfreiheit und Finanzausstattung auch nicht dem „Gutdünken des Gesetzgebers“ überlassen bleiben[269]. Ob das zu dem Zeitpunkt bestehende Verfahren zur Festsetzung der Rundfunkgebührenhöhe verfassungsrechtlichen Ansprüchen genügt, lässt das Bundesverfassungsgericht bewusst offen. Das Urteil hebt deutlich die Programmautonomie des öffentlich-rechtlichen Rundfunks hervor, die durch den staatlichen Einfluss auf die Gebührenhöhe bedroht sei und stärkt dadurch das Prinzip der Staatsfreiheit. Gleichzeitig wird durch den Hinweis auf die Gebührenfinanzierung als derjenigen Finanzierung, die dem öffentlich-rechtlichen Rundfunk am ehesten entspricht, deutlich gemacht, dass die Gefahr

266 Zum Folgenden insgesamt BVerfGE 87, 181 (198ff.).
267 BVerfGE 87, 181 (198).
268 BVerfGE 87, 181 (202).
269 BVerfGE 87, 181 (202).

der Einflussnahme nicht allein durch den Staat droht. Dieses Dilemma wird durch die Hessen 3-Entscheidung klar benannt, jedoch nicht gelöst.

hh) Rundfunkgebühren I – Achte Rundfunkentscheidung

Die Achte Rundfunkentscheidung vom 22. Februar 1994[270] befasst sich ausführlich mit dem Verfahren zur Festlegung der Höhe der Rundfunkgebühr und den Grundsätzen der Rundfunkfinanzierung[271]. In Bezug auf die Rundfunkfreiheit und ihre bereits früher festgestellte „dienende Funktion" hebt das Bundesverfassungsgericht auf die besondere Bedeutung des Rundfunks für die Meinungsbildung ab, die aus seiner Breitenwirkung, Aktualität und Suggestivkraft folge:

> „Freie Meinungsbildung wird daher nur in dem Maße gelingen, wie der Rundfunk seinerseits frei, umfassend und wahrheitsgemäß informiert. Vom grundrechtlichen Schutz seiner Vermittlungsfunktion hängt folglich unter den Bedingungen der modernen Massenkommunikation die Erreichung des Normziels von Art. 5 Abs. 1 GG wesentlich ab."[272]

Dem Rundfunk komme somit die Autonomie zu, selbst zu bestimmen, was der gesetzliche Rundfunkauftrag in publizistischer Hinsicht verlange. Einflussnahmen drohten indes nicht nur von Seiten des Staates, sondern auch von „gesellschaftlichen Mächten". Aus diesem Grund müsse eine positive Ordnung sicherstellen, dass der Rundfunk die Vielfalt der Themen und Meinungen, die in der Gesellschaft eine Rolle spielten, aufnehme und wiedergebe. Eine Instrumentalisierung von staatlicher Seite, die nicht nur durch die Regierung, sondern auch durch die im Parlament vertretenen Parteien drohe, solle soweit wie möglich ausgeschlossen werden. Hierfür bedürfe es auch eines möglichst staatsfreien Verfahrens zur Festlegung der Höhe der Rundfunkgebühr, ohne dass Art. 5 Abs. 1 S. 2 GG ein eigenes Gebührenerhebungsrecht der öffentlich-rechtlichen Rundfunkanstalten erfordere[273].

ii) Kurzberichterstattung und Extra-Radio

Im Verlauf der 1990er-Jahre kam es zu weiteren Entscheidungen, die auf die Rundfunkfreiheit Bezug genommen haben. So wird in der Entscheidung zur

---

270 Zum Folgenden insgesamt BVerfGE 90, 60 (87ff.).

271 S. zu den Ausführungen zur Rundfunkfinanzierung in dieser Entscheidung ausführlich unten 1. Kap. B. II. 1.

272 BVerfGE 90, 60 (87).

273 BVerfGE 90, 60 (60, Ls. 1; 96ff.).

Kurzberichterstattung[274] die Rechtsprechungslinie des Bundesverfassungsgerichts bestätigt und die verfassungsrechtliche Notwendigkeit von pluraler Informationsvermittlung postuliert. Diese ergäbe sich aus Art. 5 Abs. 1 S. 2 GG, „weil medial vermittelte Information nicht lediglich Abbild der Wirklichkeit, sondern stets Ergebnis eines Auswahl-, Deutungs- und Aufbereitungsprozesses ist, das nur durch konkurrierende Auswahl-, Deutungs- und Aufbereitungsmuster relativiert werden kann."[275] Eine besondere Gefahrenlage bestehe dadurch, dass durch das Fernsehen wegen der zeitgleichen Berichterstattung in Bild und Ton der Anschein der Authentizität und des Miterlebens erweckt werde. Zudem sei es durch die bequeme Verfügbarkeit zu dem Medium geworden, aus dem der größte Teil der Bevölkerung seinen Bedarf an Informationen decke[276].

In seiner Extra-Radio-Entscheidung[277] ging es um die Zulassung privater Rundfunkveranstalter. Diese könnten sich demnach auch auf Art. 5 Abs. 1 S. 2 GG berufen, da die Rundfunkfreiheit gewährleiste, dass der Rundfunk frei von externer Einflussnahme über seine publizistische Aufgabe entscheiden könne und somit das Grundrecht allen natürlichen und juristischen Personen zustehe, die Rundfunkprogramme veranstalteten[278]. Eine besondere Gefährdung bestehe bei der Auswahl der Bewerber zur Lizenzerteilung und bei der Verlängerung der Lizenz durch den Staat, da sich nicht ausschließen lasse, „daß die Einstellung zu dem angebotenen Programm in die Auswahlentscheidung einfließt oder daß Bewerber schon im Vorfeld inhaltliche Anpassungen vornehmen, von denen sie sich eine Erhöhung ihrer Zulassungchancen versprechen."[279]

jj) Rundfunkgebühren II

Für diese Untersuchung zentral ist das Urteil vom 11. September 2007[280], bei dem es um die Weigerung der Länder ging, die Rundfunkgebühren entsprechend des Vorschlags der KEF anzuheben[281]. Im Ergebnis wurde die Weigerung als verfassungswidrig eingestuft, da die Abweichung vom KEF-Votum nach Auf-

---

274 BVerfGE 97, 228.
275 BVerfGE 97, 228 (258).
276 BVerfGE 97, 228 (256).
277 BVerfGE 97, 298.
278 BVerfGE 97, 298 (310).
279 BVerfGE 97, 298 (313).
280 Zum Folgenden insgesamt BVerfGE 119, 181 (214ff.).
281 S. zu dieser Frage im zweiten Rundfunkgebührenurteil noch ausführlicher unten 1. Kap. B. II. 2. c) bb) (2).

fassung des Bundesverfassungsgerichts nicht verfassungsgemäß begründet werden konnte. Auch in dieser Entscheidung wird die bisherige Rechtsprechung hinsichtlich der Interpretation der Rundfunkfreiheit bestätigt. Dies ist erwähnenswert, da dies die erste große Rundfunkentscheidung unter dem Einfluss der massiven Vermehrung der Übertragungskapazitäten und der Entwicklung der Medienmärkte ist. Das Bundesverfassungsgericht sieht die aufgestellten Anforderungen an die gesetzliche Ausgestaltung der Rundfunkordnung auch durch die Entwicklung von Kommunikationstechnologie und Medienmärkten nicht als überholt an, da diese zur Sicherung der Rundfunkfreiheit i.S.d. Art. 5 Abs. 1 S. 2 GG notwendig seien[282]. Die Bedeutung des Fernsehens sei sogar noch gewachsen, da bei den meisten Bürgern audiovisuelle Medien große Zeiteinheiten des Tagesablaufs prägten und „die neuen Technologien eine Vergrößerung und Ausdifferenzierung des Angebots und der Verbreitungsformen und -wege gebracht sowie neuartige programmbezogene Dienstleistungen ermöglicht haben."[283] Gleichzeitig habe die Gefahr der Vereinnahmung des Rundfunks, z.B. durch wirtschaftliche Ziele, weiter zugenommen, so dass ein freier Markt nicht automatisch das verfassungsrechtlich vorgegebene Vielfaltsziel erreichen würde. Aus diesem Grund sei an der geschaffenen dualen Rundfunkordnung festzuhalten, die es dem öffentlich-rechtlichen Rundfunk ermögliche, seinen klassischen Funktionsauftrag zu erfüllen.

kk) Parteibeteiligung an Rundfunkunternehmen

In seinem Urteil vom 12. März 2008[284], bei dem es um die Frage ging, ob politische Parteien Beteiligungen an privaten Rundfunkunternehmen haben dürfen, hat das Bundesverfassungsgericht schließlich festgestellt, dass der Gesetzgeber im Hinblick auf die besonderen Gegebenheiten des privaten Rundfunks an diesen nicht die gleichen verfassungsrechtlichen Anforderungen an dessen innere Ausgestaltung stellen muss wie an den öffentlich-rechtlichen Rundfunk. So sei für diesen z.B. keine binnenpluralistische Organisation erforderlich. Vor dem Hintergrund „der zunehmenden horizontalen und vertikalen Verflechtung auf den Medienmärkten und der auch in technischer Hinsicht damit einhergehenden Konvergenz der Medien" bestehe der Auftrag an den Gesetzgeber zur Ausge-

---

282 BVerfGE 119, 181 (181, Ls. 1); kritisch zu diesem Problemfeld *Jungheim*, in: ZUM 2008, S. 493 (494ff.), die das Urteil als eine verpasste Chance ansieht, „die Auslegung des Art. 5 Abs. 1 GG den veränderten Medienrealitäten anzupassen" (S. 499).

283 BVerfGE 119, 181 (215).

284 Zum Folgenden insgesamt BVerfGE 121, 30 (50ff.).

staltung der Rundfunkordnung fort[285]. Die technischen Fortschritte stellten den Gesetzgeber zwar vor neue Herausforderungen, ohne dass jedoch die Anforderungen an eine gesetzliche Ausgestaltung der Rundfunkordnung zur Sicherung der aus Art. 5 Abs. 1 S. 2 GG folgenden Rundfunkfreiheit dadurch überholt seien. Die Ausgestaltung der Rundfunkordnung diene der Sicherung der Meinungsvielfalt, so dass eine beherrschende Stellung des Staates über eine Rundfunkanstalt oder -gesellschaft ausgeschlossen werden müsse.

ll) Zusammenfassung

Das Bundesverfassungsgericht hat in seinen Entscheidungen zur Rundfunkfreiheit den Inhalt dieses Grundrechts maßgeblich geprägt. Es sieht Art. 5 Abs. 1 S. 2 GG nicht in erster Linie als Abwehrrecht an, sondern deutet ihn objektivrechtlich. Dies wird terminologisch verdeutlicht durch den Begriff der „dienenden Freiheit". Die Rundfunkfreiheit diene danach in erster Linie der Verwirklichung der Meinungsfreiheit, sei entsprechend funktionsgebunden und diene nicht der privatautonomen Persönlichkeitsentfaltung und Interessenverfolgung. Der Gesetzgeber habe eine positive Ordnung zu schaffen, die die Erreichung des Zwecks – also die Gewährleistung freier Meinungsbildung – ermögliche. Dabei habe in der gewählten dualen Ordnung der öffentlich-rechtliche Rundfunk die Aufgabe, die Grundversorgung mit Rundfunk sicherzustellen, was wiederum nicht als Mindestversorgung misszuverstehen sei[286]. Dem öffentlich-rechtlichen Rundfunk komme eine Bestands- und Entwicklungsgarantie zu, die vom Staat

285 BVerfGE 121, 30 (51).

286 Vgl. ausführlicher zu diesem zentralen, aber letztlich unklaren Begriff der Grundversorgung *Chen*, Grundversorgungsaufgabe, S. 46ff.; *Kübler*, Medien, S. 210ff. m.w.N.; *Mahrenholz*, in: FS Kübler, S. 251ff.; *Starck*, in: FS Stern, S. 777 (788f.); *dens.*, in: *v. Mangoldt/Klein/Starck*, Art. 5 Abs. 1, 2 Rn. 119ff.; *dens.*, in: NJW 1992, S. 3257ff.; s. auch *Kuch*, in: ZUM 1995, S. 161 (162) der feststellt, dass er, „obwohl der Begriff der Grundversorgung seit dem 4. Rundfunkurteil in seither also 5 Urteilen eine Rolle spielte – immer noch nicht weiß, was Grundversorgung eigentlich ist. Je nachdem, *wer* gerade mit dem Begriff der Grundversorgung hantiert, ist Grundversorgung entweder alles, was der öffentlich-rechtliche Rundfunk an Aktivitäten unternimmt, also etwa auch ein 5. oder 6. Hörfunkprogramm, oder aber es ist eine Art Minimalversorgung mit hohem kulturellen Anspruch, dem sich nur Minderheiten zu nähern wagen, also etwa im Sinne von ‚Arte'." (Hervorhebung im Original vorhanden); a.A. zur Frage der Definierbarkeit der Grundversorgung *Scheble*, in: ZUM 1995, S. 383ff., der durchaus die Möglichkeit sieht, aus den Vorgaben des Bundesverfassungsgerichts eine Definition zu entwickeln und diesen Versuch auch unternimmt.

bei der Finanzausstattung im Sinne einer funktionsgerechten Finanzierung zu honorieren sei. Die Gebührenfinanzierung sei hierbei die dem öffentlich-rechtlichen Rundfunk gemäße Art der Finanzierung. Zu berücksichtigen sei ferner, dass der Kern der Rundfunkfreiheit die Programmautonomie sei. Gleichzeitig wird das Prinzip der Staatsfreiheit betont, da der Rundfunk aufgrund seiner starken Suggestivwirkung für Einflussnahmen besonders anfällig sei und einmal entstandene Defizite in diesem Bereich schwer wieder zu beseitigen seien. Entsprechend komme dem Rundfunk eine Sonderstellung zu, die durch das Bundesverfassungsgericht an verschiedenen Stellen deutlich hervorgehoben wird.

b) Kritik an der Rechtsprechung des Bundesverfassungsgerichts

Die Rechtsprechung des Bundesverfassungsgerichts wird in der Literatur nicht einmütig unterstützt. Es gibt insbesondere Skepsis hinsichtlich der vom Bundesverfassungsgericht für die Rundfunkfreiheit entwickelten „Sonderdogmatik“[287]. Die Hauptkritikpunkte sind im Einzelnen die vom Bundesverfassungsgericht angenommene Sondersituation des Rundfunks, die Einordnung der Rundfunkfreiheit als vornehmlich objektives Recht sowie der damit verbundene Eingriff in die Rundfunkunternehmerfreiheit.

aa) Keine Sondersituation des Rundfunks

Eine Sondersituation des Rundfunks, insbesondere im Vergleich zur Presse, wurde zunächst mit der begrenzten Sendekapazität und dem großen finanziellen Aufwand begründet. Diese Argumentation des Bundesverfassungsgerichts wird bereits für den Zeitraum vor der Ausbreitung des privaten Rundfunks in Zweifel gezogen, da Presse und Fernsehen vergleichbar seien[288]. Mit Beginn der Verbreitung des privaten Rundfunks in den 1980er-Jahren sei eine Änderung bzw.

---

287 Vgl. zur „Sonderdogmatik“ des Rundfunks ausführlicher *Cornils*, Ausgestaltung, S. 54ff.

288 So z.B. *Herzog*, in: Maunz/Dürig, Grundgesetz, Art. 5 I, II Rn. 221ff., der darauf verweist, dass die Aussage des Bundesverfassungsgerichts zum finanziellen Aufwand und der daraus folgenden Notwendigkeit einer staatlichen Monopolisierung nicht belegt seien und zudem die neuere Technik das Problem der Wellenknappheit beseitigen würde; vgl. auch *Cornils*, Ausgestaltung, S. 69f.; *Jarass*, Massenmedien, S. 155ff.; *Kronsberger Kreis*, Mehr Markt – weniger Staat, S. 228f.; *Schmitt Glaeser*, in: AöR 112 (1987), S. 215 (218ff., 229f.); *Stober*, Grundrechtsschutz, S. 151f.

eine Besserung der Sondersituation einhergegangen[289]. Eine Sonderstellung der öffentlich-rechtlichen Rundfunkanstalten, wie sie in Deutschland vorherrschte, lasse sich nicht (mehr) rechtfertigen, da Presse und Rundfunk von Bedeutung, Funktion und Struktur gleichartig seien[290]. In der Tat lässt sich heute eine Sondersituation des Rundfunks nicht mehr mit einer nicht ausreichenden Anzahl an Frequenzen begründen, da diese inzwischen durch die technische Weiterentwicklung vorhanden sind. Zudem breitet sich gleichzeitig der Zeitungsmarkt durch rein werbefinanzierte, für den Nutzer also kostenlose Zeitungen auf bisher dem Rundfunk vorbehaltene Finanzierungskonzepte aus, so dass eine noch größere Übereinstimmung zwischen Rundfunk und Presse gegeben ist[291].

Dem stimmt das Bundesverfassungsgericht offenbar zu, und hat einen neuen Ansatz zur Begründung einer Sonderstellung entwickelt, nach der sich die Sondersituation aus der Breitenwirkung, Aktualität und Suggestivkraft des Rundfunks in Bezug auf die Meinungsbildung ergebe[292]. Diese führe zur Gefahr der sozialen Machtsteigerung, deren rechtliche Disziplinierung Aufgabe des Verfassungsstaates bleibe[293]. Dieser Befund wird sowohl in der rechtswissenschaftlichen[294] als auch in der kommunikationswissenschaftlichen Literatur kritisiert[295].

---

289 *Eberle*, in: Mainzer Rechtshandbuch, S. 1 (3f.); *Kleber*, Privater Rundfunk, S. 37ff.; *Schmitt Glaeser*, in: AöR 112 (1987), S. 215 (219); *Stober*, Grundrechtsschutz, S. 151.

290 *Charissé*, Rundfunkveranstalterfreiheit, S. 91f. m.w.N.; *Schmitt Glaeser*, in: AöR 112 (1987), S. 215 (230f.).

291 Vgl. *Kloepfer*, Technik und Recht, S. 260f.

292 Vgl. BVerfGE 90, 60 (87); 119, 181 (214f.); vgl. auch *Eberle*, in: Mainzer Rechtshandbuch, S. 1 (3ff.); *Stern*, in: Stern, Staatsrecht, Bd. 4/1, S. 1641ff. mit Hinweisen auf die geschichtliche Entwicklung der Verbreitung des Rundfunks; aus kommunikationswissenschaftlicher Sicht kritisch zur Einschätzung der Wirkung des Rundfunks *Neuberger*, in: AfP 2009, S. 537 (537f.); zur umgekehrten Fragestellung, also dem Einfluss der Medien (nicht nur des Rundfunks) auf die Politik, vgl. nun *Reinemann*, in: ZfP 2010, S. 278ff.

293 *Hoffmann-Riem*, in: RuF 43 (1995), S. 125 (130); *Schulze-Fielitz*, in: Dreier, Grundgesetz, Art. 5 I, II Rn. 55; *Starck*, in: v. Mangoldt/Klein/Starck, Grundgesetz, Art. 5 Abs. 1, 2 Rn. 115.

294 Die Auffassung des Bundesverfassungsgerichts kritisch sehen *Degenhart*, in: BK, Art. 5 Abs. 1 und 2 Rn. 643ff.; *Dittmann*, in: Liber amicorum Thomas Oppermann, S. 757 (782); *Hain*, Rundfunkfreiheit, S. 53ff.; *Hecker*, Medienmacht, S. 109ff.; *Scheel*, Rundfunkgebühr, S. 194ff.; *Scholz*, in: AfP 1995, S. 357 (358f.); die Auffassung des Bundesverfassungsgerichts teilen hingegen *Eberle*, in: FS Schweizer, S. 139 (142); *Faßbender*, in: NVwZ 2007, S. 1265 (1266); *Hasse*, Rundfunkfinanzierung, S. 56ff.; *Herrmann/Lausen*, Rundfunkrecht, S. 154ff.; *A. Hesse*, Rundfunkrecht, S. 67f.; *Hoffmann-Riem*, in: Benda/Maihofer/Vogel (Hrsg.), HdbVerfR, § 7 Rn. 30; *Schüller*, Auftragsde-

In Letzterer wird insbesondere auf die Wirkungen des Rundfunks bzw. der Massenmedien insgesamt auf die Rezipienten abgestellt, die nicht eine derart große Rolle spielten wie vom Bundesverfassungsgericht angenommen, die Wirkung des Rundfunks also überschätzt werde. So gebe es eine Reihe von Faktoren, die die individuelle Reaktion auf kommunikative Reize beeinflussten, die es zumindest fraglich erscheinen ließen, ob eine besondere Hervorhebung der massenmedialen Beeinflussungsmöglichkeiten gerechtfertigt sei. Als ein Beispiel wird von Kritikern die Wirkung von massenwirksamen Großveranstaltungen wie Demonstrationen angeführt (Montagsdemonstrationen in der DDR), die zeigten, dass der Druck von der Straße sehr effektiv sein könne, ohne dass jemand auf die Idee käme, die Versammlungsfreiheit ähnlich auszugestalten wie die Rundfunkfreiheit[296]. Eine besondere Wirkung des Fernsehens sei nicht erwiesen, so dass eine verfassungsrechtliche Sonderbehandlung des Rundfunks aufgrund von lediglich nicht ausgeschlossenen Gefahren nicht gerechtfertigt sei[297]. Darüber hinaus muss jedoch berücksichtigt werden, dass dem Rundfunk teilweise ein Glaubwürdigkeitsdefizit attestiert wird, auch wenn er insbesondere von jüngeren und passiven Nutzern der Massenmedien als glaubwürdiger als die Zeitung eingestuft wird. Bei älteren und aktiveren Nutzern hingegen liegt die Zeitung in puncto Glaubwürdigkeit vor dem Rundfunk[298]. Mit den angeführten Argumenten gegen eine Sondersituation des Rundfunks wird teilweise begründet, dass das deutsche Rundfunksystem in seiner derzeitigen Gestalt nicht mehr gerechtfertigt sei und an seine Stelle ein rein marktwirtschaftliches System treten solle.

---

finition, S. 52f.; *Sachs*, Verfassungsrecht II, B 5 Rn. 41; *Schulze-Fielitz*, in: Dreier, Grundgesetz, Art. 5 I, II Rn. 53ff.; *Starck*, in: v. Mangoldt/Klein/Starck, Grundgesetz, Art. 5 Abs. 1, 2 Rn. 115.

295 *H.-D. Kübler*, Kommunikation und Massenkommunikation, S. 161ff.; *Maletzke*, Kommunikationswissenschaft, S. 91ff.; vgl. auch die eher kritische Betrachtung der Rolle der Massenmedien bei *Schenk*, Medienwirkungsforschung, S. 776ff.

296 *Hain*, Rundfunkfreiheit, S. 53ff.; in diese Richtung argumentierend auch *Gellermann*, Grundrechte, S. 199.

297 *Hain*, Rundfunkfreiheit, S. 53ff.

298 Vgl. *Charissé*, Rundfunkveranstaltungsfreiheit, S. 94f.; *Hain*, Rundfunkfreiheit, S. 51ff.; *Koschnick*, Medienjahrbuch, S. 15ff.; *Schenk*, Medienwirkungsforschung, S. 109ff.; s. aber auch *Kevenhörster*, Politikwissenschaft, S. 179ff., der auf eine höhere Glaubwürdigkeit des Fernsehens verweist; dennoch kann insgesamt jedenfalls nicht von einer signifikant höheren Glaubwürdigkeit des Fernsehens im Vergleich zur Tageszeitung ausgegangen werden.

Der freie Wettbewerb sei inzwischen in der Lage, eine umfassende und insgesamt ausgewogene Information der Bevölkerung sicherzustellen[299].

Die Darlegungen des Bundesverfassungsgerichts zur Sondersituation des Rundfunks sind allerdings durchaus plausibel[300]. Gerade das Fernsehen ist im Gegensatz zur Zeitung in der Lage, aktuell bzw. sogar live zu berichten[301] und gleichzeitig eine große Anzahl an Rezipienten zu erreichen. Die übermittelten Bilder suggerieren hierbei ein eigenständiges Beurteilungsvermögen des Zuschauers, obgleich diese durch eine womöglich selektive Auswahl der gezeigten Ausschnitte nicht zwangsläufig gegeben ist[302]. Hierin besteht auch die entscheidende Manipulationsmöglichkeit des Rundfunks. Zudem greift der Einwand, dass es auch andere Einflussmöglichkeiten wie beispielsweise Großdemonstrationen gebe, nicht, da auch diese in der Regel für die Erzielung einer Breitenwirkung der Medien, und hier insbesondere des Rundfunks, bedürfen[303].

Es darf allerdings nicht unberücksichtigt bleiben, dass das Internet in zunehmendem Maß entsprechende, dem Rundfunk Konkurrenz machende Ange-

---

299 *Engel*, in: Hoffmann-Riem/Vesting (Hrsg.), Perspektiven, S. 155 (160ff.); *Scholz*, in: AfP 1995, S. 357ff.; vgl. hierzu und zur Kritik an dieser Position *Schulze-Fielitz*, in: Dreier, Grundgesetz, Art. 5 I, II Rn. 270.

300 Vgl. hierzu auch ausführlich *Eberle*, in: DJT 64 (2002), Bd. II/1, S. M 11 (M 17ff.); *Hasse*, Rundfunkfinanzierung, S. 56ff.; *Schüller*, Auftragsdefinition, S. 52f.

301 Zur besonderen Aktualität des Rundfunks im Vergleich zu anderen Medien vgl. auch *Lent*, Rundfunk-, Medien-, Teledienste, S. 68ff.

302 S. *Lent*, Rundfunk-, Medien-, Teledienste, S. 40ff. für eine ausführliche Untersuchung zur Suggestivkraft des Rundfunks; im Ergebnis bejaht *Lent* eine „rundfunkspezifische Wirkungskraft" und stützt damit tendenziell die Rechtsprechung des Bundesverfassungsgerichts, auch wenn er die Verallgemeinerung des Gerichts kritisiert; zur Rolle des Fernsehens als Quelle der politischen Information *T. Maurer*, in: Politik in der Mediendemokratie, S. 129ff.

303 Vgl. zum bedeutsamen und entsprechend für die Interpretation der Rundfunkfreiheit wichtigen Unterschied zwischen der forumsartigen Gruppendiskussion und der Massenkommunikation ausführlich *Rossen*, Freie Meinungsbildung, S. 33ff.; zu beachten bleibt ferner, dass das angeführte Argument hinsichtlich der großen Wirkung von massenwirksamen Veranstaltungen wie z.B. den Montagsdemonstrationen in der DDR nur die halbe Wahrheit darstellt, da die Grenzöffnung am 9. November 1989 so nicht möglich gewesen wäre, wenn die Pressekonferenz von *Günter Schabowski* nicht live im Rundfunk übertragen worden wäre bzw. in den kurz darauf folgenden Nachrichtensendungen als Maueröffnung dargestellt worden wäre, da dann nicht zeitgleich eine entsprechende Anzahl an Menschen Zugang zu der Information über die „unverzügliche" Öffnung der Grenzen gehabt hätte; vgl. zu den Vorgängen rund um die Pressekonferenz *Kaysers*, in: Deutschland Archiv 43 (2010), S. 613ff.

bote zur Verfügung stellt, z.B. durch bebilderte Artikel im Online-Angebot von Tages- oder Wochenzeitungen, und somit die manipulativen Möglichkeiten des Rundfunks einschränkt[304]. Nichtsdestotrotz erfordert die Informationsgewinnung durch das Internet oder sonstige Medien ein aktives Handeln des Rezipienten, während durch das Fernsehen oder auch das Radio eine „leichte" Informationsbeschaffung durch Berieselung, also passiven Konsum, möglich ist[305]. Zugleich ist das Fernsehen gegenwärtig in nahezu allen Haushalten vertreten und hat hohe Konsumraten[306] – insbesondere bei Kindern und Jugendlichen, die im Zweifel leichter beeinflussbar sind. Zudem findet bereits im reglementierten deutschen Medien- und insbesondere im Rundfunkmarkt eine Konzentration einiger weniger großer Anbieter statt, so dass in Anbetracht der Strukturen eine rein marktwirtschaftliche Ausrichtung die Gefahr eines Marktversagens in sich trägt[307]. Zu berücksichtigen sind ferner die historischen Erfahrungen insbesondere in Deutschland, die gezeigt haben, wie schnell sich die Massenmedien und insbesondere der Rundfunk gegen Grundrechte und Demokratie instrumentalisieren lassen[308]. Aufgrund dieses enormen Potenzials – auch Gefahrenpotenzials – des Rundfunks im Allgemeinen und des Fernsehens im Besonderen lässt sich auch heutzutage noch die Annahme einer Sondersituation des Rundfunks rechtferti-

---

304 Vgl. hierzu *Gounalakis/Wege*, in: NJW 2008, S. 800 (804), die jedoch zum Ergebnis kommen, dass die Sondersituation des Rundfunks derzeit noch nicht von den Möglichkeiten des Internets verdrängt wird; auf diese Frage eingehend auch *M. Müller*, in: AfP 2009, S. 433 (440f.), der konstatiert, dass die Wirklichkeit sich dem Zustand annähert, dass die Aktualität von Meldungen nicht mehr das Privileg weniger Rundfunkveranstalter ist.

305 Vgl. *Lent*, Rundfunk-, Medien-, Teledienste, S. 60; *Lieb*, Kabelfernsehen, S. 220f.

306 Vgl. hierzu wiederum *Lent*, Rundfunk-, Medien-, Teledienste, S. 71, der auf die sog. Mediaforschung eingeht.

307 S. hierzu auch *Eifert*, Konkretisierung, S. 61ff.; *Gundlach*, Rundfunkunternehmen, S. 59ff.; vgl. auch *Eberle*, in: FS Schweizer, S. 139 (145f.), der auf die Problematik des ausschließlich werbefinanzierten Rundfunks verweist und entsprechend feststellt, dass nur der öffentlich-rechtliche Rundfunk in der Lage sei, eine Grundversorgung der Bevölkerung sicherzustellen, da die „privaten Veranstalter Rundfunk als Wirtschaftsgut [verstehen], und […] ihr Programmangebot auf publikumsattraktive Sendungen für einige von der Werbung präferierte Zielgruppen [reduzieren]"; optimistischer im Hinblick auf ein eventuelles Marktversagen *Ory*, in: AfP 2007, S. 401 (403); ausführlich zu dieser Frage auch *Never*, Meinungsfreiheit, S. 124ff., der jedoch eher kein Marktversagen festzustellen vermag.

308 Vgl. auch *F. Kübler*, Medien, S. 203; *M. Müller*, in: AfP 2009, S. 433 (433).

gen, auch wenn die weitere Entwicklung des Internets Berücksichtigung finden muss.

bb) Rundfunkfreiheit als Individualgrundrecht

Einen ähnlichen Hintergrund wie die Frage nach der Sondersituation des Rundfunks hat auch die Forderung, dass Art. 5 Abs. 1 S. 2 GG als Individualgrundrecht verstanden werden sollte und auch die Rundfunkfreiheit in erster Linie ein Abwehrrecht gegen den Staat zur Sicherung der individuellen Freiheit sei, also als Grundrecht im klassischen liberalen Grundrechtsverständnis interpretiert werden sollte[309]. Das Bundesverfassungsgericht und Teile der Literatur[310] hingegen sehen in der Rundfunkfreiheit ein der Meinungsäußerungsfreiheit dienendes Grundrecht, welches einen eher objektiv-rechtlichen Charakter aufweise, also als institutionelle Freiheitsgarantie zu verstehen sei, wobei der subjektivrechtliche Gehalt nicht vernachlässigt werden dürfe[311].

---

309 So z.B. *Bullinger*, in: HStR VII, § 163 Rn. 152ff.; *Gersdorf*, in: Morlok/v. Alemann/Streit (Hrsg.), Medienbeteiligung, S. 69 (70); *Hain*, in: JZ 2008, S. 128 (129ff.); *ders.*, Rundfunkfreiheit, S. 41ff.; *Mestmäcker*, Medienkonzentration, S. 207ff.; *Starck*, in: FS Stern, S. 777 (793ff.); *ders.*, in: v. Mangoldt/Klein/Starck, Grundgesetz, Art. 5 Abs. 1, 2 Rn. 110; *Thum*, in: DÖV 2008, S. 653 (653ff.); vgl. insgesamt zu dieser Frage *Brugger*, Rundfunkfreiheit; *Cornils*, Ausgestaltung, S. 73ff.; *Stern*, in: Stern, Staatsrecht, Bd. 4/1, S. 1696ff. sowie *Mikrouleas*, Freiheit, S. 36 mit zahlreichen weiteren Nachweisen für beide Positionen.

310 So z.B. *Badura*, Rundfunkgesetzgebung, S. 27ff.; *Eifert*, Konkretisierung, S. 59ff.; *Hasse*, Rundfunkfinanzierung, S. 45ff.; *A. Hesse*, Rundfunkrecht, S. 67f.; *F. Kübler*, in: FS Lerche, S. 649ff.; *Ruck*, in: AöR 117 (1992), S. 544ff.; *Schmidt-Husson*, Deutsche Welle, S. 125ff. m.w.N.; *Schüller*, Auftragsdefinition, S. 62; *Schulze-Fielitz*, in: Dreier, Grundgesetz, Art. 5 I, II Rn. 107.

311 Vgl. so erstmalig in der Rechtsprechung zur Rundfunkfreiheit BVerfGE 57, 295 (319ff.); *Stern*, in: Stern, Staatsrecht, Bd. 4/1, S. 1696ff.; da, soweit ersichtlich, heutzutage keiner mehr den auch vorhandenen subjektiv-rechtlichen Gehalt der Rundfunkfreiheit infrage stellt, wird diese Diskussion teilweise als veraltet und gegenstandslos betrachtet, vgl. *Bethge*, in: NVwZ 1997, S. 1 (4); *Charissé*, Rundfunkveranstaltungsfreiheit, S. 82; gleichwohl besitzt diese Fragestellung weiterhin eine Bedeutung, da die Reichweite der subjektiven Gewährleistung weiterhin unterschiedlich eingeschätzt wird; lediglich die Existenz einer wie auch immer gearteten subjektiven Wirkung ist unumstritten; vgl. für eine Darstellung der Folgen einer primär objektiv-rechtlichen Interpretation *Ladeur/Gostomzyk*, in: JuS 2002, S. 1145ff.; umfassend zu objektiven und institutionellen Gehalten von Grundrechten – ausführlich dargestellt am Beispiel der Wissenschaftsfreiheit – vgl. *Gärditz*, Hochschulorganisation, S. 312ff.

Die Kritiker des Bundesverfassungsgerichts verweisen für ihre Ansicht auf Wortlaut und Systematik von Art. 5 Abs. 1 GG. Demnach müsse für die Rundfunkfreiheit dasselbe gelten wie für den Film – dessen Herstellung und Vorführung unbestritten ein subjektiv gewährleistetes Grundrecht sei. Zudem stehe die Rundfunkfreiheit in engem Zusammenhang mit der Pressefreiheit, die ebenfalls ein Abwehrrecht darstelle. Ferner müsse die Stellung im Grundrechtsteil des Grundgesetzes berücksichtigt werden[312]. Auch die Entstehungsgeschichte spreche demnach für die Annahme eines in erster Linie subjektiv gewährleisteten Grundrechts – zumindest stünden die Verhandlungen im parlamentarischen Rat einer individualrechtlichen Interpretation nicht im Weg[313]. Darüber hinaus gebe es teleologische Argumente[314].

Die Kritiker verkennen jedoch teilweise, dass das Bundesverfassungsgericht nicht ausschließlich auf den objektiven Gehalt der Rundfunkfreiheit abstellt, sondern auch deren subjektive Komponente herausarbeitet[315]. Somit ist sie nicht bloße institutionelle Freiheit, sondern auch ein Abwehrrecht gegen den Staat. Wortlaut und Systematik können nur bedingt als Argument herhalten, da diese nicht so eindeutig sind, wie es teilweise beschrieben wird. So treffen auch in Art. 6 GG Abwehrrecht und Institutsgarantie aufeinander. Die passive Formulierung „...wird gewährleistet“ in Art. 5 Abs. 1 S. 2 GG spricht eher für eine objektive Interpretation[316]. Die historische Interpretation, die nach traditioneller deutscher Methodik mit einer gewissen Vorsicht angewandt werden sollte[317],

---

312 *Bremer/Esser/Hoffmann*, Rundfunk, S. 29ff.; *Degenhart*, in: BK, Art. 5 Abs. 1 und 2 Rn. 644; *H. H. Klein*, Rundfunkfreiheit, S. 41; *Kull*, in: AfP 1971, S. 98 (102); *Schmitt Glaeser*, Kabelkommunikation, S. 143ff.; *Starck*, in: FS Stern, S. 777 (794).

313 *Hain*, Rundfunkfreiheit, S. 40; *H. H. Klein*, Rundfunkfreiheit, S. 42; *Starck*, in: FS Stern, S. 777 (794f.).

314 *H. H. Klein*, Rundfunkfreiheit, S. 52f.; *Scholz*, in: JuS 1974, S. 299 (303ff.); vgl. hierzu auch ausführlich *Hasse*, Rundfunkfinanzierung, S. 49ff., der letztendlich jedoch die teleologischen Argumente widerlegt.

315 Vgl. zur stärkeren Stellung der subjektiven Komponente im Bundesverfassungsgerichtsurteil zur Parteibeteiligung, BVerfGE 121, 30, *Reffken*, in: NVwZ 2008, S. 857 (858f.); s. zu entsprechenden Tendenzen, denen nicht widersprochen werden könne, *Cornils*, Ausgestaltung, S. 92ff., ohne dass es jedoch zu einem grundlegenden Wandel der Rechtsprechung des Bundesverfassungsgerichts gekommen sei.

316 S. hierzu auch *Hasse*, Rundfunkfinanzierung, S. 46ff.; *Wieland*, Freiheit, S. 93f.

317 Vgl. BVerfGE 1, 299 (312); so auch *Charissé*, Rundfunkveranstaltungsfreiheit, S. 86f.; *Hasse*, Rundfunkfinanzierung, S. 49; s. hierzu auch *Radbruch*, Rechtsphilosophie, S. 211: „Der Wille des Gesetzgebers fällt zusammen mit dem Willen des Gesetzes.[...] So ist die juristische Auslegung nicht Nachdenken eines Vorgedachten, sondern Zu-

liefert keine eindeutigen Ergebnisse, da einerseits Rundfunk in Deutschland von Beginn an staatlich verantwortet war, und andererseits die Beratungen des Parlamentarischen Rates dahingehend verstanden werden können, dass die Modalitäten der Rundfunkorganisation dem einfachen Gesetzgeber überlassen bleiben sollten[318]. Der dienende Aspekt der Rundfunkfreiheit, der zu einer objektivrechtlichen Interpretation führt, darf nicht unberücksichtigt bleiben: Rundfunk ist kein Selbstzweck, sondern Mittel zur Gewährleistung der Meinungsfreiheit. Der Rundfunk bzw. die Rundfunkfreiheit ist ein schlechthin konstituierender Faktor der freiheitlich-demokratischen Grundordnung[319]. Die institutionelle Garantie muss gleichzeitig ergänzt werden um subjektive Elemente, ohne dass diese im Vordergrund stehen dürfen. Im Lichte der weiterhin bestehenden Sondersituation des Rundfunks[320] erscheint eine Interpretation des Art. 5 Abs. 1 S. 2 GG, die das objektive Element in den Vordergrund stellt, weiterhin gerechtfertigt, auch wenn das abwehrrechtliche Element nicht vernachlässigt werden darf. Der Rechtsprechung des Bundesverfassungsgerichts ist folglich an dieser Stelle zuzustimmen, die Rundfunkfreiheit als dienende Freiheit anzusehen.

2. Grundsatz der Staatsfreiheit des Rundfunks

Der Grundsatz der Staatsfreiheit[321] des Rundfunks ist ein weiterer wesentlicher[322], mittlerweile unbestrittener[323] Bestandteil der Rundfunkfreiheit[324]. Wie

---

endedenken eines Gedachten."; auf die Problematik der historischen Auslegung verweisen zahlreiche Autoren, auch wenn die meisten Autoren diese als wichtige Ergänzung zu den Auslegungsmethoden, insbesondere der Wortlautauslegung, sehen, vgl. *Larenz*, Methodenlehre, S. 328ff.; *Puppe*, Juristisches Denken, S. 78f.; *Rüthers/Fischer*, Rechtstheorie, Rn. 778ff.; *Zippelius*, Methodenlehre, S. 25ff.

318 *Charissé*, Rundfunkveranstaltungsfreiheit, S. 85ff.; *Hasse*, Rundfunkfinanzierung, S. 48f.; *Wieland*, Freiheit, S. 97ff.

319 S. z.B. BVerfGE 12, 205 (259ff.); ebenso u.a. auch BVerfGE 20, 56 (97f.); 35, 202 (221f.); *Bosman*, in: ZUM 2003, S. 444 (448); *Gellermann*, Grundrechte, S. 190; *Goerlich/Laier*, in: ZUM 2008, S. 475 (481).

320 S. hierzu oben 1. Kap. B. I. 1. b) aa).

321 Andere Autoren sprechen bevorzugt von „Staatsferne", da „der Ausdruck ‚Staatsfreiheit' überschießend [erscheint]", *Stock*, Medienfreiheit, S. 365; s. auch *Westphal*, Föderale Privatrundfunkaufsicht, S. 452ff.; letztlich entscheidend ist jedoch, dass beide Begriffe den gleichen Inhalt aufweisen, da niemand von einer kompletten Staats"freiheit" ausgeht – es geht folglich um bloße semantische Fragen, so dass vorliegend beide Begriffe in identischer Funktion verwendet werden; vgl. auch *Bethge*, in: Piazolo (Hrsg.), Das Bundesverfassungsgericht, S. 141 (148); *dens.*, in: Die Verwaltung 27 (1994), S. 433 (453); *Scheel*, in: FS Dittmann, S. 29 (29); neu eingeführt wurde der Begriff der

kaum ein anderer Grundsatz hat die Staatsfreiheit Einfluss auf das Verfahren zur Festlegung der Höhe der Rundfunkgebühr und bei kaum einem anderen Grundsatz besteht ein so großes Spannungsfeld wie zwischen der Staatsfreiheit und der gebotenen Ausgestaltung der Rundfunkordnung durch den Staat[325]. Zunächst wird darauf eingegangen, woraus das Gebot der Staatsfreiheit hergeleitet wird (a) und wer Adressat der Staatsfreiheit ist (b). Es folgt eine Darstellung des Inhalts der Staatsfreiheit (c).

a) Herleitung der Staatsfreiheit

Es gibt verschiedene Ansätze zur Herleitung der Staatsfreiheit. Diese stehen nicht in Konkurrenz zueinander, sondern ergänzen sich teilweise.

Das Bundesverfassungsgericht und weite Teile der Literatur leiten den Grundsatz der Staatsfreiheit unmittelbar aus dem Grundrecht der Rundfunkfreiheit in Art. 5 Abs. 1 S. 2 GG ab[326]. Rundfunkfreiheit setze demnach die Freiheit

---

„funktionsadäquaten Distanz des Staates zum Rundfunk" durch *Hain*, in: JZ 2008, S. 128 (132), der jedoch abermals eine bloße semantische Klarstellung ist.

322 *Ring*, in: FS Lerche, S. 707 (708) schreibt gar: „Rundfunkfreiheit ist in erster Linie Staatsfreiheit."; vgl. jedoch kritisch zu Erosionstendenzen hinsichtlich der Staatsfreiheit des Rundfunks *Huber*, in: FS Bethge, S. 497 (498ff.).

323 Die Gegenauffassung, dass eine Verstaatlichung des Rundfunks das nächstliegende Mittel zur Sicherung der Rundfunkfreiheit sei, so *Bettermann*, in: DVBl. 1963, S. 41 (43), hat heute lediglich rechtshistorische Bedeutung; über die tatsächliche Bedeutung der Staatsfreiheit gibt es allerdings auch in neuerer Literatur noch Streit: so ist *Schürmann*, in: AfP 1993, S. 435 (443) der Ansicht, dass der Grundsatz der Staatsfreiheit „keine Magna Charta des deutschen Rundfunkrechts mit Ewigkeitsgarantie sein kann".

324 Zum ähnlich gelagerten Grundsatz der „Gruppenferne", also dem Schutz des Rundfunks vor einer Beherrschung des Meinungsmarktes durch eine oder mehrere gesellschaftliche Gruppen, das für die Fragestellung der Vereinbarkeit des derzeitige Gebührenfestsetzungsverfahrens mit dem Demokratieprinzip jedoch nicht die gleiche Bedeutung besitzt wie das Prinzip der Staatsfreiheit, vgl. *Stender*, Staatsferne und Gruppenferne, S. 242ff.; s. auch *Hasse*, Rundfunkfinanzierung, S. 99f.

325 Vgl. zur Ausgestaltung der Rundfunkordnung näher auch *Cornils*, Ausgestaltung, S. 57ff., zum Dilemma zwischen Staatsfreiheit und gesetzgeberischer Gewährleistungsverantwortung ebd., S. 60; zu den Möglichkeiten der Ausgestaltung und Beschränkung der Rundfunkfreiheit durch den Gesetzgeber s. auch *Hain/Poth*, in: JA 2010, S. 572 (573ff.).

326 Vgl. z.B. BVerfGE 73, 118 (182f.); *Dörr*, Programmvielfalt, S. 42; *Badura*, Rundfunkfreiheit, S. 41f.; *Goerlich/Laier*, in: ZUM 2008, S. 475 (481f.); *A. Hesse*, Rundfunkrecht, S. 64f.; *Hoffmann-Riem*, Rundfunkaufsicht, S. 22f.; *H. H. Klein*, Rundfunkfrei-

von staatlicher Einflussnahme voraus. Im Hinblick auf die Funktion der Rundfunkfreiheit für die freie und öffentliche Meinungsbildung sei die Staatsfreiheit des Rundfunks unabdingbar[327]. Dies lasse sich nicht zuletzt mit der Geschichte des Rundfunks in Deutschland begründen, die für die Beratungen des Grundgesetzes gerade im Bereich der Rundfunkfreiheit einen starken Einfluss hatte. Entsprechend wurde aufgrund der Erfahrungen in der Weimarer Republik und in der NS-Zeit die Rundfunkfreiheit geschaffen, die die Staatsfreiheit als wichtiges Element umfasst um die Lenkung des Rundfunks durch den Staat – und letztlich einen Staatsrundfunk – endgültig auszuschließen[328]. Das Recht der Rundfunkanstalten auf Schutz vor staatlicher Dominanz sei ein durch Art. 5 Abs. 1 S. 2 GG garantiertes Abwehrrecht[329].

Auf der Herleitung aus Art. 5 Abs. 1 S. 2 GG aufbauend wird das Prinzip der Staatsfreiheit darüber hinaus wiederholt auf das verfassungsrechtliche Vielfaltsgebot gestützt[330]. Hierbei wird auf die Gleichartigkeit von Gruppenferne und Staatsferne im Hinblick auf einen vielfältigen Rundfunk verwiesen. Sowohl eine beherrschende Einflussnahme des Staats als auch von bestimmten gesellschaftlichen Gruppen sei vielfaltsfeindlich, wodurch die Funktion des Rundfunks als Medium und Faktor einer freien Meinungsbildung gefährdet sei. Es bedürfe vielmehr einer Ausgewogenheit des Gesamtprogramms, so dass alle relevanten Meinungen und Kräfte der Gesellschaft widergespiegelt würden[331].

Darüber hinaus wird vertreten, dass die Staatsfreiheit auf dem personalen Charakter der Meinungsbildungsfreiheit beruhe, also auf dem individuellen Recht auf freie Meinungsbildung. Begründet wird diese Herleitung mit dem Argument, dass der Staat die Meinungsbildungsfreiheit des Einzelnen beschränke,

---

heit, S. 51ff.; *Linck*, in: NJW 1984, S. 2433 (2336ff.); *Ossenbühl*, Rundfunkfreiheit, S. 34ff.; *J. Petersen*, Medienrecht, § 2 Rn. 26; *Westphal*, Föderale Privatrundfunkaufsicht, S. 455.

327 Vgl. *Wojahn*, Organisationsstrukturen, S. 33.

328 S. zur Geschichte des Rundfunks in Deutschland bereits oben 1. Kap. A. II.; vgl. auch *Badura*, Rundfunkfreiheit, S. 40; *Huber*, in: FS Bethge, S. 497 (497f.); *Jarass*, Freiheit des Rundfunks, S. 11f.; *Wilhelmi*, Verfassungsrechtliche Probleme, S. 181.

329 *A. Hesse*, in: JZ 1997, S. 1083 (1085); *Stender*, Staatsferne und Gruppenferne, S. 32; *Wojahn*, Organisationsstrukturen, S. 33f.

330 *Bethge*, Reorganisation, S. 19f.; *Libertus*, Grundversorgungsauftrag, S. 10; *Ossenbühl*, Rundfunkfreiheit, S. 34f.; *Rossen*, Freie Meinungsbildung, S. 300f.; *Stettner*, Rundfunkstruktur, S. 41f.; *Wilhelmi*, Verfassungsrechtliche Probleme, S. 197 m.w.N.; kritisch hierzu *Gersdorf*, Staatsfreiheit, S. 79ff.

331 *Jarass*, Freiheit des Rundfunks, S. 30; *Ossenbühl*, Rundfunkfreiheit, S. 34f.; *Wilhelmi*, Verfassungsrechtliche Probleme, S. 197; *Wojahn*, Organisationsstrukturen, S. 34.

wenn er auf die Volkswillensbildung durch Intervention zugunsten bestimmter Inhalte Einfluss nehme. Dem Bürger werde die Möglichkeit genommen, seine individuelle Meinung ungestört zu bilden, worin ein Eingriff in den Kernbereich seiner Persönlichkeit zu sehen sei. Zudem könne in der Bevorzugung bestimmter Inhalte bei entsprechender Benachteiligung anderer Inhalte ein Gleichheitsverstoß liegen[332].

Ein weiterer Ansatz, der insbesondere von *Gersdorf* vertreten wird, ist die Herleitung des Gebots der Staatsferne aus dem Demokratieprinzip in Art. 20 Abs. 1 GG[333]:

> „Der Grundsatz der Staatsfreiheit des Rundfunks findet daher in dem das Demokratiegebot des Grundgesetzes kennzeichnenden Prinzip der Volkssouveränität seine verfassungsrechtliche Grundlage: Die demokratisch erforderliche Rückkoppelung der Staatsorgane an das Volk mittels des Massenmediums Rundfunk kann nur gelingen, wenn dieser Rückkoppelungsprozeß von staatlichen Beeinträchtigungen freigehalten wird. Das Prinzip der Volkssouveränität und der Grundsatz der Staatsfreiheit des Rundfunks sind untrennbar miteinander verknüpft. Demokratiegebot und Staatsfreiheit bilden insoweit eine normative Sinngemeinschaft.“[334]

Diese Argumentation wird angelehnt an die Rechtsprechung des Bundesverfassungsgerichts zur Staatsfreiheit der Presse[335], die auf die Staatsfreiheit des Rundfunks übertragbar sei[336]. Den Massenmedien komme die tragende Rolle in diesem Rückkoppelungsprozess zu, der staatliche und gesellschaftliche Willensbildung verbinde. Maßgeblich sei im Sinne des Demokratieprinzips jedoch, dass es eine freie öffentliche Meinungsbildung gebe, die sich vom Volk zu den Staats-

---

332 *Hasse*, Rundfunkfinanzierung, S. 95; in diese Richtung argumentiert auch *Gersdorf*, Staatsfreiheit, S. 74ff.

333 S. mit einer umfassenden Begründung *Gersdorf*, Staatsfreiheit, S. 58ff.; vgl. hierzu ausführlicher auch *Wojahn*, Organisationsstrukturen, S. 35f.; während *Gersdorf* im Demokratieprinzip den zentralen Anknüpfungspunkt für das Gebot der Staatsfreiheit sieht, ziehen einige Autoren das Demokratieprinzip lediglich ergänzend hinzu, vgl. *Eberle*, Rundfunkübertragung, S. 95; *Jarass*, Freiheit des Rundfunks, S. 16f.; *Kewenig*, Rundfunkfreiheit, S. 62ff.; *Starck*, Rundfunkfreiheit, S. 16ff.; *Stender*, Staatsferne und Gruppenferne, S. 144; *Wufka*, Rundfunkfreiheit, S. 96; kritisch zu dieser Herleitung *Chuang*, Organisation und Legitimation, S. 47.

334 *Gersdorf*, Staatsfreiheit, S. 72.

335 Vgl. BVerfGE 80, 124.

336 *Gersdorf*, Staatsfreiheit, S. 72f.

organen vollziehe und nicht von den Staatsorganen zum Volk. Dies sei nur bei einem staatsfreien Rundfunk gewährleistet[337].

Hierauf aufbauend wird eine Herleitung aus dem Grundsatz der Chancengleichheit thematisiert. Demnach folge aus der Volkssouveränität auch die politische Gleichheit, also das gleiche Recht aller Bürger, an der politischen Machtausübung und Machtgewinnung mitzuwirken. Für die politischen Parteien bedeute dies Chancengleichheit, womit das Verbot für staatliche Organe, den Wettbewerb zwischen Bürgern, Parteien und politischen Organisationen zu beeinträchtigen, korrespondiere. Somit würde staatliche Intervention, die sich gegen bestimmte Meinungen im Rundfunk richtet, das Recht des betroffenen Meinungsträgers auf Chancengleichheit bei der politischen Mitwirkung beeinträchtigen[338].

Ein anderer Ansatzpunkt führt die Staatsfreiheit des Rundfunks auf das Prinzip der Gewaltenteilung zurück. Demnach habe sich die klassische Gewaltenteilung in der parlamentarischen Demokratie dahingehend angepasst, dass das Parlament die Kontrollaufgabe gegenüber der Regierung nur noch eingeschränkt wahrnehme, da die die Regierung tragende Mehrheit des Parlaments keine effektive Kontrolle ausüben würde. Dementsprechend komme diese Kontrollfunktion in erster Linie den Oppositionsparteien zu, die jedoch nicht wirksam handeln könnten, wenn die Mehrheit des Parlaments bzw. die Regierung den Rundfunk beherrschten. Entsprechend müsse Rundfunk (und auch Presse) staatsfrei sein, um seine (bzw. ihre) Rolle im System der „checks and balances“ wahrnehmen zu können[339].

Zusammenfassend lässt sich sagen, dass es unterschiedliche rechtsdogmatische Ansatzpunkte für eine Herleitung des rundfunkrechtlichen Prinzips der Staatsfreiheit gibt. Die unterschiedlichen Deduktionen können für sich keine Exklusivität beanspruchen. Stattdessen stehen sie kumulativ nebeneinander, so dass der Grundsatz der Staatsfreiheit verschiedene Herleitungen aufweist. Diese verfassungsrechtlichen Prinzipien stehen in einem Verhältnis der wechselbezogenen Überlagerung zueinander.

---

337 *Eberle*, Rundfunkübertragung, S. 95; *Gersdorf*, Staatsfreiheit, S. 59ff.; *Hasse*, Rundfunkfinanzierung, S. 95; *Jarass*, Freiheit des Rundfunks, S. 16f.; *Oppermann/Kilian*, Rechtsgrundsätze, S. 60f.; *Schreier*, Selbstverwaltungsrecht, S. 155.

338 *Gersdorf*, Staatsfreiheit, S. 73ff.

339 *Jarass*, Freiheit des Rundfunks, S. 17; *Lerche*, in: Bullinger/Kübler (Hrsg.), Rundfunkorganisation, S. 15 (77 mit Fn. 229); *Kewenig*, Rundfunkfreiheit, S. 62ff.; *Waechter*, Demokratische Legitimation, S. 109ff.; kritisch zu diesem Ansatz *Gersdorf*, Staatsfreiheit, S. 82ff.

b) Adressaten der Staatsfreiheit

Zunächst war die Staatsfreiheit in erster Linie dazu gedacht, Eingriffe der Exekutive in den Bereich des Rundfunks abzuwehren. Allerdings ist weitgehend anerkannt, dass Eingriffe auch von Seiten der Legislative drohen, die aufgrund der Grundrechtsbindung aller staatlichen Gewalt gleichfalls Adressat des Grundsatzes der Staatsfreiheit ist[340]. In Bezug auf die Exekutive geht es zunächst um Felder wie den Schutz des Redaktionsgeheimnisses und den Schutz von Informanten vor Ermittlungsmaßnahmen im Rahmen der staatlichen Strafverfolgung[341], aber auch um die staatliche Rechtsaufsicht[342]. Bei der Legislative ist der typische Anwendungsfall die Schaffung rundfunkorganisatorischer Regelungen, wie z.B. die Festsetzung von Rahmenbedingungen in Bezug auf die Finanzausstattung oder in Bezug auf die sendetechnische Verbreitung[343].

Ob auch Vertreter der Gemeinden und ihrer Verbände in diesem Zusammenhang dem Staat zuzurechnen sind, ist umstritten[344]. Auf der einen Seite vertreten Gemeindevertreter spezifisch kommunale Interessen, die nicht mit denen der Regierung oder Parlamente gleichzusetzen seien[345]. Zudem schütze Art. 28 GG die Gemeinden gerade in ihrer Gebietshoheit und Selbstverwaltungsgarantie, so dass sie einen autonomen Status gegenüber dem Staat hätten und folglich ihre Vertreter nicht als „staatlich" angesehen werden könnten, so dass sie nicht Adressaten der Staatsfreiheit sein könnten[346]. Auf der anderen Seite sind die Gemeinden trotz ihrer Selbstverwaltungsgarantien Untergliederungen der Länder, also letztlich Teil des Staates. Zudem ist zu berücksichtigen, dass auch Ge-

---

340 BVerfGE 73, 118 (182); *Bettermann*, in: DVBl. 1963, S. 41 (43); *Gersdorf*, Staatsfreiheit, S. 105; *A. Hesse*, Rundfunkrecht, S. 64f.; *D. Schuster*, Meinungsvielfalt, S. 146f.; *Sieger*, in: UFITA 90 (1981), S. 21 (32f.); *Starck*, Rundfunkfreiheit, S. 17; a.A. *Ipsen*, Mitbestimmung, S. 42, 70, der davon ausgeht, dass „der Abgeordnete [...] primär der gesellschaftlichen Gruppe zuzurechnen [ist], die sich *als politische Partei frei* organisiert hat, und er [...] *in dieser Qualität und Zuordnung* Repräsentant einer bedeutsamen Gruppe mit ‚Stellenwert' in der Gesamtgesellschaft [ist]" (Hervorhebungen im Original vorhanden); vgl. allgemein zur Grundrechtsbindung der Parlamente *H.-P. Schneider*, in: Merten/Papier (Hrsg.), HGR III, § 76 Rn. 8.

341 BVerfGE 77, 65 (74f.); 117, 244 (259f.); BVerfG NJW 2011, 1859 (1859ff.); *A. Hesse*, Rundfunkrecht, S. 64.

342 *A. Hesse*, Rundfunkrecht, S. 64, 175ff.

343 *A. Hesse*, Rundfunkrecht, S. 64f.

344 Vgl. *D. Schuster*, Meinungsvielfalt, S. 147f.; *Wojahn*, Organisationsstrukturen, S. 71f.

345 *Jarass*, Freiheit des Rundfunks, S. 41f.

346 Vgl. *Badura*, in: DÖV 1963, S. 561 (562); *Jarass*, Freiheit des Rundfunks, S. 41; *Starck*, in: NJW 1972, S. 1489 (1490).

meindevertreter in der Regel eine Parteizugehörigkeit besitzen, die sie mit den Vertretern der Landesregierungen und -parlamente verbindet und anfällig macht für Einflussnahme[347]. Entsprechend gilt die Staatsfreiheit auch gegenüber Vertretern von Gemeinden.

Anders sieht es allerdings hinsichtlich sonstiger öffentlich-rechtlicher Körperschaften wie Universitäten und Industrie- und Handelskammern aus, da diese trotz ihrer öffentlich-rechtlichen Organisationsform nicht dem Staat zuzurechnen sind. Grund hierfür ist, dass sie entweder durch Grundrechte bereits von der Regierung hinreichend verselbständigt sind, wie Hochschulen (Art. 5 Abs. 3 GG), oder dass sie nicht der mittelbaren Staatsverwaltung, sondern ohnehin der gesellschaftlichen Interessenvertretung dienen[348].

Über die Frage, ob politische Parteien Adressaten des Grundsatzes der Staatsfreiheit sind, herrscht Uneinigkeit im Schrifttum[349], während das Bundesverfassungsgericht davon ausgeht, dass diese Frage zu bejahen ist[350]. Die Geltung der Staatsfreiheit für Parteien wird insbesondere mit dem Argument bestritten, dass Parteien Teil der Gesellschaft seien und nicht Teil des Staates, weshalb sie auch befugt seien, am gesellschaftlichen Kommunikationsprozess mitzuwirken, solange sie keinen beherrschenden Einfluss auf den Rundfunk ausübten[351]. Dies ergebe sich verfassungsrechtlich aus Art. 21 Abs. 1 GG. Dieser Aspekt könne Beteiligungsbeschränkungen rechtfertigen, jedoch keine Beteiligungsverbote, da strikt zwischen staatlicher und gesellschaftlicher Ebene getrennt werden müsse[352]. Von den Vertretern der Gegenansicht wird nicht bestritten, dass politische Parteien grundsätzlich nicht mit dem Staat gleichzusetzen seien. Dennoch gebe es eine Verquickung von Parteien und Staatsorganen, so dass eine Partei

---

347 *Gersdorf*, Staatsfreiheit, S. 108f.; *D. Schuster*, Meinungsvielfalt, S. 148; *Wojahn*, Organisationsstrukturen, S. 72; s. auch *Lerche*, in: Bullinger/Kübler (Hrsg.), Rundfunkorganisation, S. 77 mit Fn. 226.

348 *Bethge*, Reorganisation, S. 20f.; *Gersdorf*, Staatsfreiheit, S. 110ff.; *Jarass*, Freiheit des Rundfunks, S. 41; *D. Schuster*, Meinungsvielfalt, S. 148.

349 Vgl. für eine ausführliche Darstellung *Gersdorf*, Staatsfreiheit, S. 106ff. mit dem Ergebnis, dass Parteien nicht Adressaten des Grundsatzes der Staatsfreiheit sind; *Wojahn*, Organisationsstrukturen, S. 72ff. vertritt die gegenteilige Auffassung zu dieser Frage; ebenso *Reffken*, Politische Parteien, S. 245ff. mit einer umfassenden Darstellung und Diskussion; vermittelnd *Scheel*, in: FS Dittmann, S. 29 (43ff.).

350 BVerfGE 121, 30 (53ff.).

351 Vgl. *Gersdorf*, in: Morlok/v. Alemann/Streit (Hrsg.), Medienbeteiligung, S. 69 (72f.).

352 *Cornils*, in: ZJS 2009, S. 465 (472f.); *Gersdorf*, in: Morlok/v. Alemann/Streit (Hrsg.), Medienbeteiligung, S. 69 (72f.); *H. H. Klein*, in: Morlok/v. Alemann/Streit (Hrsg.), Medienbeteiligung, S. 77 (88ff.); *M. Müller*, in: AfP 2009, S. 433 (440f.).

nicht als alleinige Veranstalterin eines Rundfunkvollprogramms auftreten dürfe[353]. Parteien seien darauf gerichtet, staatliche Macht zu erlangen und Einfluss auf die Besetzung der obersten Staatsämter zu erlangen. Zudem beeinflussten sie die Bildung des Staatswillens. Es komme zu personellen Überschneidungen zwischen politischen Parteien und den Staatsorganen, so dass die Staatsfreiheit auch bei der Beteiligung von Parteien an der Veranstaltung und Überwachung von Rundfunk zu beachten sei[354]. Einige Autoren bestreiten, trotz ihrer Argumentation für eine Geltung der Staatsfreiheit auch für Parteien, nicht grundlegend deren Möglichkeit, sich bis zu einer gewissen Grenze an privaten Rundfunkgesellschaften zu beteiligen[355].

Die Ansicht, dass Parteien nicht Adressaten der Staatsfreiheit sind, erscheint überzeugender. Sie sind gerade nicht Teil des Staates, sondern Teil der Gesellschaft und folglich berechtigt, an der politischen Willensbildung mitzuarbeiten. Es ist unbestritten, dass Parteien ihre eigenen Presseorgane herausgeben dürfen. Die Anwendung der Staatsfreiheit des Rundfunks auf die Parteien erscheint folglich inkonsequent[356]. Gleichzeitig ist das Ergebnis des Bundesverfassungsgerichts insoweit schlüssig, als Parteien keinen beherrschenden Einfluss auf den Rundfunk bekommen sollten. Dies zu gewährleisten ist Sache des Gesetzgebers und könnte nicht nur aus der Staatsfreiheit des Rundfunks hergeleitet werden, sondern auch aus den allgemeinen Grundsätzen des Art. 5 Abs. 1 S. 2 GG[357].

---

353 BVerfGE 121, 30 (53ff.); NdsStGH DVBl. 2005, S. 1515 (1519); *Cordes*, in: ZParl. 40 (2009), S. 123 (131); *ders.*, Medienbeteiligungen, S. 347; *Degenhart*, in: K&R 2009, S. 289 (291); *ders.*, in: NVwZ 2010, 877 (879); *Huber*, in: K&R 2004, S. 216 (222f.).

354 BVerfGE 121, 30 (54f.); vgl. auch *D. Hahn*, in: MIP 2000, S. 18 (27f.).

355 BVerfGE 121, 30 (58ff.); NdsStGH DVBl. 2005, S. 1515 (1519f.); *Holznagel*, in: MMR 2008, S. 596 (596f.); *Huber*, in: K&R 2004, S. 216 (222f.); anders: *Degenhart*, in: BK, Art. 5 Abs. 1 und 2 Rn. 725, der auch mittelbare Rundfunkbeteiligungen als „verfassungsrechtlich problematisch" bezeichnet; so auch *Volkmann*, in: Berliner Kommentar, Art. 21 Rn. 89, der davon ausgeht, dass die Aufgabe der Parteien an der politischen Willensbildung mitzuwirken „vor den Toren des Rundfunks auf[hört]".

356 *Cornils*, in: ZJS 2009, S. 465 (472f.); *Reffken*, Politische Parteien, S. 261f.; vgl. auch *M. Müller*, in: AfP 2009, S. 433 (440f.), der darauf verweist, dass Parteien auch bereits durch die Möglichkeiten des Internets „Rundfunk" veranstalten, z.B. durch die Liveübertragung eines Parteitags und dass sie durch Video-on-Demand-Dienste im Internet Wahlbotschaften verbreiten.

357 *Gersdorf*, Staatsfreiheit, S. 108; *Reffken*, in: NVwZ 2008, S. 857 (860).

c) Inhalt der Staatsfreiheit

Der Inhalt der Staatsfreiheit wird in Bezug auf unterschiedliche Anwendungsfelder dieses Grundsatzes dargestellt. Zunächst erfolgten Ausführungen zu den Grundsätzen der rundfunkrechtlichen Staatsfreiheit (aa), sodann zur Staatsfreiheit bei der Rundfunkfinanzierung (bb), in Bezug auf die Aufsicht über den Rundfunk (cc) sowie auf die innere Organisation der Rundfunkanstalten, also insbesondere die Besetzung der Gremien (dd).

aa) Grundsätze der rundfunkrechtlichen Staatsfreiheit

Der Kernbereich, der durch das „Subgrundrecht"[358] der Staatsfreiheit geschützt werden soll, folgt konsequenterweise aus der Funktion des Rundfunks, die darin besteht, eine wichtige Rolle im gesellschaftlichen Kommunikationsprozess der freien Meinungsbildung einzunehmen. Dies kann jedoch nur gewährleistet werden, wenn der Rundfunk frei und unabhängig arbeiten kann. Da sich die Rolle im Kommunikationsprozess in erster Linie durch das Rundfunkprogramm ergibt, steht im Zentrum der Gewährleistung die Programmautonomie bzw. Programmfreiheit. Die Staatsfreiheit „richtet sich somit gegen jede Indienstnahme des Rundfunk für außerpublizistische Zwecke"[359], so dass staatlichen Institutionen auch keine Spielräume für Handlungen und Entscheidungen eröffnet werden dürfen, die sich auf Art, Inhalt und Umfang der Programmgestaltung auswirken können[360]. Der Grundsatz der Staatsfreiheit ist somit „programmakzessorischer Natur"[361]. Gleichzeitig folgt aus der Staatsfreiheit auch ein Verbot des Staatsrundfunks[362].

Wie weit der Schutz durch den Grundsatz der Staatsfreiheit reicht, ist in der Literatur umstritten. Die Meinungen reichen von einem absoluten Verbot staatli-

358 S. *Waldhoff/P. Mohr*, Rechtsgutachten, S. 37.

359 BVerfGE 87, 181 (201).

360 BVerfGE 59, 231 (258); 83, 238 (296); 90, 60 (87); 119, 181 (218f.); *Badura*, Rundfunkfreiheit, S. 41f.; *Gersdorf*, Staatsfreiheit, S. 52f. mit zahlreichen weiteren Nachweisen; *Jarass*, Freiheit des Rundfunks, S. 31; *F. Kübler*, Medien, S. 194f.; *Schwendinger*, Gemeinschaftsrechtliche Grenzen, S. 98f.; *Stern*, in: Stern, Staatsrecht, Bd. 4/1, S. 1697; *Wojahn*, Organisationsstrukturen, S. 38f.

361 *Stettner*, Rundfunkstruktur, S. 43.

362 *Paschke*, Medienrecht, 3. Aufl., Rn. 237; zu einer Durchbrechung dieses Verbots durch Parlamentsfernsehen und andere Rundfunkaktivitäten des Staates *Huber*, in: FS Bethge, S. 497 (498ff.).

cher Einflussnahme, also einem nahezu völligen Einmischungsverbot[363], bis hin zu einem Verbot staatlicher Beherrschung des Programmbereichs, das dem Staat eine grundsätzliche Einflussnahme gestatten würde, die jedoch nicht dazu führen dürfte, dass der Staat den Rundfunk beherrsche und dieser somit dem Staat ausgeliefert sei[364]. Die wohl herrschende Meinung vertritt einen vermittelnden Ansatz. Demnach bestehe ein Auslieferungs- und Beherrschungsverbot, dieses jedoch nur für den Organisations- und Verwaltungsbereich des Rundfunks. Für die Programmveranstaltung gelte demnach eine weitgehende Staatsfreiheit[365].

Die herrschende Meinung überzeugt, da dem Zweck des Grundsatzes der Staatsfreiheit weder zu viel noch zu wenig Kontrolle entspricht. Es geht darum, dass der Staat keinen Einfluss auf die Programminhalte der Rundfunkanstalten ausübt, damit diese ihrer Wächterfunktion im demokratischen Staat nachkommen können. Gesteht man dem Staat einen Einfluss auf die Programme zu, so wird die Unabhängigkeit des Rundfunks grundlegend infrage gestellt, da es unmöglich ist, eine klare Grenze zwischen zulässigem *Einwirken auf das* Programm durch den Staat und unzulässiger *Beherrschung des* Programms zu ziehen. Gleichzeitig geht eine völlige Inkompatibilität von Staatsamt und Mitgliedschaft in einem Rundfunkgremium über den bezweckten Erfolg hinaus. Es geht bei der Staatsfreiheit lediglich um einen programmlich unabhängigen Rundfunk, wofür freilich ein großes Maß an organisatorischer Unabhängigkeit notwendige Voraussetzung ist. Der Staat kann das Programm nur maßgeblich beeinflussen, wenn er sich durch die Rundfunkorganisation eine dominierende Stellung zugewiesen hat. Ein begrenzter Anteil Staatsvertreter kann hingenommen werden. Gleichwohl besteht weitgehende Einigkeit, dass nicht nur unmittelbare Einwir-

---

363 Ein solches grundsätzliches Einmischungsverbot wird in unterschiedlichen Abstufungen vertreten; in dieser Richtung jedoch *Gersdorf*, Staatsfreiheit, S. 89; *Krause-Ablaß*, in: JZ 1962, S. 158 (160); *Starck*, in: ZRP 1970, S. 217 (219f.); *Wufka*, Rundfunkfreiheit, S. 95f.

364 *Bumke*, Landesmedienanstalten, S. 146f.; *Jarass*, Freiheit des Rundfunks, S. 31f.; *Stettner*, Rundfunkstruktur, S. 42f.; *Berendes*, Staatsaufsicht, S. 110 in Bezug auf die Aufsicht durch den Staat, die er in eingeschränkter Form auch für die Programmgestaltung für zulässig erachtet.

365 BVerfGE 12, 205 (262f.); *Badura*, Rundfunkfreiheit, S. 42; *Bethge*, in: NJW 1990, S. 2451 (2452); *Herzog*, in: Maunz/Dürig, Grundgesetz, Art. 5 I, II Rn. 213f.; *Leidinger*, in: DVBl. 1989, S. 230 (232); *Rossen*, in: ZUM 1992, S. 408 (410); *D. Schuster*, Meinungsvielfalt, S. 145; *Wagner*, Landesmedienanstalten, S. 31f., 70, 96; *Wilhelmi*, Verfassungsrechtliche Probleme, S. 199, 206 m.w.N.; *Chuang*, Organisation und Legitimation, S. 62ff. m.w.N.; sehr ausführlich zur Reichweite der Staatsfreiheit *Wojahn*, Organisationsstrukturen, S. 43ff. m.w.N.

kungen auf die Programmautonomie der Rundfunkanstalten durch das Prinzip der Staatsfreiheit untersagt sind, sondern auch mittelbare Einwirkungen, die mitunter eine besondere Gefährdung darstellen, da sie weniger offensichtlich vollzogen werden[366]. So darf es auch nicht zu einer „Selbstzensur" im Programmbereich durch die Rundfunkanstalten kommen, indem die Sender aus Angst vor staatlichen Konsequenzen ihr Programm entsprechend gestalten[367]. Dies gilt insbesondere für Handlungs- und Wertungsspielräume von staatlichen Behörden bei der Entscheidung über den Zugang von Sendeanstalten zum Rundfunk, da hierdurch eine besondere Gefahr der Selbstzensur hervorgerufen wird[368]. Aber auch im Bereich der Rundfunkfinanzierung besteht die Gefahr, dass durch die Entscheidung über die Höhe der Rundfunkgebühr mittelbar Einfluss auf Programmentscheidungen genommen wird[369]. Die Staatsfreiheit bezieht sich zudem nicht nur auf bestimmte (z.B. Informations-)Sendungen, sondern gilt umfassend für alle Formate, da eine Differenzierung für die verschiedenen Sendeformate bereits einen Eingriff durch den Staat darstellen würde und zudem die Gesamtheit der Sendungen erst die Voraussetzung für eine umfassende Meinungsbildung schafft[370]. Gleichzeitig gilt das Prinzip der Staatsfreiheit aber nicht nur in Bezug auf konkrete Programmentscheidungen, sondern auch bei staatlichen Maßnahmen zur Ausgestaltung der Rundfunkordnung, also z.B. beim Erlass von Organisationsgesetzen oder bei der Festlegung von Finanzie-

---

366 Vgl. für die Rechtsprechung BVerfGE 73, 118 (183); 90, 60 (87f.); s. aus der Literatur z.B. *A. Hesse*, Rundfunkrecht, S. 64; *Hoffmann-Riem*, Rundfunkaufsicht, S. 24f.; *Schwendinger*, Gemeinschaftsrechtliche Grenzen, S. 99; ausführlich zur Frage, wann mittelbare Einwirkungen gegen die Staatsfreiheit verstoßen *Gersdorf*, Staatsfreiheit, S. 98ff. sowie *Jarass*, Massenmedien, S. 200ff.

367 BVerfGE 73, 118 (183).

368 BVerfGE 73, 118 (183); s. hierzu auch *Herzog*, in: Maunz/Dürig, Grundgesetz, Art. 5 I, II Rn. 214a.

369 S. hierzu noch unten 1. Kap. B. II. 1.

370 BVerfGE 12, 205 (260); *Herzog*, in: Maunz/Dürig, Grundgesetz, Art. 5 I, II Rn. 128; *Jarass*, Massenmedien, S. 195ff.; *Fink*, in: Spindler/Schuster (Hrsg.), Elektronische Medien, 1. Teil C Rn. 41; *Scheuner*, Rundfunkfreiheit, S. 48; *Wojahn*, Organisationsstrukturen, S. 39; in der älteren Literatur gab es einige Stimmen, die bestimmten Medieninhalten – bzw. Presseprodukten, da die Unterteilung überwiegend im Bereich der Presse vorgenommen wurde, wobei die Argumentation auf den Rundfunk übertragbar ist – diesen Schutz nicht oder zumindest nur eingeschränkt zukommen lassen wollten, vgl. *Czajka*, Pressefreiheit, S. 149; *Erdsiek*, in: NJW 1963, S. 1390 (1392); *F. Schneider*, Meinungsfreiheit, S. 136ff.; diese Ansichten können jedoch als überholt angesehen werden.

rungsmodalitäten, sofern sie sich auf das Programm auswirken können[371]. Letztlich schützt die Rundfunkfreiheit und mit ihr die Staatsfreiheit des Rundfunks umfassend die Freiheit der im Rundfunksektor wirkenden Personen und Unternehmen sowie den Rundfunk in seiner Eigenständigkeit von der Informationsbeschaffung bis zur sendetechnischen Verbreitung[372]. Die Staatsfreiheit ist insofern nicht reine Programmfreiheit, sondern bezieht sich auf den gesamten publizistischen Wirkungskreis[373].

Nicht jede Befassung des Staates mit dem Rundfunk wird durch die Staatsfreiheit ausgeschlossen, vielmehr ist der Gesetzgeber aufgrund der dienenden Funktion der Staatsfreiheit zur Ausgestaltung der Rundfunkordnung verpflichtet[374]. Allerdings darf durch diese Ausgestaltung nicht in die Rundfunkfreiheit eingegriffen werden. Wo die Grenze zwischen verfassungswidrigem Staatseinfluss und gebotener Ausgestaltung der Rundfunkordnung verläuft, ist in der Regel nicht einfach und auch nur für den Einzelfall zu beantworten[375].

bb) Staatsfreie Rundfunkfinanzierung

Die Staatsfreiheit der Rundfunkfinanzierung war Gegenstand zweier Bundesverfassungsgerichtsentscheidungen[376]. Demnach besteht im Bereich der Finanzierung ein besonderes Potenzial für mittelbare Einwirkungen auf die Rundfunkanstalten, da die Länder gem. § 14 Abs. 5 RStV die Höhe der Rundfunkgebühren festlegen. Zwar ist ein eigenes Gebührenerhebungsrecht der öffentlich-rechtlichen Rundfunkanstalten, wie vom Bayerischen Verwaltungsgerichtshof in seinem Vorlagebeschluss vom 6. Juli 1988[377] gefordert, für die Wahrung der Rundfunkfreiheit nicht erforderlich, jedoch bedürfe es eines weitestgehend staatsfreien Verfahrens zur Festlegung der Rundfunkgebührenhöhe, damit die

371 *Hoffmann-Riem*, Landesmedienanstalten, S. 49ff.

372 BVerfGE 77, 65 (74); *Wojahn*, Organisationsstrukturen, S. 40.

373 *Gersdorf*, Staatsfreiheit, S. 89ff.; *Wojahn* Organisationsstrukturen, S. 40.

374 S. hierzu oben 1. Kap. B. I. 1. a) cc).

375 *Badura*, in: FS Jauch, S. 1 (3f.); *A. Hesse*, Rundfunkrecht, S. 65; *Gröpl*, in: DÖV 2006, S. 105 (108); *Wojahn*, Organisationsstrukturen, S. 41; s. auch *Jarass*, Massenmedien, S. 198ff., der eine Systematisierung von legalen und illegalen Eingriffen versucht hat, die selbst jedoch weiterhin Unschärfen mit sich bringt.

376 BVerfGE 90, 60; 119, 181.

377 BayVGH DVBl. 1989, S. 115ff.

Rundfunkanstalten nicht durch antizipiertes Wohlverhalten dem Staat Einfluss auf die Programmgestaltung ermöglichten[378].

cc) Rundfunkaufsicht

Dass es bei der Staatsfreiheit des Rundfunks nicht ausschließlich um den öffentlich-rechtlichen Rundfunk geht, zeigt das Problem der Rundfunkaufsicht durch die Landesmedienanstalten[379]. Da Entscheidungen über die Zulassung, Auswahl und Kontrolle privater Rundfunkveranstalter aufgrund des Gebots der Staatsfreiheit nicht in staatlicher Verantwortung liegen dürfen, haben die Länder rechtsfähige Anstalten öffentlichen Rechts mit Satzungsautonomie, die Landesmedienanstalten, gegründet, die diese Aufgaben staatsfrei wahrnehmen[380]. Aufgrund der Vielzahl an unbestimmten Rechtsbegriffen, die im Bereich der Zulassungsvoraussetzungen sowie der Programmaufsicht zu finden sind, erweisen sich die Landesmedienanstalten als mögliche Einbruchstellen für staatlichen Einfluss, so dass ein bestimmender Einfluss des Staates auf die Landesmedienanstalten ausgeschlossen werden muss[381]. Dies soll durch eine Organisations- und Personalhoheit sowie eine eingeschränkte Finanzautonomie gewährleistet werden[382]. Als Anstalten des öffentlichen Rechts sind die Landesmedienanstalten dennoch nicht Teil der Staatsverwaltung, sondern vielmehr staatsunabhängig, da ihre Aufgaben primär einen gesellschaftlichen Bezug aufweisen[383]. Der Staat hat die Aufgabe einer eingeschränkten Rechtsaufsicht über die Landesme-

---

378 *Bethge*, in: AöR 116 (1991), S. 521 (530ff.); *Hasse*, Rundfunkfinanzierung, S. 96ff.; s. hierzu noch ausführlich unten 1. Kap. B. II. 1.

379 Umfassend zu Organisation und Aufgaben der Landesmedienanstalten *Baars*, Landesmedienanstalten; *Wagner*, Landesmedienanstalten; s. für eine ausführliche Untersuchung der Landesmedienanstalten, insbesondere im Hinblick auf die Staatsfreiheit, *Wojahn*, Organisationsstrukturen, S. 107ff.

380 *Knothe/Wanckel*, in: DÖV 1995, S. 365 (365); *Ring*, in: FS Lerche, S. 707 (712); s. zur Typologisierung des Aufgabenspektrums der Landesmedienanstalten *Bumke*, Landesmedienanstalten, S. 190ff.

381 *Chuang*, Organisation und Legitimation, S. 57; *Gersdorf*, Staatsfreiheit, S. 127f.; *Schuler-Harms*, in: Hahn/Vesting, Vor § 35 RStV Rn. 8; *Stettner*, in: ZUM 1997, S. 673 (690f.).

382 *Chuang*, Organisation und Legitimation, S. 97f.

383 *Gersdorf*, Staatsfreiheit, S. 129; *A. Hesse*, Rundfunkrecht, S. 219f.; *Rossen-Stadtfeld*, in: ZUM 2008, S. 1 (4); *Stettner*, in: ZUM 1997, S. 673 (691).

dienanstalten[384], zudem werden die Mitglieder ihres Hauptorgans in den meisten Ländern durch Regierung, Parlament, Verbände und gesellschaftliche Gruppen entsandt, in anderen Ländern gar alle Mitglieder vom Landesparlament gewählt[385]. Für Kritik sorgt, dass in einigen Landesmediengesetzen eine Genehmigung der Haushalte durch die Rechtsaufsicht, also durch die im jeweiligen Land zuständige Behörde, vorgesehen ist und hierdurch staatlicher Einfluss ausgeübt werden könnte[386].

Die Rolle des Rundfunks als Faktor des demokratischen Willensbildungsprozesses wird jedoch gerade im privaten Rundfunk nicht ausschließlich durch den Staat bedroht, sondern insbesondere durch eine wirtschaftliche Konzentration im Rundfunkbereich, die die Meinungsvielfalt gefährdet. Entsprechend wird einem Meinungsmonopol im Rundfunk entgegengewirkt. Eine große Bedeutung kommt in diesem Bereich der Kommission zur Ermittlung der Konzentration im Medienbereich (KEK) zu[387]. In Bezug auf die Staatsfreiheit wird das Besetzungsverfahren für die Mitglieder der KEK kritisiert, da die Mitglieder von den Ministerpräsidenten ernannt werden. Da bereits der „böse Schein" einer staatlichen Beeinflussung verhindert werden müsse, die in dem vorliegenden Verfahren nicht ausgeschlossen werden könne, sei das Besetzungsverfahren und somit die KEK insgesamt verfassungswidrig, so die Kritiker[388].

Der öffentlich-rechtliche Rundfunk ist lediglich einer Rechtsaufsicht durch den Staat unterworfen[389]. Eine solche Rechtsaufsicht wurde im Deutschland-Fernsehen-Urteil des Bundesverfassungsgerichts grundsätzlich als verfassungs-

---

384 BayVGH ZUM 2007, 239 (242f.); s. hierzu außerdem ausführlich *Hüsken*, Staatsaufsicht, S. 23ff.; *Knothe/Wanckel*, in: DÖV 1995, S. 365 (368ff.); *Martin*, in: ZUM 1993, S. 515ff.; *Rossen-Stadtfeld*, in: ZUM 2008, S. 1ff.

385 Vgl. *A. Hesse*, Rundfunkrecht, S. 224f.

386 Vgl. z.B. § 46 Abs. 2 S. 3 LMedienG BW; § 58 Abs. 2 S. 1 RundfG MV; s. hierzu auch *Ring*, in: FS Lerche, S. 707 (715f.); *Schneider-Freyermuth*, in: ZUM 2000, S. 564 (570f.).

387 Vgl. umfassend zur Vielfaltssicherung durch Verhinderung einer Konzentration im Medienbereich *Clausen-Muradian*, Konzentrationstendenzen; *Gounalakis/Zagouras*, Medienkonzentrationsrecht; *Ossyra*, Konzentrationskontrolle; *Westphal*, Föderale Privatrundfunkaufsicht; s. zur Konzentrations- und Oligarchisierungstendenz im Medienbereich *Schulze-Fielitz*, in: Dreier, Grundgesetz, Art. 5 I, II Rn. 56 m.w.N.

388 Vgl. hierzu ausführlich *Westphal*, Föderale Privatrundfunkaufsicht, S. 451ff.; a.A. mit umfangreicher Argumentation *Knothe*, Institutionen, S. 179ff.

389 S. umfassend zur Staatsaufsicht über die öffentlich-rechtlichen Rundfunkanstalten *Berendes*, Staatsaufsicht; *Frye*, Staatsaufsicht; *Gotzmann*, Staatsaufsicht; *D. Hahn*, in: MIP 2000, S. 18ff.

gemäß angesehen[390]. Zwar ist dieses Instrument bislang sehr selten angewendet worden, allerdings zeigt sich dennoch die grundsätzliche Problematik der staatlichen Aufsicht über einen staatsfreien Rundfunk[391]. Eine staatliche Fachaufsicht hingegen wäre aufgrund der Staatsfreiheit des Rundfunks ausgeschlossen. Diese Aufgabe fällt vielmehr den Selbstverwaltungsgremien der öffentlich-rechtlichen Rundfunkanstalten zu, die plural besetzt sind und die Einhaltung der Programmanforderungen überwachen sollen[392].

dd) Interne Strukturen

Auch die inneren Strukturen der öffentlich-rechtlichen Rundfunkanstalten sollen dem Prinzip der Staatsfreiheit folgen[393]. Die Strukturen sind in allen Landesrundfunkanstalten sowie beim ZDF ähnlich[394]. So verfügen alle Anstalten über einen Intendanten, der die Rundfunkanstalt leitet und die Programmverantwortung trägt, also für die Einhaltung der gesetzlichen Vorschriften zu sorgen hat[395]. Hinzu kommen der Rundfunkrat (bzw. Fernsehrat beim ZDF; Hörfunkrat beim DLF) und der Verwaltungsrat. Aufgabe des Rundfunkrates ist es, die Interessen der Allgemeinheit auf dem Gebiet des Rundfunks zu vertreten[396]. Er ist also ein Kontrollgremium, durch das die tatsächliche Durchsetzung der Meinungsvielfalt im öffentlich-rechtlichen Rundfunk sichergestellt werden soll[397]. Zudem wählt er in der Regel den Intendanten und die Mitglieder des Verwaltungsrates, so

---

390 BVerfGE 12, 205 (261f.), seither ständige Rechtsprechung.

391 Vgl. hierzu *Berendes*, Staatsaufsicht, S. 100ff.; *Gotzmann*, Staatsaufsicht, S. 3ff.; *A. Hesse*, Rundfunkrecht, S. 172ff.; kritisch zur Staatsfreiheit in der Praxis der öffentlich-rechtlichen Rundfunkanstalten *Frank*, in: FS Massing, S. 321ff., der in den Rundfunkgremien weniger Staatsferne als vielmehr Parteienproporz ausmacht.

392 S. hierzu ausführlicher *Knothe/Wanckel*, in: DÖV 1995, S. 365 (366ff.).

393 *A. Hesse*, Rundfunkrecht, S. 151f.; *Huber*, in: FS Bethge, S. 497 (502).

394 *Fechner*, Medienrecht, Kap. 10 Rn. 175; vgl. auch ausführlicher zu den Gremien und ihrem Verhältnis untereinander *F. Kübler*, Medien, S. 217ff.

395 Vgl. z.B. § 29 Abs. 1 S. 1 NDR-StV; § 25 Abs. 1 S. 1 WDR-G; § 27 Abs. 1 S. 2 ZDF - StV; ausführlicher zu Stellung und Aufgabe des Intendanten *A. Hesse*, Rundfunkrecht, S. 153ff.; *Ritlewski*, Pluralismus, S. 130ff.; zur Diskussion bzgl. der Staatsfreiheit des als Intendant des Bayerischen Rundfunks neu gewählten Ex-Regierungssprechers Ulrich Wilhelm s. *Grimberg*, in: TAZ vom 14. April 2010, S. 17.

396 Vgl. z.B. § 18 Abs. 1 NDR-StV; § 16 Abs. 1 WDR-G.

397 BVerfGE 83, 238 (333); vgl. wiederum ausführlicher zur Arbeit des Rundfunkrates *A. Hesse*, Rundfunkrecht, S. 158ff.; s. auch *Fechner*, Medienrecht, Kap. 10 Rn. 176ff.

dass ihm eine wichtige Funktion innerhalb der Rundfunkanstalten zukommt[398]. Die Größe des Rundfunkrates variiert je nach Rundfunkanstalt. Die Mitglieder werden zum weit überwiegenden Teil von gesellschaftlich relevanten Gruppen aus den verschiedensten Bereichen entsendet, wobei auch Vertreter von Regierungen und Parlamenten in ihm vertreten sind[399]. Der Verwaltungsrat ist ein fachliches Binnenkontrollgremium, das die Arbeit des Intendanten in Bezug auf seine wirtschaftliche Geschäftsführung überwacht, also nicht im Hinblick auf programmliche Inhalte[400]. Die Mehrzahl der Mitglieder wird bei allen Anstalten vom Rundfunkrat gewählt, wobei es im Einzelnen Unterschiede im Besetzungsverfahren und in der Größe des Verwaltungsrates gibt[401].

Das maßgebliche Problem hinsichtlich der Staatsfreiheit des Rundfunks im Bereich der internen Strukturen der Rundfunkanstalten ist die Besetzung der Gremien. Zum einen hat der Staat die Regelungen über die entsendungsberechtigten Gruppen selbst zu treffen, zum anderen sollen gerade diese Gruppen die Staatsfreiheit des Rundfunks gewährleisten[402]. Zu dieser Problematik hat das Bundesverfassungsgericht in seinem Urteil zum WDR-Gesetz Stellung genommen[403]. Demnach bildeten „die aus Vertretern der gesellschaftlich relevanten Gruppen zusammengesetzten anstaltsinternen Kontrollgremien des öffentlich-rechtlichen Rundfunks eine verfassungsmäßige Möglichkeit [...], die Rundfunkfreiheit organisatorisch zu sichern (vgl. BVerfGE 12, 205 [261ff.]).“[404] Bei der Entscheidung darüber, wie die Kontrollgremien zu besetzen seien, besitze der Gesetzgeber einen weiten Gestaltungsraum: „Dieser umfasst die Befugnis, das Kriterium der gesellschaftlichen Relevanz zu konkretisieren, die danach in Betracht kommenden Kräfte zu ermitteln, die ihnen zuzurechnenden Gruppen festzustellen und unter diesen die entsendungsberechtigten auszuwählen und zu gewichten.“[405] Die vom Gesetzgeber festgelegte Zusammensetzung müsse geeignet sein, die Rundfunkfreiheit zu wahren. Da das Verhalten in den Rundfunkräten weiterhin „interessebestimmt“ sei, eigne sich ein „grob einseitig zusammengesetztes Kontrollgremium nicht zur Sicherung der Meinungsvielfalt im Rund-

---

398 *Fechner*, Medienrecht, Kap. 10 Rn. 183; *Ritlewski*, Pluralismus, S. 130.

399 *A. Hesse*, Rundfunkrecht, S. 158.

400 *A. Hesse*, Rundfunkrecht, S. 166ff.; *Ritlewski*, Pluralismus, S. 132ff.

401 Vgl. wiederum *A. Hesse*, Rundfunkrecht, S. 166ff.; *Ritlewski*, Pluralismus, S. 132ff.

402 Zu diesem Dilemma *Chuang*, Organisation und Legitimation, S. 67ff.; *Schüller*, Auftragsdefinition, S. 65ff.

403 Zum Folgenden insgesamt BVerfGE 83, 238 (332ff.).

404 BVerfGE 83, 238 (333).

405 BVerfGE 83, 238 (334).

funk und erfüllt daher auch nicht die Anforderungen des Art. 5 Abs. 1 S. 2 GG."[406] Als relevante Grenze bezeichnet das Bundesverfassungsgericht die Schwelle grober Verzerrung. Auch dass eine Vielzahl Mitglieder vom Landtag gewählt werden („Staatsbank" in Abgrenzung zu den anderen Mitgliedergruppen „Verbändebank", „Kulturbank" und „Bürgerbank"), wird nicht infrage gestellt.

Diese Ausführungen des Bundesverfassungsgerichts lösen jedoch nicht vollends das Problem, insbesondere da die verwendeten Begrifflichkeiten stark auslegungsbedürftig sind. Klare Grenzen wurden nicht gezogen, da unklar bleibt, wann z.B. eine „grobe Verzerrung" vorliegt. Gegen eine Beteiligung von Staats- und Parteienvertretern in Rundfunkgremien bestehen grundsätzlich wenig Bedenken, da auch sie Teile von gesellschaftlich relevanten Gruppen sind. Allerdings dürfen Entscheidungen nicht ausschließlich nach parteipolitischer Ausrichtung getroffen werden[407]. So ist in der Literatur zwar einhellige Meinung, dass die Rundfunkfreiheit verletzt ist, wenn den Vertretern staatlicher Macht beherrschender Einfluss zukommt[408]. Ob die Grenze für die Quote staatlicher Vertreter jedoch bei einem deutlichen Unterschreiten der absoluten Mehrheit angesetzt werden muss, ohne dass eine präzise Zahlenangabe geliefert werden könne[409], oder bei einem Drittel[410] oder sogar einem Viertel[411], bleibt umstrit-

406 BVerfGE 83, 238 (335).

407 Vgl. *Schüller*, Auftragsdefinition, S. 67; diese Gefahr sieht jedoch *Hess*, Gebührenfinanzierung, S. 207f., insbesondere auch für den Fall, dass die Höhe der Rundfunkgebühr durch die Rundfunkanstalten selbst festgelegt werden sollte, da dann die „Bestimmung der Rundfunkgebührenhöhe in den Sog parteipolitischer Auseinandersetzung gerät und sich damit weniger am tatsächlichen Finanzbedarf der Rundfunkanstalten orientieren würde".

408 Vgl. *Chuang*, Organisation und Legitimation, S. 72; *A. Hesse*, Rundfunkrecht, S. 159f.; *Hoffmann-Riem*, Rundfunkaufsicht, S. 26; *Jarass*, Freiheit des Rundfunk, S. 48f.; vgl. hierzu auch – aus Erfahrung in einschlägigen Gremien sprechend – *Mahrenholz*, in: ZUM 1995, S. 508 (511); kritisch zur Staatsfreiheit der derzeitigen Rundfunkgremien, insbesondere beim ZDF, *Huber*, in: FS Bethge, S. 497 (502), der für die Beurteilung, ob eine „Beherrschung" besteht, auch die dem Staat zurechenbaren Vertreter (z.B. Politiker, auch „wenn sie auf dem ‚Ticket' einer gesellschaftlich relevanten Gruppe entsandt werden") einbeziehen möchte, ebd. S. 509.

409 So *Lerche*, in: Bullinger/Kübler (Hrsg.) Rundfunkorganisation, S. 78.

410 So z.B. Art. 111a Abs. 2 S. 3 BayVerf; *Degenhart*, in: BK, Art. 5 Abs. 1 und 2 Rn. 773; das Landesverfassungsgericht Thüringen will der Quote von einem Drittel der Staatsseite zuzurechnenden Vertretern jedoch lediglich eine Indizwirkung für eine unangemessene Repräsentanz im Aufsichtsgremium zukommen lassen. Es sei nicht nur die Zahl zu berücksichtigen, sondern auch die strukturell divergierenden Interessenlager, insbeson-

ten[412]. Darüber hinaus wird vorgeschlagen, zwischen unmittelbaren Staatsvertretern – die maximal eine Sperrminorität von 25% bekommen sollen – und mittelbaren Staatsvertretern, also den politischen Parteien, die weitere 10% der Sitze besetzen dürften, zu differenzieren[413]. Eine Klärung durch das Bundesverfassungsgericht steht noch aus[414].

II. Das Verfahren zur Gebührenfestsetzung im Einzelnen

Das Bundesverfassungsgericht hat in seiner Rechtsprechung die Grundzüge des Verfahrens zur Festlegung der Gebührenhöhe vorgegeben. Zunächst wird das Urteil des Bundesverfassungsgerichts vom 22. Februar 1994 im Hinblick auf das Festlegungsverfahren näher beleuchtet (1.). Es folgt eine Darstellung des derzeitigen Rundfunkgebührenfestsetzungsverfahrens (2.).

---

dere in einer Mehrländeranstalt wie dem MDR. Die Einbeziehung der Opposition bei der Mitgliederberufung und andere differenzierende Kriterien seien ebenso heranzuziehen. Im Ergebnis und unter Berücksichtigung der zusätzlich aufgestellten Kriterien kommt das Landesverfassungsgericht zur Verfassungsmäßigkeit der angefochtenen Regelung, obwohl die staatliche Seite ein Drittel der Mitglieder des Aufsichtsgremiums ausmacht, LVerfGE 8, S. 337 (337, Ls. 5, 6).

411 So *Vahrenhold*, Privatfunkaufsicht, S. 140.

412 S. ausführlicher hierzu *Chuang*, Organisation und Legitimation, S. 71ff.

413 *Scheel*, in: FS Dittmann, S. 29 (48).

414 Kritisch zur Rechtsprechung und den verpassten Gelegenheiten, für eine Klärung dieser Rechtsfrage zu sorgen, *Dörr*, in: VerwArch 92 (2001), S. 149 (172ff.); *Huber*, in: FS Bethge, S. 497 (506); s. auch in ähnlicher Richtung bereits *Ricker*, in: NJW 1994, S. 2199 (2200); eine baldige Klärung durch das Bundesverfassungsgericht könnte jedoch folgen, da derzeit ein Normenkontrollantrag am Bundesverfassungsgericht zur Überprüfung des ZDF-Staatsvertrags anhängig ist. Anlass für diesen Antrag war die Diskussion um die „Causa Brender". Der auslaufende Vertrag des damaligen ZDF-Chefredakteurs *Nikolaus Brender* wurde auf Betreiben des damaligen hessischen Ministerpräsidenten *Roland Koch* nicht verlängert, was zu der Frage führte, ob der Einfluss des Staates auf die Besetzung der Gremien zu groß ist. Vgl. ausführlicher zu dieser Frage *Degenhart*, in: NVwZ 2010, S. 877ff.; *dens.*, in: K&R 2010, S. 8f.; *Dörr*, in: K&R 2009, S. 555ff.; *Hain/Ferreau*, in: K&R 2009, S. 692ff.; *Heinicke*, in: KJ 2010, S. 458ff.; *Klein*, in: FAZ vom 17. Dezember 2009, S. 8; s. auch den offenen Brief zur Brender-Debatte von 35 Staatsrechtlern, „Prüfstein für die Rundfunkfreiheit", abgedruckt in FAZ vom 22. November 2009, verfügbar unter http://www.faz.net/artikel/C30280/offener-brief-zur-brender-debatte-staatsrechtler-pruefstein-fuer-die-rundfunkfreiheit-30033718.html (zuletzt aufgerufen am 19. Juni 2012)

1. Die Auswirkungen des Urteils vom 22. Februar 1994 – Rundfunkgebühren I – auf das Gebührenfestsetzungsverfahren

In seinem Urteil vom 22. Februar 1994[415] hat das Bundesverfassungsgericht erstmalig ausführlich zum Verfahren der Festlegung der Rundfunkgebührenhöhe Stellung genommen. Das Urteil geht zurück auf einen Aussetzungs- und Vorlagebeschluss des Bayerischen Verwaltungsgerichtshofs[416]. Bereits vor diesem Urteil des Bundesverfassungsgerichts gab es ein dreistufiges Verfahren der Gebührenfestsetzung, jedoch galt die KEF bis dahin als rein beratendes Gremium, als ein „bloßes Hilfsinstrument der Ministerpräsidentenkonferenz“[417], an deren Votum die Länder nicht gebunden waren. Die Entscheidung über die Gebührenhöhe war eine politische, die durch die Regierungschefs und durch die Landesparlamente getroffen wurde.

a) Inhalt des Aussetzungs- und Vorlagebeschlusses

In seinem Beschluss vom 6. Juli 1988 geht der Bayerische Verwaltungsgerichtshof in erster Linie der Frage nach, wem das Recht zur Festsetzung der Rundfunkgebühren zukommt[418]. Die Antwort, wem die Festsetzung jedenfalls nicht zukommen dürfe, gibt das Gericht in seinem ersten Leitsatz: „Die Festsetzung der Gebühren für die öffentlich-rechtlichen Rundfunkanstalten durch die Länderparlamente verletzt die Rundfunkfreiheit.“[419] Dies folge aus der Staatsfreiheit des Rundfunks, die entgegen einer verbreiteten Ansicht keine Durchbrechung durch die Festsetzung der Höhe der Rundfunkgebühren zulasse, so dass hierin eine Verletzung von Art. 5 Abs. 1 S. 2 GG zu sehen sei. Außerhalb einer gewissen staatlichen Kontrollbefugnis sei den öffentlich-rechtlichen Rundfunkanstalten vom Grundgesetz eine Autonomie verliehen, die keine staatliche Mitverantwortung zulasse. Ein Einfluss der Landesparlamente auf die Gebührenhöhe sei nicht notwendig, vielmehr bedürfe es lediglich eines Gesetzes, „in dessen Vollzug dann die öffentlich-rechtlichen Rundfunkanstalten autonom die Gebührenhöhe festsetzen.“[420] Die Rundfunkfreiheit beinhalte nicht nur das Recht, Rundfunksendungen zu gestalten, sondern auch die Gebührenhoheit, ohne die diese

415 BVerfGE 90, 60.
416 BayVGH DVBl. 1989, 115.
417 BVerfGE 90, 60 (98).
418 Zum Folgenden insgesamt BayVGH DVBl. 1989, 115 (115ff.).
419 BayVGH DVBl. 1989, 115 (115); kritisch zu diesem Punkt mit entsprechender grundrechtsdogmatischer Argumentation *Hoffmann-Riem*, in: JZ 1989, S. 247 (248f.).
420 BayVGH DVBl. 1989, 115 (116).

Gestaltungsfreiheit zumindest nicht voll konkretisiert werden könne. Ohne Gebührenhoheit bestünde immer die Gefahr der Einflussnahme durch diejenigen, die die Gebührenhöhe festlegen, da die öffentlich-rechtlichen Rundfunkanstalten befürchten müssten, dass sie nur bei „Wohlverhalten" ausreichende Finanzmittel zugewiesen bekämen. Entsprechend könne nur die volle Gebührenautonomie gewährleisten, dass „die öffentlich-rechtlichen Rundfunkträger unabhängig und unbeeinflußt von politischen Zumutungen und der einseitigen Durchsetzung von Sonderinteressen ihrem allgemeinen und öffentlichen Informations- und Unterhaltungsauftrag nachkommen können."[421] Der Staat könne jedoch immer noch allgemein regelnd tätig werden, um den Rundfunkanstalten Schranken zu setzen. Er könne dies auch im Bereich des Rundfunkgebührenwesens machen, ohne notwendigerweise dadurch die Rundfunkfreiheit zu verletzen. So sei es möglich, dass die Gebührenfestsetzung durch die Rundfunkanstalten auch mit einem staatlichen Genehmigungsvorbehalt versehen werde.

b) Ausführungen zum Gebührenfestsetzungsverfahren im Urteil des Bundesverfassungsgerichts vom 22. Februar 1994

Das Bundesverfassungsgericht folgt dem Vorlagebeschluss des Bayerischen Verwaltungsgerichtshofs nicht im Ergebnis, es entwickelt aber dennoch weitgehende Anforderungen an das Gebührenfestsetzungsverfahren und erklärt das bis dahin geltende Verfahren für verfassungswidrig[422]. Das Verfahren der Festsetzung der Rundfunkgebühr müsse sich an den Grundsätzen orientieren, die das Bundesverfassungsgericht zu Art. 5 Abs. 1 S. 2 GG aufgestellt hat. Kernpunkt sei hierbei die Staatsfreiheit:

> „Zwar schreibt diese Norm [i.e. Art. 5 Abs. 1 S. 2 GG] eine bestimmte Finanzierungsregelung für den öffentlichrechtlichen Rundfunk nicht vor. Doch ergibt sich aus dem Gesagten, daß eine Finanzierung erforderlich ist, die den öffentlichrechtlichen Rundfunk in den Stand setzt, die ihm zukommende Funktion im dualen System zu erfüllen, und die ihn zugleich wirksam davor schützt, daß die Entscheidung über die Finanzausstattung zu politischen Einflußnahmen auf das Programm benutzt wird."[423]

Freilich verleihe es dem Staat höhere Durchsetzungschancen in Bezug auf seine Interessen, wenn er die Finanzentscheidung treffe. Daraus folge jedoch nicht, dass die Rundfunkfreiheit nur gesichert sei, wenn die Rundfunkanstalten die

---

421 BayVGH DVBl. 1989, 115 (118).

422 Zum Folgenden insgesamt BVerfGE 90, 60 (88ff.).

423 BVerfGE 90, 60 (90).

Höhe der Rundfunkgebühr selbständig festlegen könnten, wie vom Bayerischen Verwaltungsgerichtshof gefordert. Vielmehr habe der Staat darüber zu entscheiden, wie das Verfahren zur Festlegung der Rundfunkgebühr ausgestaltet werden solle. Allerdings macht das Bundesverfassungsgericht gleichzeitig enge Vorgaben, die vom Gesetzgeber beachtet werden müssten.

So gelte für die Finanzierung des Rundfunks das Gebot der Staatsfreiheit, da die Repräsentanten des Staates Gefahr liefen, die Rundfunkfreiheit ihren Interessen unterzuordnen und die Kommunikationsmedien entsprechend zu „gängeln“[424]. Hier spielten weniger direkte Einwirkungen eine Rolle als vielmehr die subtileren Mittel indirekter Einwirkung, durch die sich der Staat Einfluss auf das Programm oder die im Rundfunk Tätigen verschaffen könne. Einflussmöglichkeiten auf die publizistische Tätigkeit sollten jedoch so weit wie möglich ausgeschaltet werden. Dies gelte insbesondere für die „wiederkehrenden Maßnahmen der Ausstattung und Beaufsichtigung“[425]. Dem Schutzbedürfnis der Rundfunkanstalten sei auch nicht durch die Einschaltung des Gesetzgebers genüge getan, da dieser zwar verpflichtet sei, zum Schutz der Rundfunkfreiheit vor außerpublizistischen Interessen Dritter eine Rundfunkordnung zu schaffen, ansonsten jedoch selber eine Gefahrenquelle darstelle.

Insgesamt müsse die Ausstattung der öffentlich-rechtlichen Rundfunkanstalten mit ausreichenden Finanzmitteln in dem Umfang gewährleistet werden, dass der öffentlich-rechtliche Rundfunk in die Lage versetzt wird, seine Funktion im dualen Rundfunksystem zu erfüllen. Die angemessene Ausstattung mit Finanzmitteln wurde vom Bundesverfassungsgericht schon in früherer Rechtsprechung als „funktionsgerechte Finanzierung“ betitelt[426]. Der öffentlich-rechtliche Rundfunk müsse in der Lage sein, seinen klassischen Auftrag zu erfüllen, wozu nicht nur die Meinungs- und Willensbildung durch Unterhaltung und Information, sondern auch seine kulturelle Verantwortung gehörten[427]. Hier käme eine besondere Rolle den Rundfunkgebühren zu, da diese den öffentlich-rechtlichen Rundfunk in die Lage versetzten, unabhängig von Einschaltquoten und ähnlichen Einflüssen ein Programm zu senden, das den verfassungsrechtlichen Anforderungen an die gegenständliche und meinungsmäßige Vielfalt entspreche. Die Finanzierungsgarantie folge gleichzeitig aus der Bestands- und Entwicklungsgarantie, die dem öffentlich-rechtlichen Rundfunk nach der Rechtspre-

---

424 BVerfGE 90, 60 (88).

425 BVerfGE 90, 60 (88f.).

426 Vgl. BVerfGE 87, 181 (198).

427 Vgl. zum Kulturauftrag des Rundfunks *Cornils*, Ausgestaltung, S. 79ff.

chung des Bundesverfassungsgerichts zukomme[428]. Eine Programmbegrenzung durch den Gesetzgeber sei jedoch nicht von vornherein unvereinbar mit dem Grundgesetz, zudem müsse nicht jede Programmentscheidung einer Rundfunkanstalt finanziell honoriert werden. In Bezug auf den Funktionsauftrag führt das Gericht aus:

> „Der öffentlichrechtliche Rundfunk hat im dualen System dafür zu sorgen, daß ein dem klassischen Rundfunkauftrag entsprechendes Programm für die gesamte Bevölkerung angeboten wird, das im Wettbewerb mit den privaten Veranstaltern standhalten kann."[429]

Was ein dem Rundfunkauftrag entsprechendes Programm jedoch ist, lasse sich nicht abstrakt feststellen und hänge von wechselnden Umständen wie z.B. der technischen Entwicklung ab. Es könne jedoch weder in das freie Ermessen des Gesetzgebers gestellt werden, noch biete eine Gebührenfestlegung durch die Rundfunkanstalten die Gewähr dafür, dass sie sich im Rahmen des Funktionsnotwendigen halten. Die drohende Einflussnahme auf den Rundfunk könne nur verhindert werden, wenn die staatliche Rundfunkfinanzierung strikt an ihren Zweck, die Grundversorgung der Bevölkerung mit Rundfunk sicherzustellen, gebunden werde. Zwar dürfe der Staat medienpolitische oder programmleitende Entscheidungen treffen, diese müssten jedoch im Rahmen der allgemeinen Rundfunkgesetzgebung erfolgen und nicht im Rahmen der Gebührenfestsetzung:

> „Für die Gebührenfestsetzung gelten vielmehr die Grundsätze der Programmneutralität und der Programmakzessorietät. Ihr sind die Programmentscheidungen zugrundezulegen, die die Rundfunkanstalten im Rahmen ihres verfassungsrechtlich vorgezeichneten und gesetzlich konkretisierten Rundfunkauftrags unter Berücksichtigung der Grundsätze von Wirtschaftlichkeit und Sparsamkeit getroffen haben. Von ihnen darf sich der Gesetzgeber nicht aufgrund eigener Vorstellungen von einem angemessenen Programm entfernen. Dagegen ist es ihm nicht verwehrt, bei seiner Entscheidung die Informationszugangs- und Vermögensinteressen des Publikums in Betracht zu ziehen, die von den Rundfunkanstalten nicht ausreichend wahrgenommen werden können."[430]

Allerdings sei diese Trennung von allgemeinen medienpolitischen Entscheidungen und der Entscheidung über die Gebührenhöhe allein nicht hinreichend effektiv, da Einflussnahmen im Rahmen der Gebührenfestsetzung in der Regel nicht nach außen treten würden, im System staatsvertraglicher Übereinkunft aller

---

428 S. z.B. BVerfGE 83, 238 (299).
429 BVerfGE 90, 60 (92).
430 BVerfGE 90, 60 (94).

Länder jedoch bereits ein Regierungschef entscheidenden Einfluss nehmen könne, ohne dass dies offen zu Tage treten würde. Zwar sei die Entscheidung über die Gebührenhöhe eine gebundene Entscheidung, durch die es den Rundfunkanstalten ermöglicht werden müsse, die zur Wahrnehmung ihrer Aufgabe erforderlichen Programme finanzieren zu können. Allerdings lasse sich dieses Kriterium nicht so weit konkretisieren, dass ein bestimmter Betrag aus ihm ableitbar wäre. Eine nachträgliche Überprüfung komme in der Regel auch nicht in Betracht, da die zweckfernen Einflüsse auf die Gebührenentscheidung normalerweise weder aufdeckbar noch am Entscheidungsergebnis ablesbar seien. Entsprechend müsse eine rechtliche Struktur gefunden werden, die bereits bei den Gefahrenquellen ansetze. Eine solche könne nur in einer Verfahrensregelung bestehen, durch die der Grundrechtsschutz bereits durch den Prozess der Entscheidungsfindung gewährleistet wird[431].

Um diesen prozeduralen Grundrechtsschutz zu gewährleisten, bedürfe es eines neuen Verfahrens zur Festlegung der Höhe der Rundfunkgebühr. Zwar wurde die KEF, die seit 1975 bestand, schon vor dem Urteil in das Gebührenfestsetzungsverfahren einbezogen, allerdings wurde vom Bundesverfassungsgericht sowohl die Entscheidungsfindung der KEF kritisiert als auch für ungenügend befunden, dass die Länder nicht an das Votum der KEF gebunden waren, sondern das Votum als bloße Entscheidungshilfe der Ministerpräsidentenkonferenz angesehen wurde. Das Bundesverfassungsgericht sieht zwar den Gesetzgeber in der Pflicht, ein verfassungsgemäßes Verfahren der Gebührenfestsetzung auszugestalten, gleichzeitig macht es weitgehende Vorgaben, wie Art. 5 Abs. 1 S. 2 GG gewährleistet werden könnte. Zunächst müsse gewährleistet werden, dass „die auf den Programmentscheidungen der Rundfunkanstalten basierende Bedarfsanmeldung die Grundlage der Bedarfsermittlung und der ihr folgenden Gebührenfestsetzung bilden."[432] Das Bundesverfassungsgericht stärkt folglich zunächst die Stellung der Rundfunkanstalten im Gebührenfestsetzungsverfahren. Gleichzeitig stellt es fest, dass dennoch eine externe Kontrolle der Bedarfsanmeldung notwendig sei, um die Interessen der Gebührenzahler zu wahren. Hier sei aber nur eine eingeschränkte Kontrolle möglich. Bei dieser dürfe lediglich

431 Die Figur des Grundrechtsschutzes durch Verfahren ist zwar gemeinhin anerkannt, jedoch in erster Linie für das Verwaltungsverfahren – eine Anerkennung für das Verfahren der Legislative wird weithin, allerdings ohne Bezug zum Gebührenfestsetzungsverfahren, abgelehnt, vgl. hierfür *Hebeler*, in: DÖV 2010, S. 754 (762); *Schmidt-Aßmann*, in: Merten/Papier (Hrsg.), HGR II, § 45 Rn. 20f.; ausführlich zum Grundrechtsschutz durch Verfahren unten 3. Kap. B. I.

432 BVerfGE 90, 60 (102).

geprüft werden, ob sich die Programmentscheidungen im Rahmen des rechtlich umgrenzten Rundfunkauftrags halten und ob der angemeldete Finanzbedarf zutreffend ermittelt wurde und mit den Grundsätzen der Wirtschaftlichkeit und Sparsamkeit vereinbar ist. Erwägungen der Vernünftigkeit oder der Zweckmäßigkeit der Programmentscheidungen seien nicht zulässig. Als Kontrollgremium kommt nach Ansicht des Bundesverfassungsgerichts die KEF in Betracht. Allerdings müssten hierfür sowohl Aufgabe, Zusammensetzung und Verfahren des Gremiums gesetzlich geregelt als auch die Unabhängigkeit der Mitglieder gesichert werden. Naheliegend findet es das Gericht in diesem Zusammenhang, die Zusammensetzung nicht nur rundfunk- sondern auch politikfrei zu gestalten. Die Gebührenfestsetzung müsse dann auf Grundlage der überprüften Bedarfsanmeldung der Rundfunkanstalten erfolgen, wobei Abweichungen hiervon nicht ausgeschlossen seien. Diese könnten jedoch nur aus Gründen erfolgen, die vor der Rundfunkfreiheit Bestand hätten. In Betracht kämen demnach „Gesichtspunkte des Informationszugangs und der angemessenen Belastung der Rundfunkteilnehmer“[433], zudem müssten Abweichungen nachprüfbar begründet werden. Dieses Prozedere wird vom Bundesverfassungsgericht als ein gestuftes und kooperatives Verfahren bezeichnet. Eine weitere Ausgestaltung – z.B. weitere Vorkehrungen oder, was das Bundesverfassungsgericht aufgrund der gebundenen Entscheidung für möglich hält, eine Delegation der Gebührenentscheidung – müsse der Gesetzgeber prüfen.

c) Zwischenergebnis

Das Urteil des Bundesverfassungsgerichts lässt dem Gesetzgeber zwar einen Spielraum, formuliert aber eine mögliche Ausgestaltung des Gebührenfestsetzungsverfahrens. Den Rundfunkanstalten stehe kein Gebührenerhebungsrecht zu, dennoch müsse das Verfahren staatsfern ablaufen. Hier wendet das Bundesverfassungsgericht die Konstruktion des Grundrechtsschutzes durch Verfahren an. So sollen bereits durch das Gebührenfestsetzungsverfahren Gefahrenquellen für die Rundfunkfreiheit ausgeschaltet und gleichzeitig die Bereitstellung der Finanzmittel sichergestellt werden, die zur Erfüllung des Funktionsauftrags erforderlich sind. Mit den dargestellten Leitlinien für ein mögliches Verfahren gestaltet das Bundesverfassungsgericht de facto weitgehend das Gebührenfestsetzungsverfahren. Zwar ist das zu wählende Verfahren nicht zwingend vorgegeben worden, jedoch hat das Bundesverfassungsgericht dieses Verfahren detail-

433 BVerfGE 90, 60 (104).

liert dargestellt, wodurch wenig Spielraum für den Gesetzgeber blieb, ein eigenständiges Verfahren zu entwickeln. Entsprechend haben die Länder im Anschluss an das Urteil das Verfahren weitgehend so ausgestaltet, wie es das Bundesverfassungsgericht vorgeschlagen hatte[434].

2. Die drei Stufen des Verfahrens der Gebührenfestsetzung

In Umsetzung der Kriterien des Bundesverfassungsgerichts wurde das dreistufige Verfahren zur Festlegung der Rundfunkgebührenhöhe in §§ 14 RStV, 1-7 RFinStV verankert. Demnach melden zunächst die einzelnen öffentlich-rechtlichen Rundfunkanstalten ihren Finanzbedarf an (a), der im Folgenden von der KEF geprüft wird (b). Am Ende des Verfahrens steht die staatsvertragliche Regelung der Gebührenhöhe durch die Länder (c).

a) Erste Stufe: Anmeldung des Finanzbedarfs

Durch die Vorschriften der §§ 14 Abs. 1 RStV, 1 RFinStV wird eine Finanzbedarfseinschätzungsprärogative der öffentlich-rechtlichen Rundfunkanstalten normiert[435]. Wie vom Bundesverfassungsgericht festgestellt, soll dieses Privileg der Rundfunkanstalten unmittelbar aus der Rundfunkfreiheit folgen[436] und hänge somit eng mit der Programmautonomie zusammen[437]. Zwar spiegelt sich die herausgehobene Stellung, die den Rundfunkanstalten nach dem Urteil des Bundesverfassungsgerichts zukommen soll, nicht unbedingt im Wortlaut des § 14 Abs. 1 RStV wider[438] – hier ist lediglich die Rede davon, dass die KEF „auf der Grundlage von Bedarfsanmeldungen" der öffentlich-rechtlichen Rundfunkanstalten den Finanzbedarf prüft und ermittelt – jedoch wird durch § 1 RFinStV klarer die Einschätzungsprärogative der Rundfunkanstalten in den Vordergrund

---

434 S. sogleich.

435 *Goerlich*, in: Hahn/Vesting, § 1 RFinStV Rn. 3; *ders.*, in: ZUM 1996, S. 390 (391ff.); *Scheel*, Rundfunkgebühr, S. 93f.

436 BVerfGE 90, 60 (102); so auch *Eberle*, in: AfP 1995, S. 559 (563f.); *Goerlich*, in: Hahn/Vesting, § 1 RFinStV Rn. 3, 8; eher kritisch zum Bestehen einer Einschätzungsprärogative der Rundfunkanstalten *Degenhart*, in: BK, Art. 5 Abs. 1 und 2 Rn. 811.

437 *Dörr*, in: Kops (Hrsg.), Finanzierung des Rundfunks, S. 99 (102); *Goerlich*, in: ZUM 1996, S. 390 (391); *Hasse*, Rundfunkfinanzierung, S. 28.

438 So *A. Hesse*, Rundfunkrecht, S. 186ff.

gestellt, so dass den Anforderungen des Bundesverfassungsgerichts Rechnung getragen wird[439].

Die einzelnen Landesrundfunkanstalten legen keine eigenständige Bedarfsanmeldung vor, nehmen also die Finanzbedarfseinschätzungsprärogative nicht individuell wahr. In der Praxis reicht die ARD eine zusammengefasste Bedarfsanmeldung für alle Landesrundfunkanstalten ein, in welche die mittelfristigen Finanzpläne aller ARD-Anstalten einfließen. Dies wird teilweise kritisiert, da eine anstaltsindividuelle Bedarfsermittlung sachgerechter sei, ohne dass eine solche Vorgehensweise bislang Eingang in das Gebührenfestsetzungsverfahren gefunden hätte[440].

Gleichzeitig legt § 1 Abs. 2 S. 2 RFinStV fest, dass in den an die KEF weitergeleiteten Unterlagen, anhand derer die KEF ihre Finanzbedarfsprüfung vornimmt, auch Wirtschaftlichkeits- und Sparsamkeitsmaßnahmen darzulegen sind. Die Rundfunkanstalten sind also von vornherein aufgefordert, mögliche Einsparpotenziale aufzuzeigen. Dies wird teilweise mit der Begründung kritisiert, dass die Maßstäbe der Wirtschaftlichkeit und der Sparsamkeit in den Erwägungen der Rundfunkanstalten keinen selbständigen Ort haben dürften, da sie gegenüber den Programmbedürfnissen nachrangig seien[441]. Wenn schon auf dieser Ebene entsprechende Erwägungen eine Rolle spielten, so hätte die KEF vermehrt Ansatzpunkte, um die Vorschläge der Anstalten zurückzuweisen[442]. Allerdings weist auch das Bundesverfassungsgericht mehrfach auf die Grundsätze der Wirtschaftlichkeit und Sparsamkeit hin und verweist zudem auf die Gefahr, dass die Rundfunkanstalten, wenn sie selbständig Gebühren festlegen könnten, nicht die Belange der Gebührenzahler berücksichtigen würden[443]. Insofern kann, zumal die Programmautonomie durch die in § 1 Abs. 1 RFinStV festgeschriebene Finanzbedarfseinschätzungsprärogative hinreichend in das Gebührenfestsetzungsverfahren einfließt, nicht davon ausgegangen werden, dass es unbillig wä-

---

439 So auch *Goerlich*, in: Hahn/Vesting, § 1 RFinStV Rn. 3; *Scheel*, Rundfunkgebühr, S. 94.

440 *Dörr/Charissé*, Rundfunkfinanzierung, S. 42ff.; a.A. *Seidel*, in: Kops (Hrsg.), Finanzierung des Rundfunks, S. 105 (110f.); vgl. auch zur jetzigen Praxis *Libertus*, in: Hahn/Vesting, § 14 RStV Rn. 34.

441 *Goerlich*, in: Hahn/Vesting, § 1 RFinStV Rn. 8; in Bezug auf die Begriffe Wirtschaftlichkeit und Sparsamkeit im Zusammenhang mit der Rechnungsprüfung *A. Hesse*, in: ZUM 1993, S. 606 (607).

442 *Goerlich*, in: Hahn/Vesting, § 1 RFinStV Rn. 8.

443 BVerfGE 87, 181 (200ff.); 90, 60 (94); 119, 181 (223).

re, die Rundfunkanstalten bereits auf der ersten Stufe zu Wirtschaftlichkeits- und Sparsamkeitserwägungen Stellung beziehen zu lassen[444].

b) Zweite Stufe: Kontrolle der Bedarfsanmeldung durch die KEF

Auf der zweiten Stufe wird die Bedarfsanmeldung der öffentlich-rechtlichen Rundfunkanstalten durch die KEF kontrolliert. Hierbei ist es gemäß § 3 Abs. 5 RFinStV die Aufgabe der KEF, darzulegen, ob, in welcher Höhe und zu welchem Zeitpunkt eine Änderung der Rundfunkgebühren notwendig ist. Dies erfolgt anhand eines Berichts[445], den die KEF den Landesregierungen mindestens alle zwei Jahre vorlegt. Hierbei können einzelne Mitglieder nach § 3 Abs. 7 RFinStV verlangen, dass ihre abweichenden Meinungen in den Bericht aufgenommen werden, ohne dass dies das Ergebnis des Berichts beeinflussen würde. Bei der Prüfung durch die KEF handelt es sich laut Bundesverfassungsgericht um eine fachliche, nicht um eine politische Aufgabe[446]. Das Verfahren durch die KEF wirft allerdings vielfältige Probleme auf. Um diese zu erfassen wird zunächst die personelle Zusammensetzung der KEF (aa) und das Verfahren der KEF (bb) näher erläutert. Sodann erfolgt eine Darstellung ihrer Aufgaben und Befugnisse (cc). Schließlich wird noch die Berichtspflicht der Rundfunkanstalten gegenüber den Ländern thematisiert (dd).

aa) Zusammensetzung der KEF

Die Zusammensetzung der KEF ist in § 4 RFinStV geregelt. Demnach besteht die KEF aus 16 Mitgliedern – jedes Land benennt ein Mitglied. Diese sollen Sachverständige aus den Bereichen Wirtschaft, Technik, Medien sowie Mitglieder der Landesrechnungshöfe[447] sein. Die Mitglieder werden für fünf Jahre berufen, eine Wiederberufung sowie eine Abberufung aus wichtigem Grund sind zu-

444 Vgl. hierzu auch *Scheel*, Rundfunkgebühr, S. 94.

445 Zur unmittelbaren oder inzidenten gerichtlichen Überprüfung der Inhalte des KEF-Berichts vgl. ausführlich *Libertus/Hans/Marci*, in: ZUM 1998, S. 961ff.; s. dazu auch *Goerlich*, in: ZUM 1996, S. 390 (392).

446 BVerfGE 90, 60 (103).

447 Kritisch zur Beteiligung der Landesrechnungshöfe – und damit gegen die klare Aussage des Bundesverfassungsgerichts in BVerfGE 90, 60 (103) – *Knothe*, Institutionen, S. 125.

lässig. Gemäß § 2 S. 2 RFinStV sind die Kommissionsmitglieder in ihrer Aufgabenerfüllung weder an Aufträge noch an Weisungen gebunden[448].

Bei der KEF handelt es sich folglich um eine unabhängige Sachverständigenkommission[449], die die komplexen Entscheidungen der Gebührenfestsetzung im Sinne höherrangigen Rechts vorbereiten und eine höhere Legitimation sichern soll – wozu die Politik nicht in der Lage sei[450]. Die Mitglieder der KEF sollen sich durch Fachkompetenz, Neutralität und Objektivität auszeichnen[451]. Ein Politikbezug ist bei ihr jedoch nicht von der Hand zu weisen, da die Mitglieder von den Ländern entsendet und von den jeweiligen Ministerpräsidenten berufen werden. Dies ergibt sich aus der Zuständigkeit der Staats- bzw. Senatskanzleien für Rundfunkangelegenheiten, wobei eine Entsendung durch die Ministerpräsidenten nicht zwingend erforderlich gewesen wäre[452]. Ebenso wäre es möglich gewesen, die Berufung durch die Landtage vornehmen zu lassen. Dieses wäre zwar immer noch ein staatliches Verfahren, würde jedoch eine höhere demokratische Legitimation aufweisen, da die Landesparlamente unmittelbar demokratisch legitimiert sind[453]. Problematisch ist zudem die Amtszeit von nur fünf Jahren und die Möglichkeit der Wiederberufung, da über die Androhung einer Verweigerung der Wiederberufung durch die Ministerpräsidenten Einfluss auf die Mitglieder ausgeübt werden könnte[454]. Für die Möglichkeit einer Wiederberufung lässt sich jedoch argumentieren, dass eine denkbare fachliche Bewährung der Mitglieder entsprechend bei einer Neuwahl berücksichtigt werden kann: Warum sollte ein Mitglied, das über fünf Jahre hervorragende Arbeit ge-

---

448 S. für Kritik an der knappen Norm des § 2 RFinStV *Goerlich*, in: Hahn/Vesting, § 2 RFinStV Rn. 3, der schon in dieser Norm vieles anders geregelt hätte, z.B. die Dauer der Amtsperioden sowie den Ausschluss einer Wiederwahl.

449 Vgl. allgemein zum Begriff des sachverständigen Gremiums ausführlich *Vomhof*, Einbindung von sachverständigen Gremien, S. 6ff.

450 *Goerlich*, in: Hahn/Vesting, § 4 RFinStV Rn. 1.

451 *Dörr*, in: VerwArch 92 (2001), S. 149 (168).

452 *Goerlich*, in: Hahn/Vesting, § 4 RFinStV Rn. 9; kritisch hierzu auch *Knothe*, Institutionen, S. 127ff., der jedoch zum Ergebnis kommt, dass angesichts des Einstimmigkeitsprinzips der Ministerpräsidentenkonferenz, die die Mitglieder der KEF beruft (nur die Benennung erfolgt durch den einzelnen Regierungschef), und der hohen Quoren innerhalb der KEF „in weitem Maße ausgeschlossen werden kann, daß Verabredungen auf der Stufe der Berufung bis auf die Programmentscheidung durchschlagen" (S. 129).

453 Vgl. *Hasse*, Rundfunkfinanzierung, S. 176 sowie unten 3. Kap. B. I. 2. a).

454 *Knothe*, Institutionen, S. 129ff.; in diese Richtung argumentiert auch *Goerlich*, in: Hahn/Vesting, § 2 RFinStV Rn. 3.

leistet hat, ausgetauscht werden[455]? Auch die Möglichkeit der Abberufung wird insofern skeptisch betrachtet, als hierdurch ein vorauseilender Gehorsam der Mitglieder hervorgerufen werden könnte[456]. Da die Berufung eines Kommissionsmitglieds jedoch nach § 4 Abs. 5 S. 2 RFinStV nur aus „wichtigem Grund" widerrufen werden kann und zudem für eine Abberufung ein sachlich begründetes Bedürfnis bestehen kann, erscheint diese Regelung nicht als Verstoß gegen Art. 5 Abs. 1 S. 2 GG[457]. Zudem wird kritisiert, dass der KEF keine Satzungsautonomie zukomme und sie nicht mit eigener Rechtspersönlichkeit ausgestattet sei, obwohl dies geboten sei[458].

bb) Das Verfahren der KEF

Die Regelungen über das Verfahren der KEF sind in § 5 RFinStV normiert. Demnach sind die Rundfunkanstalten an dem Verfahren der Überprüfung und Ermittlung des Finanzbedarfs durch die KEF weitgehend zu beteiligen. Bei Bedarf sind Vertreter der Rundfunkanstalten unmittelbar zu den Beratungen der KEF hinzuzuziehen. Vor der abschließenden Meinungsbildung innerhalb der KEF ist den Rundfunkanstalten gemäß § 5 Abs. 2 RFinStV Gelegenheit zu geben, Stellungnahmen abzugeben oder den Berichtsentwurf mit den Mitgliedern der KEF zu erörtern. Entsprechend muss der Berichtsentwurf den Rundfunkanstalten übersandt werden. Etwaige Stellungnahmen sind in den endgültigen Bericht einzubeziehen. Zudem wird auch die Rundfunkkommission der Länder durch Übersendung des Berichtsentwurfs beteiligt.

Sowohl die unpräzise Formulierung in Bezug auf die Beteiligung der Rundfunkanstalten in § 5 Abs. 1 RFinStV – „angemessene Beteiligung" – als auch die Beteiligung der Rundfunkkommission sorgen für Kritik[459]. Demnach müsse der die Einbeziehung der Rundfunkanstalten regelnde § 5 Abs. 1 RFinStV verfassungskonform dahingehend ausgelegt werden, dass Vertreter der Rundfunkanstalten nach „Sachgesichtspunkten aus der Perspektive freier Berichterstattung durch Rundfunk" heranzuziehen seien, worauf ein subjektives Recht der Anstal-

455 So auch *Scheel*, Rundfunkgebühr, S. 96.

456 *Betz*, in: MP 1995, S. 298 (306); *Hümmerich*, in: AfP 1996, S. 25 (29); in dieser Richtung auch *Goerlich*, in: Hahn/Vesting, § 4 RFinStV Rn. 9.

457 Vgl. ausführlicher zu dieser Frage *Knothe*, Institutionen, S. 133ff.

458 *Goerlich*, in: Hahn/Vesting, § 4 RFinStV Rn. 4; *Knothe*, Institutionen, S. 178; *Scheel*, Rundfunkgebühr, S. 96.

459 Vgl. *Goerlich*, in: Hahn/Vesting, § 5 RFinStV Rn. 2f.

ten bestehe[460]. Ob diese Auslegung tatsächlich erforderlich ist um der Rundfunkfreiheit Genüge zu tun, ist fraglich. Die weitere Beteiligung der Rundfunkanstalten ist durch die Vorlagepflicht des Berichtsentwurfs, die Möglichkeit der Stellungnahme sowie die Einbeziehungspflicht der KEF hinreichend geregelt, so dass es keines weitergehenden subjektiven Rechts auf Anhörung der Rundfunkanstalten bedarf.

Auch die Beteiligung der Rundfunkkommission wird scharf kritisiert und für verfassungswidrig erachtet, da dies einen Verfahrenseingriff darstelle und die Einschätzungsprärogative der Rundfunkanstalten sowie die sachlich-fachliche Tätigkeit der KEF beeinträchtigen würde[461]. Insbesondere wird kritisiert, dass die Rundfunkkommission nicht einmal eine gesetzliche Grundlage oder Eingriffsbefugnisse habe, sondern vielmehr ein „exekutivisches Hilfsorgan der Ministerpräsidenten" sei[462]. Diese Kritik verkennt jedoch, dass es sich laut Bundesverfassungsgericht bei dem Gebührenfestsetzungsverfahren nicht nur um ein gestuftes, sondern auch um ein kooperatives Verfahren handelt[463]. Da letztlich die Länder am Ende des Verfahrens durch Staatsvertrag über die Höhe der Gebühr entscheiden, widerspricht es der Rundfunkfreiheit nicht, wenn die Länder bereits im Ermittlungsverfahren der KEF Einblick in den Berichtsentwurf erhalten und diesen auch kommentieren können. Der Rundfunkkommission – die durch Beschluss der Länder ins Leben gerufen wurde und somit faktisch existiert – kommt die Rolle des Vertreters der Länder zu, was keinen grundsätzlichen Bedenken begegnet, da alle Länder über die Rundfunkgebühr zu entscheiden haben. Hierbei ist nicht ersichtlich, warum die Rundfunkkommission der Länder nicht die Möglichkeit haben sollte, zum Bericht der KEF im Vorfeld der Entscheidung Stellung zu beziehen, so dass die KEF in der Lage ist, auf Fragen und Anregungen der Länder einzugehen, ohne dass die Länder im formellen Verfahren vom Bericht gemäß § 7 Abs. 2 S. 2 RFinStV abweichen müssten. Somit trägt diese Regelung dazu bei, dass im Sinne eines kooperativen Verfahrens strittige Fragen schon im Vorfeld geklärt werden können. Entsprechend liegt hierin auch kein Verstoß gegen die Rundfunkfreiheit[464].

---

460 *Goerlich*, in: Hahn/Vesting, § 5 RFinStV Rn. 2.

461 *Goerlich*, in: Hahn/Vesting, § 5 RFinStV Rn. 3; *Hümmerich*, in: AfP 1996, S. 25 (29f.).

462 So *Goerlich*, in: Hahn/Vesting, § 5 RFinStV Rn. 3.

463 Vgl. BVerfGE 90, 60 (102).

464 So im Ergebnis auch *Knothe*, Institutionen, S. 52f., 168ff.

cc) Aufgaben und Befugnisse der KEF

Auch die Aufgaben und Befugnisse der KEF ergeben sich in erster Linie aus den Regelungen des ausführlichen § 3 RFinStV sowie aus § 14 Abs. 2 RStV. Demnach ist es nicht Aufgabe der KEF, die Anstalten und deren Finanzbedarfseinschätzungsprärogative zu ignorieren und stattdessen eigene Erwägungen an die Stelle der Überlegungen der Rundfunkanstalten zu setzen. Vielmehr besteht eine Überprüfungs- und Ermittlungsbefugnis der KEF. Es geht also in der Regel um eine sachliche und rechtliche Kontrolle der Bedarfsanmeldung hinsichtlich Vertretbarkeit, Methodenklarheit, Plausibilität und ähnlicher Parameter[465]. Im Rahmen der Befugnisse der KEF ist gleichwohl die Selbständigkeit der Rundfunkanstalten zu wahren und ihre publizistische Relevanz zu berücksichtigen, so dass die KEF zurückhaltend mit ihrem Recht umgehen muss, eigene Maßstäbe an die Bedarfskontrolle anzulegen[466]. Gemäß § 14 Abs. 3 RStV soll „ein hoher Grad der Objektivierbarkeit" bei der Überprüfung und Ermittlung des Finanzbedarfs erreicht werden, worin ein Auftrag an die KEF gesehen wird, auch unabhängig von einzelnen Vorgaben der Staatsverträge ihre Verfahren nach objektiven Kriterien und Methoden auszugestalten[467].

Fraglich ist im Bereich der Befugnisse und Aufgaben der KEF insbesondere, inwieweit sie die Einhaltung der Grundsätze der Wirtschaftlichkeit und Sparsamkeit sowie die Rationalisierungs- und Kooperationspotenziale überprüfen kann und darf – wie weit die „Eindringtiefe" der KEF also ist[468] bzw. in welchem Rangverhältnis die Befugnisse von Rundfunkanstalten und KEF zueinander stehen[469]. Das Wirtschaftlichkeitsprinzip ist in zahlreichen Vorschriften, u.a. in Art. 114 Abs. 2 S. 1 GG, erwähnt, ohne dass es näher definiert würde. Es findet sich jedoch eine Definition in den Allgemeinen Verwaltungsvorschriften zur Bundeshaushaltsordnung (VV-BHO). In der VV-BHO heißt es zu § 7 BHO:

---

465 *Goerlich*, in: Hahn/Vesting, § 3 RFinStV Rn. 1; *Scheel*, Rundfunkgebühr, S. 97; die KEF selbst sieht sich allerdings auch als „Anwalt der Gebührenzahler", der sich ein Urteil darüber bilden müsse, wie viel vom Wirtschaftlichkeitserfolg der Rundfunkanstalten bei den Anstalten verbleibt und wie viel davon beim Gebührenzahler ankommen muss – so zumindest der damalige KEF-Vorsitzende *Conrad*, in: MP 2004, S. 127 (128).

466 *Goerlich*, in: Hahn/Vesting, § 3 RFinStV Rn. 1ff.

467 *Libertus*, in: Hahn/Vesting, § 14 RStV Rn. 99; vgl. auch mit näheren Hinweisen auf bereits vor der Neufassung des Staatsvertrages erfolgte Objektivierungsmethoden der KEF *Conrad*, in: Kops (Hrsg.), Finanzierung des Rundfunks, S. 49 (56f.).

468 So *Bethge*, Verfassungsrechtliche Position, S. 78.

469 Diese Formulierung wählt *Scheel*, Rundfunkgebühr, S. 97.

> „Nach dem Grundsatz der Wirtschaftlichkeit ist die günstigste Relation zwischen dem verfolgten Zweck und den einzusetzenden Mitteln (Ressourcen) anzustreben. Der Grundsatz der Wirtschaftlichkeit umfasst das Sparsamkeits- und das Ergiebigkeitsprinzip. Das Sparsamkeitsprinzip (Minimalprinzip) verlangt, ein bestimmtes Ergebnis mit möglichst geringem Mitteleinsatz zu erzielen. Das Ergiebigkeitsprinzip (Maximalprinzip) verlangt, mit einem bestimmten Mitteleinsatz das bestmögliche Ergebnis zu erzielen."[470]

Trotz des Wortlauts des § 14 Abs. 1 RStV, der die Grundsätze von Wirtschaftlichkeit und Sparsamkeit separat benennt, ist der Grundsatz der Sparsamkeit als Teilbereich des Wirtschaftlichkeitsgrundsatzes zu sehen[471]. Die Nennung beider Grundsätze verdeutlicht, dass es nicht lediglich um die Minimierung des Aufwandes zur Erreichung eines Ziels geht, sondern vielmehr auch die Maximierung des Erfolgs angestrebt werden muss[472]; Ziel ist jedenfalls, die Kosten zu minimieren und den Nutzen zu maximieren[473]. Das Wirtschaftlichkeitsprinzip ist Ausfluss der Allgemeinwohlverpflichtung des Staates, die aus dem Grundgesetz folgt[474].

Problematisch ist die Kontrolle der Wirtschaftlichkeit durch die KEF dadurch, dass Wirtschaftlichkeit kein absoluter Maßstab ist, da sie immer dann gegeben ist, wenn es nicht noch wirtschaftlicher geht. Dies zu beweisen ist jedoch faktisch unmöglich, da es eine beliebige Anzahl an Alternativmöglichkeiten geben kann[475]. So lassen sich vielleicht die Kosten, selten jedoch der Nutzen

---

470 Allgemeine Verwaltungsvorschriften zur Bundeshaushaltsordnung (VV-BHO) vom 14. März 2001 (GMBl 2001, S. 307), § 7 Nr. 1.

471 *Libertus*, in: Hahn/Vesting, § 14 RStV Rn. 36; allgemein zum Verhältnis von Wirtschaftlichkeit und Sparsamkeit *v. Arnim*, Wirtschaftlichkeit, S. 49f.; *Gröpl*, in: HStR V, § 121 Rn. 10; *K. Grupp*, in: JZ 1982, S. 231 (234f.); *Knothe*, Institutionen, S. 163f.; s. hierzu auch *Stern*, Staatsrecht, Bd. 2, S. 438.

472 *v. Arnim*, Wirtschaftlichkeit, S. 50.

473 *Engels*, in: BK, Art. 114 Rn. 248; *Heintzen*, in: v. Münch/Kunig, Art. 114 Rn. 24; *Heun*, in: Dreier, Grundgesetz, Art. 114 Rn. 29.

474 Vgl. BVerfGE 42, 312 (332); 49, 89 (132); *Gröpl*, in: HStR V, § 121 Rn. 11; ausführlich hierzu *v. Arnim*, Wirtschaftlichkeit, S. 74ff.

475 *Libertus*, in: Hahn/Vesting, § 14 RStV Rn. 36; *Seidel*, in: Kops (Hrsg.), Finanzierung des Rundfunks, S. 105 (114); ähnlich auch *Oppermann*, in: JZ 1994, S. 499 (502), der eine Überprüfung anhand der Maßstäbe von Wirtschaftlichkeit und Sparsamkeit als „äußerst schwierig" bewertet; vgl. auch *Heun*, in: Dreier, Grundgesetz, Art. 114 Rn. 29 mit zahlreichen weiteren Nachweisen, der das Wirtschaftlichkeitsprinzip als „formales, inhaltsarmes und offenes Optimierungsgebot" ansieht, dessen Überprüfung kaum möglich erscheint.

einer Maßnahme objektiv und exakt quantifizieren[476]. Entsprechend muss sich die KEF zunächst mit einem Nachweis über die Bemühungen der öffentlich-rechtlichen Rundfunkanstalten um Wirtschaftlichkeit und Sparsamkeit begnügen[477]. Eine Pflicht zur Optimierung des Kosten-Nutzen-Verhältnisses besteht hingegen nicht[478].

Inwieweit die KEF diese Bemühungen einer Prüfung unterziehen darf, ist umstritten. Es wird argumentiert, dass sich die Wirtschaftlichkeit des Verhaltens der Rundfunkanstalten nur beurteilen ließe, wenn die entsprechende Sachentscheidung – also in der Regel die Programmentscheidung – mit in die Prüfung einbezogen wird[479]. Die KEF solle im Sinne der Staatsfreiheit des Rundfunks eine programmneutrale Finanzkontrolle gewährleisten, so dass Teile der Literatur von einer reinen Evidenzkontrolle ausgehen[480]. Teilweise wird weitergehend gefolgert, dass die Anwendung des wertungsbezogenen Maximalprinzips darauf beschränkt sei, ob Fälle offensichtlicher Gebührenverschwendung oder eine gänzliche Missachtung des Wirtschaftlichkeitsprinzips als Verfahrensgrundsatz vorlägen, die dann von der KEF gerügt werden könnten[481].

Einer anderen Ansicht zufolge müsse die KEF weitergehende Kontrollmöglichkeit haben. So solle eine Überprüfung der Wirtschaftlichkeit und Sparsamkeit dort möglich sein, wo die Finanzentscheidungen der Rundfunkanstalt nicht unmittelbar und untrennbar mit der Programmgestaltung verbunden seien. In Bezug auf die übrigen Entscheidungen sei eine solche Kontrolle auf evidente und eklatante Verletzungen von Wirtschafts- und Sparsamkeitsgebot beschränkt. Anderenfalls könne die gesetzlich geforderte Kontrolle nicht effektiv ausgeübt werden[482].

Auf der einen Seite muss die KEF die Programmautonomie der öffentlich-rechtlichen Rundfunkanstalten respektieren, da anderenfalls ein Eingriff in die

---

476 *Engels*, in: BK, Art. 114 Rn. 259; *Gröpl*, in: HStR V, § 121 Rn. 15; *Schwarz*, in: v. Mangoldt/Klein/Starck, Grundgesetz, Art. 114 Rn. 88.

477 *Chen*, Grundversorgungsaufgabe, S. 37; *Libertus*, in: Hahn/Vesting, § 14 RStV Rn. 36; *Seidel*, in: Kops (Hrsg.), Finanzierung des Rundfunks, S. 105 (114).

478 *Kube*, in: Maunz/Dürig, Grundgesetz, Art. 114 Rn. 101; ähnlich *Schwarz*, in: v. Mangoldt/Klein/Starck, Grundgesetz, Art. 114 Rn. 88, der von wirtschaftlichem Verhalten ausgeht, wenn „das Finanzgebaren zumindest wirtschaftlich vertretbar ist".

479 Vgl. in Bezug auf die Prüfung der Wirtschaftlichkeit der Haushalts- und Wirtschaftsführung durch den Bundesrechnungshof *Heintzen*, in: v. Münch/Kunig, Art. 114 Rn. 24.

480 *A. Hesse*, in: ZUM 1993, S. 606 (608); *Knothe*, Institutionen, S. 164; *Lehment*, in: ZUM 1994, S. 617 (623); *Libertus*, in: Hahn/Vesting, § 14 RStV Rn. 37.

481 *Lehment*, in: ZUM 1994, S. 617 (623) m.w.N.

482 *Hartstein/Ring/Kreile u.a.*, RStV, § 14 Rn. 44.

Rundfunkfreiheit vorliegt. Hieraus folgt in gewissem Maß eine Einschätzungsprärogative der Rundfunkanstalten hinsichtlich ihres Finanzbedarfs, inklusive Wirtschaftlichkeits- und Sparsamkeitserwägungen. Hinzu kommt, dass sich keine exakten Maßstäbe bilden lassen, die zur Bestimmung wirtschaftlichen und sparsamen Verhaltens herangezogen werden könnten. Hieraus könnte die Konsequenz gezogen werden, dass die KEF nicht befugt ist, ihre Einschätzungen hinsichtlich dieser Erwägungen an die Stelle derjenigen der Rundfunkanstalten zu setzen[483]. Auf der anderen Seite bleibt die Finanzbedarfsermittlung der KEF ein stumpfes Schwert, wenn sie nur offensichtliche Mängel der Finanzplanung der Rundfunkanstalten berücksichtigen darf. Die KEF wurde als staatsfreies Expertengremium gegründet, um insbesondere auch die Interessen der Gebührenzahler zu vertreten und die Bedarfsanmeldung nötigenfalls zu korrigieren, da die Rundfunkanstalten ein natürliches Selbstbehauptungs- und Ausweitungsinteresse haben[484]. Die KEF darf nicht in die Programmautonomie der Anstalten eingreifen, jedoch muss es ihr außerhalb dieses Bereichs gestattet sein, eigene Ermittlungen zur Wirtschaftlichkeit der vorgelegten Finanzbedarfsanmeldung anzustellen. Eine Überprüfung der Wirtschaftlichkeit geht zudem nicht notwendigerweise mit einer Überprüfung der Programmentscheidung einher. Prüfungsinhalt muss nicht zwangsläufig die Sachentscheidung, also die Programmentscheidung, als solche sein. Die Prüfung kann sich gleichermaßen darauf beschränken, die Kostenseite zu kritisieren. Die Darstellung von Kosten als unwirtschaftlich (z.B. im Vergleich zu anderen, ähnlichen Posten) ist noch kein Eingriff in die Programmautonomie der Rundfunkanstalten, da es weiterhin deren freie Entscheidung ist, wie sie in Zukunft Wirtschaftlichkeit gewährleisten möchten. Hierfür stehen den Rundfunkanstalten unzählige Möglichkeiten zur Verfügung, ohne dass dies automatisch zu Lasten des Programms gehen muss. Entsprechend kann die KEF – unter Berücksichtigung des Gebührenfestsetzungsverfahrens als eines kooperativen Verfahrens – eigene Maßstäbe anlegen, während sie im Bereich der wirklich programmrelevanten finanzwirksamen

---

483 So *Bethge*, Verfassungsrechtliche Position, S. 77ff.; *Libertus*, in: Hahn/Vesting, § 14 RStV Rn. 40; *ders.*, in: ZUM 1996, S. 947 (950); *Lehment*, in: ZUM 1994, S. 617 (623); *Vesting*, in: Pethig/Blind (Hrsg.), Fernsehfinanzierung, S. 170 (184).

484 Vgl. BVerfGE 87, 181 (202); s. hierzu auch *Degenhart*, in: ZUM 2000, S. 356 (359f.); zu den unterschiedlichen Interessen von Ländern und Rundfunkanstalten auch *Hess*, Gebührenfinanzierung, S. 195ff.

Maßnahmen der Rundfunkanstalten auf die Prüfung evidenter Verstöße gegen den Grundsatz der Wirtschaftlichkeit verwiesen bleibt[485].

Im gleichen Maß stellt sich die Frage der Kontrollkompetenz der KEF in Bezug auf Rationalisierungs- und Kooperationspotenziale, die gemäß § 3 Abs. 1 S. 3 RFinStV ebenso durch die KEF berücksichtigt werden müssen wie Wirtschaftlichkeit und Sparsamkeit. Auch in diesem Bereich muss selbstverständlich die Programmautonomie der Rundfunkanstalten gewährleistet werden. Die KEF darf jedoch – ohne gegen die Programmautonomie zu verstoßen – überprüfen, ob die Rundfunkanstalten vorhandene Rationalisierungsmöglichkeiten erkannt und ob sie deren Umsetzung erwogen und gegebenenfalls verwirklicht haben[486].

Der Wortlaut der Vorschrift lässt zudem die weitergehende Deutung zu, dass sich die Prüfungsmöglichkeiten neben tatsächlich festgestellten auch auf vermutete Rationalisierungspotenziale beziehen[487]. Dass die KEF offenbar von der Kompetenz zur Benennung vermuteter Rationalisierungspotenziale ausgeht, zeigen verschiedene KEF-Berichte aus den letzten Jahren[488]. Grundsätzlich gehört die Frage, ob alle Rationalisierungsmöglichkeiten ausgeschöpft wurden, zum Wertungsspielraum, der den Rundfunkanstalten verfassungsrechtlich zugestanden ist[489], so dass die KEF ihre Einschätzung nicht an die Stelle derjenigen der Rundfunkanstalten setzen, sondern die Rationalisierungspotenziale konkret benennen und bestimmen muss[490]. So muss verhindert werden, dass durch zusätzliche Rationalisierungsanforderungen seitens der KEF das durch das Bundesverfassungsgericht postulierte Gebot funktionsgerechter Finanzierung unterlaufen wird[491]. Auch kann die KEF nicht auf Rationalisierungsmöglichkeiten verweisen, die die Rundfunkanstalten sehenden Auges aus Gründen der Qualität der Programmgestaltung nicht verwirklicht haben und folglich die Wahl der kostenintensiveren Variante programmlich begründbar ist[492]. Eine rein rechnerische Überprüfung der Bedarfsanmeldung ist für eine effektive Kontrolle jedoch zu wenig, so dass der KEF zugestanden werden muss, dass sie auf möglicherweise

485 Vgl. zur Unterteilung in programmrelevante und übrige Maßnahmen *Hartstein/Ring/Kreile u.a.*, RStV, § 14 Rn. 44.

486 *Libertus*, in: Hahn/Vesting, § 14 RStV Rn. 47.

487 Vgl. hierzu *Libertus*, in: ZUM 2000, S. 1064 (1067).

488 Vgl. *KEF*, 13. KEF-Bericht, Tz. 320ff.; *KEF*, 15. KEF-Bericht, Tz. 241ff.; *KEF*, 16. KEF-Bericht, Tz. 555ff.; *KEF*, 17. KEF-Bericht, Tz. 167ff., 433.

489 Vgl. hierzu BVerfGE 90, 60 (95); *Libertus*, in: ZUM 2000, S. 1064 (1068).

490 *Hasse*, Rundfunkfinanzierung, S. 177; *Libertus*, in: ZUM 2000, S. 1064 (1068).

491 *A. Hesse*, Rundfunkrecht, S. 187; *Libertus*, in: Hahn/Vesting, § 14 RStV Rn. 45ff.

492 *Libertus*, in: ZUM 2000, S. 1064 (1068).

vorhandene, tatsächlich auch feststellbare Rationalisierungsmöglichkeiten hinweist, wenn diese von den Anstalten aus Sicht der KEF nicht hinreichend Beachtung gefunden haben[493]. Dasselbe muss letztlich auch bezüglich der Erwägungen hinsichtlich kostensparender Kooperationsmöglichkeiten gelten[494].

Erst 2005 wurde in § 3 Abs. 1 S. 2 RFinStV eingefügt, dass die KEF bei der Prüfung von Wirtschaftlichkeit und Sparsamkeit die gesamtwirtschaftliche Entwicklung und die Entwicklung der Haushalte der öffentlichen Hand zu berücksichtigen habe. Die Ausweitung der Überprüfungskompetenz ist nicht unumstritten, da diese Aspekte eher politische als fachliche Fragestellungen beinhalteten[495], weshalb diese Norm restriktiv verfassungskonform dahin auszulegen sei, dass die Entwicklung der Gesamtwirtschaft und der öffentlichen Haushalte lediglich zu einer Nachprüfung des vorher feststehenden Ergebnisses und zu seiner näheren Begründung führen dürfe[496].

Zusammenfassend lässt sich festhalten, dass es nicht die Aufgabe und Kompetenz der KEF ist, sich an die Stelle der Anstalten zu setzen. Gleichzeitig hat sie jedoch die Kompetenz, die Bedarfsanmeldung der Rundfunkanstalten zu prüfen und die Ergebnisse in den eigenen Bericht einfließen zu lassen. Hierbei hat die KEF die Möglichkeit, in bestimmten Bereichen unter Wahrung der Programmfreiheit der Rundfunkanstalten eigene Berechnungen anzustellen. Zudem kann die KEF mit einer gewissen Vorsicht auch Vergleichsparameter für die Beurteilung von Wirtschaftlichkeit und Sparsamkeit heranziehen, so z.B. die Kostenstrukturen der privaten Rundfunkunternehmen[497].

dd) Berichtspflicht der Rundfunkanstalten gegenüber den Ländern

In § 5a RFinStV ist die Berichtspflicht der Rundfunkanstalten gegenüber den Ländern geregelt. Die Anstalten erstatten demnach zeitnah nach Vorliegen des KEF-Berichts einen eigenen Bericht zur Information über ihre wirtschaftliche und finanzielle Lage inklusive ihrer Tochter- und Beteiligungsgesellschaften. Zudem müssen nach § 5a Abs. 4 RFinStV Vertreter der in der ARD zusammen-

---

493 Vgl. auch ausführlich hierzu *Libertus*, in: Hahn/Vesting, § 14 RStV Rn. 47; *dens.*, in: ZUM 2000, S. 1064 (1068f.); mit konkreten Beispielen zur Frage der Überprüfung von Rationalisierungsmöglichkeiten *Hartstein/Ring/Kreile u.a.*, RStV, § 14 Rn. 46.

494 *Libertus*, in: Hahn/Vesting, § 14 RStV Rn. 49.

495 *Scheel*, Rundfunkgebühr, S. 98.

496 *Goerlich*, in: Hahn/Vesting, § 3 RFinStV Rn. 5.

497 Vertiefend hierzu *Hartstein/Ring/Kreile u.a.*, RStV, § 14 Rn. 47f.; *Libertus*, in: Hahn/Vesting, § 14 RStV Rn. 50ff.

geschlossenen Landesrundfunkanstalten, des ZDF und des Deutschlandradios dem Landesparlament für Anhörungen zu den gelieferten Berichten zur Verfügung stehen. Diese Berichtspflicht ist zwar nicht Teil des Verfahrens bei der KEF, findet jedoch zeitlich zwischen der Abgabe des KEF-Berichts und dem Verfahren bei den Ländern statt.

Grund für diese Berichtspflicht ist zum einen das Interesse aller Abgeordneten an zusätzlicher Information, so dass deren Entscheidung über die Rundfunkgebührenhöhe eine höhere Legitimation bekommt. Anderenfalls könnte die Gefahr bestehen, dass lediglich die Rundfunk- und Medienexperten der Fraktionen umfassend informiert sind. Zum anderen wird durch eine solche Regelung dem Interesse des Volkes an größtmöglicher Öffentlichkeit genügt und die Interessen der Lobbyisten der privaten Sender bedient, die ein Interesse daran haben, dass über die Höhe der Rundfunkgebühr möglichst früh und möglichst umfassend öffentlich diskutiert wird, um diese in Grenzen zu halten[498]. Die Berichte der Rundfunkanstalten sind Informationsberichte, die nicht Teil des KEF-Verfahrens sind. Sie sind politische Berichte, und nicht, wie der KEF-Bericht, Sachverständigenberichte. Sie erlauben es, Kommunikationsdefizite zwischen Ländern und Rundfunkanstalten abzubauen. Sie sind zudem retrospektiv angelegt, und geben folglich zunächst einmal keinen Aufschluss über die zukünftige Entwicklung der wirtschaftlichen Lage der Rundfunkanstalten. Kritisiert wird die Berichtspflicht der Rundfunkanstalten insoweit, als dass die Gefahr bestünde, sie könnten in Konkurrenz zum KEF-Bericht treten. Zudem verweisen die Kritiker auf den finanziellen und personellen Aufwand, den die Erstellung der Berichte und die Teilnahme an Anhörungen der Landesparlamente erfordern[499]. Grundsätzliche Bedenken gegen eine verstärkte Information der Landtage durch die Rundfunkanstalten bestehen jedoch nicht.

c) Dritte Stufe: Festsetzung der Gebührenhöhe durch Staatsvertrag

Die Gebührenfestsetzung erfolgt gemäß §§ 14 Abs. 4 RStV, 7 Abs. 2 S. 1 RFinStV durch Staatsvertrag, der auf Grundlage des Gebührenvorschlags

---

498 Vgl. *Goerlich*, in: Hahn/Vesting, § 5a RFinStV Rn. 1; dies ergibt sich auch – verklausuliert – in der Bekräftigung der „Fortentwicklung des dualen Rundfunksystems" in der Präambel des sächsischen Zustimmungsgesetzes zum 5. Rundfunkänderungsstaatsvertrag vom 12. Dezember 2000, Sächs. GVBl. 2000, S. 526.

499 Vgl. hierzu ausführlicher *Goerlich*, in: Hahn/Vesting, § 5a RFinStV Rn. 4ff.

der KEF von allen Ländern zu beschließen ist[500]. Der Staatsvertrag wird zwischen den einzelnen Ministerpräsidenten oder Landesregierungen geschlossen, bedarf jedoch für seine wirksame Transformation in Landesrecht der Zustimmung der Landtage[501] (aa). Problematisch ist bei der Festlegung der Gebührenhöhe durch Staatsvertrag insbesondere die Frage, ob und inwieweit die Länder in ihrer Entscheidung über den Staatsvertrag vom Votum der KEF abweichen dürfen. Über diese Frage hatte bereits das Bundesverfassungsgericht zu entscheiden (bb). Bevor auf die Kritik an den Entscheidungen des Bundesverfassungsgerichts eingegangen wird (dd), ist zunächst zu klären, wie die vom Bundesverfassungsgericht postulierten Abweichungsmöglichkeiten vom Vorschlag der KEF zu interpretieren sind (cc).

aa) Der Staatsvertrag als Instrument der länderübergreifenden Rechtsetzung

Im Bereich des Rundfunks haben die Länder die Gesetzgebungskompetenz, wobei sie diese in weiten Teilen gemeinschaftlich und damit länderübergreifend wahrnehmen. Das Mittel hierzu ist der Staatsvertrag, der zwischen allen Ländern geschlossen wird. Staatsverträge werden üblicherweise von den Ministerpräsidenten ausgehandelt, müssen aber von den Landesparlamenten ratifiziert werden, um in Kraft zu treten, um also den Rang eines Landesgesetzes zu bekommen. Dabei können die Parlamente den Staatsvertrag jedoch nur in Gänze annehmen oder ablehnen, ohne dass sie ihn inhaltlich verändern können. So geschieht es auch hinsichtlich der Festlegung der Rundfunkgebührenhöhe[502]. Aus Sicht des Demokratieprinzips ist jedoch entscheidend, dass die Landesparlamente die formale Letztentscheidung treffen, und sie es sind, die über die rechtliche Wirksamkeit des Staatsvertrags entscheiden[503].

---

500 Kritisch bereits zur Formulierung von § 7 Abs. 2 S. 1 RFinStV *Hümmerich*, in: AfP 1996, S. 118 (119), der durch das Wort „Gebührenvorschlag“ eine seiner Ansicht nach rechtlich nicht vorhandene Unverbindlichkeit suggeriert sieht und die Bedarfsfeststellung der KEF zu einer beliebigen Entscheidungsgrundlage erkläre.

501 Vgl. zum Streit, ob ein einfacher Parlamentsbeschluss ausreichend ist – wie in Bayern gem. Art. 72 Abs. 1 BayVerf und in Nordrhein-Westfalen gem. Art. 66 S. 2 LV NW vorgesehen – oder ob es eines Gesetzes bedarf, wie in allen anderen Ländern, BVerwGE 74, 139 (140f.); *Libertus*, in: AfP 2001, S. 23 (24).

502 Vgl. hierzu auch *Knothe*, in: ZRP 2010, S. 181 (181f.); *Lerche*, in: Liber Amicorum Mestmäcker, S. 275 (279).

503 Vgl. *Hess*, Gebührenfinanzierung, S. 220f.

Dieses Vorgehen ist zwar anerkannt und es wird dazu auch keine adäquate Alternative vorgeschlagen[504]. Dennoch wird kritisiert, dass es den Landesparlamenten nicht in hinreichendem Maß möglich sei, ihrer Rolle gerecht zu werden und den Parlamentsvorbehalt auszufüllen[505]. Problematisch sei insbesondere, dass der Staatsvertrag nur ohne weitere Gestaltungsmöglichkeiten ratifiziert werden könne[506] – entweder ganz oder gar nicht, wobei die zweite Alternative gleichzeitig zu einer Beschädigung der Regierung führe, die den Vertrag ausgehandelt habe, was eine Ablehnung nicht wahrscheinlicher mache: „Der ‚letzte Wille' des Parlaments erschöpft sich daher in der Zustimmung oder Ablehnung."[507]. Letztlich könnten die Länder aufgrund des „föderalen Gruppenzwangs" den Staatsvertrag nur ratifizieren – eine Ablehnung komme nicht in Betracht[508]. Dies könne zu einem unter demokratischen Gesichtspunkten problematischen Funktionsverlust der Landesparlamente führen[509].

Um dennoch zu einem möglichst gut demokratisch legitimierten Ergebnis zu kommen, ist es notwendig, dass die Landesparlamente nicht erst beim Erlass des Zustimmungsgesetzes näher mit dem Inhalt des Staatsvertrages konfrontiert werden, sondern bereits während der Verhandlungen der Ministerpräsidenten Informationen bekommen und sich eine eigene Meinung bilden können, die von den Ministerpräsidenten berücksichtigt werden kann[510]. Dies setzt voraus, dass sich die Landesparlamente tatsächlich auch im Vorfeld mit der zu behandelnden Materie auseinandersetzen[511]. Ein Anfang ist hierbei bereits gemacht, da es in

---

504 *Degenhart*, in: SächsVBl. 2005, S. 129 (129); *Knothe*, in: ZRP 2010, S. 181 (183).

505 *Degenhart*, in: SächsVBl. 2005, S. 129 (129f.); *Hess*, Gebührenfinanzierung, S. 220f.; *Huber*, in: FS Drewitz, S. 75 (78f.); *Knothe*, in: ZRP 2010, S. 181 (181).

506 *Degenhart*, in: SächsVBl. 2005, S. 129 (129f.); *Hess*, Gebührenfinanzierung, S. 220

507 *Knothe*, in: ZRP 2010, S. 181 (181).

508 *Gröpl*, in: DÖV 2006, S. 105 (111); als ein – zugegebenermaßen seltenes – Gegenbeispiel mag die Ablehnung des Jugendmedienschutzstaatsvertrages durch den nordrhein-westfälischen Landtag im Dezember 2010 herhalten. Zu diesem Staatsvertrag wird es ggf. zu neuen Verhandlungen kommen, die die Bedenken des Landtages aufgreifen müssen, damit eine Neuregelung doch erfolgen kann. Dieses Beispiel zeigt, dass eine Ablehnung nicht nur eine theoretische Möglichkeit ist.

509 *Degenhart*, in: SächsVBl. 2005, S. 129 (130 mit Fn. 5); *Stern*, Staatsrecht, Bd. 1, S. 758f.

510 *Blum*, in: DJT 65 (2004), Bd. I, S. I 1 (I 115); *Hess*, Gebührenfinanzierung, S. 221; *Knothe*, in: ZRP 2010, S. 181 (183f.).

511 Als ein Vorbild kann die Expertenanhörung des sächsischen Landtags zum 8. RÄndStV am 3.2.2005 herhalten, bei der nicht nur verschiedene Experten gehört wurden, sondern zudem zwei schriftliche Gutachten im Vorfeld angefertigt wurden, vgl. Stenografisches

einigen Ländern inzwischen Regelungen über die frühzeitige Information der Parlamente durch die Regierung hinsichtlich der aktuellen Verhandlungen zu Staatsverträgen gibt[512]. Es wäre folglich Aufgabe der Landesparlamente, ihre Interessen gegenüber den Ministerpräsidenten deutlich zu machen, um das gewünschte Ergebnis zu erreichen. Die Macht dazu haben die Parlamente, da sie es sind, die die letztverbindliche Entscheidung treffen.

bb) Judikatur des Bundesverfassungsgerichts

In Bezug auf die Festlegung der Rundfunkgebührenhöhe durch Staatsvertrag hat das Bundesverfassungsgericht in seinen beiden Rundfunkgebührenurteilen Stellung genommen und recht restriktive Vorgaben gemacht. Während dieses Problem im ersten Gebührenurteil eher abstrakt erörtert wurde (1), gab es im zweiten Gebührenurteil konkrete Ausführungen zu den Abweichungsmöglichkeiten der Länder von der KEF-Empfehlung (2).

(1) Abstrakte Stellungnahme im Urteil vom 22. Februar 1994

Das Bundesverfassungsgericht stellt in seinem Urteil vom 22. Februar 1994 fest, dass der überprüfte Bedarf der Rundfunkanstalten bei der Gebührenfestsetzung nur aus Gründen unterschritten werden dürfe, die vor der Rundfunkfreiheit Bestand hätten – hierzu gehörten die Interessen der Gebührenzahler – und dass eine solche Unterschreitung einer Begründung bedürfe[513]. Grundsätzlich sei die Gebührenentscheidung auf Grundlage der überprüften Bedarfsanmeldung der Rundfunkanstalten zu treffen. Dies spiegelt sich inzwischen auch in § 7 Abs. 2 S. 1 RFinStV wider. Es sei jedoch Sache gesetzlicher Regelung, wer die Gebührenentscheidung trifft und wie dies geschieht, wobei sichergestellt werden müsse, „daß die Programmneutralität und Programmakzessorietät der Gebührenent-

---

Protokoll der Anhörung des Ausschusses für Wissenschaft und Hochschule, Kultur und Medien am 3. Februar 2005, PD 3.4. Apr 4/8-3 A; s. auch *Huber*, in: FS Drewitz, S. 75 (79 mit Fn. 18), der insbesondere die Sachverständigenanhörung des Sächsischen Landtags vom 8. Mai 2008 zum 10. RÄndStV als „aus dem Rahmen“ fallend ansieht.

512 Vgl. *Blum*, in: DJT 65 (2004), Bd. I, S. I 1 (I 115); *Knothe*, in: ZRP 2010, S. 181 (182); entsprechende Gesetze gibt es bereits in Bayern (Parlamentsbeteiligungsgesetz vom 25. Mai 2003, GVBl 2003, S. 324), Sachsen-Anhalt (Landtagsinformationsgesetz vom 30. November 2004, GVBl. LSA 2004, S. 810) und Schleswig-Holstein (Parlamentsinformationsgesetz vom 17. Oktober 2006, GVOBl. Schl.-H. S. 217).

513 Zum Folgenden insgesamt BVerfGE 90, 60 (61, Ls. 5; 103f.).

scheidung gewahrt bleiben.“[514] Hierdurch seien jedoch Abweichungen von den Feststellungen der KEF nicht ausgeschlossen. Abweichungsgründe, die vor der Rundfunkfreiheit Bestand hätten, erschöpften sich im Wesentlichen im Gesichtspunkt des Informationszugangs sowie der angemessenen Belastung der Rundfunkteilnehmer. Nicht infrage kämen demnach programmliche und medienpolitische Zwecke. Letztlich sei die Entscheidung über die Gebührenhöhe eine „gebundene Entscheidung“, die von allgemeinen medienpolitischen Erwägungen freizuhalten sei. Die Gebührenentscheidung müsse dabei abgekoppelt sein von der allgemeinen Rundfunkgesetzgebung, um die Risiken der mittelbaren Einflussnahme auf die Programmentscheidungen zu minimieren und somit die Programmfreiheit der Rundfunkanstalten zu sichern[515]. Die Länder müssten zudem nachprüfbare Gründe angeben, sollten sie von dem Gebührenvorschlag der KEF abweichen wollen. Anderenfalls sei eine Überprüfung, ob der Staat die aus Art. 5 Abs. 1 S. 2 GG folgende Finanzgewährleistungspflicht erfüllt hat, nicht möglich und die Rundfunkanstalten könnten somit ihren grundrechtlichen Anspruch nicht verfahrensrechtlich durchsetzen.

(2) Konkrete Ausführungen im Urteil vom 11. September 2007

In dem Urteil vom 11. September 2007[516] musste sich das Bundesverfassungsgericht erstmalig mit einer konkreten Abweichung vom Gebührenvorschlag der KEF auseinandersetzen. Im Vorfeld des Gerichtsverfahrens hatten sich die Länder darauf geeinigt, die Gebühr für die Gebührenperiode ab dem 1. Januar 2005 lediglich um 81 Cent zu erhöhen[517]. Im Bericht der KEF war der Bedarf für eine Erhöhung mit 1,09 Euro angegeben worden. Begründet wurde diese Abweichung vom KEF-Vorschlag mit der deutlich angespannten wirtschaftlichen Lage, die für große Teile der Bevölkerung eine große Herausforderung mit finanziellen Einschränkungen darstelle. Aus diesem Grund sei die Angemessenheit der Belastung für die Gebührenzahler bei zusätzlichen Belastungen aus dem öffentlichen Bereich zu berücksichtigen – dies auch jenseits reiner Bedarfskalkulationen. Zudem bestünden bei den öffentlich-rechtlichen Rundfunkanstalten zusätzliche Einsparpotenziale und die Rundfunkanstalten hätten durch die Vorlage von

514 BVerfGE 90, 60 (103).
515 BVerfGE 90, 60 (93ff.).
516 Zum Folgenden insgesamt BVerfGE 119, 181 (185ff.; 220ff.).
517 Erhöht wurde die Gebühr letztlich um 88 Cent, allerdings zum 1. April 2005. Die bereits verstrichenen 3 Monate sollte durch die um 7 Cent höhere Gebühr ausgeglichen werden.

Selbstverpflichtungen deutlich gemacht, dass sie durch strukturelle und sonstige Maßnahmen willens seien, solche Einsparpotenziale nutzbar zu machen. Dies betreffe insbesondere den Personalbereich. Die Länder verwiesen in ihrer Begründung ferner auf Änderungen des staatsvertraglichen Rahmens hinsichtlich der Einstellung der analogen terrestrischen Fernsehversorgung und hinsichtlich der Vereinfachung des Gebührenbefreiungsrechts. Schließlich sei auch die Gesamtentwicklung der Aufgaben im dualen Rundfunksystem sowie im Wettbewerb der Medien nicht außer Acht zu lassen. Für Unruhe sorgte im Vorfeld der Gebührenfestsetzung das sog. SMS-Papier[518] der Ministerpräsidenten Nordrhein-Westfalens, Sachsens und Bayerns (*Steinbrück*, *Milbradt*, *Stoiber*) aus dem Jahr 2003, in dem weitreichende Strukturveränderungen und Sparmaßnahmen für den öffentlich-rechtlichen Rundfunk vorgeschlagen wurden, deren Auswirkungen von der KEF bei der bevorstehenden Gebührenrunde berücksichtigt werden sollten.

Die Abweichung vom Gebührenvorschlag der KEF hatte vor dem Bundesverfassungsgericht keinen Bestand. Zunächst bestätigte das Gericht die Grundsätze aus dem ersten Gebührenurteil, insbesondere hinsichtlich der Trennung von allgemeinen Rundfunkstrukturentscheidungen und der Entscheidung über die Gebührenhöhe. Auch die Ausführungen hinsichtlich der Abweichungsgründe werden in ihrer Abstraktheit bestätigt. Weiter führt das Bundesverfassungsgericht jedoch das Demokratieprinzip an, dem Rechnung getragen werden müsse, nachdem sich die Landesgesetzgeber dazu entschlossen hätten, die Gebührenentscheidung selbst zu treffen. Allerdings sei das Demokratieprinzip eingeschränkt durch die notwendige Effektivität des prozeduralen Grundrechtsschutzes. Der Gesetzgeber übernehme politische Verantwortung für die Höhe der Rundfunkgebühren, so dass er auch die Interessen der Gebührenzahler in seine Entscheidung einbeziehen könne. Der Gesetzgeber dürfe hier jedoch seinen Gestaltungsspielraum „nur zur Verwirklichung von Zielen einsetzen, die vor der Rundfunkfreiheit Bestand haben, und er ist insbesondere daran gehindert, ihn zur Verfolgung medienpolitischer Zwecke zu nutzen."[519] Die Einschätzung, dass es sich bei der Gebührenentscheidung um eine „gebundene" Entscheidung handele, sei ein Hinweis darauf, dass der Gesetzgeber in die verfassungsrechtlichen Grenzen eingebunden bleibe. Anders als im Verwaltungsrecht sei diese Formulierung in Bezug auf die Rundfunkgebührenentscheidung nicht dahingehend

518 Konzeptpapier mit dem Titel „Rundfunkstrukturreform", dokumentiert in: epd-medien, Nr. 89 vom 12. November 2003, S. 23f.; vgl. hierzu und zur Umsetzung der Strukturreformen im 8. RÄndStV *v. Wallenberg*, in: MMR 2005, S. 88ff.

519 BVerfGE 119, 181 (226).

misszuverstehen, dass dem Gesetzgeber keinerlei Ermessen eingeräumt sei. Der Gesetzgeber könne die Belange der Gebührenzahler berücksichtigen, wobei sich die Abweichungsgründe regelmäßig in der Sicherung des Informationszugangs und der Angemessenheit der Belastung der Gebührenzahler erschöpfen würden. So sei der Gesetzgeber zu Korrekturen aufgefordert, wenn die Gebührenzahler durch die Gebührenhöhe unangemessen belastet würden oder ihnen der Informationszugang versperrt sei. Zwar dürfe der Gesetzgeber die wirtschaftlichen Interessen der Gebührenzahler abwägend berücksichtigen und auch außerhalb des Rundfunks liegende Faktoren – wie z.B. die allgemeine wirtschaftliche Lage, die Einkommensentwicklung und sonstige Abgabenbelastungen der Bürger – im Rahmen seiner Abweichungsbefugnis heranziehen, jedoch dürfe die Gebührenentscheidung nicht zu einer rein politischen Entscheidung der Regierungschefs oder Landesparlamente verkommen. Vielmehr sei der von der KEF fachlich ermittelte Finanzbedarf die Grundlage für die Höhe der Rundfunkgebühr und damit mehr als eine bloße Entscheidungshilfe für die Länder. Der Gesetzgeber müsse im Falle einer Abweichung die rechtfertigenden Tatsachenannahmen nachvollziehbar benennen und seine entsprechenden Bewertungen offenlegen:

> „So muss etwa erkennbar sein, inwiefern die vorgesehene Gebühr ihrer Höhe nach die Rundfunkzahler unangemessen belastet oder die Belastung die Bürger in nennenswerter Zahl davon abhalten wird, das Programmangebot zu nutzen, und dass die vom Gesetzgeber abweichend festgesetzte Gebühr dem Rechnung trägt.“[520]

Es seien jedoch an diese Begründung keine überzogenen Anforderungen hinsichtlich Detailgenauigkeit und Substantiiertheit zu stellen.

Das Bundesverfassungsgericht hat diese Anforderungen bei der Abweichung der Länder hinsichtlich der Gebührenhöhe nicht als erfüllt angesehen. Demnach sei die Begründung in wesentlichen Teilen nicht auf die rechtmäßigen Abweichungsgründe abgestimmt gewesen. Hinsichtlich der durch die Länder als Begründung angeführten angespannten wirtschaftlichen Lage und der damit verbundenen wirtschaftlichen Herausforderung für die Bevölkerung führt das Bundesverfassungsgericht an, dass dies zwar grundsätzlich ein zulässiger Abweichungsgesichtspunkt sei, jedoch aufgrund der unzulässigen weiteren Begründungsansätze eine Prüfung hinfällig sei, ob die Argumentation der Länder in diesem Punkt den Anforderungen an eine Abweichung von der Bedarfsfeststellung genüge.

520 BVerfGE 119, 181 (228f.).

(3) Zwischenfazit

Zusammenfassend ist festzustellen, dass das Bundesverfassungsgericht strenge Anforderungen an eine Abweichung vom Gebührenvorschlag der KEF formuliert hat. Zwar ist eine Abweichung durch die Länder grundsätzlich möglich, allerdings nur im engen Korsett. So kommen letztlich nach Ansicht des Bundesverfassungsgerichts nur die Sicherung des Informationszugangs und die Angemessenheit der Belastung der Gebührenzahler in Betracht, auch wenn theoretisch weitere Gründe eine Rolle spielen könnten. Auch bei der Abwägung zwischen den Interessen der Gebührenzahler und den Anforderungen an eine funktionsgerechte Finanzierung der Rundfunkanstalten sind die Länder durch die Rechtsprechung des Bundesverfassungsgerichts stark eingeschränkt. Zwar spricht das Gericht nicht mehr explizit von einer gebundenen Entscheidung der Länder (wie noch im ersten Rundfunkgebührenurteil), weist diese Formulierung jedoch auch nicht von sich, sondern gibt ihr eine einschränkende Definition. Demnach komme eine Abweichung von dem Gebührenvorschlag der KEF nur in seltenen Ausnahmefällen in Betracht. Eine wie auch immer geartete Entscheidungsfreiheit der Länder existiert de facto mit Rückgriff auf die sehr weit ausgelegte Rundfunkfreiheit der öffentlich-rechtlichen Rundfunkanstalten und ihrer Garantie einer funktionsgerechten Finanzierung nicht. Die Länder sind an das KEF-Votum weitestgehend gebunden[521].

cc) Auslegung der Abweichungskriterien

Dem Kriterium der Sicherung des Informationszugangs wird teilweise eine eigenständige Bedeutung abgesprochen. Dies hat zur Konsequenz, dass die Sicherung des Informationszugangs nur ein Teilaspekt der Angemessenheit der Belastung wäre[522]. Andererseits wird die Funktion dieses Merkmals jedoch darin gesehen, eine Duplizierung privater Angebote durch den öffentlich-rechtlichen Rundfunk zu vermeiden, da hierdurch kein Mehrgewinn für die Meinungsfreiheit entstünde und eine solche Duplizierung nicht dazu führen dürfte, höhere Rundfunkgebühren zu verlangen[523]. Die wohl herrschende Meinung sieht hierin

521 So auch bereits vor dem zweiten Rundfunkgebührenurteil *Nickel*, in: ZUM 2006, S. 737 (738).

522 *Lerche*, Rechtsfragen zur Festsetzung der Rundfunkgebühren. Unveröffentlichtes Rechtsgutachten im Auftrag der Länder Baden-Württemberg, Bayern, Sachsen und Thüringen, 1995, S. 29, zitiert nach *Hahn/Vesting*, § 14 RStV Rn. 103.

523 *Ricker/Schiwy*, Rundfunkverfassungsrecht, Kap. C Rn. 95; in diese Richtung gehend auch *Hümmerich/Heinze*, in: ZUM 1994, S. 488 (491).

eine Möglichkeit für den Gesetzgeber, bei der Gebührenfestlegung vom Vorschlag der KEF nach oben hin abzuweichen. Dieses sei möglich, wenn im Interesse der Zuschauer ein bestimmtes, kostenintensives Angebot im öffentlich-rechtlichen Rundfunk laufen sollte um die verfassungsrechtlichen Anforderungen an die meinungsmäßige Vielfalt im Rundfunk zu erfüllen[524].

Das Kriterium der unangemessenen Belastung der Rundfunkteilnehmer hingegen soll die Vermögensinteressen der Gebührenzahler schützen. Hierdurch soll eine unangemessene Gebührenhöhe vermieden werden, die dazu führen könnte, dass sich Rundfunkempfänger aufgrund der Höhe der Gebühr gezwungen sehen, ihre Geräte abzumelden und entsprechend auf den Empfang von Rundfunksendungen zu verzichten. Die Angemessenheit der Gebührenhöhe ist anhand objektiver und nicht subjektiver medienpolitischer Kriterien zu beurteilen. Es können hierfür auch die Preisentwicklungen anderer vergleichbarer Güter, wie z.B. der Preis für Zeitungen, Kino oder Theater, herangezogen werden. Berücksichtigt werden muss hierbei allerdings auch die Möglichkeit der Befreiung von den Rundfunkgebühren aus sozialen Gründen[525]. Ein subjektiver Anspruch der Gebührenzahler auf die Berücksichtigung der Angemessenheit der Rundfunkgebühr besteht hingegen nicht. Dies zeigt ein Vergleich zur Vorschrift des Art. 106 Abs. 3 S. 4 Nr. 2 Alt. 2 GG, die eine Überbelastung der Steuerpflichtigen verhindern soll[526]. Art. 106 Abs. 3 S. 4 Nr. 2 Alt. 2 GG enthält zwar

---

524 *Betz*, in: MP 1995, S. 298 (307); *Goerlich*, in: ZUM 1996, S. 390 (392); *Hasse*, Rundfunkfinanzierung, S. 179; *Libertus*, in: AfP 2001, S. 23 (26f.); *Libertus*, in: *Hahn/Vesting*, § 14 RStV Rn. 104; so auch, mit ausführlicher Herleitung und unter Auswertung der bisherigen Literatur zu dieser Frage, *Scheel*, Rundfunkgebühr, S. 137ff.

525 So die herrschende Meinung in der Literatur; vgl. *Betz*, in: MP 1995, S. 298 (307); *Hasse*, Rundfunkfinanzierung, S. 179ff.; *Hümmerich/Heinze*, in: ZUM 1994, S. 488 (491); *Libertus*, in: AfP 2001, S. 23 (27); *dens.*, in: Hahn/Vesting, § 14 RStV Rn. 105; hingegen sieht *Degenhart*, Anhörung vor dem Ausschuss für Wissenschaft und Hochschule, Kultur und Medien des Sächsischen Landtages am 3. Februar 2005, Stenografisches Protokoll v. 9. Februar 2005, PD 3.4, Apr 4/8-3 A, S. 5 (6) die Gebührenfrage als eine politische Entscheidung, die bei der Frage der Angemessenheit auch die gesamtwirtschaftliche Entwicklung und die Entwicklung der öffentlichen Haushalte mit einbeziehen dürfe; für eine ausführliche und zugleich kritische Auseinandersetzung mit diesem Abweichungsgrund und den Meinungen der Literatur s. wiederum *Scheel*, Rundfunkgebühr, S. 104ff.; zur kritischen Auseinandersetzung mit der Rechtsprechung des Bundesverfassungsgerichts und den Abweichungsmöglichkeiten s. unten 1. Kap. B. II. 2. c) dd) (2).

526 Vgl. zu dieser Vorschrift ausführlicher *Waldhoff*, Vorgaben, S. 254ff.

eine eindeutige Vorgabe für den Gesetzgeber[527], der auch eine allgemeine Bedeutung für die Erhebung von Steuern insgesamt zukommt[528]. Ein subjektives Recht des Steuerpflichtigen auf Einhaltung dieses Grundsatzes besteht aber nach herrschender Auffassung nicht[529]. Nach der Rechtsprechung des Bundesverfassungsgerichts zeigt sich in der „speziellen Regelung“ des Art. 106 Abs. 3 S. 4 Nr. 2 GG, „dass die Vermeidung einer Überbelastung der Steuerpflichtigen – gleichsam selbstverständlich – als verfassungsgerechter Grundsatz zu gelten hat.“[530] Daraus schließt das Gericht, dass es dieses „Mäßigungsgebot“ überprüfen kann und „vom Gesetzgeber die Darlegung besonderer rechtfertigender Gründe“ fordern kann, „nach denen die Steuerlast trotz ungewöhnlicher Höhe noch als zumutbar gelten dürfe.“[531] Obgleich Art. 106 Abs. 3 S. 4 Nr. 2 GG in einem ganz anderen Zusammenhang anzusiedeln ist, zeigt ein Vergleich zur unangemessenen Belastung der Rundfunkteilnehmer, dass die Vermeidung von Überbelastungen als Grundsatz sowohl für den Bereich der Steuererhebung als auch für den Bereich der Rundfunkgebühren gilt. Allerdings besteht weder im Hinblick auf die Steuerbelastung noch auf die Belastung durch die Rundfunkgebühren ein subjektives Recht des Einzelnen auf die Vermeidung unangemessener Belastungen. Gleichwohl kann das Bundesverfassungsgericht grundsätzlich prüfen, ob das entsprechende Mäßigungsgebot vom Gesetzgeber eingehalten wurde.

dd) Ansichten in der Literatur

In der Literatur werden die zwei Rundfunkgebührenurteile ausführlich diskutiert. Während eine Mehrheit der Autoren die Ansicht des Bundesverfassungsgerichts teilt bzw. diese zumindest ohne positive oder negative Wertung wieder-

---

527 *Stern*, Staatsrecht, Bd. 2, S. 1110; *Waldhoff*, Vorgaben, S. 256.

528 *Hidien*, in: BK, Art. 106 Rn. 944f.; *Prokisch*, Finanzverfassung, S. 41; *Vogel*, in: VVDStRL 39 (1981), S. 414f.; *Waldhoff*, Vorgaben, S. 257; *Herzog*, in: VVDStRL 39 (1981), S. 390); a.A. *Heun*, in: Dreier, Grundgesetz, Art. 106 Rn. 24; *P. Kirchhof*, in: VVDStRL 39 (1981), S. 213 (252); *Maunz*, in: Maunz/Dürig, Grundgesetz, Art. 106 Rn. 60.

529 *Hidien*, in: BK, Art. 106 Rn. 945; *Prokisch*, Finanzverfassung, S. 41f.; *Waldhoff*, Vorgaben, S. 257; a.A. *Kloepfer*, Artikel „Finanzverfassung“, in: EvStL, Bd. 1, Sp. 880; aufgrund der fehlenden Durchsetzbarkeit bleibt diese Vorschrift nach Ansicht von Arnims „weitgehend platonisch“, *v. Arnim*, in: DVBl. 1985, S. 1286 (1289).

530 BVerfGE 115, 97 (115f.).

531 BVerfGE 115, 97 (116).

gibt (1), wird das Urteil andererseits auch als zu weitgehende Einschränkung der Rechte des Parlaments kritisiert (2).

(1) Zustimmende Meinungen

Das Urteil des Bundesverfassungsgerichts von 1994 ist in weiten Teilen der Literatur auf Zustimmung gestoßen[532]. Begründet wird dies in erster Linie mit der gestärkten Staatsfreiheit des öffentlich-rechtlichen Rundfunks, der dadurch vermeintlich unterbundenen Möglichkeit der Einflussnahme durch die Länder und den recht klaren Regeln, die für das Verfahren zur Festlegung der Gebührenhöhe gemacht wurden[533]. Nachdem das Verfahren vorher überwiegend ein politisches Verfahren gewesen sei, werde jetzt vom Bundesverfassungsgericht zu Recht hervorgehoben, dass es sich um ein fachliches Verfahren handeln solle und die KEF entsprechend mit Experten besetzt werden müsse. Hierdurch entstehe ein Grundrechtsschutz durch das Gebührenfestsetzungsverfahren, der im Hinblick auf die Rundfunkfreiheit des öffentlich-rechtlichen Rundfunks notwendig sei[534].

Das Dilemma der Gebührenfestsetzung, das darin bestehe, dass einerseits die öffentlich-rechtlichen Rundfunkanstalten in ihrer Programmgestaltung frei seien, andererseits nicht jede Programmentscheidung einer Rundfunkanstalt finanziell honoriert werden müsse, sei vom Bundesverfassungsgericht durch die vorgestellte Verfahrensstruktur, die schon an den Gefahrenquellen ansetze, überzeugend gelöst worden[535]. Bei denjenigen, die das Urteil grundsätzlich begrüßen, schleicht sich allerdings Kritik in die Stellungnahmen ein, die in erster Linie dahin geht, dass das Bundesverfassungsgericht nicht weit genug gegangen sei. So wird darauf hingewiesen, dass die Prüfung durch die Länder diesen durch das Kriterium der Angemessenheit ein Ermessen einräume, das die rechtliche

532 *Dörr*, in: FS Ress, S. 1151 (1153ff.); *ders.*, in: Kops (Hrsg.), Finanzierung des Rundfunks, S. 99 (104); *ders.*, in: VerwArch 2001, S. 149 (164ff.); *Eberle*, in: AfP 1995, S. 559 (564f.); *Frank*, in: KJ 1995, S. 77ff.; *Hümmerich/Heinze*, in: ZUM 1994, S. 488ff.; *Libertus*, in: AfP 2001, S. 23 (26f.); *Ossenbühl*, in: MP 2004, S. 129f.; *Ricker*, in: NJW 1994, S. 2199f.; bereits vor dem Urteil des Bundesverfassungsgerichts wurde das dort vorgeschlagene Verfahren propagiert von *Libertus*, in: DÖV 1990, S. 635 (640).

533 *Frank*, in: KJ 1995, S. 77 (81); *Hümmerich/Heinze*, in: ZUM 1994, S. 488 (494); *Ossenbühl*, in: MP 2004, S. 129 (130).

534 *Dörr*, in: VerwArch 92 (2001), S. 149 (168f.); *Ricker*, in: NJW 1994, S. 2199 (2199f.).

535 *Dörr*, in: VerwArch 92 (2001), S. 149 (166f.).

Bindung im Gebührenfestsetzungsverfahren zu unterlaufen drohe[536]. *Ossenbühl* übt zudem Kritik daran, dass das Bundesverfassungsgericht mit dem Maßstab der angemessenen Belastung, für den nachprüfbare Gründe gefunden werden müssen, letztlich eine Abweichungsmöglichkeit suggeriere, wo keine sei. Vielmehr habe das Gericht nicht sagen wollen, dass die Gebührenfestsetzung durch Gesetz lediglich eine Notifikation des Vorschlages der KEF sei[537].

Auch das zweite Gebührenurteil vom 11. September 2007 wird teilweise als konsequente Fortschreibung der richtigen Rechtsprechung im ersten Rundfunkgebührenurteil gelobt[538]. Zudem wird betont, dass das Bundesverfassungsgericht auch in Zeiten der dualen Rundfunkordnung und der Medienkonvergenz die Stellung des öffentlich-rechtlichen Rundfunks hervorgehoben und gestärkt habe, auch und gerade in seiner Unabhängigkeit[539]. Gleichzeitig führe das Urteil und das damit verbundene Gebührenfestsetzungsverfahren zu einer Selbstzügelung der Rundfunkanstalten, da diese sowohl die Kontrolle der KEF über sich ergehen lassen müssten als auch darauf angewiesen seien, dass sie und ihr Programm von Zuschauern und Politik akzeptiert würden[540]. Gleichzeitig gebe das Gericht vor, wie eine Begründung auszusehen habe, mit der die Länder verfassungsgemäß vom Gebührenvotum der KEF abweichen könnten[541].

---

536 *Eberle*, in: AfP 1995, S. 559 (565); in diese Richtung argumentieren auch *Kresse/Kennel*, in: ZUM 1994, S. 159 (164), die weiterhin in der Gebührenentscheidung eine medienpolitische Entscheidung entdecken – sie schlagen stattdessen vor, dass die Rundfunkteilnehmer selbst, etwa in Form von „Hörer- und Seherparlamenten“, an der Gebührenentscheidung beteiligt werden sollten; *Heydt*, in: AöR 100 (1975), S. 584 (600ff.) fordert zwar keine vom Staat entkoppelte Gebührenentscheidung, möchte jedoch im Rahmen einer Systemumstellung, bei der die Mittel für die Rundfunkanstalten direkt aus dem Staatshaushalt kommen, die haushaltsrechtliche Kontrollbefugnis an das „Ersatzparlament“ Rundfunkrat mittels Organleihe abgeben.

537 *Ossenbühl*, in: MP 2004, S. 133 (135); *Lerche*, in: Liber Amicorum Mestmäcker, S. 275 (280ff.) wirft zudem noch die Frage auf, wie denn mit der Begründungspflicht umgegangen werden sollte, falls erst die Parlamente eine Notwendigkeit sehen, vom KEF-Votum abzuweichen und entsprechend im Staatsvertrag keine tragfähige Begründung enthalten ist.

538 *Eifert*, in: MP 2007, S. 602ff.; *Gounalakis/Wege*, in: NJW 2008, S. 800ff.; *W. Hahn*, in: MMR 2007, S. 613f.; *Hain*, in: JZ 2008, S. 128ff.; *Ory*, in: AfP 2007, S. 401ff.

539 *Eifert*, in: MP 2007, S. 602 (603f.); *Hain*, in: JZ 2008, S. 128 (131); *Ory*, in: AfP 2007, S. 401 (403ff.).

540 *Gounalakis/Wege*, in: NJW 2008, S. 800 (805); *Hain*, in: JZ 2008, S. 128 (135).

541 *W. Hahn*, in: MMR 2007, S. 613 (614).

Die einzig ersichtliche Kritik aus den Reihen der grundsätzlichen Befürworter des Urteils besteht darin, dass die europarechtlichen Bezüge der Rundfunkfinanzierung vom Bundesverfassungsgericht nicht angesprochen würden, obwohl diese eine zunehmende Relevanz bekämen, die auch auf die verfassungsrechtlichen Vorgaben durchschlügen[542].

(2) Kritische Stimmen

Bereits zum ersten Rundfunkgebührenurteil meldeten sich auch einige kritische Stimmen zu Wort[543]. Begründet wird die Kritik in erster Linie mit zu weitgehenden Einschränkungen der Funktion der Legislative, die letztlich auf die Funktion einer „staatsnotariell-legislativen Beurkundung" beschränkt werde[544], aber auch damit, dass dem Korrektiv der „angemessenen Belastung" keinerlei inhaltliche Bedeutung zukommen könne[545].

Die deutlichste Kritik hat die Frage ausgelöst, ob das KEF-Votum eine gebundene Entscheidung darstellen könne, wie es vom Bundesverfassungsgericht gefordert wurde. Hiergegen wird mit der Argumentation Stellung bezogen, dass dem Staat seine sozialstaatliche Verantwortung nicht durch ein Sachverständigengremium abgenommen werden dürfe, da dem Staat das entsprechende Wächteramt über die im Urteil erwähnte „angemessene Belastung der Rundfunkteilnehmer" zukomme[546]. Hieran schließt sich die Kritik an, dass diese „angemessene Belastung" eine „Luftnummer" bleibe. Der Gesetzgeber könne niemals „nachprüfbare Gründe" für eine solche unangemessene Belastung der Rundfunkgebührenzahler angeben, da es einen solchen Gebührenzahler nicht als Stereotyp gebe:

> „Die Unterschiedlichkeit der Lebensverhältnisse wird eine generalisierende Begründung des Gesetzgebers im Hinblick auf das Erreichen der Belastbarkeitsgrenze nicht ermöglichen. In Wirklichkeit wird es diese Kontrolle mit gerichtsfester Begründung

---

542 *Eifert*, in: MP 2007, S. 602 (605f.).

543 *Degenhart*, in: MP 2004, S. 125 (126); *Gersdorf*, in: AfP 1994, S. 108 (112ff.); *Kuch*, in: ZUM 1995, S. 161ff.; *Lehment*, in: ZUM 1994, S. 617ff.; *Oppermann*, in: JZ 1994, S. 499ff.; bereits im Vorfeld kritisch zu den später aufgestellten Grundsätzen *Bethge*, in: NJW 1990, S. 2451f.; mit Kritik an Teilen des Urteils insbesondere im Hinblick auf das Demokratieprinzip *Hartstein/Ring/Kreile u.a.*, RStV, § 14 Rn. 37; eine ausführliche und kritische Analyse des Urteils findet sich auch bei *Scheel*, Rundfunkgebühr, S. 85ff., 104ff.

544 So explizit *Degenhart*, in: MP 2004, S. 125 (126).

545 *Kuch*, in: ZUM 1995, S. 161 (164).

546 *Oppermann*, in: JZ 1994, S. 499 (502).

nicht geben können. So erweist sich dieses Korrektiv des Bundesverfassungsgerichts nicht einmal als stumpfes Schwert, sondern allenfalls als Beruhigungspille, als Placebo."[547]

Das Bundesverfassungsgericht hätte sich zudem stärker mit der Frage befassen müssen, ob es nicht ein milderes Mittel gegeben hätte, um eine mögliche, durch die Gebührenhöhe gemittelte Einflussnahme der Länder auf das Programm zu unterbinden. Möglich – und zugleich im Einklang mit der herrschenden Meinung in der damaligen Literatur – wäre es demnach gewesen, ein Verbot von programmrelevanten Beschlüssen und Aufrufen zu erlassen, um einen drohenden Grundrechtseingriff zu verhindern, ohne dass deswegen dem Gesetzgeber die Macht zur Bestimmung des Gebührenrahmens abgesprochen werden müsste[548]. Auch werde dem demokratisch legitimierten Parlament, das die Gebührenentscheidung trifft, eine zu starke Beschränkung auferlegt. So bleibe es Aufgabe des Staates, selbst über die Höhe der Rundfunkgebühr zu befinden, da dieser damit spezielle rundfunkpolitische und allgemeine sozialpolitische Ziele rechtmäßigerweise verfolgen könne. Dem stehe auch nicht von vornherein der Grundsatz der Staatsfreiheit entgegen, solange mit der Gebührenentscheidung nicht ein staatlicher Einfluss auf die Programmfreiheit der Rundfunkanstalten ausgeübt werde[549]. Dies folge auch aus dem Demokratieprinzip, da eine „Sachverständigenlösung" stets ein undemokratisches Moment enthalte, da für die eigentliche Entscheidung niemand verantwortlich sei[550]. Zumindest wenn man der Interpretation des Demokratieprinzips durch den Zweiten Senat des Bundesverfassungsgerichts folge, sei das Verfahren zur Gebührenfestsetzung „schlicht undemokratisch"[551].

Auch das zweite Rundfunkgebührenurteil des Bundesverfassungsgerichts wird teilweise in der Literatur kritisiert[552]. Das Bundesverfassungsgericht habe es versäumt, die eigenen Vorgaben, die es über die Jahrzehnte gemacht hat, im

547 *Kuch*, in: ZUM 1995, S. 161 (164); ähnlich auch *Degenhart*, in: MP 2004, S. 125 (126); auch *Perten*, in: K&R 2010, S. 703 (705) formuliert, dass „die Begründungsanforderungen ausreichend hoch [sind], dass sie kaum praktische Relevanz entwickeln werden", ohne dieses jedoch zu kritisieren.

548 *Lehment*, in: ZUM 1994, S. 617 (620).

549 *Bethge*, in: NJW 1990, S. 2451 (2451f.).

550 *Lehment*, in: ZUM 1994, S. 617 (624); in dieser Richtung auch *Hartstein/Ring/Kreile u.a.*, RStV, § 14 Rn. 37.

551 *Bryde*, in: StWStPr 4 (1994), S. 305 (322).

552 *Degenhart*, in: K&R 2008, S. 214ff.; *Faßbender*, in: NVwZ 2007, S. 1265ff.; *Scheel*, in: VBlBW 2008, S. 51ff.; bereits im Vorfeld der Entscheidung kritisch *Degenhart*, in: K&R 2005, S. 295ff.

Lichte der Entwicklungen auf EG-Ebene zu überprüfen. So habe die EG-Kommission in ihrem Kompromiss mit den Ländern im Dezember 2006 diese zu konkreten Maßnahmen verpflichtet – z.B. den Auftrag des öffentlich-rechtlichen Rundfunks zu konkretisieren und die Finanzierung auf das Maß zu beschränken, das zur Erfüllung dieses Auftrags erforderlich ist – ohne dass dies vom Bundesverfassungsgericht berücksichtigt worden wäre. So erscheine es zumindest fragwürdig, ob die strikte Trennung von allgemeiner Rundfunkgesetzgebung und Festsetzung der Rundfunkgebühr mit den europäischen Vorgaben in Einklang zu bringen ist[553].

Die ausführlichste und detailreichste Kritik am Urteil ist bei *Tobias Scheel* zu finden[554]. Das Bundesverfassungsgericht habe die Chance vertan, grundlegend auf die gewandelten Realitäten einzugehen. Stattdessen habe es eine „Subsumtionsentscheidung" getroffen, also lediglich die Grundsätze des ersten Rundfunkgebührenurteils auf den aktuellen Sachverhalt angewendet. Zugleich habe das Gericht – einem generellen Trend nicht nur der Rechtsprechung folgend – den Spielraum des Gesetzgebers stark beschränkt und es nicht geschafft, hinreichende Konturen für den Abweichungsgrund der unangemessenen Belastung der Rundfunkgebührenzahler zu zeichnen. Der sich abzeichnende verbleibende Spielraum für die Länder sei zudem zu eng[555]. Darüber hinaus finde das abgabenrechtliche Äquivalenzprinzip Anwendung, so dass es den Ländern gestattet sein müsse, die Frage aufzuwerfen und zu beantworten, ob die Belastung der Rundfunkteilnehmer durch die Rundfunkgebühr unter Berücksichtigung des Programmangebots angemessen sei. Zudem kritisiert *Scheel* das „Bepackungsverbot", also den vom Bundesverfassungsgericht aufgestellten Grundsatz, dass allgemeine rundfunkpolitische Entscheidungen unabhängig von der Gebührenfestsetzung getroffen werden müssen. Die vom Bundesverfassungsgericht damit beabsichtigte größere Transparenz sei unnötig, da eine die Transparenz gewährleistende öffentliche Debatte schon allein deshalb stattfinde, weil auch die Festsetzung der Gebührenhöhe öffentlich durch die Landtage beschlossen werden müsse. Zudem stehe heutzutage das gesamte Verfahren im Fokus der Öffentlichkeit, so dass schon hierdurch einer verkappten politischen Einflussnahme auf den Rundfunk vorgebeugt sei. Auch die Tatsache, dass letztlich die gleichen Personen über rundfunkpolitische Entscheidungen und die Gebührenhöhe zu

---

553 *Faßbender*, in: NVwZ 2007, S. 1265 (1268); s. hierzu auch *Scheel*, in: VBlBW 2008, S. 51 (55); zum Verhältnis des Urteils zum europäischen Beihilferecht auch *Wiedemann*, in: ZUM 2007, S. 800 (804f.).

554 Zum Folgenden insgesamt *Scheel*, in: VBlBW 2008, S. 51ff.

555 Kritisch in dieser Hinsicht auch *Degenhart*, in: K&R 2008, S. 214 (216).

beschließen hätten, mache ein „Bepackungsverbot" überflüssig. Entsprechend müsse eine Verbindung der verschiedenen Entscheidungen bei einer hinreichend substantiierten Begründung möglich sein, sofern sie im Allgemeinen mit der Rundfunkfreiheit vereinbar seien[556]. Das vom Bundesverfassungsgericht schon in der ersten Rundfunkgebührenentscheidung aufgestellte Begründungserfordernis sei im konkreten Falle zudem erfüllt gewesen, da die allgemein angespannte wirtschaftliche Lage „gerichtsbekannt" sei und entsprechend keiner zusätzlichen Erläuterung bedurft habe[557].

Bereits vor der zweiten Gebührenentscheidung des Bundesverfassungsgerichts hatte sich *Scheel* ausführlich mit den Abweichungsmöglichkeiten befasst[558]. Das Ergebnis seiner Untersuchung mündet in der Feststellung, dass sowohl das Bundesverfassungsgericht als auch die wohl herrschende Meinung in der Literatur die Abweichungsmöglichkeiten zu eng fassten. Zwar müssten die Länder das Votum der KEF in ihre Entscheidungsfindung mit einbeziehen und Abweichungen hiervon nachvollziehbar begründen. An diese Begründung dürften jedoch keine überhöhten Anforderungen gestellt werden: Es genüge bereits, wenn der einschlägige Abweichungsgrund benannt und die wesentlichen Tatsachen, die zu einer divergierenden Gebührenentscheidung geführt haben, aufgezeigt würden. In materieller Hinsicht könne sich die Abweichungsbefugnis an die verwaltungsrechtlichen Kriterien des Beurteilungsspielraums hinsichtlich der Tatbestandsseite und des Ermessens hinsichtlich der Rechtsfolgenseite anlehnen. Dies führe dazu, dass nunmehr der demokratisch legitimierte Gesetzgeber die Letztentscheidungskompetenz zurück bekäme, die Entscheidung nicht mehr dem bloßen „Abnicken" des KEF-Votums gleichkäme. Hierdurch würde nicht nur das Demokratieprinzip gestärkt, sondern gleichzeitig die Rundfunkfreiheit der „verfassungsrechtlichen Normallage" der übrigen Grundrechte angenähert und

---

556 In dieser Richtung auch *Degenhart*, in: K&R 2005, S. 295 (296); s. auch *dens.*, in: BK, Art. 5 Abs. 1 und 2 Rn. 811a, der darauf hinweist, dass es aufgrund des zeitlichen Ablaufs staatsvertraglicher Abstimmungsprozesse nicht ausgeschlossen werden könne, dass Gebühren- und Strukturentscheidungen parallel diskutiert würden – dies sei jedoch auch nicht verfassungsrechtlich erheblich, da es im aktuellen, mehrstufigen System der Gebührenfestsetzung angelegt sei, dass Strukturfragen von Seiten der Politik aufgeworfen würden, wenn aktuelle Gebührenforderungen Anlass hierfür gäben; kritisch hierzu bereits in Bezug auf die erste Rundfunkgebührenentscheidung *Gersdorf*, in: AfP 1994, S. 108 (113).

557 So *Degenhart*, in: SächsVBl. 2005, S. 129 (133) bereits im Vorfeld der zweiten Rundfunkgebührenentscheidung.

558 Zum Folgenden insgesamt *Scheel*, Rundfunkgebühr, S. 163ff., 192ff.

das rundfunkspezifische Spannungsfeld, der Spagat zwischen Staatsfreiheit und Staatsverantwortung, entlastet.

Auch andere Autoren fordern – teilweise zeitlich unabhängig vom Urteil des Bundesverfassungsgerichts – mehr Einflussmöglichkeiten der Länder auf die Höhe der Rundfunkgebühr[559]. So könne es dem Rundfunkgesetzgeber gerade in wirtschaftlich schwierigen Zeiten nicht verwehrt werden, von den Rundfunkanstalten Einsparungen zu verlangen, die auch auf einen Rückbau hinauslaufen könnten. Hierbei müsse selbstverständlich die Rundfunkfreiheit beachtet werden, so dass keine Einflussnahme auf das Rundfunkprogramm ausgeübt werden dürfe[560]. Dem Staat könne es nicht versagt werden, Mitentscheidungsrechte in Bezug auf das Finanzgebaren der öffentlich-rechtlichen Rundfunkanstalten geltend zu machen, solange er nicht die Anstalt über den finanziellen Regelungsvorbehalt manipuliert oder Einfluss auf die Programmverantwortung der Rundfunkanstalten nimmt[561]. Durch eine Entpolitisierung der Gebührenentscheidung werde vielmehr die vorhandene politische Qualität dieser Entscheidung aus der Öffentlichkeit des parlamentarischen Verfahrens in verdeckte Kanäle und Einflusswege verschoben[562].

Es bleibt in der Tat zu fragen, wie weit das Zurückdrängen des Staates zugunsten der Staatsfreiheit des Rundfunks gehen darf. Durch eine bloße Abweichung vom Gebührenvorschlag der KEF muss nicht zwangsläufig eine Verletzung der Rundfunkfreiheit hervorgerufen werden, sofern kein Einfluss auf die Programminhalte ausgeübt wird, solange also die Rundfunkanstalten selbständig entscheiden können, in welchem Bereich sie Kürzungen durchführen bzw. in welchem Bereich sie nicht weiter expandieren können[563]. Entsprechend sollte es der Beurteilungskompetenz der demokratisch legitimierten Gesetzgeber überlassen bleiben zu definieren, was in der derzeitigen gesamtwirtschaftlichen Situati-

559 *Badura*, in: FS Knöpfle, S. 1 (6f.); *Bethge*, in: DÖV 1988, S. 97ff.; *Gröpl*, in: DÖV 2006, S. 105ff.; in eine ähnlich Richtung geht auch *Linck*, in: NJW 1984, S. 2433 (2439) der postuliert, dass politische Entschließungen, die die öffentlich-rechtlichen Rundfunkanstalten zu größerer Sparsamkeit auffordern, nicht das Gebot der Staatsfreiheit des Rundfunks verletzten und sogar zweifelhaft sei, ob damit überhaupt Randzonen der Rundfunkfreiheit betroffen würden.

560 *Gröpl*, in: DÖV 2006, S. 105 (110).

561 *Bethge*, in: DÖV 1988, S. 97 (99).

562 *Badura*, in: FS Knöpfle, S. 1 (6).

563 Vgl. zu dieser Frage auch *Kuch*, in: ZUM 1995, S. 161 (164f.); zum allgemeinen Problem, inwieweit der Staat über das Rundfunkangebot der öffentlich-rechtlichen Rundfunkanstalten entscheiden darf oder sogar muss *Mahrenholz*, in: FS Kübler, S. 251 (258ff.).

on und mit Rücksicht auf die Lage gerade auch der öffentlichen Haushalte „angemessen“ bedeutet[564]. Eine Verlagerung der faktischen Entscheidungskompetenz auf die KEF mit nicht abschließend bestimmtem rechtlichen Status ist letztlich eine „Flucht aus der parlamentarischen Verantwortung“ und stellt die parlamentarisch-demokratische Legitimation der grundrechtsrelevanten Entscheidung über die Gebührenhöhe in Frage[565].

ee) Zwischenfazit

Die Gebührenhöhe wird gemäß §§ 14 Abs. 4 RStV, 7 Abs. 2 S. 1 RFinStV durch Staatsvertrag festgelegt. Diese Festlegung hat auf Grundlage des Gebührenvorschlags der KEF zu erfolgen. Es ist dabei umstritten, welchen Spielraum der Gesetzgeber hat. Das Bundesverfassungsgericht hat in seinen beiden Rundfunkgebührenentscheidungen seinen Schwerpunkt auf die Staatsfreiheit gelegt. Demnach darf der Gesetzgeber nur zur Sicherung des Informationszugangs und zur Verhinderung unangemessener Belastungen für die Rundfunkteilnehmer von dem KEF-Vorschlag abweichen. Zudem werden hohe Anforderungen an die erforderliche Begründung der Abweichung gestellt.

Diese Rechtsprechung hat zwar viel Unterstützung erfahren, jedoch auch zahlreiche Kritiker auf den Plan gerufen. So wird insbesondere die zu einseitige Betonung der Staatsfreiheit kritisiert. Der Fokus solle zumindest auch auf die demokratische Legitimation einer Entscheidung der Landesparlamente gelegt werden. Die zunehmende Verlagerung von Entscheidungskompetenzen auf Kommissionen im Allgemeinen und im Bereich des Rundfunks im Speziellen wird als problematisch angesehen, da der demokratische Weg verlassen werde und Entscheidungen außerhalb der Öffentlichkeit getroffen würden. Entsprechend solle den Landtagen nicht nur formal die Letztentscheidungskompetenz zukommen. Die Länder sollten die Möglichkeit bekommen, eigenständige Erwägungen anzustellen und eine wirkliche Entscheidung treffen zu können.

---

564 *Degenhart*, in: SächsVBl. 2005, S. 129 (132).

565 *Degenhart*, in: ZUM 2009, S. 374 (379); ähnlich zu den Problemen der faktischen Bindung des Parlaments an konsensuale Absprachen der Bundesregierung, für deren Unzulässigkeit gute Gründe vorlägen, *E. Klein*, Gesetzgebung ohne Parlament?, S. 26; s. ausführlich unten 3. Kap. B.

C. Reformbedürftigkeit der Rundfunkfinanzierung

Das bisherige System der an das Bereithalten eines Rundfunkgeräts anknüpfenden Rundfunkgebühr sieht sich vermehrt Kritik ausgesetzt. Die Kritik wird in erster Linie mit der zunehmenden Konvergenz der Medien begründet (I.). Es werden verschiedene alternative Modelle als Ersatz für das bisherige System diskutiert (II.).

I. Gründe für den Reformbedarf

Bei Einführung der Rundfunkgebühr war die Anknüpfung an das Bereithalten eines Empfangsgeräts eine logische Konsequenz aus ihrer Einordnung als Gebühr für die Verleihung einer Lizenz zum Betrieb eines Rundfunkgeräts. Auch dem in weiten Teilen des 20. Jahrhunderts vorherrschenden medialen Umfeld wurde dieser Ansatz gerecht, da es in der Regel nur wenige Radios und maximal einen Fernseher pro Haushalt gab, so dass das Bereithalten eines Rundfunkgeräts ein sinnvoller Anknüpfungspunkt für die Erhebung der Gebühr war. Durch die stetig zunehmende Konvergenz der Medien bestehen heutzutage jedoch gute Gründe für Reformen der Finanzierung des öffentlich-rechtlichen Rundfunks[566]. Während es früher technisch bedingt eindeutig war, dass mit einem Radio ausschließlich oder zumindest überwiegend Radio gehört wurde und entsprechend mit einem Fernseher das Fernsehprogramm empfangen wurde, hat sich die Funktion der Endgeräte in den letzten fünfzehn Jahren deutlich verändert. Viele Geräte werden heutzutage für unterschiedliche Zwecke verwendet, sie sind multifunktional geworden. Dies betrifft einerseits PCs, Tablet-PCs und Notebooks, die häufig sowohl für dienstliche Zwecke als auch zum Online-Empfang von Rundfunk genutzt werden können und teilweise über DVB-T-Empfang verfügen, und andererseits Smartphones, Mobiltelefone, MP3-Player und ähnliche multifunktionale Geräte, die für unterschiedlichste Zwecke benutzt werden können, u.a. eben auch zum Empfang von Rundfunk[567]. Entsprechend lässt sich kaum mehr feststellen, ob ein konkretes Gerät tatsächlich zum Empfang von Rundfunk bereitgehalten wird, oder ob es primär andere Aufgaben erfüllt[568].

566 S. zur Frage der Reformbedürftigkeit des derzeitigen Systems ausführlich und inhaltlich zutreffend auch *P. Kirchhof*, Finanzierung des öffentlich-rechtlichen Rundfunks, S. 11ff.; *Dittmann/Scheel*, Finanzierung, S. 10 m.w.N.

567 Hierzu auch *Jungheim*, in: ZUM 2008, S. 493 (494f.).

568 Vgl. auch *Degenhart*, in: ZUM 2009, S. 374 (382); *dens.*, in: ZUM 2011, S. 193 (194f.); *Eicher*, in: FS Drewitz, S. 213 (213ff.).

Diese Geräte sind auch nicht mehr ortsgebunden, so dass eine Kontrolle, ob in einem Haushalt Geräte zum Empfang bereitgehalten werden, schlichtweg nicht mehr möglich ist bzw. die Geräte nicht sicher einem Haushalt zugeordnet werden können. Dies gilt letztlich auch für die Aufteilung der Rundfunkgebühr in eine Grundgebühr und eine Fernsehgebühr, da entsprechend der Entwicklung multifunktionaler Geräte diese Alternativität vermehrt wegfallen wird[569].

Hinzu kommt, dass die derzeitige Rundfunkgebühr u.a. aufgrund ihres heute überholten Anknüpfungspunktes an einem Akzeptanzdefizit leidet. So erscheint in Bezug auf moderne Empfangsgeräte, mit denen vom Besitzer tatsächlich kein Rundfunk empfangen wird, die vorgenommene, eine Gebührenpflicht auslösende, Typisierung kaum mehr einsehbar. Ähnliches gilt z.B. auch für Fernsehbesitzer, die jedoch lediglich Filme mittels DVD oder Video on Demand gucken. Zudem bestehen gegen eine solch weitgehende Typisierung Bedenken hinsichtlich der Vereinbarkeit mit Art. 3 Abs. 1 GG, so dass auch verfassungsrechtlich eine Aufgabe der Gerätebezogenheit der Rundfunkgebühr diskutiert werden muss[570]. So ist es fraglich, ob aufgrund der leichten Möglichkeit des Schwarzsehens noch „Rundfunkgebührengerechtigkeit" besteht, ob also tatsächlich der größte Teil der Rundfunkempfänger auch Rundfunkgebühren zahlt. Eine vergleichbare Argumentation hinsichtlich der „Wehrgerechtigkeit" wird als Voraussetzung dafür angeführt, dass die Wehrpflicht verfassungskonform ist[571]. Entsprechend kann darüber nachgedacht werden, diese Argumentation auch auf die Zahlung der Rundfunkgebühren zu übertragen.

Insgesamt erscheint somit die Anknüpfung der Rundfunkgebühr an das Bereithalten von Geräten zum Rundfunkempfang zunehmend überholt, ggf. sogar verfassungswidrig. Entsprechend gibt es zahlreiche Vorschläge, wie eine Rundfunkgebühr ausgestaltet werden könnte, die auf diesen Anknüpfungspunkt verzichtet.

---

569 *Eicher*, in: FS Drewitz, S. 213 (215f.)

570 Vgl. hierzu insbesondere *Dittmann/Scheel*, Finanzierung, S. 11f.; *Fiebig*, Rundfunkgebührenpflicht, S. 333f.; *Lohbeck*, Rundfunkgebühr; in diese Richtung ebenfalls kritisch *Degenhart*, in: ZUM 2011, S. 193 (195); *Kitz*, in: NJW 2006, S. 406 (408).

571 Vgl. BVerwGE 122, 331; *Herzog*, in: Maunz/Dürig, Grundgesetz, Art. 4 Rn. 211ff.; *Jarass*, in: Jarass/Pieroth, Grundgesetz, Art. 12a Rn. 3; *Scholz*, in: Maunz/Dürig, Grundgesetz, Art. 12a Rn. 23ff.; *Unterreitmeier*, in: ZRP 2007, S. 163ff.

II. Alternative Modelle zur Rundfunkfinanzierung

1. Rundfunkrechtliche Geräteabgabe

Eine Alternative zum derzeitigen System der Rundfunkfinanzierung könnte die rundfunkrechtliche Geräteabgabe darstellen[572]. Diese sieht vor, dass die Hersteller von Geräten, die erkennbar zum Empfang von Rundfunk geeignet und bestimmt sind, einen festgelegten Betrag an die öffentlich-rechtlichen Rundfunkanstalten abführen müssen. Dieser Betrag würde erwartungsgemäß auf die Kunden umgelegt werden und zu höheren Preisen von Endgeräten führen. Allerdings wäre bei den durchschnittlichen jährlichen Absatzzahlen von Rundfunkgeräten ein Aufschlag von rund 400 Euro auf Fernsehgeräte und 125 Euro auf Radios notwendig, um die nunmehr nicht mehr anfallende Rundfunkgebühr komplett zu ersetzen. Aufgrund dieser und anderer Probleme – die Rundfunkanstalten können wegen schwankender Absatzzahlen nicht mit festen Summen kalkulieren, der Preis gerade für kleinere Radios würde exorbitant steigen, es würde voraussichtlich zu Ersatzbeschaffungen bzw. Online-Bestellungen im Ausland kommen, Verletzungen von Art. 12 Abs. 1 GG sowie Art. 14 Abs. 1 GG erscheinen denkbar – hat die rundfunkrechtliche Geräteabgabe jedoch berechtigterweise nie eine realistische Alternative zum bestehenden System dargestellt.

2. Nutzungsabhängige Finanzierung

Nach dem Modell einer nutzungsabhängigen Finanzierung würde der öffentlich-rechtliche Rundfunk zum Pay-TV werden, bei dem entweder für die Möglichkeit der Nutzung eines Gesamtangebots ein periodisch zu entrichtendes Entgelt zu zahlen wäre (Pay-per-Channel) oder bei dem die Zahlungspflicht an die Nutzung einzelner Sendungen geknüpft wird (Pay-per-View) [573]. Der Rundfunkteilnehmer müsste nur zahlen, wenn er Programme des öffentlich-rechtlichen Rundfunks konsumieren möchte[574]. Sollte die nutzungsabhängige Finanzierung die alleinige Finanzierungsart der öffentlich-rechtlichen Rundfunkanstalten sein, so würde ganz maßgeblich die Einschaltquote über die Finanzausstattung der

---

572 Vgl. zu diesem Modell und den folgenden Ausführungen insgesamt *Dittmann/Scheel*, Finanzierung, S. 13f.; *Goerlich*, in: JZ 2000, S. 566 (567); *Hasse*, Rundfunkfinanzierung, S. 197ff.; *A. Hesse*, Rundfunkrecht, S. 191; kurz und knapp diese Finanzierungsform ablehnend auch *Fiebig*, Rundfunkgebührenpflicht, S. 336.

573 Vgl. hierzu und zum Folgenden ausführlich *Hasse*, Rundfunkfinanzierung, S. 224ff.; s. auch *Dittmann/Scheel*, Finanzierung, S. 16.

574 Ein solches Modell favorisiert offenbar *v. Münch*, in: NJW 2000, S. 634 (635).

Rundfunkanstalten entscheiden, wodurch ein ausgewogenes Programm nicht mehr möglich wäre. Zudem wäre auch hierbei keine Finanzierungssicherheit gegeben und es wäre ein erheblicher Wettbewerbsnachteil gegenüber den privaten Sendern, was zu erheblichen verfassungsrechtlichen Bedenken hinsichtlich der Rundfunkfreiheit der öffentlich-rechtlichen Rundfunkanstalten aus Art. 5 Abs. 1 S. 2 GG führen würde. Als eine ergänzende Finanzierungsquelle, bei der die bereits bestehenden Angebote erhalten blieben und lediglich zusätzliche Pay-TV-Programme hinzutreten würden, wäre dieses System zwar verfassungsrechtlich unbedenklich, bedürfte jedoch einer gesetzlichen Grundlage. Es ist zudem fraglich, ob hierdurch ein maßgeblicher Anteil an der Finanzierung erwirtschaftet werden könnte.

3. Abgabepflicht privater Rundfunkveranstalter

Weiter wird eine Abgabepflicht der privaten Rundfunkveranstalter vorgeschlagen, die dann den öffentlich-rechtlichen Rundfunk finanzieren würden[575]. Begründen ließe sich eine solche Pflicht damit, dass der öffentlich-rechtliche Rundfunk im Wesentlichen die Grundversorgung sicherstellt, wodurch die privaten Veranstalter überhaupt erst in die privilegierte Lage versetzt werden, dass an sie deutlich geringere Anforderungen hinsichtlich der Ausgewogenheit und der Qualität ihrer Programme gestellt werden. Problematisch würde jedoch auch bei einem solchen Finanzierungsmodell die Finanzierungssicherheit bleiben. Gleichfalls wäre dies ein eminenter Eingriff in die Rechte der privaten Rundfunkanbieter, von denen die öffentlich-rechtlichen Rundfunkanbieter dadurch zudem abhängig würden. Eine solche Abhängigkeit wäre u.U. nicht mit der Rundfunkfreiheit vereinbar.

4. Weitere Finanzierungsmöglichkeiten (Werbefinanzierung, Beiträge und Spenden, Stiftungsmodell, Ausschreibungsmodell)

Eine reine Werbefinanzierung kommt anerkanntermaßen nicht in Betracht, da die Abhängigkeit von Einschaltquoten und populären Programmen die Grundversorgung und somit gleichzeitig die Rundfunkfreiheit beeinträchtigen würde.

575 Vgl. zu möglichen Ausgestaltungen eines solchen Finanzierungssystems *Kollek*, Rundfunkfinanzierung, S. 193ff. sowie *H.-P. Schneider/Radeck*, Verfassungsprobleme, S. 97; ausführlicher zu diesem Modell und den damit verbundenen Problemen *Hasse*, Rundfunkfinanzierung, S. 234ff.

Als weiteres Modell käme – nach dem Vorbild der USA – eine weitgehende Finanzierung durch freiwillige private Zuwendungen infrage, die z.B. durch Spenden und Mitgliedsbeiträge von Zuschauern, der Wirtschaft, Stiftungen und ähnlichen Einrichtungen aufgebracht werden könnten. Auch ein solches Modell würde allerdings die Abhängigkeit des Rundfunks deutlich steigern und verstieße somit gegen die Rundfunkfreiheit. Hinzu kommt, dass die Spendenkultur in Deutschland eine ganz andere ist als in den USA, weshalb es unrealistisch erscheint, hier die erforderlichen Milliardensummen aufzutreiben[576].

Die auch vorgeschlagene Umwandlung der öffentlich-rechtlichen Rundfunkanstalten in Stiftungen[577] wäre bei entsprechender Ausgestaltung verfassungsrechtlich unbedenklich, würde jedoch das Problem der Finanzierung nicht lösen, da auch die Stiftungen auf Gelder in Milliardenhöhe angewiesen wären. Wo diese herkommen sollten, bliebe unklar[578].

Eine weitere Möglichkeit bestünde darin, die gewünschten Programminhalte durch den Staat festzulegen, auszuschreiben und zu subventionieren, so dass derjenige Anbieter die entsprechenden Subventionen bekommt, der den Zuschlag zur Sendung dieses nach marktwirtschaftlichen Gesichtspunkten nicht lukrativen Programms erhält[579]. Eine Festlegung des Hörfunk- und Fernsehprogramms durch den Staat würde allerdings gegen die Staatsfreiheit des Rundfunks verstoßen[580].

5. Kommunikationsabgabe/Bürgerabgabe

Die sog. Kommunikationsabgabe, auch Bürgerabgabe genannt, wäre von jedem volljährigen Einwohner zu bezahlen[581]. Es würde weder an das Bereithalten eines Rundfunkgeräts, noch an die Nutzung solcher Geräte, noch an einen Haushalt angeknüpft, sondern an die bloße Einwohnereigenschaft. Es könnte das derzeitige Verfahren des Gebühreneinzugs beibehalten werden oder aber die Gebühr würde durch die Finanzämter erhoben. Die Umstellung auf eine Bürgerab-

576 Vgl. *Hasse*, Rundfunkfinanzierung, S. 236ff.

577 So *Krüger*, Rundfunkstiftung, S. 35.

578 *Hasse*, Rundfunkfinanzierung, S. 238.

579 So *Engel*, Medienordnungsrecht, S. 63f.

580 Vgl. *Hasse*, Rundfunkfinanzierung, S. 239f.

581 Vgl. hierzu und zum Folgenden *Fiebig*, Rundfunkgebührenpflicht, S. 337ff.; *Hasse*, Rundfunkfinanzierung, S. 240ff.; dagegen hält *Goerlich*, in: JZ 2000, S. 566 (567) eine solche Bürgerabgabe für einen Verstoß gegen das Finanzverfassungsrecht, da eine solche Abgabe als Sonderabgabe zu qualifizieren sei und es schon an einer sachnahen Gruppe fehle; in diese Richtung argumentiert auch *A. Hesse*, Rundfunkrecht, S. 190f.

gabe würde sich von der historischen Grundlage einer Abgabe, deren Belastungsgrund die Teilnahme am Rundfunk ist, verabschieden. Vielmehr würde die Finanzierung des öffentlich-rechtlichen Rundfunks als Aufgabe der Allgemeinheit angesehen werden. Dies kann aus der elementaren Aufgabe, die der Rundfunk in seiner Wirkung auf die Meinungsbildung und damit die demokratischen Grundlagen des Staates hat, aus seiner sozialen Funktion als Sozialisierungsinstrument für die Bürger innerhalb der Gesellschaft und aus seiner kulturellen Rolle heraus gerechtfertigt werden. Die Wirkungen des Rundfunks sind zudem nicht beschränkt auf die direkten Konsumenten von Rundfunkprogrammen, sondern betreffen durch die Kommunikation und die Funktion, Themen zu platzieren (Agenda-Setting-Funktion), jeden Bürger, auch wenn dieser nicht zum Kreis der Rundfunkteilnehmer gehört. Aus diesem Grund ist es möglich, dass man die Finanzierung des öffentlich-rechtlichen Rundfunks wegen seiner herausragenden Bedeutung für Staat und Gesellschaft als eine gesamtgesellschaftliche Aufgabe begreift.

Unklar bleibt bei diesem Modell, ob der nicht-private Bereich, also juristische Personen wie z.B. Betriebe, von der Gebührenpflicht ausgenommen bleiben sollte. Eine Bürgerabgabe wäre – je nach Ausgestaltung – verfassungsrechtlich möglich. Sie ist jedoch politisch mehrheitlich nicht gewollt, da sie zu einer unpopulären Mehrbelastung von Familien und Mehrpersonenhaushalten führt[582] und aufgrund ihrer kopfsteuerartigen Ausgestaltung Fragen der Gleichheit bzw. der Gerechtigkeit aufwerfen könnte[583].

Eine Variante zur Bürgerabgabe stellt der Vorschlag der medienpolitischen Kommission der IHK-Arbeitsgemeinschaft in Hessen dar[584]. Demnach sollten zur Rundfunkfinanzierung alle Wahlberechtigten herangezogen werden, und die gewerbliche Wirtschaft gänzlich aus der Finanzierungsverantwortung entlassen werden. Auch dieses Modell sieht sich verfassungs- und abgabenrechtlichen Fragestellungen gegenüber, die nicht überzeugend beantwortet werden können. Zudem spielt das Modell in bisherigen und aktuellen Überlegungen zur Reform der Rundfunkfinanzierung keine Rolle[585].

---

582 Vgl. *Hanfeld*, in: FAZ vom 17. Dezember 2009, S. 29.

583 Vgl. *Eicher*, in: FS Drewitz, S. 213 (222f.); *Fiebig*, Rundfunkgebührenpflicht, S. 338f.

584 S. unter http://www.ihk-hessen.de/ag/imperia/md/content/ag/pdf/medien/Rundfunkmodell_Version_1-3_2007-10-04.pdf (zuletzt aufgerufen am 19. Juni 2012)

585 Vgl. *Eicher*, in: FS Drewitz, S. 213 (224).

6. Haushaltsabgabe

Die aktuelle Entwicklung geht dahin, dass die geräteabhängige Rundfunkgebühr durch eine Haushaltsabgabe bzw. durch einen „Rundfunkbeitrag“ ersetzt werden soll. Dieses Konzept wurde in dem Gutachten, das *Paul Kirchhof* für ARD, ZDF und DeutschlandRadio erstellt hat[586], ausführlich begründet und als ein seiner Ansicht nach geeignetes Konzept vorgeschlagen. Auch die Rundfunkkommission der Länder hat sich diesem Vorschlag weitestgehend in ihrer Sitzung vom 8. Juni 2010 mit dem Ziel angeschlossen, dass die Haushaltsabgabe zum 1. Januar 2013 die derzeitige Rundfunkgebühr ersetzen soll[587]. Vom 15.-21. Dezember 2010 haben die Ministerpräsidenten den entsprechenden Rundfunkänderungsstaatsvertrag unterschrieben[588].

Die Haushaltsabgabe knüpft, anders als die Bürgerabgabe, nicht an die Eigenschaft als Einwohner an, sondern an den Haushalt. Sie ist für jeden Haushalt zu entrichten, unabhängig davon, wie viele Personen in dem Haushalt leben und wie viele Rundfunkgeräte dort zum Empfang bereitgehalten werden. Hierdurch könnten einerseits die unterschiedlichen Nutzungsgewohnheiten, die innerhalb eines Haushalts vorherrschten – dort lebten Jung und Alt typischerweise unter einem Dach zusammen und konsumieren zu unterschiedlichen Zeiten und in unterschiedlichem Maß Rundfunk – erfasst werden, andererseits würde dem Schutz der Familie aus Art. 6 Abs. 1 GG besser Rechnung getragen als bei einer Abgabe, die pro Person zu entrichten wäre. Es ist außerdem vorgesehen, dass auch für Betriebstätten eine Abgabe fällig wird. Diese soll dann entsprechend der Anzahl der Betriebsangehörigen in der Höhe gestaffelt werden. Die Einlassung, dass man keine Rundfunkgeräte habe und entsprechend auch keinen

---

586 *P. Kirchhof*, Finanzierung des öffentlich-rechtlichen Rundfunks; vgl. allgemein zu dem Modell einer Haushalts-/Unternehmensabgabe *Eicher*, in: FS Drewitz, S. 213 (220ff.); zu verfassungsrechtlichen Zweifelsfragen hinsichtlich des Konzepts von *P. Kirchhof* vgl. *Degenhart*, in: ZUM 2011, S. 193ff.; eine ausführliche Untersuchung der verfassungsrechtlichen Anforderungen an eine geräteunabhängige Haushalts- und Betriebsstättenabgabe findet sich auch bei *Dittmann/Scheel* Finanzierung, insb. S. 22ff.

587 Zu den im 15. RÄndStV beschlossenen Änderungen hinsichtlich der Rundfunkfinanzierung *Bardelle*, in: NdsVBl. 2011, S. 107 (108f.).

588 S. *Ferreau/Poth*, in: NVwZ 2011, S. 714ff. mit einer Zusammenfassung des Inhalts und einer ersten Bewertung; der von den Ministerpräsidenten beschlossene 15. RÄndStV ist verfügbar unter http://www.rlp.de/no_cache/ministerpraesident/staatskanzlei/medien/-?cid=104467&did=62428&sechash=e157e5ee (zuletzt aufgerufen am 19. Juni 2012); zu den folgenden Ausführungen insgesamt *P. Kirchhof*, Finanzierung des öffentlich-rechtlichen Rundfunks, S. 48ff.

Rundfunk konsumieren würde, würde hierbei nicht von der Pflicht zur Zahlung der Haushaltsabgabe befreien. Die Umstellung von der geräteabhängigen Rundfunkgebühr hin zur Haushaltsabgabe wäre für den Gebührenzahler vergleichsweise gering, da Gläubiger und Schuldner beibehalten blieben, ebenso wie der rechtfertigende Grund der Abgabe (das allgemeine Angebot von Rundfunksendungen) und voraussichtlich auch die ungefähre Abgabenhöhe – zumindest ist geplant, dass die Gebühr durch die Umstellung nicht ansteigen soll[589].

Dieses Modell hat ebenso wie die Bürgerabgabe den Vorteil, dass der Anknüpfungspunkt nicht mehr das Rundfunkgerät wäre und es sich dadurch den heute vorherrschenden technischen und gesellschaftlichen Realitäten annähern würde. Problematisch könnten bei diesem Konzept Fragen des Datenschutzes sein, da die Gefahr droht, dass die GEZ zu einem bundesweiten Personen- und Unternehmenszentralregister würde[590]. Zudem wird an der Haushaltsabgabe kritisiert, dass es keinen abgrenzbaren Personenkreis mehr gäbe und letztlich alle Einwohner zahlen müssten. Durch diese sehr weitgehende Typisierung sei der Beitragscharakter dieser Abgabe sehr fraglich. Vielmehr käme die Haushaltsabgabe einer Steuer sehr nahe[591].

7. Steuerfinanzierung

Auch eine Finanzierung mittels Steuern wird bereits seit Längerem diskutiert – wenn auch mit auffallender Zurückhaltung[592]. Es erscheinen im Bereich der Steuerfinanzierung zwei verschiedene Modelle denkbar:

---

589 S. http://www.tagesschau.de/inland/rundfunkabgabe100.html (zuletzt aufgerufen am 19. Juni 2012); *Degenhart*, in: ZUM 2011, S. 193 (198f.) kritisiert jedoch, dass es durch eine gleichbleibende Höhe der Gebühr bzw. des neuen Beitrags zu Mehreinnahmen für die Rundfunkanstalten käme, was verfassungsrechtliche Probleme aufwerfen würde.

590 *Fiebig*, Rundfunkgebührenpflicht, S. 343f.

591 *Dargel*, Rundfunkgebühr, S. 307; *Fiebig*, Rundfunkgebührenpflicht, S. 339; vgl. auch hinsichtlich der (zu) weitgehenden Typisierung *Degenhart*, in: ZUM 2011, S. 193 (195ff.), der insbesondere die unwiderlegbare Vermutung der Rundfunkteilnahme und die Abgabepflicht für Betriebsstätten bereits als verfassungswidrige Typisierung ansieht.

592 Vgl. ausführlich zur Verfassungsmäßigkeit einer Steuerfinanzierung *Waldhoff/P. Mohr*, Rechtsgutachten sowie *Waldhoff*, in: AfP 2011, S. 1ff., die davon ausgehen, dass auch eine Steuerfinanzierung mit dem Grundgesetz vereinbar ist; s. zur Steuerfinanzierung des Rundfunks auch *Dittmann/Scheel*, Finanzierung, S. 14ff., die eine solche Finanzierung skeptisch betrachten; *Jutzi*, in: NVwZ 2008, S. 603 (607f.) hingegen hält die Steuerfinanzierung für die Alternative zum bisherigen System der Rundfunkfinanzierung, zumal das bisherige System – und im Übrigen erst recht das geplante System der Haus-

Einerseits könnte es – angelehnt etwa an das Modell der Kirchensteuer – eine eigene Rundfunksteuer der Rundfunkanstalten als Ertragsberechtigte geben. Die Rundfunkanstalten würden hierbei ein eigenes Steuererhebungsrecht erhalten. Es müsste jedoch aufgrund des Ausweitungsinteresses der Rundfunkanstalten durch ein vorgeschaltetes objektives Verfahren gewährleistet bleiben, dass die Höhe der Rundfunksteuer nicht sachfremden Interessen folgt. Darüber hinaus kommt den Rundfunkanstalten bislang keine Ertragshoheit i.S.d. X. Abschnitts des Grundgesetzes zu, so dass eine eigene Erhebung durch die Rundfunkanstalten ohne eine Verfassungsänderung ausgeschlossen erscheint[593].

Andererseits käme eine Finanzierung aus Haushaltsmitteln, d.h. aus dem allgemeinen Steueraufkommen in Betracht. Es könnte jährlich ein eigener Haushaltstitel in die Länderhaushalte eingebracht werden, aus denen die öffentlich-rechtlichen Rundfunkanstalten mit Finanzmitteln versorgt werden würden. Problematisch bliebe hier jedoch die Staatsfreiheit, da jährlich über den Haushalt und somit letztendlich auch die Höhe der Kosten für den Rundfunk diskutiert werden würde. Bei sinkenden Einnahmen und steigenden Ausgaben könnte der für die Rundfunkanstalten reservierte Haushaltstitel unter immer größeren Rechtfertigungsdruck geraten, so dass die politischen Diskussionen über den Rundfunk und seine Finanzierung zunehmen würden. Im Schrifttum wird zudem teilweise behauptet, dass auch die Finanzierungssicherheit dadurch infrage gestellt werden könnte[594]. Eine vermeintliche Gefährdung der Finanzierungssicherheit allein durch drohende politische Diskussionen ist jedoch kein Argument für die Verfassungswidrigkeit dieser Finanzierungsform. Es ist vielmehr erstaunlich, dass eine Diskussion über die Höhe der Rundfunkgebühr bzw. über die Finanzausstattung der öffentlich-rechtlichen Rundfunkanstalten innerhalb eines demokratischen Rechtsstaats schon als Gefahr für die Staatsfreiheit des Rundfunks angesehen wird – jedwede politische Diskussion über die Sinnhaftigkeit staatlichen Handelns kann kaum verfassungswidrig sein. Politische Diskussionen stellen keine Gefahr für die Staatsfreiheit des öffentlich-rechtlichen Rundfunks dar. Sie sind vielmehr ein Kernbestandteil des demokratischen politischen Prozesses, der durch die Staatsfreiheit des Rundfunks gerade gesichert werden soll[595].

---

haltsabgabe – bereits einem allgemeinen Finanzierungsinstrument gleicht; in dieser Richtung auch *Thum*, in: NVwZ 2007, S. 521 (524).

593 Vgl. *Bardelle*, in: NdsVBl. 2011, S. 107 (107); *Dittmann/Scheel*, Finanzierung, S. 16; *Hasse*, Rundfunkfinanzierung, S. 219ff.; *Waldhoff*, in: AfP 2011, S. 1 (4f.); gegen eine derartige Rundfunksteuer auch *Degenhart*, in: ZUM 2009, S. 374 (381).

594 Vgl. *Hasse*, Rundfunkfinanzierung, S. 210ff.; *A. Hesse*, Rundfunkrecht, S. 191.

595 So auch *Waldhoff*, in: AfP 2011, S. 1 (9); *ders./P. Mohr*, Rechtsgutachten, S. 92.

Als weitere denkbare Variante käme noch eine Rundfunkzwecksteuer zugunsten der Rundfunkanstalten in Betracht[596]. Dabei würden die Mittel, die aus dieser Steuer generiert werden, im Haushalt nur als ein durchlaufender Posten angesehen und die dort vorgesehenen Finanzmittel direkt an die Rundfunkanstalten weitergeleitet werden. Auch diese Zwecksteuer könnte jedoch leicht unter Rechtfertigungsdruck geraten, wodurch wiederum die Finanzierungssicherheit gefährdet sein könnte[597].

III. Zusammenfassung

Es ist weitgehend unbestritten, dass die gerätebezogene Rundfunkgebühr als überholt anzusehen ist und entsprechender Reformbedarf besteht. Aufgrund des Votums der Rundfunkkommission der Länder und des Beschlusses der Ministerpräsidenten wird das derzeitige System voraussichtlich 2013 durch die Haushaltsgebühr ersetzt werden. In der politischen Auseinandersetzung über eine Reform der Rundfunkfinanzierung hat die Frage einer Steuerfinanzierung als Alternative zur Haushaltsgebühr jedoch kaum eine Rolle gespielt[598]. Bei jeder derzeit denkbaren Reform der Rundfunkfinanzierung würde als Konstante jedoch das derzeitige Verfahren zur Festlegung der Gebührenhöhe erhalten bleiben, da dieses vom Bundesverfassungsgericht de facto vorgegeben wurde und sich die Politik kurz nach einer entsprechenden Bundesverfassungsgerichtsentscheidung nicht in der Lage sieht, dieses Verfahren abzuändern. Nichtsdestotrotz muss in der rechtswissenschaftlichen Auseinandersetzung die Frage erlaubt bleiben, ob dieses Verfahren den Grundsätzen des grundgesetzlichen Demokratieprinzips entspricht und ob eine Reform der Finanzierung nicht auch mit einer Reform des Festlegungsverfahrens einhergehen könnte oder ggf. sogar müsste.

D. Ergebnis

Der öffentlich-rechtliche Rundfunk finanziert sich in erster Linie durch die Rundfunkgebühren. Die Finanzierung impliziert eine Reihe von juristischen Problemen, die durch die umfassende Rechtsprechung des Bundesverfassungs-

596 S. ausführlicher hierzu *Waldhoff*, in: AfP 2011, S. 1 (5ff.).

597 *Hasse*, Rundfunkfinanzierung, S. 215ff.; gegen die Einführung einer Zwecksteuer auch *Degenhart*, in: ZUM 2009, S. 374 (381).

598 S. auch *Degenhart*, in: FS Lerche, S. 611 (614).

gerichts thematisiert und nur teilweise aufgelöst wurden. Das grundlegende Dilemma der Rundfunkfinanzierung besteht darin, die Staatsfreiheit des Rundfunks und die demokratische Gestaltungsbefugnis des Gesetzgebers in Einklang zu bringen. Auf der einen Seite steht das Grundrecht der Rundfunkfreiheit aus Art. 5 Abs. 1 S. 2 GG, das dem Rundfunk nach der Rechtsprechung des Bundesverfassungsgerichts garantiert, weitestgehend ohne unmittelbare oder mittelbare Einwirkungen des Staates agieren zu dürfen – eine Lehre aus den historischen Erfahrungen in der Weimarer Republik und im NS-Staat. Auf der anderen Seite hat der Staat aber ebenfalls nach der Rechtsprechung des Bundesverfassungsgerichts die Pflicht, wegen des dienenden Charakters der Rundfunkfreiheit eine positive Ordnung zu schaffen, innerhalb derer der Rundfunk sich frei entfalten kann und durch welche die dienende Funktion gesichert wird. Der Staat darf durch die Ausgestaltung der Rundfunkordnung nicht in die Rundfunkfreiheit der Rundfunkanstalten eingreifen, wobei jedoch die Grenzziehung zwischen verfassungswidrigem Staatseinfluss und gebotener Ausgestaltung der Rundfunkordnung – wie auch sonst bei normgeprägten Grundrechten – schwierig ist. Für seine Rechtsprechung ist das Bundesverfassungsgericht stark kritisiert worden. Die Kritik knüpft bereits an der allgemeinen Interpretation des Art. 5 Abs. 1 S. 2 GG an. So wird die vom Bundesverfassungsgericht angenommene Sondersituation des Rundfunks infrage gestellt, ebenso die eher objektiv-rechtliche Auslegung des Grundrechts Rundfunkfreiheit. Auch das Verfahren zur Festlegung der Gebührenhöhe entstammt der Feder des Bundesverfassungsgerichts. Wiederum erfolgt eine Auslegung der Rundfunkfreiheit im Einklang mit der bisherigen Rechtsprechungslinie unter starker Betonung der Staatsfreiheit. Das vom Gericht vorgeschlagene und von den Ländern umgesetzte Verfahren umfasst drei Stufen. Insbesondere auf der letzten Stufe – Beschluss der Länder über die Gebührenhöhe durch Staatsvertrag – kommt es zum Konflikt zwischen Staatsfreiheit und Staatsverantwortung, wobei das Bundesverfassungsgericht mit seiner zweiten Rundfunkgebührenentscheidung diesen Konflikt zugunsten der Staatsfreiheit entschieden hat. Entsprechend handelt es sich bei der Gebührenentscheidung der Landtage um eine „gebundene Entscheidung", die nur unter ganz eng gesetzten Voraussetzungen und mit hinreichender Begründung vom Gebührenvorschlag der KEF abweichen darf. Die Kritik an diesem Verfahren – insbesondere an der marginalisierten Rolle der Länder – beruft sich auf das Demokratieprinzip aus Art. 20 Abs. 1 und Abs. 2 S. 1 GG. Die Rundfunkgebühr müsse, da sie einen Eingriffstatbestand erfülle, als Ausübung hoheitlicher (Finanz-)Gewalt im freiheitlich-demokratischen Rechtsstaat in einem demokratischen Legitimationszusammenhang mit dem Volkswillen stehen.

2. Kapitel: Demokratieprinzip

Das Demokratieprinzip ist als eines der wesentlichen Staatsstrukturprinzipien in Art. 20 Abs. 1 und 2 GG normiert. Es gehört damit zu den identitätsbestimmenden Entscheidungen des Grundgesetzes und bildet zusammen mit den übrigen in Art. 1 und 20 GG niedergelegten Grundsätzen das normative Kernstück der Verfassung[599].

Nachdem zunächst allgemeine Grundsätze des Demokratieprinzips dargestellt werden (A.), wird näher auf die Frage eingegangen, ob das Demokratieprinzip eine besondere normative Kraft aus der „Ewigkeitsgarantie“ des Art. 79 Abs. 3 GG zieht (B.). Ferner werden die unterschiedlichen Interpretationsansätze zur Auslegung des Demokratieprinzips vorgestellt und in einer Diskussion bewertet (C.). Die Ergebnisse werden in einem Zwischenergebnis zusammengeführt (D.).

A. Grundlinien

Unter Demokratie wird eine politische Herrschaftsorganisation verstanden, deren Grundgedanke die Selbstregierung eines Volkes ist: die dieser Herrschaftsordnung Unterworfenen sind zugleich deren Schöpfer und legitimieren diese dadurch. Nach antiken Anfängen war es vor allem die Zeit der Aufklärung, in der die theoretische Grundlage der Demokratie gelegt wurde, die sich durch die Amerikanische und Französische Revolution unter den Bedingungen moderner Flächenstaaten realisierte[600]. In Deutschland war das 19. Jahrhundert bis zum staatlichen Umbruch durch die Revolution im November 1918 geprägt von dem spezifisch deutschen Staats- und Verfassungstypus der konstitutionellen Monarchie, bei der es einen Dualismus von monarchischer und demokratischer Legitimität gab. Die Probleme dieses Dualismus, die sich etwa im preußischen Heeres- und Verfassungskonflikt deutlich zeigten, wurden jedoch zunächst nicht in Richtung des Parlamentarismus aufgelöst, vielmehr blieb es bei der konstitutio-

---

599 *Badura*, Staatsrecht, D 3 (S. 325); *Dreier*, in: Dreier, Grundgesetz, Art. 20 (Einführung) Rn. 5.

600 *Dreier*, in: Dreier, Grundgesetz, Art. 20 (Demokratie) Rn. 1ff.; *Grzeszick*, in: Maunz/Dürig, Grundgesetz, Art. 20 II Rn. 2f.; *Robbers*, in: BK, Art. 20 Abs. 1 Rn. 414ff.; *Sommermann*, in: v. Mangoldt/Klein/Starck, Grundgesetz, Art. 20 Rn. 64ff.; ausführlicher zur Ideengeschichte des Begriffs der Volkssouveränität und damit des Demokratieprinzips *Wegge*, Bedeutung des Demokratieprinzips, S. 81ff.

nellen Regierungsweise[601]. Erst mit der Weimarer Reichsverfassung gelang es, eine Republik mit einer parlamentarischen Demokratie – die auch Elemente der direkten Demokratie umfasste – zu errichten, in der ein allgemeines und gleiches Wahlrecht galt[602]. Nach dem Zweiten Weltkrieg war in Westdeutschland unbestritten und zudem von den westalliierten Siegermächten vorgegeben, dass es bei der verfassungsrechtlichen Neugestaltung zu einem System der parlamentarischen Demokratie kommen sollte. Gleichzeitig wurde das System des Ostblocks, also Konzepte der Volks- oder Rätedemokratie, zurückgewiesen. Auch wurden im Grundgesetz Grundsätze der Repräsentation und der parlamentarischen Verantwortung der Regierung akzeptiert. Weitergehende Vorschläge, direktdemokratische Elemente wie Volksbegehren, Volksentscheid und Verfassungsreferendum im Grundgesetz zu verankern, wurden im parlamentarischen Rat abgelehnt. Stattdessen wurde Wert darauf gelegt, dass die Ausübung von Staatsgewalt nicht nur durch Wahlen und Abstimmungen, sondern auch „durch besondere Organe" vorgenommen werden konnte. An diesen Grundaussagen wurde in der Vergangenheit trotz immer wieder aufflammender Diskussionen bislang nichts verändert[603].

Demokratie bedeutet dem griechischen sprachlichen Ursprung nach Volksherrschaft. Entsprechend handelt es sich bei der Demokratie um eine Herrschaftsform, die zwar die Ideale der Freiheit und Gleichheit als Ausgangs- und Bezugspunkt impliziert, jedoch keinen Herrschaftsverzicht. Auch Herrschaft des Volkes bleibt letzten Endes Herrschaft. Demokratie ist die Entscheidung für eine besondere *Form* von Herrschaft, die durch die Einrichtung demokratischer Regeln und demokratischer Verfahren charakterisiert werden kann. Demokratie wirkt dabei für den Einzelnen sowohl freiheitserweiternd als auch freiheitsbegrenzend, da die Ausstattung des Staates mit Hoheitsgewalt notwendig ist, um ein friedliches Miteinander im Staat sicherzustellen und Gemeinwohlerforder-

---

601 Vgl. zum preußischen Verfassungskonflikt *Hoppe*, in: JA 1993, S. 146ff.; hierzu und zum Wesen der konstitutionellen Monarchie insgesamt vgl. auch *Karpen*, in: JZ 2009, S. 749 (752ff.).

602 *Dreier*, in: Dreier, Grundgesetz, Art. 20 (Demokratie) Rn. 18; *Grzeszick*, in: Maunz/Dürig, Grundgesetz, Art. 20 II Rn. 4f.; vgl. ausführlicher zur Geschichte der Demokratie *Badura*, in: HStR II, § 25 Rn. 45ff.

603 *Dreier*, in: Dreier, Grundgesetz, Art. 20 (Demokratie) Rn. 19ff.; *Grzeszick*, in: Maunz/Dürig, Grundgesetz, Art. 20 II Rn. 7ff.; *Robbers*, in: BK, Art. 20 Abs. 1 Rn. 432ff.

nisse durchzusetzen. Den Gefahren, die sich daraus hinsichtlich möglicher staatlicher Zwangsgewalt ergeben, soll die Verfassung entgegenwirken[604].

Der Fundamentalsatz des Demokratieprinzips findet sich in Art. 20 Abs. 2 S. 1 GG: „Alle Staatsgewalt geht vom Volke aus". Damit ist ausgesprochen, dass das Volk der Träger der Staatsgewalt ist[605]. Es ist folglich der Souverän über die Staatsgewalt, es besteht „Volkssouveränität"[606]. Dem Volk muss ein effektiver, bestimmender Einfluss auf die Ausübung der Staatsgewalt zukommen, weshalb jede staatliche Gewaltausübung auf den Willen des Volkes rückführbar sein muss und vor diesem zu verantworten ist. Dies geschieht durch einen ununterbrochenen Zurechnungszusammenhang zwischen Volk und staatlicher Herrschaftsausübung, der sog. Legitimationskette[607]. Hieraus ergibt sich ferner, dass sich die Willensbildung im demokratischen Staat – bildblich gesprochen – von „unten nach oben" zu vollziehen hat, also von den Bürgern zu den Staatsorganen und nicht umgekehrt vom Staat zum Volk[608].

Aus dem Demokratieprinzip folgt allerdings nicht zugleich die Pflicht zur Demokratisierung der Gesellschaft im Sinne einer generellen Mitbestimmung z.B. in Betrieben, Schulen oder Verwaltungsbehörden oder auch der Partizipation an Verwaltungsentscheidungen. Art. 20 Abs. 1 und 2 GG beziehen sich auf die Ausübung von Staatsgewalt in der Bundesrepublik Deutschland, sind aber keine Verpflichtung zur Herstellung einer „demokratischen Gesellschaft". Eine Demokratisierung der Gesellschaft wird hierdurch rechtlich weder geboten noch verboten. Diese Frage ist letztlich der politischen Gestaltungsfreiheit überlassen,

---

604 *Badura*, Staatsrecht, D 18 (S. 338f.); *Dreier*, in: Dreier, Grundgesetz, Art. 20 (Demokratie) Rn. 67f.; *Grimm*, in: BMI (Hrsg.), Bewährung und Herausforderung, S. 39 (56f.); *Möllers*, Demokratie, Rn. 11ff., 21ff.; vgl. zum Herrschaftsmodell des Grundgesetzes, in dem „demokratisch legitimiert in Formen des Rechts Steuerung und Konfliktbehebung betrieben wird", *Waldhoff*, in: FS Spindler, S. 853 (865).

605 Vgl. nur BVerfGE 1, 14 (33); 44, 125 (138); 83, 37 (50f.); *Böckenförde*, in: HStR II, § 24 Rn. 2; *Gotzmann*, Staatsaufsicht, S. 53.

606 *Böckenförde*, in: HStR II, § 24 Rn. 2ff.; *Dreier*, in: Dreier, Grundgesetz, Art. 20 (Demokratie) Rn. 86; *Robbers*, in: BK, Art. 20 Abs. 1 Rn. 478.

607 BVerfGE 83, 60 (71f.); *Böckenförde*, in: HStR II, § 24 Rn. 8f.; *Brosius-Gersdorf*, Bundesbank und Demokratieprinzip, S. 31; *Gotzmann*, Staatsaufsicht, S. 54; *Schmidt-Aßmann*, in: AöR 116 (1991), S. 329 (355); *Westphal*, Föderale Privatrundfunkaufsicht, S. 498f.

608 BVerfGE 44, 125 (140); *Pieroth*, in: Jarass/Pieroth, Grundgesetz, Art. 20 Rn. 8; *Schreiber*, in: Berliner Kommentar, Art. 38 Rn. 14.

soweit sie dem demokratischen Gesetzgeber im Rahmen der Verfassung eröffnet ist und nicht grundrechtlichen Grenzen unterliegt[609].

Das Demokratieprinzip entfaltet aufgrund des Homogenitätsprinzips des Art. 28 Abs. 1 S. 1 GG gleichfalls Wirkung für die Länder. Demnach muss die verfassungsmäßige Ordnung in den Ländern auch den Grundsätzen des demokratischen Rechtsstaats im Sinne des Grundgesetzes entsprechen[610].

B. Besondere Bedeutung des Demokratieprinzips aufgrund der „Ewigkeitsgarantie“ des Art. 79 Abs. 3 GG?

Eine Besonderheit des Art. 20 GG besteht darin, dass er, zusammen mit Art. 1 GG, von der „Ewigkeitsgarantie“[611] nach Art. 79 Abs. 3 GG umfasst ist[612]. Es bedarf aus diesem Grund einer Klärung, welche Bedeutung und welche Konsequenzen es für die Auslegung und Anwendung des Demokratieprinzips

---

609 *Böckenförde*, in: HStR II, § 24 Rn. 8; *Dreier*, in: Dreier, Grundgesetz, Art. 20 (Demokratie) Rn. 68; *Sommermann*, in: v. Mangoldt/Klein/Starck, Grundgesetz, Art. 20 Rn. 77; vgl. hierzu auch, eher deskriptiv, *Leibholz*, Wesen der Repräsentation, S. 220ff.

610 Vgl. nur BVerfG 83, 37 (53ff.); 83, 60 (60, Ls. 1; 71); *Gotzmann*, Staatsaufsicht, S. 53; *Schliesky*, Herrschaftsgewalt, S. 233; *Voßkuhle/Kaiser*, in: JuS 2009, S. 803 (803); anders *Köller*, Funktionale Selbstverwaltung, S. 36f., die Art. 20 Abs. 2 GG als „Durchgriffsnorm“ ansieht, so dass das Homogenitätsprinzip nicht mehr zur Anwendung gelange – das Ergebnis, die Geltung des Demokratieprinzips auch für die Länder, wird aber von Köller nicht in Abrede gestellt; zum Problem der demokratischen Legitimation im Bundesstaat, in dem auch durch die einzelnen Landesvölker eine demokratische Legitimation erfolgen könnte, ausführlich *Hanebeck*, Bundesstaat, S. 102ff. sowie S. 274ff.

611 Kritisch zu diesem Begriff, ohne den Inhalt grundlegend infrage zu stellen, *Pieroth*, in: JuS 2010, S. 473 (474): „Die Bezeichnung dieser Vorschrift [i.e. Art. 79 Abs. 3 GG] als ‚Ewigkeitsgarantie‘ ist nach aller Erfahrung mit Verfassungsrecht nicht nur Hybris und Illusion, sondern auch wegen der durch Art. 146 GG eröffneten Möglichkeit zur Verfassungsneuschöpfung unzutreffend. Zu den danach höherrangigen Verfassungsnormen gehört auch Art. 20 GG und damit das Demokratieprinzip.“; in die gleiche Richtung, verbunden mit der eher philosophischen Frage „was auf dieser Welt ist schon ewig?“ *H. Schiedermair*, in: FS Badura, S. 477 (479).

612 Vgl. ausführlich und kritisch, auch zur Geschichte und Auslegung von Art. 79 Abs. 3 GG, *Lütgens*, Demokratieprinzip, S. 81ff.; s. auch *v. Komorowski*, Demokratieprinzip, S. 571ff.

hat, dass Art. 20 Abs. 1 und 2 GG zu einer der „Staatsfundamentalnormen" gerechnet wird[613]. Es ist umstritten, ob es gewissermaßen ein Rangverhältnis innerhalb der Verfassung gibt, aufgrund dessen dem Demokratieprinzip eine größere Bedeutung zukommen könnte als anderen Verfassungsnormen[614]. Gegen die Annahme eines Rangverhältnisses wird angeführt, dass Art. 79 Abs. 3 GG lediglich eine Aussage über die Grenzen von möglichen Verfassungsänderungen treffe – und damit gleichbedeutend sei mit Art. 79 Abs. 1 und 2 GG, in denen weitere Voraussetzungen für Änderungen des Grundgesetzes geregelt sind –, darüber hinaus jedoch keinerlei Wirkung entfalte[615]. Das Grundgesetz enthalte keine Anhaltspunkte dafür, dass eine gestufte Normenhierarchie innerhalb seines Textes vorgesehen sei, so dass alle Normen der Verfassung gleichrangig seien und normative Konflikte inhaltlich gelöst werden müssten. Inhaltliche Konflikte werden dann mit dem Auslegungsprinzip der „Einheit der Verfassung" bewältigt[616]. Art. 79 Abs. 3 GG könne lediglich eine Höherrangigkeit gegenüber verfassungsändernden Gesetzen zugesprochen werden, nicht jedoch gegenüber den übrigen Normen des Grundgesetzes[617].

Die wohl herrschende Meinung sieht hingegen in Art. 79 Abs. 3 GG und den durch diesen Artikel besonders geschützten Grundsätzen der Art. 1 und 20 GG ranghöhere Rechtsnormen im Vergleich zu den übrigen Normen des Grundgesetzes[618]. Eine Höherrangigkeit wird einerseits damit begründet, dass es sich bei Art. 20 Abs. 1 bis 3 GG um identitätsbestimmende Merkmale und Prinzipien handele, andererseits deren Grundsätze, ihr Kerngehalt, durch Art. 79 Abs. 3 GG noch einmal zusätzlich geschützt werde und sogar dem Zugriff des verfassungs-

---

613 Mit dieser Begrifflichkeit *Herzog*, in: Maunz/Dürig, Grundgesetz, Art. 20 I Rn. 11f.; so auch *Lütgens*, Demokratieprinzip, S. 321.

614 Vgl. sehr ausführlich zu dieser Frage *Unger*, Demokratie, S. 193ff. mit dem Ergebnis, dass durchaus ein Rangverhältnis besteht; s. hierzu auch *Hain*, in: v. Mangoldt/Klein/Starck, Grundgesetz, Art. 79 Rn. 31 mit zahlreichen Nachweisen in Fn. 43 für beide Positionen.

615 *F. Müller*, Einheit der Verfassung, S. 130; vgl. für diese Ansicht auch *Lütgens*, Demokratieprinzip, S. 159ff.

616 Vgl. *F. Müller*, Einheit der Verfassung, S. 132f.

617 *Hain*, Grundsätze des Grundgesetzes, S. 72ff.

618 *Dreier*, in: Dreier, Grundgesetz, Art. 20 (Einführung) Rn. 5; *Meermagen/Schultzky*, in: VerwArch 101 (2010), S. 539 (562); *Pieroth*, in: JuS 2010, S. 473 (474f.); *Unger*, Demokratie, S. 198ff.; *Wiederin*, in: ZÖR 59 (2004), S. 175 (196f.); in dieser Richtung auch *Herzog*, in: Maunz/Dürig, Grundgesetz, Art. 20 I Rn. 25f., der zwar bezüglich der Festlegungen in Art. 79 Abs. 3 GG einen beträchtlichen Interpretationsvorrang sieht, jedoch nicht ausnahmslos ein „Inversionsverhältnis".

ändernden Gesetzgebers entzogen seien[619]. Auch die „Einheit der Verfassung" stehe dem nicht entgegen. Diese bedeute nicht zwangsläufig, dass es zwischen den Normen des Grundgesetzes keine Rangunterschiede geben könne. Dieses Ergebnis könne nur Folge einer Analyse der Einzelnormen sein und ergebe sich nicht automatisch aus einem allgemeinen und formalen Einheitsbegriff: „Tatsächlich spricht einiges dafür, daß ein (nicht zuletzt durch Rangunterschiede) gegliedertes Ganzes dem philosophischen wie juristischen Einheitsbegriff näher steht als eine Masse gleichrangiger und letztlich (jedenfalls formal) beziehungslos nebeneinanderstehender Einzelelemente."[620] Aus den Leitgedanken, die in Art. 79 Abs. 3 GG in Bezug genommen werden (insbesondere Menschenwürde und Demokratie), folgten wesentliche Impulse für die Verfassungsinterpretation auch des „einfachen" Verfassungsrechts, wodurch sich eine Rangfolge innerhalb der Verfassung ergebe[621].

Es ist den Kritikern von Rangverhältnissen innerhalb des Grundgesetzes zuzugeben, dass es ungewöhnlich wäre, wenn Normen, die formal auf der gleichen Stufe stehen, unterschiedliche Wertigkeiten hätten. Allerdings lässt sich dieses in Bezug auf das Grundgesetz gut und überzeugend begründen. Art. 79 Abs. 3 GG schafft klare Beschränkungen hinsichtlich der Abänderlichkeit des Grundgesetzes. Diese außergewöhnliche Regelung verweist auf die beiden elementaren Regelungen des Grundgesetzes: die Menschenwürdegarantie in Art. 1 GG und die Staatsfundamentalnormen in Art. 20 GG. Nimmt man diese Einschätzung des Verfassungsgebers ernst, der diese beiden Regelungen für alle Zeiten geschützt haben wollte, so ist es gleichzeitig naheliegend, diesen Grundsätzen eine höhere Wertigkeit zukommen zu lassen als anderen Grundgesetzbestimmungen. Die Einschätzung, dass aufgrund der Einheit der Verfassung keinerlei Rangverhältnisse möglich seien, ist abzulehnen, da ein solch formaler Blick auf das Grundgesetz nicht die materiellen Gehalte der einzelnen Normen berücksichtigt. Abstufungen in der Wertigkeit von Verfassungsnormen sind also grundsätzlich möglich. Aufgrund der Regelung des Art. 79 Abs. 3 GG ergibt sich, dass die Menschenwürde und die übrigen Staatsfundamentalnormen bei der Verfassungsinterpretation eine hervorgehobene Stellung einnehmen, mithin höherrangig sind.

---

619 *Dreier*, in: Dreier, Grundgesetz, Art. 20 (Einführung) Rn. 5.

620 *Unger*, Demokratie, S. 198.

621 *Unger*, Demokratie, S. 201.

C. Inhalt des Demokratieprinzips – Interpretationsmöglichkeiten

Im Grundgesetz werden zwar durchaus Konkretisierungen des Demokratieprinzips vorgenommen (z.B. in Art. 20 Abs. 2, Art. 38, 39, 21, 110 GG sowie einigen Grundrechten[622]), es besteht gleichwohl Uneinigkeit, wie das Demokratieprinzip in Art. 20 GG auszulegen ist. Hierbei ist insbesondere umstritten, wie die demokratische Legitimation von staatlichen Handlungen herzustellen ist. Während die herrschende Meinung dem von *Böckenförde* und *Herzog* entwickelten und vom Bundesverfassungsgericht übernommenen Demokratiemodell folgt (I.), wird hieran Kritik im rechtswissenschaftlichen Schrifttum geübt, die teilweise in alternativen Demokratiemodellen gipfelt (II.). Diese Diskussion gilt es mit Blick auf die hiesige Fragestellung aufzunehmen (III.).

I. Das Legitimationsmodell

Der Ansatz von *Böckenförde*[623] und *Herzog*[624], der in der Folge auch vom Bundesverfassungsgericht übernommen wurde[625] – sicherlich auch geschuldet der Tatsache, dass die beiden Genannten Richter am Bundesverfassungsgericht waren[626] –, stellt gemäß Art. 20 Abs. 2 S. 1 GG die Volkssouveränität in den Mittelpunkt der Betrachtung des Demokratieprinzips. Gefragt werden müsse dabei jedoch, wie in der mittelbaren bzw. repräsentativen Demokratie der Anforderung, dass alle Staatsgewalt vom Volke auszugehen habe, Genüge getan werden könne, wie also sichergestellt werden könne, dass die gesetzgebende, vollziehende und Recht sprechende Gewalt ihre Machtbefugnisse nicht aus eigenem Recht und in eigenem Interesse wahrnehme, sondern im Auftrag des Volkes für das Volk[627]. Das hierfür von *Böckenförde* und *Herzog* entwickelte Konzept der

---

622 Vgl. *Dreier*, in: Dreier, Grundgesetz, Art. 20 (Demokratie) Rn. 151ff.

623 *Böckenförde*, in: HStR II, § 24; grundlegend und inhaltlich nahezu identisch bereits *Böckenförde*, in HStR I, 1. Aufl., § 22.

624 *Herzog*, Allgemeine Staatslehre, S. 204ff.; s. auch *Herzog*, in: Maunz/Dürig, Grundgesetz, Art. 20 II Rn. 33ff. i.d.F. bis zur 57. EL.

625 BVerfGE 47, 253 (272, 275); 77, 1 (40); 83, 60 (72f.); 93, 37 (66f.).

626 Auf diese Tatsache aufmerksam machend auch *Schliesky*, Herrschaftsgewalt, S. 232.

627 Mit dieser Fragestellung *Herzog*, in: Maunz/Dürig, Grundgesetz, Art. 20 II Rn. 46 i.d.F. bis zu 57. EL; hierzu auch *Kriele*, in: VVDStRL 29 (1971), S. 46 (60).

demokratischen Legitimation staatlichen Handelns wird nunmehr von der ganz herrschenden Meinung geteilt[628].

Der Gegenstand der demokratischen Legitimation – das Legitimationsobjekt – sei demnach auf den gesamten Umfang staatlichen Handelns bezogen, nicht nur auf hoheitliches Handeln, sondern umfassend auf jegliche dem Staat zukommenden bzw. von ihm tatsächlich wahrgenommenen, d.h. ihm zurechenbare, Aufgaben[629]. Alle rechtserheblichen Funktionen der Staatsorgane und Amtswalter unterfielen Art. 20 Abs. 2 S. 1 GG, ohne Rücksicht auf Rechts- bzw. Handlungsform: Jedes amtliche Handeln mit Entscheidungscharakter bedürfe der demokratischen Legitimation[630]. Hierin spiegele sich wider, dass sich nicht nur der Erlass von Geboten und Verboten vom Volk herleiten lassen solle, sondern die staatliche Herrschaft insgesamt, also „die Innehabung und maßgebliche Steuerung der im Hinblick auf die Erledigung der gemeinsamen Angelegenheiten des Volkes organisierten staatlichen Gewalt“[631].

Das Legitimationssubjekt, also der Träger und Bezugspunkt der demokratischen Legitimation, wird diesem Ansatz nach im deutschen Volk im Sinne eines Staatsvolkes gesehen: Nur wer deutscher Staatsbürger sei, bilde das politische Volk, von dem nach Art. 20 Abs. 2 GG die Staatsgewalt ausgehe und ausgeübt werde[632]. Dies folge daraus, dass die Staatsangehörigen mit dem politischen Leben und Schicksal des Staates, der durch sie gebildet und getragen werde, als seine Mitglieder auf Dauer verknüpft seien. Sie nähmen an seinen Erfolgen und Leistungen ebenso teil wie an seinen Schwächen und Gefahren[633]. „Volk“ seien

---

628 Vgl. nur *Brosius-Gersdorf*, Bundesbank und Demokratieprinzip, S. 30ff.; *F. Becker*, Normsetzung, S. 359ff.; *Dreier*, in: Dreier, Grundgesetz, Art. 20 (Demokratie) Rn. 113ff.; *Ehlers*, in: Jura 1997, S. 180 (184f.); *Grzeszick*, in: Maunz/Dürig, Grundgesetz, Art. 20 II Rn. 116ff., insb. Rn. 155ff.; *Jestaedt*, Demokratieprinzip, S. 152ff.; *Kaufmann*, Demokratieprinzip, S. 68ff.; *Kluth*, Demokratische Legitimation, S. 33ff.; *H. Maurer*, Staatsrecht I, § 7 Rn. 20ff.; *Waechter*, Demokratische Legitimation, S. 33ff.; *Wegge*, Bedeutung des Demokratieprinzips, S. 227ff.; *Wittreck*, Verwaltung, S. 115ff.

629 BVerfGE 93, 37 (68); *Böckenförde*, in: HStR II, § 24 Rn. 12; *Dreier*, in: Dreier, Grundgesetz, Art. 20 (Demokratie) Rn. 90ff.; ausführlich hierzu *Brosius-Gersdorf*, Bundesbank und Demokratieprinzip, S. 33ff.

630 BVerfGE 107, 59 (87); *Dreier*, in: Dreier, Grundgesetz, Art. 20 (Demokratie) Rn. 92.

631 *Böckenförde*, in: HStR II, § 24 Rn. 12.

632 BVerfGE 83, 37 (37, Ls. 2 und 3; 50ff.); *Böckenförde*, in: HStR II, § 24 Rn. 26; *Schnapp*, in: v. Münch/Kunig, Art. 20 Rn. 18, 20; *Voßkuhle/Kaiser*, in: JuS 2009, S. 803 (803); ausführlich auch zur Frage des Volksbegriffs *Robbers*, in: BK, Art. 20 Abs. 1 Rn. 588ff.

633 *Böckenförde*, in: HStR II, § 24 Rn. 26.

demnach – wie sich sowohl aufgrund der Entstehungsgeschichte als auch aus dem systematischen Zusammenhang der Verwendung des Volksbegriffes im Grundgesetz ergebe – weder lediglich die Betroffenen, noch Bürgergruppen wie z.B. Bürgerinitiativen[634]. Der Begriff „Volk" meine die Gesamtheit der (Staats-)Bürger bzw. ein durch die Verfassung anerkanntes Teilvolk[635]. Entsprechend könnten demokratische Mitwirkungsrechte wie das aktive und passive Wahlrecht lediglich deutschen Staatsangehörigen zukommen[636] – eine Ausnahme hiervon ist das Wahlrecht für EU-Bürger bei Kommunal- und Europawahlen, das freilich unionsrechtlich angeordnet ist.

Demokratische Legitimation sei auf verschiedenen Wegen sicherzustellen, weshalb zwischen verschiedenen Formen der demokratischen Legitimation zu unterscheiden sei: der organisatorisch-personellen (1), der sachlich-inhaltlichen (2) sowie der funktionellen und institutionellen demokratischen Legitimation (3)[637]. Diese Legitimationsformen müssten zu einem hinreichenden Legitimationsniveau führen (4). Abweichungen von den genannten Legitimationsformen lässt das Bundesverfassungsgericht in neuerer Rechtsprechung außerhalb des Bereichs unmittelbarer Staatsverwaltung zu (5).

1. Organisatorisch-personelle Legitimation

Die organisatorisch-personelle Legitimation umfasse eine ununterbrochene Legitimationskette zwischen dem Volk und dem einzelnen Amtswalter. Die Person, die Staatsgewalt ausübt, müsse ihre Organstellung zumindest mittelbar auf den Willen des Volkes zurückführen können. Das Volk selbst oder volksgewählte Organe müssten demnach den Amtswalter individuell in sein Amt berufen[638]. Der unmittelbaren Berufung komme dabei eine höhere demokratische Dignität

634 *Böckenförde*, in: HStR II, § 24 Rn. 27; *Isensee*, in: FS Mikat, S. 705 (718ff.); *Jestaedt*, Demokratieprinzip, S. 207ff.

635 *J. Becker*, in: DÖV 2004, S. 910 (915); *Böckenförde*, in: HStR II, § 24 Rn. 27; so auch BVerfGE 83, 60 (60, Ls. 3); zu den Landesvölkern als Legitimationssubjekte vgl. die Darstellung bei *Hanebeck*, Bundesstaat, S. 76ff.

636 BVerfGE 83, 60 (76ff.); *Böckenförde*, in: HStR II, § 24 Rn. 27; *Isensee*, in: FS Mikat, S. 705 (723ff.); vgl. auch *Robbers*, in: BK, Art. 20 Abs. 1 Rn. 592ff.

637 *Böckenförde*, in: HStR II, § 24 Rn. 14; in leicht abgewandelter Diktion, inhaltlich jedoch weitestgehend identisch BVerfGE 83, 60 (72).

638 BVerfGE 38, 258 (271); *Böckenförde*, in: HStR II, § 24 Rn. 16; *Hermes*, Bereich des Parlamentsgesetzes, S. 39; *Herzog*, in: Maunz/Dürig, Grundgesetz, Art. 20 II Rn. 50ff. i.d.F. bis zur 57. EL; *Ossenbühl*, Verwaltungsvorschriften und Grundgesetz, S. 196f.; *Wegge*, Bedeutung des Demokratieprinzips, S. 228.

zu als der mittelbaren[639]. Im parlamentarischen Regierungssystem der Bundesrepublik Deutschland sei das Parlament stets notwendiges Glied der Legitimationskette, da es das Repräsentationsorgan des Volkes sei. Es gebe, außer der unmittelbaren Volkswahl, keine Form der Legitimation, die am Parlament als Legitimationsmittler vorbeilaufe[640]. Bei der Ämterbesetzung gehe es jedoch nicht um einen effektiven Einfluss des Volkes, sondern lediglich um ein Zurechnungserfordernis. Entscheidend sei, dass Personen in Ämtern sind, deren Verantwortlichkeit gegenüber dem Volk in einem Bestellungsakt fixierbar ist[641].

2. Sachlich-inhaltliche Legitimation

Die sachlich-inhaltliche Legitimation[642] beziehe sich darauf, dass die Entscheidungen der besonderen Organe auch ihrem Inhalt nach vom Volk herzuleiten seien und dadurch die Ausübung der Staatsgewalt durch das Volk sichergestellt werde. Die sachlich-inhaltliche Legitimation stehe neben der personellen Legitimation[643] bzw. trete zu dieser hinzu[644]. Durch dieses Zusammenwirken solle sichergestellt werden, dass die konkrete Entscheidung jedes einzelnen Amtswalters hinreichend demokratisch legitimiert ist und somit dem Gebot der Volkssouveränität entsprochen wird[645]. Die sachlich-inhaltliche Legitimation könne auf zwei unterschiedlichen Wegen hergestellt werden. Zum einen sei dies durch die Bindung aller staatlichen Organe an die Entscheidungen des unmittelbar demokratisch legitimierten Parlaments möglich. Diesem kommt dementsprechend das Gesetzgebungsrecht zu. Zum anderen müsse die Verantwortlichkeit demokratisch sanktioniert werden können. Dies geschehe für das Parlament durch regelmäßig wiederkehrende Wahlen, mittels derer das Volk die Abgeordneten durch Abwahl sanktionieren könne. Für die Regierung und die Minister bestehe

---

639 F. Becker, Normsetzung, S. 360; Böckenförde, in: HStR II, § 24 Rn. 16; *Brosius-Gersdorf*, Bundesbank und Demokratieprinzip, S. 43; a.A. *Gersdorf*, Staatsfreiheit, S. 139f. m.w.N.

640 *Böckenförde*, in: HStR II, § 24 Rn. 16; *Herzog*, in: Maunz/Dürig, Grundgesetz, Art. 20 II Rn. 52f. i.d.F. bis zur 57. EL.

641 *Wegge*, Bedeutung des Demokratieprinzips, S. 228.

642 Teils auch als „materielle Legitimation" bezeichnet, s. hierfür *Emde*, Demokratische Legitimation, S. 130ff.; *Herzog*, in: Maunz/Dürig, Grundgesetz, Art. 20 II Rn. 48 i.d.F. bis zur 57. EL; vgl. auch *Brosius-Gersdorf*, Bundesbank und Demokratieprinzip, S. 44; *Wegge*, Bedeutung des Demokratieprinzips, S. 228.

643 So *Böckenförde*, in: HStR II, § 24 Rn. 21.

644 So *Brosius-Gersdorf*, Bundesbank und Demokratieprinzip, S. 44.

645 *Brosius-Gersdorf*, Bundesbank und Demokratieprinzip, S. 44.

eine Verantwortlichkeit insbesondere gegenüber dem Parlament, für die nachgeordneten Behörden und Organe gegenüber der Regierung bzw. dem zuständigen Minister und auf diesem Weg letztlich wieder mittelbar gegenüber dem Parlament[646].

3. Funktionelle und institutionelle Legitimation

Neben den beiden vorgestellten Formen der demokratischen Legitimation wird noch die funktionelle und institutionelle Legitimation genannt. Diese Legitimationsform beziehe sich auf die Institutionen selbst, die der Verfassungsgesetzgeber konstituiert habe, die ihre Existenz unmittelbar einem verfassungsgesetzgeberischen Akt verdankten. Diese Institutionen seien namentlich die gesetzgebende, vollziehende und Recht sprechende Gewalt als je eigene Funktionen und Organe[647]. Ein Unterschied zur organisatorisch-personellen und sachlich-inhaltlichen demokratischen Legitimation bestehe darin, dass diese auf das Volk zurückgingen, also das *pouvoir constituant*, während die institutionelle Legitimation vom Verfassungsgesetzgeber herrühre, also dem *pouvoir constitué*[648]. Die funktionelle und institutionelle demokratische Legitimation schließe aus, dass unter Berufung auf das Demokratieprinzip z.B. die Exekutive einem totalen Parlaments- oder Gesetzesvorbehalt unterworfen werden könne, da jede der Gewalten für sich zur Ausübung von Staatsgewalt demokratisch autorisiert sei. Diese Legitimation ersetze jedoch nicht die organisatorisch-personelle und die sachlich-inhaltliche Legitimation, da ansonsten die Gewalten in ihrer personellen Besetzung und in ihren Tätigkeiten selbstläufig und vom Volk unabhängig würden und eine fortwährende Legitimation der Ausübung von Staatsgewalt durch das Volk nicht mehr sichergestellt sei[649].

---

646 *F. Becker*, Normsetzung, S. 361; *Böckenförde*, in: HStR II, § 24 Rn. 21; *Brosius-Gersdorf*, Bundesbank und Demokratieprinzip, S. 45ff.; *Papier*, in: NJW 2002, S. 2585 (2589); *Sennekamp*, in: NVwZ 2010, S. 213 (215).

647 BVerfGE 49, 89 (125); 68, 1 (89); *Böckenförde*, in: HStR II, § 24 Rn. 15; *Brosius-Gersdorf*, Bundesbank und Demokratieprinzip, S. 40f.; *Oebbecke*, Räume, S. 77; *Wegge*, Bedeutung des Demokratieprinzips, S. 228ff.; grundlegend hierzu *Ossenbühl*, Verwaltungsvorschriften und Grundgesetz, S. 196ff.

648 *Brosius-Gersdorf*, Bundesbank und Demokratieprinzip, S. 40; *Jestaedt*, Demokratieprinzip, S. 277; *Ossenbühl*, Verwaltungsvorschriften und Grundgesetz, S. 197f.

649 *Böckenförde*, HStR II, § 24 Rn. 15; kritisch im Hinblick darauf, dass die funktionelle und institutionelle Legitimation einen eigenständigen, weiteren Legitimationsstrang begründet *F. Becker*, Normsetzung, S. 361ff.

4. Hinreichendes Legitimationsniveau

Letztlich setze sich jede staatliche Entscheidung und Machtausübung aus persönlichen und normativen Elementen zusammen, die beide auf das Volk als Quelle demokratischer Legitimation zurückgeführt werden müssten. Art. 20 Abs. 2 S. 1 GG gebe jedoch keine statische Größe zum erforderlichen Niveau demokratischer Legitimation vor. Entsprechend müsse aus dem Zusammenwirken beider Legitimationsformen das erforderliche Legitimationsniveau erreicht werden, wobei im Ergebnis die Effektivität entscheidend sei. So könne ein Mangel bei der organisatorisch-personellen Legitimation durch eine besonders tragfähige sachlich-inhaltliche Legitimation geheilt werden und *vice versa*. Jedoch dürfe keine der beiden Legitimationskomponenten gänzlich ausfallen[650].

5. Ausnahme für Bereiche außerhalb der unmittelbaren Staatsverwaltung

Außerhalb der unmittelbaren Staatsverwaltung zeigt sich das Bundesverfassungsgericht in seiner neueren Rechtsprechung offen für

> „Formen der Organisation und Ausübung von Staatsgewalt, die vom Erfordernis lückenloser personeller demokratischer Legitimation aller Entscheidungsbefugten abweichen. Es [i.e. das Demokratiegebot des Art. 20 Abs. 2 GG] erlaubt, für abgegrenzte Bereiche der Erledigung öffentlicher Aufgaben durch Gesetz besondere Organisationsformen der Selbstverwaltung zu schaffen."[651]

Dadurch solle das demokratische Prinzip ergänzt und verstärkt werden, da den Betroffenen ein wirksames Mitspracherecht gegeben werde, verwaltungsexterner Verstand aktiviert und ein sachgerechter Interessenausgleich erleichtert würde, wodurch die vom Gesetzgeber beschlossenen Zwecke und Ziele effektiver erreicht würden[652]. Entscheidend sei dabei jedoch, dass diese Organisationsformen durch Gesetz geschaffen würden – „also durch einen Akt des vom Volk gewählten und daher klassisch demokratisch legitimierten parlamentarischen Gesetzgebers"[653]. Gleichzeitig schränkt das Bundesverfassungsgericht die Mög-

---

650 BVerfGE 83, 60 (72); *F. Becker*, Normsetzung, S. 364ff. m.w.N.; *Böckenförde*, in: HStR II, § 24 Rn. 23; *Emde*, Demokratische Legitimation, S. 327ff.; *Jestaedt*, Demokratieprinzip, S. 281ff.; kritischer *Neumann*, in: FS Müller, S. 155 (159f.).

651 BVerfGE 107, 59 (59, Ls. 1); kritisch zu dieser Entscheidung *Jestaedt*, in: JuS 2004, S. 649 (651f.), der jedoch weniger das Ergebnis als vielmehr die dogmatisch und handwerklich nicht überzeugende Begründung kritisiert.

652 BVerfGE 107, 59 (59, Ls. 2; 92).

653 BVerfGE 107, 59 (92).

lichkeit zur Schaffung von Selbstverwaltung auf Fälle ein, die der Staat nicht selbst als Staatsaufgaben im engeren Sinne wahrnehmen müsse, wobei er dabei einen weiten Entscheidungsspielraum habe[654].

II. Kritik am Modell der herrschenden Meinung und alternative Ansätze

Das Modell der herrschenden Meinung wird seit längerem kritisiert, ohne dass sich die Kritiker bislang mit ihren Meinungen durchgesetzt hätten[655]. So wird in Zweifel gezogen, dass eine Rückführung der organisatorisch-personellen Legitimation allein auf den Willen des deutschen Volkes den Voraussetzungen des Demokratieprinzips entspreche. Als zweiter Kritikpunkt hat sich die Hierarchielastigkeit des herrschenden Modells und damit die einseitige Betonung der input- gegenüber der output-Legitimation[656] herauskristallisiert. Zudem werden als Globalalternativen zum herkömmlichen Demokratiemodell das sog. Kontrollmodell sowie das Modell der grundrechtlich-funktionalen Legitimation vorgeschlagen[657].

Der erste Kritikpunkt impliziert eine fundamentale Zurückweisung des Gedankens der herrschenden Meinung, dass im Rahmen der Rückführung der Legitimation auf das Volk ausschließlich das deutsche Volk gemeint sein soll und nicht vielmehr alle dem Grundgesetz unterworfenen Menschen, dass also beispielsweise ein Ausländerwahlrecht von Verfassungs wegen ausgeschlossen sein

---

654 Vgl. BVerfGE 107, 59 (93f.).

655 Vgl. für eine umfangreiche Liste der Kritiker der herrschenden Auslegung *Bryde*, in: KJ (Hrsg.), Demokratie und Grundgesetz, S. 59 (59 mit Fn. 3); eine umfassende Analyse und Kritik der Demokratie in der Bundesrepublik Deutschland findet sich bei *Leisner*, Demokratie, insb. S. 3-195.

656 Vgl. zur Unterscheidung von input- und output-Legitimation *N. Petersen*, Demokratie, S. 10ff.; Scharpf, Demokratietheorie, S. 21ff.

657 Das Modell der autonomen Legitimation sowie die Konstruktion der kollektiven personellen Legitimation bleiben hier unberücksichtigt, da diese sich in erster Linie auf die funktionale Selbstverwaltung beziehen. Vgl. jedoch zu Ersterem insbesondere *Dreier*, in: Dreier, Grundgesetz, Art. 20 (Demokratie) Rn. 131ff.; *Emde*, Demokratische Legitimation, S. 49ff., 383ff. sowie zu Letzterem *Kluth*, Selbstverwaltung, S. 376ff.; *dens.*, in: Die Verwaltung 35 (2002), S. 349 (360ff.); s. außerdem zu beiden Konzepten *Westphal*, Föderale Privatrundfunkaufsicht, S. 530ff.

soll[658]. Ein Wahlrecht für Ausländer müsse mit dem Demokratieprinzip vereinbar sein, da ein Wahlrecht für EU-Ausländer bereits in Art. 28 Abs. 1 S. 3 GG explizit vorgesehen ist. Folglich könne es auch bezogen auf Bundestags- oder Landtagswahlen nicht durch das Demokratieprinzip verboten sein. Anderenfalls wäre in Art. 28 Abs. 1 S. 3 GG verfassungswidriges Verfassungsrecht zu sehen, da das Prinzip des ausschließlichen Wahlrechts für deutsche Staatsbürger durch Art. 79 Abs. 3 GG geschützt sein müsste, wenn es ein solches Rechtsprinzip überhaupt gäbe[659]. Die Ablehnung eines Wahlrechts für und – damit einhergehend – die Legitimation durch Ausländer in Deutschland gehe auf das völkische Denken *Carl Schmitts* zurück, der den zentralen Begriff der Demokratie im „Volk" und nicht in der „Menschheit" gesehen habe[660]. Dabei sei es aufgrund der Selbstbestimmung der Menschen in einer Demokratie notwendig, für die Bestimmung der Gruppengrenze die Kriterien der Betroffenheit und der effektiven Partizipation heranzuziehen: wer also von einer Entscheidung betroffen ist, solle auch an dem Zustandekommen der Entscheidung effektiv partizipieren können, unabhängig von der Staatsbürgerschaft[661]. Gerade aufgrund der Rolle, die dem Grundgesetz als Neubeginn nach dem Zweiten Weltkrieg zukommen sollte, müsse man an die Interpretation des Demokratieprinzips mit einer traditionsskeptischen Sicht herangehen. Entsprechend sei ein offenes Demokratieverständnis notwendig, das ohne einen homogenitätsgeprägten Volksbegriff und andere vorpositive Beschränkungen auskomme[662]. Zudem wird – mit einer etwas anderen Blickrichtung – kritisiert, dass das Erfordernis einer ununterbrochenen Legitimationskette zu starr sei. So sei es nicht Ausdruck der Volkssouveränität, wenn ein zwanzigjähriger Bürger mit einem Amtswalter zu tun habe, der bereits vor fünfundzwanzig Jahren berufen wurde, zumal mit jedem Regie-

---

658 *Blanke*, in: KJ (Hrsg.), Demokratie und Grundgesetz, S. 32 (42ff.); *Bryde*, in: JZ 1989, S. 257ff.; *ders.*, in: StWStPr 5 (1994), S. 305 (318ff.); *ders.*, in: KJ (Hrsg.), Demokratie und Grundgesetz, S. 59 (63ff.); *Groß*, in: KJ (Hrsg.), Demokratie und Grundgesetz, S. 93 (97); *Hain*, in: v. Mangoldt/Klein/Starck, Grundgesetz, Art. 79 Rn. 79; *Hanebeck*, in: DÖV 2004, S. 901 (903f.); s. auch *Tschentscher*, Demokratische Legitimation, S. 64f. m.w.N. in Fn. 54, S. 114ff.; zumindest in Bezug auf EU-Ausländer *Schmidt-Aßmann*, in: AöR 116 (1991), S. 329 (351); ausführlich zu der Frage des Wahlrechts von Ausländern *Bücking*, Beteiligung von Ausländern; mit weiteren zahlreichen Nachweisen auch *Hanebeck*, Bundesstaat, S. 84ff.

659 *Hain*, in: v. Mangoldt/Klein/Starck, Grundgesetz, Art. 79 Rn. 79; *Hanschmann*, in: ZParl. 40 (2009), S. 74 (78f.); *Schliesky*, Herrschaftsgewalt, S. 238ff.

660 *Blanke*, in: KJ (Hrsg.), Demokratie und Grundgesetz, S. 32 (43f.).

661 *Bryde*, in: KJ (Hrsg.), Demokratie und Grundgesetz, S. 59 (63f.).

662 *Tschentscher*, Demokratische Legitimation, S. 114ff.

rungswechsel die Legitimationskette letztlich abgebrochen werde und nunmehr ausschließlich institutionell fortbestehe. Aus diesem Grund sei eine größere Flexibilität gerade im Austausch mit der sachlich-inhaltlichen Legitimität erforderlich[663].

Der zweite Kritikpunkt knüpft an die vorgebliche Hierarchielastigkeit der Demokratiekonzeption der herrschenden Meinung an[664]. So führe das Erfordernis einer ununterbrochenen Legitimationskette dazu, dass ausschließlich ein hierarchisch organisierter Staats- und Verwaltungsaufbau den verfassungsrechtlichen Anforderungen an das Demokratieprinzip genügen würde[665]. Hierdurch werde das herrschende Demokratiemodell auf ein Konzept der input-Legitimation reduziert, bei der letztlich ausschließlich der Einsetzungsakt des Amtsträgers Anknüpfungspunkt der demokratischen Legitimation sei[666]. Dadurch werde eine Mitwirkung von gesellschaftlichen Gruppen und Verbänden sowie auch von Individuen am Handeln mit Entscheidungscharakter ausgeschlossen. Hierdurch werde verhindert, dass eine Beratung von fachkompetenten, aber nicht demokratisch legitimierten Personen zu besseren Entscheidungen führe – der output-Aspekt der Legitimation spiele somit keinerlei Rolle[667]. Die Verwaltung sei zudem eher auf Effektivität ausgelegt denn auf demokratische Rückbindung[668]. Entsprechend müsse sich die bislang vorherrschende Ministerialverwaltung dem Volk gegenüber öffnen, u.a. durch mehr Eigenverantwortung, Diskursivität, Mitarbeiterbeteiligung und Kontraktmanagement[669]. Eine solche

---

663 *Dederer*, in: NVwZ 2000, 403 (404); so auch *Blanke*, in: KJ 1998, S. 452 (464).

664 *Blanke*, in: KJ (Hrsg.), Demokratie und Grundgesetz, S. 32 (49ff.); *Bryde*, in: KJ (Hrsg.), Demokratie und Grundgesetz, S. 59 (66ff.); *Fisahn*, in: KJ (Hrsg.), Demokratie und Grundgesetz, S. 71 (87f.); *Groß*, in: Sommermann (Hrsg.), Gremienwesen, S. 17 (23); *Hohmann-Dennhardt*, in: KJ (Hrsg.), Demokratie und Grundgesetz, S. 102 (108f.); *Mehde*, Steuerungsmodell, S. 446ff.; *Rinken*, in: KJ (Hrsg.), Demokratie und Grundgesetz, S. 125 (138ff.); *Schliesky*, Herrschaftsgewalt, S. 279ff.; vgl. bezüglich der demokratischen Legitimation der Dritten Gewalt auch *Weber-Grellet*, in: ZRP 2003, S. 145 (146).

665 *Schliesky*, Herrschaftsgewalt, S. 279; vgl. auch *Lepsius*, Steuerungsdiskussion, S. 14ff., der jedoch gleichzeitig die Notwendigkeit hierarchischer Verwaltung nachweist.

666 *Schliesky*, Herrschaftsgewalt, S. 281.

667 *Schliesky*, Herrschaftsgewalt, S. 281; vgl. hierzu auch *Classen*, Demokratische Legitimation, S. 27f.

668 *Fisahn*, in: KJ (Hrsg.), Demokratie und Grundgesetz, S. 71 (87).

669 *Blanke*, in: KJ (Hrsg.), Demokratie und Grundgesetz, S. 32 (51ff.), der auch darauf verweist, dass die hierarchische Verwaltungsorganisation dazu führe, dass „nicht der von den Mitschülern gewählte, sondern nur der vom Schulleiter ernannte Schulsprecher

Reform der Verwaltungsstrukturen sei dem demokratisch legitimierten Gesetzgeber jedoch aufgrund des Demokratieprinzips nicht gestattet. Vielmehr sei dieser auf Verwaltungsstrukturen festgelegt, die aus vor-demokratischen Zeiten stammten[670]. Gleichzeitig könnte so die Verwaltung als aus Subjekten, also Menschen aus „Fleisch und Blut" bestehend, angesehen werden, und nicht als Maschine, wie es im Hinblick auf die bürokratische Ministerialverwaltung häufig der Fall sei[671].

Ein Alternativmodell zum Demokratiemodell der herrschenden Meinung, dessen Grundidee eine stärkere Beteiligung der von staatlichen Maßnahmen Betroffenen ist[672], wird von *Tschentscher* als „Kontrollmodell demokratischer Legitimation" vorgestellt[673]. Dieses bezweckt in erster Linie eine Öffnung hinsichtlich unabhängiger Amtswalter[674], insbesondere berufsständischer autonomer

---

demokratisch legitimiert sei" (S. 53); vgl. auch *Bryde*, in: KJ (Hrsg.), Demokratie und Grundgesetz, S. 59 (68f.); *Hohmann-Dennhardt*, in: KJ (Hrsg.), Demokratie und Grundgesetz, S. 102 (108f.).

670 *Bryde*, in: KJ (Hrsg.), Demokratie und Grundgesetz, S. 59 (68); *Rinken*, in: KJ (Hrsg.), Demokratie und Grundgesetz, S. 125 (140).

671 *Mehde*, Steuerungsmodell, S. 457ff.; in diese Richtung auch *Rinken*, in: KJ (Hrsg.), Demokratie und Grundgesetz, S. 125 (137).

672 So bereits deutlich früher Bryde, in: StWStPr 4 (1994), S. 305 (306, 314ff.); *Kleine-Cosack*, Berufsständische Autonomie, S. 109ff.

673 Zum Folgenden insgesamt *Tschentscher*, Demokratische Legitimation, S. 113ff.; ein weiteres Alternativmodell findet sich bei *Classen*, Demokratische Legitimation, S. 34ff., der zwar auch einen größeren Wert auf den Inhalt, also den „output" legen möchte, dabei aber einerseits formal am überkommenen Volksbegriff festhalten möchte (bei gleichzeitiger Öffnung des Staatsangehörigkeitsrechts für alle Personen, die dauerhaft in Deutschland leben) und andererseits die rechtsstaatliche Qualitätssicherung des „outputs" durch entsprechende Verfahrensausgestaltungen sichern möchte; eine weitere Alternative entwickelt *Schefold*, in: KJ (Hrsg.), Demokratie und Grundgesetz, S. 148ff., der den demokratische Legitimationszusammenhang nicht nur über das Parlament vermittelt sieht, sondern vielmehr vorschlägt, dass jeder Staatsgewalt eine eigenständige politische Legitimation zukomme; als weiterer Ansatz wird von *Bredt*, Demokratische Legitimation, S. 205ff. die ökonomische Demokratietheorie genannt, die Vorteile gegenüber der hergebrachten Legitimation und auch gegenüber der output-orientierten Legitimation haben solle, da hier Auswirkungen auf politische Kosten und Interessendurchsetzung berücksichtigt und entsprechend Entscheidungen nicht rein funktional betrachtet würden.

674 So auch *Bryde*, in: StWStPr 4 (1994), S. 305 (315); *Kleine-Cosack*, Berufsständische Autonomie, S. 113ff.

Selbstverwaltungskörperschaften[675]. Die Prämisse hierbei ist, dass das Grundgesetz keinerlei Beschränkungen enthalten könne, die unabhängig von dieser spezifischen Gesetzgebung bestünden, wie z.B. einen homogenitätsgeprägten Volksbegriff. Hierdurch ergebe sich, dass das staatliche Handeln gegenüber denjenigen zu legitimieren sei, die dieser Gewalt unterworfen seien. Somit sei die Gesamtheit der Betroffenen als Legitimationssubjekt anzuerkennen und entsprechend das staatliche Handeln von der Bindung an ein nationales Staatsvolk – konkret an das deutsche Volk – zu lösen[676]. Die demokratische Legitimation umfasse nicht ausschließlich die parlamentarische Legitimation, sondern müsse auch offen sein für andere Legitimationsverfahren[677].

Zudem müsse es nach diesem Modell bei demokratischer Legitimation primär um inhaltliche Entscheidungen gehen, da diese im Rangverhältnis über der organisatorisch-personellen Legitimation stünden: „Wo eine inhaltliche Begründung von Hoheitsakten durch Verfahrensregeln der politischen Kommunikation gesichert wird, kommt es auf die dienenden Elemente der Behördenstruktur oder Personalzusammensetzung nicht mehr an.“[678] Die sachlich-inhaltliche Legitimation mit einer potenziellen Inhaltskontrolle werde zum Kernpunkt des Demokratieprinzips. Die personell-organisatorische Legitimation sei demnach nur noch eine von mehreren Möglichkeiten, wie ein hinreichendes Legitimationsniveau erreicht werden könne[679]. Durch dieses Demokratiemodell wird sowohl die Kritik am deutschen Volk als einzigem Legitimationssubjekt als auch die Kritik an einer fehlenden output-Legitimation aufgegriffen.

Ein anderer Ansatz zur Auslegung des verfassungsrechtlichen Demokratieprinzips geht von einer grundrechtlich-funktionalen Legitimation aus[680]. Das Konzept hat die Grundannahme, dass der Selbstbestimmungsgedanke den Kern des grundgesetzlichen Gebots demokratischer Legitimation bilde. Die Selbstbestimmung müsse dabei jedoch vom Staat gewährleistet werden, wozu dieser

---

675 *Kleine-Cosack*, Berufsständische Autonomie, S. 102ff., insbesondere S. 117ff.

676 *Bryde*, in: StWStPr 4 (1994), S. 305 (321f.); *Kleine-Cosack*, Berufsständische Autonomie, S. 111f., 118f.; ähnlich auch *Emde*, Demokratische Legitimation, S. 352ff, der in der Beteiligung der Betroffenen an Entscheidungen eine „Auflockerung der hierarchischen Verwaltungsordnung“ sieht, die helfen kann, die im Grundgesetz festgeschriebene Demokratie zu verwirklichen.

677 *Kleine-Cosack*, Berufsständische Autonomie, S. 111.

678 *Tschentscher*, Demokratische Legitimation, S. 125.

679 So auch *Bryde*, in: StWStPr 4 (1994), S. 305 (324), der die Gegenansicht hierzu als „Legitimationskettenfetischismus“ bezeichnet.

680 Zum Folgenden insgesamt *Westphal*, Föderale Privatrundfunkaufsicht, S. 560ff.

auch aufgrund der objektiv-rechtlichen Gehalte der Grundrechte verpflichtet sei. Die den Bürgern ermöglichte Selbstbestimmung stelle „die Brücke zum Kerngedanken des Demokratieprinzips her, weil sich dieses Prinzip in der Idee des sich selbst bestimmenden Menschen verwirklicht."[681] Demnach könne die demokratische Legitimation nicht nur durch eine lückenlose personelle Legitimationskette vom Staatsvolk zum Amtswalter hergestellt werden, sondern auch durch Maßnahmen zur Gewährleistung von Selbstbestimmung, sofern sie Ausübung von Staatsgewalt sei.

III. Diskussion

Die Kritik an der Interpretation des Art. 20 Abs. 2 S. 1 GG, die das dort genannte „Volk" mit dem „deutschen Volk" gleichsetzt, ist insofern nachvollziehbar, als es in unmittelbarem Bezug zum Demokratieprinzip in Art. 20 GG keine klare Aussage gibt, aus der sich diese Auslegung einwandfrei schließen ließe. Im Gegenteil: In Art. 28 GG wird ebenso das Volk erwähnt, wobei inzwischen anerkannt und auch mit Verfassungsrang normiert ist, dass an Kommunalwahlen auch EU-Ausländer teilnehmen dürfen. Dennoch ist davon auszugehen, dass das Grundgesetz als Legitimationssubjekte nicht alle Menschen anerkennt, die sich in seinem Geltungsbereich bewegen, sondern dass es vielmehr einen Nationalstaat konstituiert. Dieser Nationalstaat hat entsprechend auch ein Nationalvolk, dessen Grundlage eine gemeinsame Sprache, gemeinsame Werte und gemeinsame kulturelle Traditionen sind[682]. Gleichzeitig gibt es eine Reihe von Grundgesetznormen, die sich auf das deutsche Volk beziehen wie z.B. Art. 1 Abs. 2, 146 GG und die Deutschengrundrechte, während in Art. 25 S. 2 GG von den „Bewohner[n] des Bundesgebietes" die Rede ist. Das Grundgesetz kennt also sehr wohl eine Unterscheidung zwischen „Volk" und bloßem „Bewohner"[683]. Zudem legt Art. 116 GG fest, dass sich eine Zugehörigkeit zur Bundesrepublik Deutschland allein aus der Staatsangehörigkeit ergibt[684]. Auch das völkerrechtlich verankerte Selbstbestimmungsrecht der Völker stützt dieses Ergebnis: Das jeweilige Staatsvolk soll freigehalten werden von einer Fremdbestimmung. Eine solche Fremdbestimmung würde jedoch vorliegen, wenn Personen mitentscheiden würden, die nicht Zurechnungssubjekt des Nationalstaates sind und insofern

681 *Westphal*, Föderale Privatrundfunkaufsicht, S. 565f.

682 Vgl. *P. Kirchhof*, in: JZ 2004, S. 981 (981).

683 S. hierzu auch *Jestaedt*, Demokratieprinzip, S. 223f.

684 Vgl. hierzu auch *Wittreck*, Verwaltung, S. 118f.

auch nicht die volle Mitverantwortung tragen – immerhin kommen auch verschiedene Pflichten ausschließlich deutschen Staatsbürgern zu[685]. Auch das Argument, dass Art. 28 Abs. 1 GG verfassungswidriges Verfassungsrecht sein müsse, wenn man Volk mit deutschem Volk gleichsetzte, ist nicht überzeugend, da Kreise und Gemeinden eine mittelbare sachlich-inhaltliche demokratische Legitimation besitzen. Auf die personelle Legitimation kann insoweit ausnahmsweise verzichtet werden, da diese Körperschaften Mitglieder haben – nämlich die in diesen Kreisen und Gemeinden wohnenden Menschen –, die für eine Legitimation der Vertretungsorgane sorgen[686]. Darüber hinaus ist der Wortlaut von Art. 28 Abs. 1 S. 3 GG dahingehend eindeutig, dass neben dem Volk „auch" Unionsbürger wahlberechtigt sind. Unionsbürger zählen somit erkennbar nicht zum „Volk", Art. 28 GG wird lediglich dahingehend modifiziert, dass eben auch EU-Ausländer an den Kommunalwahlen teilnehmen dürfen[687]. Zudem beruht die entsprechende Regelung auf unionsrechtlichen Vorgaben, so dass aus ihr nicht auf die Auslegung des grundgesetzlichen Demokratieprinzips geschlossen werden kann[688].

Die hierarchische Organisation der Verwaltung entstammt unbestritten der vor-demokratischen Zeit, ebenso wie beispielsweise die Stellung der Beamten. Gleichzeitig gewährleistet diese Verwaltungsorganisation heutzutage die Umsetzung des Demokratieprinzips im Staat, da die Verwaltung in ihrer Ausübung der staatlichen Gewalt nicht autonom ist[689]. Es bedarf vielmehr der Rückkoppelung an das einzige unmittelbar demokratisch legitimierte Staatsorgan: das Parlament. Ohne eine solche Rückbindung, die auch die Verantwortung des Parlaments für das Handeln der Exekutive beinhaltet, würde die Gefahr drohen, dass die Verwaltung zu einer Nebenregierung aufsteigen könnte, die sich dem Volk gegenüber für ihre Handlungen nicht verantworten müsste[690]. Jede Unterhöhlung der Verwaltungshierarchie bedeutet gleichzeitig im Umkehrschluss eine Reduktion des parlamentarischen Kontrollumfangs und der parlamentarischen Kontrollmöglichkeiten, da sich eine nicht-hierarchische Verwaltung der demokrati-

---

685 Vgl. nur *Sommermann*, in: v. Mangoldt/Klein/Starck, Grundgesetz, Art. 20 Rn. 150 m.w.N.

686 Zu dieser Frage auch schon BVerfGE 83, 37 (59); s. auch *Sommermann*, in: v. Mangoldt/Klein/Starck, Grundgesetz, Art. 20 Rn. 155.

687 Sehr ausführlich zu dieser Frage *Schunda*, Wahlrecht von Unionsbürgern, S. 121ff.

688 Vgl. zur Frage einer möglichen „Europäisierung" des Staatsvolks i.S.d. Art. 23 GG *Hobe*, in: JZ 1994, S. 191 (193f.).

689 Vgl. *Dreier*, Hierarchische Verwaltung, S. 121ff, 141f.

690 Vgl. zu dieser Frage auch *Dreier*, Hierarchische Verwaltung, S. 121ff.

schen Kontrolle entziehen würde[691]. Nur durch die Weisungsbefugnis innerhalb der Ministerialverwaltung kann das Parlament seine Rechte wahrnehmen. Gleichzeitig gilt auch hier, dass das derzeitige System der Ministerialverwaltung Ausnahmen, z.B. durch die Hinzuziehung externen Sachverstands, zugänglich ist, selbst wenn diese grundsätzlich der Rechtfertigung bedürfen. Insofern ist ein hierarchischer Verwaltungsaufbau für die Demokratie unabdingbar, womit jedoch nicht bestritten werden soll, dass teilweise eine größere Zusammenarbeit und Offenheit gegenüber Privaten die Effizienz und die Qualität von Verwaltungsentscheidungen positiv beeinflussen kann[692].

Das Modell der grundrechtlich-funktionalen Legitimation, begründet von *Westphal*, basiert auf der Auffassung, dass der Grundgedanke der Grundrechte die Selbstbestimmung der Bürger ist, die durch den Staat gewährleistet werden müsse. Entsprechend müsse das herrschende Modell des Demokratieprinzips angepasst werden. Die organisatorisch-personelle demokratische Legitimation könnte letztlich substituiert werden durch die Berufung auf die Grundrechte, die durch den Staat gewährleistet werden müssten. Das bislang rein formell betrachtete Legitimationserfordernis könnte demnach durch eine materielle Betrachtungsweise ersetzt werden. Dies überzeugt jedoch im Ergebnis nicht, da somit ein ganz wesentlicher Teil des Demokratieprinzips durch ein Berufen auf die Grundrechte ersetzt werden würde, wobei unklar bleibt, was bei divergierenden Interessen geschehen soll. Darüber hinaus könnte der Staat unter Berufung auf die Grundrechte eine Staatsverwaltung installieren, der die persönliche Rückkoppelung an das Parlament und damit an das Volk fehlen würde. Dies jedoch würde der Volkssouveränität widersprechen, da der Bezug zwischen Volk und Amtswalter wegfiele. Eine Ersetzung durch eine sehr abstrakte Indienstnahme der Grundrechte genügt dem Erfordernis aus Art. 20 Abs. 2 GG nicht, zumal sich Grundrechte und Demokratie im Ausgangspunkt antagonistisch gegenüberstehen[693]. Entsprechend kann nicht die demokratische Legitimation durch eine grundrechtliche Legitimation ersetzt werden.

---

691 Ausführlich hierzu *Dreier*, Hierarchische Kontrolle, S. 129ff.; vgl. auch *Isensee*, in: Der Staat 20 (1981), S. 161 (163), der in der Hierarchie ein „Instrument der Demokratie“ sieht.

692 S. zu diesem Komplex ausführlich *Jestaedt*, Demokratieprinzip, S. 302ff.; hierzu auch *Grzeszick*, in: Maunz/Dürig, Grundgesetz, Art. 20 II Rn. 169f.; *Leisner*, Demokratie, S. 92ff.; *Sommermann*, in: v. Mangoldt/Klein/Starck, Grundgesetz, Art. 20 Rn. 193f.; *Wittreck*, Verwaltung, S. 119f.

693 *Starck*, in: HStR III, § 33 Rn. 24; *Stern*, Staatsrecht, Bd. 1, S. 625; s. dazu auch bereits oben, Einleitung, A.

Bei dem von *Kleine-Cosack* und *Bryde* entwickelten und in neuerer Zeit von *Tschentscher* aufgegriffenen Alternativmodell, dem „Kontrollmodell“, würde auch primär auf die Inhalte geachtet werden und die mehr formalen Aspekte einer ununterbrochenen Legitimationskette in den Hintergrund gedrängt. Allerdings steht im Mittelpunkt die stärkere Betonung der Interessen von Betroffenen, zum Teil mit dem Begriff der „Betroffenendemokratie“ versehen[694]. Gerade in Zeiten, in denen, nachdem eine formal-demokratisch korrekte Entscheidung bereits gefallen ist, der politische Streit weitergeht und auch vermehrt wieder auf der Straße ausgetragen wird[695], erscheint eine stärkere Einbeziehung der Betroffenen sinnvoll. Hier ist eine weitergehende Bürgerbeteiligung ein sinnvolles Instrument, um zu Ergebnissen zu kommen, die sich dem Volk gegenüber besser vermitteln lassen. Auch das Bundesverfassungsgericht scheint sich in seiner neueren Rechtsprechung der Entwicklungsoffenheit des Demokratieprinzips zu besinnen, indem es die Selbstverwaltung in bestimmten Bereichen als Stärkung der Demokratie ansieht. Insofern kann die stärkere Einbindung von Betroffenen auch nach der Rechtsprechung des Bundesverfassungsgerichts durchaus mit dem Demokratieprinzip vereinbar sein[696]. Fraglich ist jedoch die verfassungsrechtliche Verbindlichkeit einer Einbeziehung der Betroffenheit in das Demokratieprinzip, zumal das Kontrollmodell die Grundsätze der repräsentativen Demokratie stark aufweichen würde. Es könnte zu einer Art „Selbstregierung“ von Teilvölkern führen, bei der die Ansicht der Betroffenen Vorrang erhielt gegenüber der Mehrheitsentscheidung des Parlaments. Darüber hinaus ist das Kriterium der Betroffenheit denkbar unbestimmt. Ist betroffen, wer in seinen Rechten verletzt ist, wer in einer Interessengemeinschaft engagiert ist, wer sich mit dem Thema auseinandersetzt oder wer sich schlicht betroffen fühlt? Es droht die Gefahr, dass sich Teilvölker herausbilden, die jeweils über ihre Betroffenheit staatliche Maßnahmen legitimieren, ohne dass die Zulässigkeit oder die Strukturen dieser Form der Legitimation hinreichend geklärt wären. Das Kontrollmodell beschreibt zwar in Teilen politisch Wünschenswertes, das jedoch durch das

694 S. *Isensee*, in: KritV 1987, S. 300 (304).

695 Als Beispiele seien hier nur genannt der Streit um den Bahnhofsumbau in Stuttgart („Stuttgart 21“), die Diskussion um Verlängerungen von Atomkraftwerkslaufzeiten und ein mögliches Endlager in Gorleben, die Fehmarnbelt-Querung, das Kohlekraftwerk in Datteln (und andere ähnliche Projekte) sowie der Streit um eine Olympia-Bewerbung der Stadt München für die Winterspiele 2018; vgl. auch den etwas süffisanten Beitrag von *Leisner*, in: NJW 2011, S. 33ff. zu den Folgen der Auseinandersetzungen um „Stuttgart 21“ für die Demokratie in Deutschland.

696 Vgl. BVerfGE 107, 59 (86ff.).

Grundgesetz nicht gedeckt ist. Auch wenn der Staat u.a. aufgrund der wachsenden Möglichkeiten der modernen Informations- und Kommunikationstechnologien durchaus darüber nachdenken muss, inwieweit das Volk stärker in Entscheidungen des Staates eingebunden werden kann, so ist dies im Kern eine verfassungspolitische Frage, und keine Frage der Auslegung des in Art. 20 GG festgelegten Demokratieprinzips[697].

D. Zwischenergebnis

Das Demokratieprinzip ist einer der Grundpfeiler der deutschen Verfassungsordnung und durch Art. 79 Abs. 3 GG noch einmal zusätzlich geschützt und hervorgehoben. Dabei ist seine Auslegung jedoch teilweise umstritten. Das Demokratiekonzept der herrschenden Meinung, begründet maßgeblich von *Böckenförde* und *Herzog* und aufgenommen vom Bundesverfassungsgericht, unterscheidet in erster Linie zwischen sachlich-inhaltlicher und organisatorisch-personeller demokratischer Legitimation staatlichen Handelns. Hierbei ist Legitimationssubjekt das deutsche Volk, Legitimationsobjekt ist grundsätzlich jegliches staatliche Handeln. Zwar wird an diesem Modell teils grundsätzliche Kritik geäußert, diese vermag jedoch im Ergebnis nicht zu überzeugen. So handelt es sich beim Volksbegriff des Grundgesetzes nicht um einen offenen Begriff, so dass auch ausländische Staatsbürger bzw. die von einer Entscheidung „Betroffenen" Legitimationssubjekt sein könnten. Vielmehr bezieht sich die Legitimation auf die Gesamtheit der deutschen Staatsbürger. Auch der Einwand der Hierarchielastigkeit des herrschenden Demokratiemodells vermag nicht zu überzeugen, da anderenfalls eine Rückbindung an das demokratisch legitimierte Parlament nicht möglich wäre. Zudem werden hier jeweils nur einzelne Punkte des Modells kritisiert, ohne wirkliche Alternativen aufzuzeigen.

Anders ist dies beim „Kontrollmodell", das eine Globalalternative zum herrschenden Modell darstellt. Allerdings bleibt auch hier viel im Unklaren, insbesondere wie festgelegt werden sollte, wer von einer Entscheidung betroffen ist. Hierbei ist richtig, dass die Betroffenen grundsätzlich stärker an staatlichen Entscheidungen beteiligt werden sollten, dass also solche Entscheidungen besser

---

697 Vgl. zu diesem Komplex insgesamt *Grzeszick*, in: Maunz/Dürig, Grundgesetz, Art. 20 II Rn. 163f.; *Jestaedt*, Demokratieprinzip, S. 213ff.; *Isensee*, in: KritV 1987, S. 300 (304f.); *Köller*, Funktionale Selbstverwaltung, S. 104ff.; *Papier*, in: KritV 1987, S. 309 (311f.); *J. Schmidt*, Legitimationsfunktion, S. 272ff., 311; *Sommermann*, in: v. Mangoldt/Klein/Starck, Grundgesetz, Art. 20 Rn. 194f.

rückgekoppelt werden müssen. Allerdings darf dies nicht dazu führen, dass die demokratische Legitimation nur noch auf die Betroffenen bezogen wird. Dies würde nicht der in Art. 20 GG vorgesehenen Volkssouveränität entsprechen. Deshalb vermag auch dieses Modell nicht zu überzeugen.

Die Demokratiekonzeption der herrschenden Meinung hingegen bietet einen überzeugenden Ansatz zur Herleitung der demokratischen Legitimation staatlicher Entscheidungen[698]. Diese müssen demnach sowohl in inhaltlicher Hinsicht auf Gesetze der Legislative zurückgeführt werden können, als auch in personeller Hinsicht in einer ununterbrochenen Legitimationskette mit dem Parlament und damit letztlich mit dem Volk verbunden sein. Hierdurch wird dem Wesen der repräsentativen Demokratie Rechnung getragen, da das Parlament das Volk vertritt und ihm gegenüber verantwortlich ist. Eine solche Verantwortlichkeit ist jedoch nur möglich, wenn die Entscheidungen auf das Parlament rückführbar sind und wenn die Entscheidungswege hinreichend offen ausgestaltet sind, insbesondere demokratische Öffentlichkeit gewährleistet und die Verantwortlichkeit für eine Entscheidung geklärt sind. An dieser Konturierung des Demokratieprinzips muss sich das Verfahren zur Festlegung der Rundfunkgebührenhöhe messen lassen.

698 Mit den Worten von *Jestaedt*, in: JuS 2004, S. 649 (653): „Fest dürfte aber stehen, dass die auf gewachsener Verfassungsauslegung ruhende Legitimationskonzeption, wie sie das BVerfG in weitgehender Übernahme des ebenso klaren wie stimmigen Legitimationsmodells von Ernst-Wolfgang Böckenförde entwickelt hat, allen Konkurrenzprodukten in puncto dogmatischer Erklärungswert für das geltende Verfassungsrecht weit überlegen ist."

3. Kapitel: Legitimationsdefizite bei der Festsetzung der Höhe der Rundfunkgebühr

Nachdem Grundlinien des Demokratieprinzips dargestellt wurden, bleibt die Kernfrage zu beantworten, ob das derzeitige Verfahren zur Festlegung der Rundfunkgebührenhöhe dem Demokratieprinzip in der Auslegung der herrschenden Meinung entspricht. Hierbei ist zu unterscheiden zwischen einem Legitimationsdefizit hinsichtlich des KEF-Votums (A.) und hinsichtlich der abschließenden Entscheidung der Landesparlamente (B.)

A. Legitimation der KEF-Entscheidung

Grundsätzlich bedarf eine lediglich unverbindliche Teilhabe an einer Entscheidung keiner demokratischen Legitimation. Sobald sich diese jedoch zu einer Mitentscheidung verdichtet, wird auch durch eine solche Teilhabe staatliche Herrschaft – also „Staatsgewalt" – ausgeübt, die demokratisch legitimiert werden muss[699].

Bei der KEF handelt es sich nicht um ein rein beratendes Gremium. Vielmehr wird bereits in § 7 Abs. 2 S. 1 RFinStV festgelegt, dass der Gebührenvorschlag der KEF die Grundlage für die Entscheidung der Landesregierungen und der Landesparlamente bildet. Das Bundesverfassungsgericht interpretiert diese Regelung dahingehend, dass die Länder an das KEF-Votum weitestgehend gebunden sind. Es spricht von einer „gebundenen Entscheidung", von der nur in eng umgrenzten, inhaltlich jedoch unklaren, Fällen abgewichen werden könne, da anderenfalls die Staatsfreiheit des Rundfunks verletzt wäre[700]. Hierdurch bekommt die Entscheidung der KEF eine andere Qualität als die Entschließungen „normaler" Sachverständigengremien: Die KEF wird elementarer Teil des Gebührenfestsetzungsverfahrens mit einem eigenständigen, nicht unerheblichen Anteil an der Festsetzung der Gebührenhöhe. Zudem werden die Mitglieder der KEF nicht als Private tätig, sondern als Träger eines öffentlichen Amtes auf

---

699 Vgl. BVerfGE 83, 60 (74); *Schmitt Glaeser*, in: VVDStRL 31 (1973), S. 179 (231f.); *Voßkuhle/Kaiser*, in: JuS 2009, S. 803 (804); zur Frage, ob auch im Bereich des staatsfern ausgestalteten hoheitlichen Rundfunkwesens eine demokratische Legitimation notwendig ist vgl. ausführlich in Bezug auf die KEK *Westphal*, Föderale Privatrundfunkaufsicht, S. 500ff.

700 S. oben 1. Kap. B. II. 1. b).

Grundlage der öffentlich-rechtlichen Vorschriften des Rundfunkstaatsvertrages[701]. Aufgrund ihrer Mitentscheidungskompetenz und der Berufung ihrer Mitglieder durch die Ministerpräsidenten stellt die KEF einen Teil der organisierten Staatlichkeit dar[702]. Entsprechend übt sie amtliches Handeln mit Entscheidungscharakter, mithin Staatsgewalt, aus[703].

Da sich bei einem bloß beratenden Gremium schon die Frage der demokratischen Legitimation stellen kann, muss diese Frage umso mehr bei der KEF gestellt werden. Bereits rein beratende Gremien können die Unabhängigkeit staatlicher Entscheidungsträger und damit das Demokratieprinzip auf eine schwere Probe stellen, da eine unabhängige Experten-Entscheidung großen faktischen Druck erzeugt bzw. erzeugen kann[704]. Zwar ist eine Beratung durch Kommissionen oder auch eine Mitwirkung an politischen Entscheidungen möglich und teilweise erwünscht und sinnvoll[705]. Durch die Mitwirkung von Kommissionen darf jedoch nicht der Kernbereich der Regierung nach Art. 65 GG tangiert werden, dem Gesetzgeber dürfen keine grundlegenden politischen Entscheidungen aus der Hand genommen werden[706]. Insofern erscheint die demokratische Legitimierung der KEF fraglich, da ihre weitgehenden Mitentscheidungsbefugnisse an sich bereits verfassungsrechtlich problematisch erscheinen.

Die demokratischen Legitimationsformen sollen im Folgenden auf die KEF und das von ihr verfolgte Verfahren Anwendung finden.

---

701 Vgl. entsprechend die ausführlichere Untersuchung zu den Mitgliedern der KEK *Westphal*, Föderale Privatrundfunkaufsicht, S. 502ff., die sich auf die KEF-Mitglieder weitestgehend übertragen lässt.

702 S. hierzu auch *Hess*, Gebührenfinanzierung, S. 249; allgemein und ausführlich zur Notwendigkeit einer demokratischen Legitimation von sachverständigen Gremien *Vomhof*, Einbindung von sachverständigen Gremien, S. 159ff.

703 Vgl. auch hier wiederum die ausführlicheren Erläuterungen von *Westphal*, Föderale Privatrundfunkaufsicht, S. 504ff. hinsichtlich der KEK-Beschlüsse, der gleichzeitig nachweist, dass eine Außenwirkung gegenüber den Bürgern nicht entscheidend ist für das Vorliegen von Staatsgewalt; s. hierzu auch BVerfGE 83, 60 (73).

704 Vgl. z.B. *Reinhardt*, in: NVwZ 2003, S. 1446 (1449f.), der einen Vergleich zum Verbot konsultativer Volksbefragungen – deren Verbot sich eben mit der faktischen Bindungswirkung begründen lässt – zieht, wobei ihn im Hinblick auf Expertenkommissionen beruhigt, „dass die Berichte der diversen Ethikräte bei näherem Hinsehen oftmals über weite Strecken kaum über eine Sichtung der einschlägigen Rechtsprechung und Literatur hinausgehen“ – dies ist freilich bei den Berichten der KEF anders.

705 S. unten 3. Kap. B. I. 2. d).

706 Vgl. *Brohm*, in: FS Forsthoff, S. 37 (67f.); *R. Schmidt*, Wirtschaftsrecht, S. 318f.

I. Funktionelle und institutionelle demokratische Legitimation

Es ist fraglich, inwieweit der KEF hinreichende funktionelle und institutionelle Legitimation zukommt. Diese Form der demokratischen Legitimation wird dadurch erlangt, dass bestimmte Institutionen und Funktionen unmittelbar in der Verfassung verankert sind[707]. Bei der KEF handelt es sich um ein sachverständiges Gremium mit Mitentscheidungsbefugnissen, das der Verwirklichung höherrangigen Rechts dienen soll[708]. Als solches ist es nicht im Grundgesetz erwähnt, geht folglich auch nicht auf den Willen des Verfassungsgebers zurück. Allenfalls könnte angenommen werden, dass die KEF in Art. 5 Abs. 1 S. 2 GG verankert ist, da das Bundesverfassungsgericht das staatsferne Gebührenverfahren aus diesem Grundrecht hergeleitet hat. Allerdings hat es auch darauf verwiesen, dass andere Möglichkeiten in Betracht kämen, ohne dass eine Kommission eingeschaltet werden müsste[709]. Die KEF ist auch nicht unmittelbar der Exekutive oder der Legislative zuzuordnen. Die KEF wird vielmehr aufgrund gesetzlicher Ermächtigung im Vorfeld einer parlamentarischen Entscheidung tätig und bereitet diese vor. Ein solches Gremium ist im Grundgesetz nicht normiert. Folglich besteht ein Defizit hinsichtlich der funktionellen und institutionellen Legitimation.

Hieraus folgt jedoch nicht automatisch ein Legitimationsdefizit im Ganzen, da in der funktionellen und institutionellen Legitimation vielmehr eine ergänzende Legitimationsmöglichkeit gesehen wird[710], die auf rangniedriger Ebene, also unterhalb der allgemeinen Unterscheidung der drei Staatsgewalten, nicht immer vorliegen müsse[711]. Es wird davon ausgegangen, dass ein Defizit bei der inhaltlichen oder personellen Legitimation durch größere funktionelle und institutionelle Legitimation kompensiert werden könnte[712]. Im Umkehrschluss kann

---

707 *Gotzmann*, Staatsaufsicht, S. 64; *Mehde*, Steuerungsmodell, S. 179; *Schliesky*, Herrschaftsgewalt, S. 299; a.A. *Waechter*, Demokratische Legitimation, S. 34, der davon ausgeht, dass es lediglich einer gesetzlichen Verankerung des Bestands der Institution geben müsse, ohne dass es einer verfassungsrechtlichen Anordnung bedürfe.

708 *Goerlich*, in: Hahn/Vesting, § 4 RFinStV Rn. 1.

709 BVerfGE 90, 60 (103f.).

710 Vgl. *Gotzmann*, Staatsaufsicht, S. 64f.; *Mehde*, Steuerungsmodell, S. 179f.; in dieser Richtung auch *Brosius-Gersdorf*, Bundesbank und Demokratieprinzip, S. 40f.

711 *Waechter*, Demokratische Legitimation, S. 34 mit Fn. 41.

712 *Grzeszick*, in: Maunz/Dürig, Grundgesetz, Art. 20 II Rn. 124; *Kahl*, Staatsaufsicht, S. 491f.; *Kluth*, Selbstverwaltung, S. 357; *Sommermann*, in: v. Mangoldt/Klein/Starck, Grundgesetz, Art. 20 Rn. 169; *Wittreck*, Verwaltung, S. 126.

fehlende Legitimation an dieser Stelle auch durch eine vollgültige Legitimation auf inhaltlicher und personeller Ebene kompensiert werden.

II. Sachlich-inhaltliche demokratische Legitimation

1. Grundsätze der sachlich-inhaltlichen demokratischen Legitimation

Im Zentrum der sachlich-inhaltlichen Legitimation steht das Parlamentsgesetz, das die inhaltliche Verkörperung des Volkswillens darstellt. Dieses ist Maßstab für die Ausübung von Staatsgewalt und stellt die materielle Rückkoppelung der Staatsgewalt an das Volk sicher[713]. Entsprechend ist die Gesetzesbindung in Art. 20 Abs. 3 GG selbstverständlicher Bestandteil der sachlich-inhaltlichen Legitimation, sie umfasst die Kategorien des Gesetzesvorranges und -vorbehaltes[714]. Allerdings ist anerkannt, dass sich – nicht nur wegen der verfassungsrechtlich garantierten Eigenständigkeit der Verwaltung – Ermessensspielräume ergeben, innerhalb derer die Verwaltung eigenständige Entscheidungen treffen kann. Dies ist schon allein aufgrund der komplexen Realität notwendig, die nicht hinreichend detailliert vom Gesetzgeber geregelt werden kann[715]. Ermessensspielräume sind jedoch vom Gesetzgeber hinreichend genau zu beschreiben.

2. Sachlich-inhaltliche demokratische Legitimation der KEF

Die Einzelheiten der Organisation und Finanzierung sowie die Aufgaben und Befugnisse der KEF sind in den §§ 2-6 RFinStV festgelegt. Hieran ist sie aufgrund des Vorranges des Gesetzes gebunden[716]. Im Mittelpunkt steht die Überprüfung und Ermittlung des von den öffentlich-rechtlichen Rundfunkanstalten angemeldeten Finanzbedarfs. Die Überprüfung findet im Hinblick auf den Rundfunkauftrag statt, es wird geprüft, ob der von den Rundfunkanstalten angemeldete Bedarf mit dem Rundfunkauftrag in Einklang steht. Der Rundfunkauftrag findet sich in § 11 RStV und beschreibt ausführlich, welche Aufgaben durch den öffentlich-rechtlichen Rundfunk in Deutschland erfüllt werden sollen.

---

713 *Mehde*, Steuerungsmodell, S. 184f.; *Schliesky*, Herrschaftsgewalt, S. 296; *Sennekamp*, in: NVwZ 2010, S. 213 (215).

714 *Leisner*, Demokratie – Selbstzerstörung, S. 122; *Mehde*, Steuerungsmodell, S. 184f.; *Schliesky*, Herrschaftsgewalt, S. 297.

715 *Mehde*, Steuerungsmodell, S. 185; *Schliesky*, Herrschaftsgewalt, S. 297; in dieser Richtung auch *F. Kirchhof*, in: DÖV 1997, S. 749 (756).

716 Zur Gesetzeswirkung von Staatsverträgen s. oben 1. Kap. B. II. 2. c) aa).

Hinzu kommen weitere Regelungen, wie z.B. über die Finanzierung in § 12 Abs. 1 RStV und über die Anzahl der Rundfunkprogramme in § 19 RStV. Entsprechend haben die Parlamente das Aufgabenspektrum der KEF detailliert festgelegt. Allerdings fehlt es an Sanktionsmechanismen, durch die die KEF für Fehlverhalten bzw. für Abweichungen von den gesetzlich festgelegten Regeln verantwortlich gemacht werden könnte. Dies ist eine notwendige Folge ihrer Konstruktion als ein unabhängiges Sachverständigengremium: Gäbe es Sanktionsmöglichkeiten, so wäre die Unabhängigkeit der KEF nicht mehr gewahrt.

3. Problem der Schaffung ministerialfreier Räume

Die fehlenden Sanktionsmöglichkeiten können jedoch hinsichtlich der sachlich-inhaltlichen demokratischen Legitimation unter Berücksichtigung des grundsätzlichen Verbots der Schaffung ministerialfreier Räume[717] problematisch sein, das aus der grundsätzlichen Pflicht zur demokratischen Verantwortlichkeit durch Weisungsabhängigkeit folgt[718]. Das wesentliche Kennzeichen von ministerialfreien Räumen ist, dass der parlamentarische Verantwortungszusammenhang an einer Stelle unterbrochen wird und damit die parlamentarische Kontrolle als Legitimationsmittel ausfällt, da eine zur Exekutive zählende, der Regierung nachgeordnete Einheit von dem zuständigen Minister oder der Regierung unabhängig sein muss, um ministerialfrei arbeiten zu können[719]. Die Schaffung ministerialfreier Räume schwächt regelmäßig die Stellung der Parlamente, da diese ihre Kontrollfunktion gegenüber der Verwaltung in der Regel nur mittelbar über die Regierung wahrnehmen können. Die Regierung wird jedoch erst durch ihr Weisungsrecht in die Lage versetzt, für die Verwaltung die Verantwortung gegenüber dem Parlament zu übernehmen[720]. Hierdurch ist nicht nur das Demokratie-

---

717 Die Begriffe „ministerialfrei" und „weisungsfrei" werden synonym verwendet, vgl. *Vomhof*, Einbindung von sachverständigen Gremien, S. 174 mit Fn. 83; im Folgenden wird zur besseren Übersichtlichkeit ausschließlich von „ministerialfreien Räumen" gesprochen.

718 Vgl. auch *Westphal*, Föderale Privatrundfunkaufsicht, S. 515f.; *Emde*, Demokratische Legitimation, S. 357ff.

719 *J. Schmidt*, Legitimationsfunktion, S. 176; s. auch *Isensee*, in: Der Staat 20 (1981), S. 161 (170).

720 BVerfGE 9, 268 (281f.); 93, 37 (67); *Jestaedt*, Demokratieprinzip, S. 111; *Puhl*, in: HStR III, § 48 Rn. 41; *J. Schmidt*, Legitimationsfunktion, S. 176f.; kritischer zu einer Einschränkung der Rechte des Parlaments *Di Fabio*, in: VerwArch 81 (1990), S. 193 (220f.); zur generellen Verantwortlichkeit des Ministers nach dem Grundgesetz *Mehde*, in: DVBl. 2001, S. 13ff.

prinzip betroffen[721], sondern darüber hinaus auch andere Normen des Grundgesetzes, wie z.B. die Regelungen über die Ausübung von Staatsgewalt durch die Exekutive in Art. 63ff. GG[722].

Die Einordnung der KEF als ministerialfreier Raum ist aufgrund der besonderen Konstellation nicht ganz eindeutig. Ihre Mitglieder werden vom Land benannt und vom Ministerpräsidenten, also der Exekutive, berufen, § 4 Abs. 4 S. 1 und Abs. 5 S. 1 RFinStV. Durch die spezifische Konstellation des Systems der Staatsverträge, die von den Ministerpräsidenten ausgehandelt werden, aber eines Zustimmungsgesetzes des jeweiligen Landtages bedürfen, wird durch das Votum der KEF letztlich nicht nur der Ministerpräsident, sondern auch das entsprechende Landesparlament faktisch gebunden. Das sachverständige Gremium KEF trifft somit eine Entscheidung, die Exekutive wie Legislative gleichermaßen bindet. Zugleich sind die Mitglieder der KEF gemäß § 2 S. 2 RFinStV „in ihrer Aufgabenerfüllung an Aufträge oder Weisungen nicht gebunden".

Die Bindungswirkung der KEF-Beschlüsse geht über eine bloß faktische, weil öffentlichkeitswirksame, Bindung hinaus[723]. Auch genügt es nicht für die Ablehnung eines ministerialfreien Raumes, dass die Landesparlamente die formale Letztentscheidung treffen[724]. Vielmehr ist davon auszugehen, dass bereits eine die grundsätzliche Weisungsgebundenheit in Kraft setzende Bindung der Parlamente an das KEF-Votum vorliegt, wenn diese rein faktisch ist[725]. Da die KEF faktisch die Ministerpräsidenten und die Parlamente mit ihrem Votum bindet, dabei selbst aber an keine Weisung gebunden ist, ist sie als ministerialfreier Raum anzusehen.

Allerdings gilt der Grundsatz der Weisungsgebundenheit der Exekutive nicht uneingeschränkt. Gewisse Ausnahmen sind zulässig, auch wenn über den Inhalt der Ausnahmen keine Einigkeit besteht[726]. Nach der Verzichtstheorie wird

---

721 *Isensee*, in: Der Staat 20 (1981), S. 161 (170) bezeichnet den ministerialfreien Raum als „demokratische Anomalie", die einen verfassungsrechtlichen Rechtsfertigungszwang auslöst; ähnlich *Emde*, Demokratische Legitimation, S. 360f.

722 Vgl. nur *Lütgens*, Demokratieprinzip, S. 291f.; sehr ausführlich, insbesondere hinsichtlich der Leitungsbefugnis der Regierung aus Art. 65 GG *Oebbecke*, Räume, S. 23ff., zur demokratischen Legitimation ebd., S. 67ff.

723 Eine solche soll nach *Jestaedt*, Demokratieprinzip, S. 113 noch nicht für die Annahme eines ministerialfreien Raumes genügen.

724 Vgl. *Füßlein*, Ministerialfreie Verwaltung, S. 113.

725 Vgl. auch *Di Fabio*, in: VerwArch 81 (1990), S. 193 (217ff.).

726 *Ohler*, in: AöR 131 (2006), S. 336 (371 mit Fn. 181); *Puhl*, in: HStR III, § 48 Rn. 44; grundlegend hierzu schon *Füßlein*, Ministerialfreie Verwaltung, S. 277ff.; für eine umfassende Darstellungen der unterschiedlichen Ansichten zur Rechtmäßigkeit ministerial-

davon ausgegangen, dass das Parlament mittels Gesetz auf das Kontrollrecht gegenüber dem jeweils betroffenen Exekutivbereich wirksam verzichten könne, dieses also zur Disposition des Parlaments stünde[727]. Diese Theorie vermag jedoch nicht zu überzeugen, da die staatsorganisatorischen Macht- und Kompetenzverteilungen nicht durch einfaches Recht aufgehoben werden können[728]. Weiter wird vertreten, dass Ausnahmen bei einer geringen politischen Tragweite der zu entscheidenden Frage möglich seien, so dass im Ergebnis zumindest alle wesentlichen Entscheidungen der parlamentarischen Kontrolle und damit der ministerialgebundenen Verwaltung vorbehalten seien[729], wobei das Kriterium der Wesentlichkeit keine klare Abgrenzung ermöglicht[730]. Andere gehen davon aus, dass Ministerialfreiheit dort zulässig sei, wo eine strikte Gesetzesbindung ohne Ermessens- und Beurteilungsspielräume vorliege[731]. Für den Bereich der schlicht-hoheitlichen Verwaltung sowie der wirtschaftlichen Betätigung des Staates wird teilweise vertreten, dass die Weisungsgebundenheit durch das Recht, jederzeit die handelnden Personen abzusetzen bzw. andere Personen zu berufen, ersetzt werden könne[732]. Auch wird vorgeschlagen, im Interesse einer sachlichen Aufgabenerledigung – die z.B. bedroht sei wenn aufgrund eines eklatanten Widerspruchs zwischen sachlichen Notwendigkeiten und interessenpolitischen Forderungen die Sacherfordernis in den Hintergrund gedrängt werde – die Exekutivtätigkeit zu neutralisieren, indem Ministerialfreiheit hergestellt wird[733]. Dies kann jedoch nicht die Begründung für Ministerialfreiheit sein, da nach dem demokratischen Verfassungsprinzip die legitime Ausübung staatlicher Gewalt gerade auf der Rückführbarkeit zum Volk fußt, und nicht auf der Vermeidung von Konflikten zwischen den Gewalten oder auf der Steigerung des Sachver-

---

freier Räume s. auch *Lütgens*, Demokratieprinzip, S. 296ff. und *J. Schmidt*, Legitimationsfunktion, S. 276ff.

727 *E. Klein*, Verfassungsrechtliche Problematik, S. 190ff.; vgl. hierzu auch *Burmeister*, Herkunft, S. 288f., 305ff.

728 *Vomhof*, Einbindung von sachverständigen Gremien, S. 179f., mit zahlreichen weiteren Nachweisen.

729 BVerfGE 83, 130 (150); *W. Müller*, in: JuS 1985, S. 497 (506); vgl. hierzu ausführlich und kritisch *Vomhof*, Einbindung von sachverständigen Gremien, S. 180f.

730 *Puhl*, in: HStR III, § 48 Rn. 44; *Sodan*, in: NZS 2000, S. 581 (586) m.w.N.

731 BVerfGE 83, 60 (74); *Mayen*, in: DÖV 2004, S. 45 (48).

732 *Mayen*, in: DÖV 2004, S. 45 (49f.).

733 *Fichtmüller*, in: AöR 91 (1966), S. 297 (345ff.); in dieser Richtung auch, verweisend auf die „effektive Aufgabenwahrnehmung“, *Sommermann*, in: v. Mangoldt/Klein/Starck, Grundgesetz, Art. 20 Rn. 179.

stands der Entscheidungsträger[734]. Aufgrund der großen Bedeutung des Demokratieprinzips, das als einen gewichtigen Teil die Weisungsgebundenheit der Verwaltung festschreibt, bedarf es für eine Ausnahme hiervon grundsätzlich einer strikten Gesetzesgebundenheit oder einer Rechtfertigung durch zwingende, von der Verfassung anerkannte Gründe[735].

Die Ministerialfreiheit der KEF folgt aus der Rundfunkfreiheit des Art. 5 Abs. 1 S. 2 GG, mithin aus zwingenden, von der Verfassung anerkannten Gründen[736]. Die KEF hat die Aufgabe, die Entscheidung über die Höhe der Rundfunkgebühren zu entstaatlichen, also dafür Sorge zu tragen, dass eine möglichst staatsfreie Entscheidung gefällt wird. Dieses Verfahren wurde letztlich vom Bundesverfassungsgericht vorgegeben, um die Unabhängigkeit und die Expertise der Mitglieder der KEF für eine verfassungskonforme Gebührenentscheidung nutzen zu können. Hiermit würde es kollidieren, wenn die KEF an Weisungen gebunden wäre, da hierdurch Einfluss ausgeübt werden könnte. Dies würde den Zweck der KEF geradezu konterkarieren, da es sich um ein unabhängiges Expertengremium handeln soll. Die Staatsfreiheit des Rundfunks macht es erforderlich, dass die KEF ein eigenständiges Votum abgeben kann, ohne dass sie hierbei von der Exekutive beeinflusst wird. Aus diesem Grund kann die Ministerialfreiheit der KEF durch Art. 5 Abs. 1 S. 2 GG gerechtfertigt werden, zumal die KEF an die Regelungen im RStV und im RFinStV gebunden ist und am Ende die Parlamente der Gebührenentscheidung der KEF zumindest formal noch zustimmen müssen.

4. Zwischenergebnis

Die Ausgestaltung der KEF ist im Hinblick auf die sachlich-inhaltliche demokratische Legitimation nicht unproblematisch. Die Aufgaben und Befugnisse sind jedoch hinreichend ausführlich gesetzlich geregelt, so dass die KEF sich

---

734 *Puhl*, in: HStR III, § 48 Rn. 44; in dieser Richtung auch *P. Kirchhof*, in: HStR IX, § 221 Rn. 39.

735 *Loschelder*, in: HStR V, § 107 Rn. 22; *Mayen*, in: DÖV 2004, S. 45 (50); *Puhl*, in: HStR III, § 48 Rn. 44; *Sodan*, in: NZS 2000, S. 581 (585); *Vomhof*, Einbindung von sachverständigen Gremien, S. 182ff. m.w.N.; vertiefend zur Rechtfertigung ministerialfreier Räume *Waechter*, Demokratische Legitimation, S. 31ff.; vgl. auch für die Bundesverwaltung im Zusammenhang mit Art. 86 GG *Ibler*, in: Maunz/Dürig, Grundgesetz, Art. 86 Rn. 59.

736 S. auch *Waechter*, Demokratische Legitimation, S. 117: „Die Ministerialfreiheit kann dann für diejenigen Bereiche eingeräumt werden, die von der Schutzwirkung des subjektiven Abwehrrechts unmittelbar erfaßt sind."

nach den durch den demokratischen Gesetzgeber erlassenen Gesetzen richten kann. Allerdings gibt es keine Kontrolle der KEF durch Exekutive oder Legislative. Es handelt sich bei der KEF somit um einen ministerialfreien Raum. Die Einrichtung eines solchen lässt sich jedoch ausnahmsweise durch Art. 5 Abs. 1 S. 2 GG rechtfertigen.

III. Organisatorisch-personelle demokratische Legitimation

Zusätzlich zur im vorigen Abschnitt thematisierten sachlich-inhaltlichen Legitimation müsste eine hinreichende organisatorisch-personelle Legitimation bestehen, also eine ununterbrochene Legitimationskette vom Legitimationssubjekt, dem Volk, zum konkreten Amtswalter[737], hier also der KEF. Hierbei ist zu beachten, dass das Parlament durch Wahl unmittelbar durch das Volk demokratisch legitimiert ist. Dieses wählt dann den Bundeskanzler bzw. auf Landesebene den Ministerpräsidenten, der wiederum die Minister als Spitzen der Verwaltung ernennt[738]. Aufgrund des hierarchischen Verwaltungsaufbaus ist letztlich jede Verwaltungsentscheidung auf das Volk rückführbar, solange eine ununterbrochene Legitimationskette besteht[739]:

> „Uneingeschränkte personelle Legitimation besitzt ein Amtsträger dann, wenn er verfassungsgemäß sein Amt im Weg einer Wahl durch das Volk oder das Parlament oder dadurch erhalten hat, daß er durch einen seinerseits personell legitimierten, unter Verantwortung gegenüber dem Parlament handelnden Amtsträger oder mit dessen Zustimmung bestellt worden ist (ununterbrochene Legitimationskette, vgl. dazu BVerfGE 83, 60 [73]).“[740]

Entscheidend ist hierbei, dass die Legitimationskette nicht durch einen nicht vom deutschen Volk legitimierten Amtsträger und somit durch eine nicht legitimierte Willensentscheidung unterbrochen wird[741].

Die 16 Mitglieder der KEF werden gemäß § 4 Abs. 5 S. 1 RFinStV für fünf Jahre durch den jeweiligen Ministerpräsidenten berufen. Da dieser durch den

---

737 Vgl. nur *Böckenförde*, in: HStR II, § 24 Rn. 16; *Schliesky*, Herrschaftsgewalt, S. 290; *Sommermann*, in: v. Mangoldt/Klein/Starck, Grundgesetz, Art. 20 Rn. 164; *Wittreck*, Verwaltung, S. 116f.

738 Vgl. *Gotzmann*, Staatsaufsicht, S. 57; *Sommermann*, in: v. Mangoldt/Klein/Starck, Grundgesetz, Art. 20 Rn. 164.

739 Vgl. hierzu auch *Dreier*, Hierarchische Verwaltung, S. 116ff.

740 BVerfGE 93, 37 (67).

741 Vgl. *Lütgens*, Demokratieprinzip, S. 277f.; *Schliesky*, Herrschaftsgewalt, S. 277.

Landtag gewählt ist, kann er die personelle demokratische Legitimation vermitteln[742]. Eine unmittelbare Berufung durch das Parlament würde hier zwar eine höhere demokratische Wertigkeit begründen[743]. Gleichzeitig begründet jedoch eine Berufung für lediglich fünf Jahre eine optimierte personelle demokratische Legitimation, da die Entscheidung für den jeweiligen Amtswalter in regelmäßigen Abständen aktualisiert wird – im Gegensatz zu der üblicherweise lebenszeitigen Ernennung von Beamten und Richtern[744]. Im Ergebnis besteht aufgrund der Berufung durch den Ministerpräsidenten eine hinreichende organisatorisch-personelle Legitimation der KEF.

IV. Legitimationsniveau

Die demokratische Legitimation staatlichen Handelns wird, in Abwesenheit funktioneller und institutioneller Legitimation, durch ein Zusammenwirken von sachlich-inhaltlicher und organisatorisch-personeller Legitimationskomponente hergestellt. Beide Formen demokratischer Legitimation sind auf das Ziel bezogen, eine möglichst effektive Legitimation herzustellen und sind zur Erreichung dieses Ziels miteinander verzahnt. Sie können sich gegenseitig in gewissem Maß substituieren, solange das nach Art. 20 Abs. 2 GG erforderliche Legitimationsniveau nicht unterschritten wird[745]. In dieser Abstraktionshöhe besteht zwar weitgehende Einigkeit, jedoch ist es im Einzelfall schwierig zu bestimmen, wo

742 Vgl. für die Benennung der Mitglieder der Bundesprüfstelle für jugendgefährdende Schriften durch den zuständigen Minister BVerfGE 83, 130 (149).

743 Vgl. *F. Becker*, Normsetzung, S. 367; *Böckenförde*, in: HStR II, § 24 Rn. 16; *Herzog*, in: Maunz/Dürig, Grundgesetz, Art. 20 II Rn. 75 i.d.F. bis zur 57. EL; *Hess*, Gebührenfinanzierung, S. 249f.; *Jestaedt*, Demokratieprinzip, S. 284; *v. Komorowski*, Demokratieprinzip, S. 405ff.; *Lütgens*, Demokratieprinzip, S. 278; *Sennekamp*, in: NVwZ 2010, S. 213 (214); a.A. wohl BVerfGE 93, 37 (67); deutlich gegen die Ansicht, dass eine kürzere Legitimationskette höhere demokratische Dignität verleihe *E. Klein*, Gesetzgebung ohne Parlament?, S. 21; *Schmidt-Aßmann*, in: AöR 116 (1991), S. 329 (360).

744 *Sennekamp*, in: NVwZ 2010, S. 213 (214).

745 BVerfGE 83, 60 (72); 93, 37 (67); *Böckenförde*, in: HStR II, § 24 Rn. 23; *Mayen*, in: DÖV 2004, S. 45 (48); *Sommermann*, in: v. Mangoldt/Klein/Starck, Grundgesetz, Art. 20 Rn. 170; ausführlich und gleichzeitig kritisch zu dieser Frage *Schliesky*, Herrschaftsgewalt, S. 302ff.; ebenfalls kritisch zum herrschenden Modell des Legitimationsniveaus, mit stärkerer Betonung des „outputs" *Classen*, Demokratische Legitimation, S. 39f.; die Frage, ob eine vollständige Substituierung einer Legitimationsform durch die andere möglich ist, ist umstritten, muss hier aber nicht weiter vertieft werden, vgl. hierzu nur *Grzeszick*, in: Maunz/Dürig, Grundgesetz, Art. 20 II Rn. 128ff.

das erforderliche Legitimationsniveau im konkreten Fall tatsächlich liegt[746]. Man wird davon ausgehen können, dass sich das notwendige Legitimationsniveau u.a. an der Bedeutung des Legitimationsobjekts für das Gemeinwesen orientiert, die Legitimation bei höherer Bedeutung folglich ebenfalls ein höheres Niveau erreichen muss[747]. Für die Konstituierung sachlich unabhängiger Organe soll es demnach erforderlich sein, dass deren organisatorisch-personelle Legitimation umfassend gewährleistet ist und darüber hinaus auch ihr Handlungsbereich gesetzlich geregelt und umgrenzt ist[748].

Bei der KEF handelt es sich um ein sachverständiges Gremium, das eine unabhängige Entscheidung treffen soll. Entsprechend der dargelegten Grundsätze kann eine umfassende organisatorisch-personelle Legitimation Defizite im sachlich-inhaltlichen Bereich substituieren. Die persönliche Legitimation liegt vor, da die Mitglieder der KEF durch eine ununterbrochene Legitimationskette mit dem Volk als Legitimationssubjekt verbunden sind. Im materiellen Bereich bestehen Legitimationslücken in der Hinsicht, dass die KEF nicht weisungsgebunden ist, entsprechend auch keine Einordnung in die Hierarchie der Verwaltung gegeben ist. Allerdings ist dies gerade charakteristisch für ein Sachverständigengremium, da ihm anderenfalls von Seiten der Verwaltung bzw. der Politik vorgegeben werden könnte, welche Entscheidung es treffen sollte. Auch die Rundfunkfreiheit, die eine möglichst staatsferne Entscheidung über die Gebührenhöhe verlangt[749], rechtfertigt den ministerialfreien Charakter der KEF. Das erforderliche Legitimationsniveau für ein Staatsgewalt ausübendes Sachverständigengremium ist folglich erfüllt.

V. Zwischenergebnis

Die Mitwirkung der KEF stößt vor dem Maßstab des Demokratieprinzips auf keine durchgreifenden Bedenken, auch wenn sie einen ministerialfreien Raum darstellt, da dieser durch die Rundfunkfreiheit gerechtfertigt ist. Insgesamt ist die KEF also mit einem hinreichenden Legitimationsniveau ausgestattet.

---

746 Vgl. *Böckenförde*, in: HStR II, § 24 Rn. 23; *Mehde*, Steuerungsmodell, S. 199.

747 S. *Grzeszick*, in: Maunz/Dürig, Grundgesetz, Art. 20 II Rn. 151; vgl. hierzu auch *Unger*, Demokratie, S. 68.

748 *Böckenförde*, in: HStR II, § 24 Rn. 23.

749 Vgl. nur BVerfGE 90, 60 (60, Ls. 1; S. 96ff.).

B. Die eingeschränkte Entscheidungsbefugnis der Länder vor dem demokratischen Verfassungsprinzip

Auch der eingeschränkte materielle Einfluss der Landesparlamente auf die Gebührenfestsetzung wirft Probleme hinsichtlich der hinreichenden demokratischen Legitimation der Gebührenentscheidung auf. Problematisch ist dabei die Interpretation des RFinStV durch das Bundesverfassungsgericht, das die Abweichungsbefugnisse sehr eng auslegt, auch wenn der Wortlaut von § 7 Abs. 2 S. 1 RFinStV („Der Gebührenvorschlag der KEF ist Grundlage für eine Entscheidung der Landesregierungen und der Landesparlamente") eine solche Auslegung nicht zwingend nahelegt. Die Bedenken hinsichtlich der hinreichenden Legitimation der Entscheidung über die Rundfunkgebührenhöhe folgen aus dem vom Bundesverfassungsgericht eingeforderten prozeduralen Grundrechtsschutz. Dieser Grundrechtsschutz durch ein qualifiziertes Gesetzgebungsverfahren unter Beteiligung der KEF führt zu einer Beschneidung der Entscheidungskompetenzen der Landesparlamente, da diese vom KEF-Votum nur unter bestimmten, sehr eng ausgelegten Gründen abweichen dürfen. Insoweit ist es fraglich, ob das Bundesverfassungsgericht in seiner Rundfunkgebührenrechtsprechung die Grundsätze, die aus dem verfassungsrechtlichen Demokratieprinzip folgen, in hinreichendem Maß berücksichtigt hat.

I. Der Grundrechtsschutz durch qualifiziertes Gesetzgebungsverfahren als Legitimationsdefizit

Es ist fraglich und im Folgenden zu untersuchen, ob das vom Bundesverfassungsgericht eingeforderte Modell des Grundrechtsschutzes durch ein qualifiziertes Verfahren im Falle des Gesetzgebungsverfahrens zu einem Legitimationsdefizit staatlicher Gewaltausübung in Form der Festlegung der Rundfunkgebührenhöhe führt. Die vom Wahlrecht ausgehende Legitimation der Staatsgewalt und auch die Einflussnahme auf deren Ausübung könnten betroffen sein, wenn die Aufgaben und Befugnisse eines Parlaments wesentlich entleert würden[750].

Der Grundrechtsschutz durch Verfahren ist im Verwaltungsrecht und im Bereich der Judikative ein anerkanntes Rechtsprinzip, das zum Ziel hat, bereits im Verwaltungsverfahren bzw. im Gerichtsverfahren die Grundrechte der Betroffe-

750 Vgl. in Bezug auf den Bundestag BVerfGE 89, 155 (171f.); *P. Kirchhof*, in: FS Badura, S. 237 (243).

nen möglichst umfassend zu schützen. Beim Gebührenfestsetzungsverfahren besteht jedoch die Besonderheit, dass es sich nicht um ein Verwaltungsverfahren handelt, sondern die Letztentscheidung (wenn auch bislang nach den Urteilen des Bundesverfassungsgerichts lediglich die formelle Letztentscheidung) von den Landesparlamenten getroffen wird. Parlamente sind jedoch aufgrund der unmittelbaren Wahl durch das Staatsvolk in besonderem Maß demokratisch legitimiert, woraus sich auch der Grundsatz ergibt, dass wesentliche Entscheidungen vom Parlament selbst getroffen werden müssen. Aus diesem Grund stellt sich die Frage der hinreichenden demokratischen Legitimation, wenn ein Gesetzgebungsverfahren vorgeschrieben wird, in dem eine Kommission die Entscheidung im Wesentlichen allein trifft, und dem Parlament nur noch ein eng geschnittener Raum für eigene Überlegungen oder eine Abweichung vom Kommissions-Votum bleibt.

Um diese Frage näher zu untersuchen, werden zunächst die Grundsätze der rechtsdogmatischen Figur des Grundrechtsschutzes durch Verfahren dargestellt (1.), bevor auf demokratische Legitimationsdefizite des Grundrechtsschutzes durch qualifiziertes Gesetzgebungsverfahren eingegangen wird (2). Es folgt eine zusammenfassende Würdigung hinsichtlich der Legitimation der Entscheidung über die Rundfunkgebührenhöhe sowie allgemein von Entscheidungen, die durch ein solches qualifiziertes Gesetzgebungsverfahren zustande gekommen sind (3.).

1. Grundrechtsschutz durch Verfahren

Angestoßen vom Bundesverfassungsgericht, nachvollzogen und weiterentwickelt von der Literatur, hat sich die Figur des Grundrechtsschutzes durch Verfahren herausgebildet, um die materiellen Grundrechtsgehalte durch verfahrensrechtliche Komponenten zu ergänzen und diese zu verstärken[751]. Der Grund-

---

751 Angefangen mit dem Hamburger Deichurteil des Bundesverfassungsgerichts 1969, in dem das Gericht, noch sehr stark auf den Rechtsschutz bezogen, feststellte: „Nach der grundgesetzlichen Konzeption ist hiernach ein effektiver – den Bestand des Eigentums sichernder – Rechtsschutz ein wesentliches Element des Grundrechts selbst.“, BVerfGE 24, 367 (401); im Numerus-Clausus-Urteil 1972 hat das Bundesverfassungsgericht den Grundrechtsschutz durch Verfahren auf das Verwaltungsverfahren ausgeweitet, BVerfGE 33, 303 (345ff.); vgl. auch *Fehling*, Verwaltung, S. 87ff.; *Schmidt-Aßmann*, in: Liber amicorum Hans-Uwe Erichsen, S. 207 (207ff.); *dens.*, in: Merten/Papier (Hrsg.), HGR II, § 45 Rn. 5ff.; *Siegel*, Entscheidungsfindung, S. 74; grundlegend zum Grundrechtsschutz durch Verfahren *Bergner*, Grundrechtsschutz, S. 105ff.; *Bethge*, in: NJW 1982, S. 1ff.; *Denninger*, in: HStR V, 2. Aufl., § 113; *Häberle*, in: VVDStRL 30 (1972),

rechtsschutz durch Verfahren zielt darauf ab, bereits im Vorfeld einer Entscheidung die Wirkung der Grundrechte zu achten und damit Grundrechtsverstöße von vornherein zu vermeiden[752]. Inzwischen ist es gefestigte Rechtsprechung des Bundesverfassungsgerichts, dass durch die Grundrechte auch Maßstäbe für eine grundrechtseffektuierende Gestaltung des behördlichen und gerichtlichen Verfahrens gesetzt werden[753]. Dies folgt aus der objektiven Wertentscheidung des Grundgesetzes, die es dem Staat gebietet, dem Bürger einen Schutz vor Grundrechtsverletzungen zu geben[754]. Hierbei ermöglichen es Organisation und Verfahren, dass der Staat den veränderten und sich stetig weiter ändernden Bedingungen menschlicher Freiheit im modernen Staat gerecht wird. Insofern geht der prozedurale Grundrechtsschutz auch auf den Gedanken der Teilhabegerechtigkeit zurück[755]. Im Bereich des durch Art. 19 Abs. 4 GG in eigenständiger Weise garantierten richterlichen Rechtsschutzes sind die verfassungsrechtlichen Grundanforderungen an seine Organisation und an das Verfahren deutlich sichtbar. Dies ist für die Verwaltungsorganisation nicht in gleichem Maß der Fall[756]. Als Mittel des Grundrechtsschutzes durch Verfahren kommen z.B. Anhörungsrechte, Belehrungspflichten, Begründungserfordernisse, Akteneinsichtsrechte oder Geheimhaltungspflichten in Betracht, wobei diese Aufzählung weder ab-

---

S. 43 (87ff.); *Huber*, Grundrechtsschutz; zur Entwicklung des Grundrechtsschutzes durch Verfahren in Deutschland seit dem 19. Jahrhundert s. *Kahl*, in: VerwArch 95 (2004), S. 1 (4ff.); vgl. jedoch auch *Vesting*, Prozedurales Rundfunkrecht, S. 99ff., der unter dem für „Organisation und Verfahren" auch geläufigen Begriff der Prozeduralisierung nicht nur Organisation und Verfahren verstanden haben möchte, sondern ebenso materielle Elemente einbeziehen will.

752 *Bergner*, Grundrechtsschutz, S. 118; *Siegel*, Entscheidungsfindung, S. 74; s. hierzu auch *Hill*, Verfahren, S. 205.

753 *Papier*, in: Maunz/Dürig, Grundgesetz, Art. 14 Rn. 48, der aber gleichzeitig vor einer „unzulässigen Überinterpretation" der verfassungsrechtlichen Judikatur warnt, die zu weitreichende Konsequenzen von Verfahrensgestaltungen nach sich ziehen könnte.

754 BVerfGE 39, 1 (41); 46, 160 (164); 77, 170 (214f.); *Dederer*, Staatsgewalt, S. 440; s. auch *Ohler*, in: AöR 131 (2006), S. 336 (346) m.w.N. aus der Rechtsprechung des Bundesverfassungsgerichts; vgl. aber auch *Pietzcker*, in: FS Maurer, S. 695ff. zu den teilweise fehlenden rechtlichen Folgen von Verfahrensfehlern im Verwaltungsverfahren; hierzu auch *Kahl*, in: VerwArch 95 (2004), S. 1 (5ff.).

755 *K. Hesse*, Grundzüge des Verfassungsrechts, Rz. 360; s. auch *Grimm*, in: NVwZ 1985, S. 865 (867).

756 *Ohler*, in: AöR 131 (2006), S. 336 (346f.); *Schmidt-Aßmann*, in: Merten/Papier (Hrsg.), HGR II, § 45 Rn. 46ff.; vgl. hierzu auch *Denninger*, in: HStR V, 2. Aufl., § 113 Rn. 4, 9.

schließend ist, noch die einzelnen Elemente kumulativ vorliegen müssen[757]. Gleichzeitig ist nur schwer aus den Grundrechten zu ermitteln, welche konkreten Anforderungen an das jeweilige Verfahren gestellt werden müssen[758]. Entsprechend kommt dem Gesetzgeber eine Einschätzungsprärogative und somit ein weiter Gestaltungsspielraum zu, wobei der Grundrechtsschutz durch Organisation und Verfahren wirksam und angemessen sein muss[759]. Dabei ist insbesondere zu berücksichtigen, dass sich Art und Umfang des gebotenen Rechtsschutzes nach der Bedeutung der berührten Rechtsgüter, der Intensität der drohenden Beeinträchtigung und den Eigenheiten des jeweiligen Sachbereichs bestimmt. So erfordern komplexe Entscheidungen üblicherweise auch komplexere Verfahrensstrukturen als eher simpel gelagerte Entscheidungen[760].

Konkrete Beispiele für den Grundrechtsschutz durch Verfahren finden sich in der Rechtsprechung des Bundesverfassungsgerichts im Numerus-Clausus-Urteil vom 18. Juli 1972, in dem festgelegt wurde, dass die Verteilung der vorhandenen Studienplätze auf die Bewerber einem Verfahren folgen muss, das die Berufsfreiheit möglichst weitgehend schützt[761]. Auch im Fristenlösungsurteil vom 25. Februar 1975, in dem eine umfassende Schutzpflicht des Staates für das ungeborene Leben anerkannt wurde, wird darauf verwiesen, dass der Gesetzgeber ein Verfahren schaffen muss, um das ungeborene Leben zu schützen, u.a. mittels unabhängiger Beratung durch auch sozial geschulte Ansprechpartner, die zeitlich nicht unmittelbar vor dem Schwangerschaftsabbruch erfolgen darf[762]. Weitere Entwicklungen in der Rechtsprechung gab es durch Beschlüsse des Bundesverfassungsgerichts zu dem Atomkraftwerk in Kalkar vom 8. August 1978 – hier wurde postuliert, dass es der Gesetzgeber der Exekutive überlassen könne, ein Verfahren zur Ermittlung der Risiken beim Betrieb eines Atomkraftwerks auszugestalten[763] –, zur Grundstückszwangsversteigerung vom

757 *Dederer*, Staatsgewalt, S. 441; *Denninger*, in: HStR V, 2. Aufl., § 113 Rn. 32; *Siegel*, Entscheidungsfindung, S. 75; *Schmidt-Aßmann*, in: Merten/Papier (Hrsg.), HGR II, § 45 Rn. 15; vgl. auch *Pietzcker*, in: FS Maurer, S. 695 (695).

758 *Kaelble*, Verfahrensgerechtigkeit, S. 159, 180ff.; *Schmidt-Aßmann*, in: HStR V, § 109 Rn. 20ff.; *Siegel*, Entscheidungsfindung, S. 75f.

759 *Dederer*, Staatsgewalt, S. 441; *Ohler*, in: AöR 131 (2006), S. 336 (347); *Siegel*, Entscheidungsfindung, S. 76.

760 *Dederer*, Staatsgewalt, S. 441; *Siegel*, Entscheidungsfindung, S. 76; differenzierend *Bergner*, Grundrechtsschutz, S. 121ff.

761 BVerfGE 33, 303 (345ff.).

762 BVerfGE 39, 1 (61ff.); s. auch die neuere Rechtsprechung zum Schwangerschaftsabbruch, BVerfGE 88, 203 (254); hierzu auch *Britz*, in: Der Staat 42 (2003), S. 35 (41f.).

763 BVerfGE 49, 89 (138).

27. September 1978, in dem eine rechtsstaatliche Verfahrensgestaltung hinsichtlich des effektiven Rechtsschutzes bei einer Zwangsversteigerung angemahnt wurde[764] und zum Atomkraftwerk in Mülheim-Kärlich vom 20. Dezember 1979, in dem die Genehmigung des Atomkraftwerkes durch den Staat von der Wahrung von Schutzpflichten abhängig gemacht wurde, zu denen verfahrensrechtliche Voraussetzungen zum Schutz der Bevölkerung gehören[765]. Diese Entscheidungen bezogen sich in erster Linie auf das Verwaltungsverfahren – teilweise auch das Gerichtsverfahren – in Verbindung mit der Eigentumsgarantie, der Berufsfreiheit und dem Recht auf körperliche Unversehrtheit[766]. In der weiteren Rechtsprechung findet sich der prozedurale Grundrechtsschutz in Entscheidungen zur Notarbewerbung, bei der eine Auswahlentscheidung so ausgestaltet sein muss, dass sie den Anforderungen des Art. 12 Abs. 1 GG genügt. Insbesondere müsse durch „die Art der Bekanntgabe der offenen Stellen und die Terminierung von Bewerbungen und Stellenbesetzungen" gewährleistet werden, dass von allen potentiellen Bewerbern derjenige ausgewählt wird, der den gesetzten Anforderungen am besten entspricht[767]. In Bezug auf die Vergabe von Konzessionen für den ÖPNV nimmt das Bundesverwaltungsgericht einen Auskunfts- und Informationsanspruch von interessierten Unternehmen hinsichtlich des Ablaufs einer bestehenden Konzession an[768]. Darüber hinaus stellte das Bundesverfassungsgericht Anforderungen an das Verfahren bei der Beauftragung mit der Insolvenzverwaltung auf[769]. Auch in Bezug auf die Versammlungsfreiheit und das Verhalten der Polizei vor und während einer Demonstration wurde die dogmatische Figur des Grundrechtsschutzes durch Organisation und Verfahren angewendet[770]. Somit hat die Rechtsprechung, unterstützt durch weite Teile der Literatur, ein weites Feld für Grundrechtsschutz durch Verfahren eröffnet[771]. Gerade

764 BVerfGE 49, 220 (225ff.).

765 BVerfGE 53, 30 (57ff.).

766 Vgl. hierzu *Kaelble*, Verfahrensgerechtigkeit, S. 164; detaillierter zum Eigentumsschutz durch Verfahren *Papier*, in: Maunz/Dürig, Grundgesetz, Art. 14 Rn. 43ff.

767 BVerfGE 73, 280 (296); vgl. hierzu auch BVerfG (K) NJW 2002, 3090 (3091).

768 BVerwGE 118, 270 (274f.).

769 BVerfG (K) NJW 2004, 2725 (2727).

770 BVerfGE 69, 315 (355).

771 Vgl. zur älteren Rechtsprechung mit zahlreichen weiteren Nachweisen auch aus der Literatur *Denninger*, in: HStR V, 2. Aufl., § 113 Rn. 1f.; zur neueren Rechtsprechung vgl., ebenfalls mit zahlreichen Nachweisen, *Kaelble*, Verfahrensgerechtigkeit, S. 163ff. sowie *Schmidt-Aßmann*, in: Merten/Papier (Hrsg.), HGR II, § 45 Rn. 6; zu dieser Frage insgesamt auch *Müller-Franken*, in: Schmidt-Bleibtreu/Hofmann/Hopfauf, Grundgesetz, Vor Art. 1 Rn. 19.

auch im Bau- und Immissionsschutzrecht gibt es eine Reihe von Vorschriften, die den prozeduralen Grundrechtsschutz gewährleisten sollen, wie z.B. § 10 Abs. 2 S. 2 BImSchG, in dem normiert ist, dass Genehmigungsunterlagen vorgelegt werden müssen, die so ausführlich sind, dass ein Dritter die zu erwartenden Einschränkungen daraufhin beurteilen kann[772]. Darüber hinaus kommt Grundrechtsschutz durch Verfahren im Datenschutzrecht zur Anwendung, da in diesem Bereich die technische Entwicklung so schnell voranschreitet, dass ein wirksamer Schutz der Grundrechte ausschließlich über ein entsprechendes, auch flexibles Verfahren gewährleistet werden kann[773]. Auch die in § 32a StUG geregelte Information der von der Herausgabe von Stasi-Akten Betroffenen sowie die zweiwöchige Herausgabefrist dienen dem effektiven Grundrechtsschutz[774].

Im Übrigen ist jedoch umstritten, ob der Grundrechtsschutz durch Verfahren einen Minimalstandard gewährleisten soll, ob die Verfahrens- und Organisationsregelungen einen optimalen Schutz der Grundrechtsgüter herbeiführen sollen oder ob eine Abwägung im Einzelfall erforderlich ist[775]. In Richtung eines Optimierungsgebots im Sinne bestmöglichen Grundrechtsschutzes wird argumentiert, dass das Verfahren gerade der Sicherung der durch das entsprechende Grundrecht geschützten Rechtsgüter dienen und entsprechend dem Grundrecht zur Durchsetzung verhelfen solle[776]. Der Gesetzgeber habe seine Schutzpflicht, die als Rechtsprinzip angesehen werde könne, erst erfüllt, wenn er Verfahrens- und Organisationsregeln erlassen habe, die zu einem optimalen Schutz der Grundrechtsgüter führten[777]. Die Gegenansicht verweist auf die Gewaltenteilung, da die Austarierung von Rechtsschutzauftrag und Verfahrensziel im Ergebnis eine Abwägung zwischen Individual- und Gemeinwohlinteressen sei und

772 Vgl. hierzu *Schlotterbeck*, in: NJW 1991, S. 2669 (2675); zu weiteren Verfahrensregelungen im Baurecht s. auch *Battis*, in: Battis/Krautzberger/Löhr (Hrsg.), Baugesetzbuch, § 3 Rn. 4.

773 Vgl. hierzu *Polenz*, in: Kilian/Heussen (Hrsg.), Computerrechts-Handbuch, Kap. 134 Rn. 1f.

774 Hierzu *Derksen*, in: NVwZ 2004, S. 551 (553).

775 Vgl. hierzu *Denninger*, in: HStR V, 2. Aufl., § 113 Rn. 21ff.; *Kaelble*, Verfahrensgerechtigkeit, S. 178f.; *Ohler*, in: AöR 131 (2006), S. 336 (347); *Schmidt-Aßmann*, in: Merten/Papier (Hrsg.), HGR II, § 45 Rn. 30f.

776 BVerfGE 53, 30 (75), Sondervotum der Richter *Simon* und *Heußner*; vgl. in dieser Richtung auch *Blümel*, in: ders. (Hrsg.), Bürgerbeteiligung, S. 23 (33ff.).

777 Vgl. *Denninger*, in: HStR V, 2. Aufl., § 113 Rn. 21 mit Verweis auf *Alexy*, Grundrechte, S. 75f. und S. 122ff.

als solche dem Gesetzgeber überlassen werden müsse[778]. Entsprechend der Arbeitsteilung zwischen Parlament, Verwaltung und Gerichten müsse es dem Gesetzgeber vorbehalten bleiben, zu entscheiden, wie er die Verwirklichung der Grundrechte im Verwaltungsverfahren ausgestaltet[779]. Insbesondere sei es nicht Aufgabe der Gerichte bzw. des Bundesverfassungsgerichts, die gesetzgeberische Wertung zu ersetzen, da dem die legislative Gestaltungsfreiheit entgegenstünde[780]. Bei einem prozeduralen Mindeststandard sei auf der einen Seite ein hinreichender Rechtsschutz durch Verfahren möglich, auf der anderen Seite bleibe jedoch ein weitgehender Spielraum des Gesetzgebers erhalten[781].

In der Tat kann es beim Grundrechtsschutz durch Verfahren nicht darum gehen, ein möglichst optimal ausgestaltetes Verfahren zu haben, da es auch der Einschätzungsprärogative des Gesetzgebers überlassen bleiben muss, wie aufwändig das Verfahren am Ende sein soll. Ein Optimierungsgebot birgt einerseits die Gefahr, dass Verwaltungsverfahren zu aufwendig und damit zu zeit- und ressourcenintensiv werden, andererseits bliebe es im Ergebnis den Gerichten überlassen, zu beurteilen, ob das optimale Verfahren gefunden wurde. Allerdings muss die Legislative im Einzelfall der Gesetzgebung hinsichtlich des Verwaltungsverfahrens das höherrangige (Verfassungs-)Recht berücksichtigen und entsprechend in seine Entscheidung einfließen lassen. Eine Pflicht zur Optimierung des Verfahrens durch den Gesetzgeber besteht jedoch nicht. Es ist seine Aufgabe, durch Abwägung der Rechtspositionen im Einzelfall die betroffenen Grundrechte hinreichend zu schützen. Dabei darf die Gestaltungsfreiheit des Gesetzgebers nicht durch die Pflicht zur Optimierung zu stark eingeschränkt werden. Allerdings muss der Gesetzgeber ein Minimum an Verfahrensgestaltung gewährleisten, da anderenfalls der intendierte Grundrechtsschutz durch Verfahren ins Leere laufen würde[782].

---

778 *Kaelble*, Verfahrensgerechtigkeit, S. 178; s. auch *Pietzcker*, in: VVDStRL 41 (1983), S. 193 (209f.).

779 *Pietzcker*, in: VVDStRL 41 (1983), S. 193 (209); ähnlich auch *Ossenbühl*, in: DÖV 1981, S. 1 (9).

780 *Kaelble*, Verfahrensgerechtigkeit, S. 178; vgl. auch *Battis*, in: DÖV 1981, S. 433 (438); *Ossenbühl*, in: DÖV 1981, S. 1 (9); *Hufen*, in: NJW 1982, S. 2160 (2163) stellt zudem noch Kriterien auf, die im Verwaltungsverfahren als Mindeststandard dienen sollten.

781 *Kaelble*, Verfahrensgerechtigkeit, S. 178.

782 Ähnlich wie hier auch *Denninger*, in: HStR V, 2. Aufl., § 113 Rn. 26; *Goerlich*, in: NJW 1981, S. 2616 (2616); *Grimm*, in: NVwZ 1985, S. 865 (867f.); *Hufen*, in: NJW 1982, S. 2160 (2162f.); *Kaelble*, Verfahrensgerechtigkeit, S. 179; *Schmidt-Aßmann*, in: Merten/Papier (Hrsg.), HGR II, § 45 Rn. 30f.

2. Grundrechtsschutz durch qualifiziertes Gesetzgebungsverfahren im Spannungsfeld zum Demokratieprinzip

Die hier rekapitulierte rechtsdogmatische Figur des Grundrechtsschutzes durch Verfahren bezieht sich auf das gerichtliche, v.a. jedoch auf das Verwaltungsverfahren. Versucht man, die Konstruktion auf das Gesetzgebungsverfahren zu übertragen, wie es das Bundesverfassungsgericht in seiner Rundfunkgebührenentscheidung getan hat, ergeben sich spezifische neue Fragen und Probleme. Der Erste Senat des Bundesverfassungsgerichts rechtfertigt seine Konstruktion mit Hilfe des Grundrechts der Rundfunkfreiheit. Dies gilt es im Folgenden kritisch zu untersuchen. Hierfür werden zunächst die Stellung des Parlaments in der Demokratie (a), Parlamentsvorbehalt und Wesentlichkeitstheorie (b) und die Stellung der Abgeordneten nach Art. 38 GG analysiert (c). Zudem findet das grundsätzliche Problem der Entparlamentarisierung Berücksichtigung (d). Darüber bietet es sich an, Vergleiche mit ähnlichen Konstellationen zu ziehen (e) sowie das Hartz-IV-Urteil des Bundesverfassungsgerichts vom 9. Februar 2010 zu untersuchen (f).

a) Stellung des Parlaments in der repräsentativen Demokratie

Die vorrangigen Aufgaben des Parlaments in der repräsentativen Demokratie des Grundgesetzes sind die entscheidende Mitwirkung an der Gesetzgebung, die Überwachung der Exekutive, die demokratische Legitimierung weiterer Organe, sowie die Herstellung und Wahrung der Öffentlichkeit staatlicher Willensbildungs- und Entscheidungsprozesse[783]. Dem Parlament kommt damit die zentrale Rolle in der Demokratie des Grundgesetzes zu[784], wobei es keinen Unterschied macht, ob es sich um den Bundestag oder um die Landesparlamente handelt. Neben seinen Aufgaben folgt die besondere Bedeutung des Parlaments in erster Linie daraus, dass die Parlamentswahl auf Bundesebene – abgesehen von der unbedeutenden Regelung des Art. 29 GG, der einen Volksentscheid für Gebietsreformen vorsieht – die einzige Möglichkeit des Volkes ist, seiner Aufgabe der demokratischen Legitimierung der Staatsgewalt nachzukommen. Auf Landes-

---

783 *P. Kirchhof*, in: FS Badura, S. 237 (242); *Robbers*, in: BK, Art. 20 Abs. 1 Rn. 803; *J. Schmidt*, Legitimationsfunktion, S. 28ff.

784 Nicht von ungefähr wird das Parlament von *Morlok/Hientzsch*, in: JuS 2011, S. 1ff. als „Zentralorgan der Demokratie" bezeichnet; zur Dominanz des Gesetzgebers auch *Dreier*, Hierarchische Verwaltung, S. 160ff.; zum Parlamentsgesetz als zentralem Steuerungsmedium in der Demokratie *Schulze-Fielitz*, Gesetzgebung, S. 152f.

ebene gibt es vermehrt Elemente direkter Demokratie, die jedoch die Rolle des Parlaments nicht erheblich zu schmälern vermögen. Zudem wird jegliche demokratische Legitimation durch das Parlament vermittelt, da es als einziges unmittelbar vom Volk gewähltes Gremium entweder Ausgang oder Ziel aller weiteren Legitimations- und Autorisationsakte darstellt und insofern das „einzig *notwendige* Legitimationsmittlungsorgan [ist]“[785]. Letztlich wird in der parlamentarischen Demokratie das Parlament zum eigentlichen Legitimationssubjekt hinsichtlich der materiell-demokratischen Legitimation, wobei dies nicht in dem Sinne zu verstehen ist, dass das Parlament das Volk ersetzt. Das Volk bleibt der Souverän, so dass das Parlament seine Handlungen vor ihm zu verantworten hat und das Volk den Grund aller staatlichen und öffentlichen Amtsmacht darstellt[786]. Insofern ist das Parlament dasjenige unter den Staatsorganen, das am engsten mit dem Demokratieprinzip verbunden ist: Es ist das einzige unmittelbar durch das Volk gewählte Entscheidungsgremium, und es ist das Organ, das das Volk zu vertreten hat, die „volksgewählte Volksvertretung“[787]. Das Parlament unterliegt jedoch – ausgenommen sind die in der Verfassung konstituierten materiellen Bindungen – keinerlei sachlich-inhaltlichen Vorgaben, da die rechtlich verbindlichen Einwirkungen des Volkes lediglich mittelbar über den Wahlakt erfolgen können und lediglich die personelle Zusammensetzung betreffen. Darüber hinaus bestehen weitere, allerdings unverbindliche Rückkoppelungsprozesse an das Volk im Rahmen von demokratischer Öffentlichkeit, freier Kommuni-

---

785 *Jestaedt*, Demokratieprinzip, S. 306 (Hervorhebung im Original vorhanden); vgl. auch *Badura*, in: HStR II, § 25 Rn. 3ff.; *F. Becker*, Normsetzung, S. 369; *Dederer*, Staatsgewalt, S. 207f.; s. hierzu auch *Burmeister*, Herkunft, S. 76ff.; *Di Fabio*, in: FS Badura, S. 77 (81f.); *H. H. Klein*, in: Maunz/Dürig, Grundgesetz, Art. 38 Rn. 42; *Sachs*, in: Sachs, GG, Art. 20 Rn. 38; *Seiler*, Parlamentsvorbehalt, S. 83ff.; *Unger*, Demokratie, S. 70; vgl. auch *Robbers*, in: BK, Art. 20 Abs. 1 Rn. 608ff., der zugleich postuliert, dass das Volk in den Wahlen selbst zum Staatsorgan wird, quasi als „Organ seiner selbst“, Rn. 609; so auch *Schreiber*, in: Berliner Kommentar, Art. 38 Rn. 13.

786 *Di Fabio*, in: FS Badura, S. 77 (81); vgl. hierzu auch *Badura*, in: HStR II, § 25 Rn. 30; *J. Schmidt*, Legitimationsfunktion, S. 30.

787 *Meyer*, in: H.-P. Schneider/Zeh (Hrsg.), Parlamentsrecht, § 4 Rn. 8f.; vgl. jedoch zum Einfluss des Volkes auf die Ausübung der Staatsgewalt durch das Parlament und zur Pflicht der Abgeordneten, den Volkswillen zu berücksichtigen, *Janssen*, in: DÖV 2010, S. 949 (956f.), der jedoch davon ausgeht, dass es keine wirkliche Pflicht, sondern vielmehr eine rechtliche Erwartung und einen ethischen Appell dazu gibt und entsprechend keine wirkliche inhaltliche Repräsentation des Volkswillens durch das Parlament gegeben sei.

kation und Kritik[788]. Durch die herausgehobene Stellung „rückt die parlamentarische Volksvertretung in den Mittelpunkt des verfassungsrechtlichen Institutionensystems“[789], wird zur „Mitte der Demokratie“[790], zum „Gravitationszentrum des demokratischen Verfassungsstaates“[791], zum „Zentralorgan staatlicher Willensbildung“[792]. Noch pointierter formuliert *Hans Meyer*: „Der ganze staatliche Apparat hängt also, was die demokratische Legitimation angeht, sozusagen an der Nabelschnur der Parlamentswahl“[793]. Dies zeigt sich auch daran, dass nur das Parlament die Möglichkeit besitzt, selbständig sachlich-inhaltliche Vorgaben zu machen, während die Regierung gemäß Art. 20 Abs. 3 GG an die Parlamentsgesetze gebunden ist. Während Exekutive und Legislative Gesetze anwenden, ist der Gesetzgeber dazu berufen, neue Regelungen zu erlassen. Hierin ist nicht ein bloßer Verfassungsvollzug zu sehen, sondern die Erzeugung neuen Rechts innerhalb der (recht weiten) Grenzen, die das Grundgesetz dem Gesetzgeber setzt[794]. Auch Rechtsverordnungen, die die Regierung erlassen kann, sind nach Art. 80 Abs. 1 GG vom Parlament abgeleitetes Recht. Das Parlament ist also auch im Hinblick auf die Umsetzung des Volkswillens durch inhaltliche Vorgaben die zentrale Instanz in der Ordnung des Grundgesetzes[795]. Entsprechende Vorsicht ist geboten, wenn Instrumente aus dem Verwaltungsverfahren auf das Gesetzgebungsverfahren übertragen werden[796].

Aus dem Gesagten ergibt sich, dass sich das Volk einzig über Wahlen rechtlich bindend artikulieren kann. Das Legitimationssubjekt, das Volk, ist somit darauf beschränkt, seine Gewalt ausschließlich bei Wahlen ausüben zu können,

---

788 *Jestaedt*, Demokratieprinzip, S. 272; *Köller*, Funktionale Selbstverwaltung, S. 143; s. hierzu auch *Dreier*, in: Dreier, Grundgesetz, Art. 20 (Demokratie) Rn. 119; *Emde*, Demokratische Legitimation, S. 44f.; *Grzeszick*, in: Maunz/Dürig, Grundgesetz, Art. 20 II Rn. 134; *Volkmann*, in: Berliner Kommentar, Art. 20 4. Teil: Demokratieprinzip Rn. 42.

789 *Di Fabio*, in: FS Badura, S. 77 (81).

790 *P. Kirchhof*, in: FS Badura, S. 237 (237).

791 *Dreier*, in: Dreier, Grundgesetz, Art. 20 (Demokratie) Rn. 98.

792 *Unger*, Demokratie, S. 70.

793 *Meyer*, Wahlsystem, S. 201.

794 *Waldhoff*, in: FS Isensee, S. 325 (332f.) mit zahlreichen Nachweisen; *Isensee*, in: FS Winkler, S. 367 (371f.); ähnlich *Schwarz/Bravidor*, in: JZ 2011, S. 653 (657).

795 *Köller*, Funktionale Selbstverwaltung, S. 143ff.; so auch *F. Becker*, Normsetzung, S. 369; *Schulze-Fielitz*, Gesetzgebung, S. 207f.; ähnlich *Bauer*, in: Dreier, Grundgesetz, Art. 80 Rn. 12f.

796 So auch *Waldhoff*, in: FS Isensee, S. 325 (330); *Groß*, in: DÖV 2006, S. 856 (860f.); *Schwarz/Bravidor*, in: JZ 2011, S. 653 (657).

obwohl gemäß Art. 20 Abs. 2 S. 1 GG alle Staatsgewalt vom Volk ausgeht. Durch die im Grundgesetz nicht verwirklichte direkte Demokratie ist somit ausschließlich auf die erste Alternative von Art. 20 Abs. 2 S. 2 GG verwiesen, nach der die Staatsgewalt vom Volk durch Wahlen ausgeübt wird. Alle übrige Staatsgewalt ist auf die „besonderen Organe" verlagert bzw. wird diesen durch Wahlen vermittelt. Es darf demnach keine Staatsgewalt geben, die sich nicht auf das Volk zurückführen lässt. Daraus folgt – als Kehrseite der eingeschränkten aktiven Ausübung von Staatsgewalt durch das Volk – die Festlegung der grundgesetzlichen Demokratie als eine mittelbare, parlamentarische Demokratie. Das Parlament ist das einzige unmittelbar demokratisch legitimierte Staatsorgan – demokratische Legitimierung kann folglich ausschließlich durch parlamentarische Mediatisierung des Legitimationssubjektes erfolgen, das Volk wird durch das Parlament repräsentiert bzw. „dupliziert"[797]. Alle weiteren Funktionsorgane und Funktionswalter erhalten ihre demokratische Legitimierung ausschließlich durch das Parlament, das an Stelle des Volkes tätig wird. Durch die grundgesetzlichen Regelungen herrscht folglich sowohl im Hinblick auf das Volk als Legitimationssubjekt als auch im Hinblick auf das Parlament als erstem und notwendigem Legitimationsmittler ein „Legitimationsmonismus"[798]. Nur über das parlamentarische „Scharnier" kann es zudem gelingen, dass das Volk Einfluss auf die Staatsgewalt bekommt – allein das Parlament lässt Politik, Recht und Gesellschaft zueinander finden[799]. Entsprechendes gilt für die Rechtsetzung: eine Norm ist dann demokratisch legitimiert, wenn sie die freie Entscheidung eines aus freien Wahlen hervorgegangenen Parlaments darstellt[800].

Der bedeutsamen Rolle des Parlaments wird vereinzelt entgegengehalten, dass es zwar im Mittelpunkt des Verfassungssystems stünde, den anderen Verfassungsorganen jedoch nicht übergeordnet sei. Dies folge daraus, dass das Parlament in das Gewaltenteilungsschema des Grundgesetzes eingeordnet sei und zudem kein alleiniges Recht zur Verfassungsänderung habe, da ein solches Recht durch die unverletzlichen Verfassungsprinzipien und die Zustimmung des Bundesrates beschränkt sei. Die Souveränität liege somit einzig beim Volk als dem Träger der Staatsgewalt. Ihre Ausübung sei auf die in Art. 20 Abs. 2 GG

---

797 So *Leibholz*, Wesen der Repräsentation, S. 28.

798 Vgl. hierzu *Dederer*, Staatsgewalt, S. 207f.; *Jestaedt*, Demokratieprinzip, S. 306f.; s. auch *Grzeszick*, in: Maunz/Dürig, Grundgesetz, Art. 20 II Rn. 109f., 134f.; *Meyer*, Wahlsystem, S. 195; *Unger*, Demokratie, S. 70.

799 *Unger*, Demokratie, S. 32f.; s. auch *P. Kirchhof*, in: NJW 2001, S. 1332 (1332).

800 *K. Hesse*, Grundzüge des Verfassungsrechts, Rz. 504; *Konrad*, in: DÖV 1971, S. 80 (81); *Schwerin*, Geschäftsordnungsgeber, S. 219.

genannten Verfassungsorgane verteilt[801]. Das System des Grundgesetzes gehe nicht von einem „Parlamentsprimat" aus, sondern enthalte ein komplexes System von Gewalten, die sich gegenseitig beeinflussten und miteinander kooperierten[802]. Die Gewaltenteilung verlange ein Gleichgewicht der politischen Kräfte und darüber hinaus eine Mäßigung aller Machtstellungen, was einer herausgehobenen Stellung des Parlaments widersprechen und insofern mit dem parlamentarischen Regierungssystem in einem Spannungsverhältnis stehen würde. Zudem komme im Grundgesetz zum Ausdruck, dass ein „Missbrauch der Macht" verhindert werden solle – dies folge aus der freiheitlich-demokratischen Grundordnung der Bundesrepublik Deutschland. So sei „[a]uch eine Machtballung im Parlament [...] mißbräuchlicher Handhabung gegenüber anfällig."[803] Das Parlament habe folglich keine „absolute Stellung", da das Grundgesetz nicht ausschließlich am parlamentarischen System ausgerichtet sei. Vielmehr werde die parlamentarische Verwaltungskontrolle durch andere Prinzipien überlagert und begrenzt[804]. Solche Prinzipien sieht *Fichtmüller* in der Selbstverwaltung, der Unabhängigkeit der Verwaltung und der Neutralisierung einzelner politischer Aufgaben[805] – aus Letzterem wird gar ein „grundgesetzliche[s] Prinzip der Selbstbeschränkung" für das Parlament konstruiert[806]. Aus dem Grundgesetz bzw. aus dem Demokratieprinzip lasse sich somit auch kein Gewaltenmonismus ableiten, der einen umfassenden Parlamentsvorbehalt nach sich ziehen würde[807].

Allerdings darf man nicht den Fehler begehen, „Parlamentsprimat", eine Vorrangstellung des Parlaments, gleichzusetzen mit Gewaltenmonismus. Der Gewaltenmonismus wird zu Recht abgelehnt, da ein solcher nur schwer mit dem Grundgesetz zu vereinbaren wäre. Somit ergibt sich für das Parlament weder

---

801 Insbesondere *Fichtmüller*, in: AöR 91 (1966), S. 297 (332f.); vgl. auch *Axer*, Normsetzung, S. 353ff.; *Badura*, in: HStR II, § 25 Rn. 6; *Robbers*, in: BK, Art. 20 Abs. 1 Rn. 812.

802 *Oebbecke*, Räume, S. 123; in dieser Richtung auch *Magiera*, in: Sachs, GG, Art. 38 Rn. 1.

803 *Fichtmüller*, in: AöR 91 (1966), S. 297 (333).

804 *Fichtmüller*, in: AöR 91 (1966), S. 297 (334).

805 Ausführlich zu diesen „Prinzipien" *Fichtmüller*, in: AöR 91 (1966), S. 297 (333ff.).

806 *Fichtmüller*, in: AöR 91 (1966), S. 297 (348); vgl. zum Gesamtkomplex der Frage des bezweifelten Parlamentsprimats auch *Jestaedt*, Demokratieprinzip, S. 307f.

807 BVerfGE 49, 89 (125); *H. H. Klein*, in: Maunz/Dürig, Grundgesetz, Art. 38 Rn. 39; *Robbers*, in: BK, Art. 20 Abs. 1 Rn. 812.

eine allumfassende Kontrolle der Verwaltung[808] noch ein allumfassender Parlamentsvorbehalt. Die vom Grundgesetz geschaffene gewaltengeteilte Ordnung mit ihren den unterschiedlichen Gewalten zugewiesenen Eigenbereichen muss folglich berücksichtigt werden[809]. Dies widerspricht jedoch nicht der Annahme, dass dem Parlament eine Vorrangstellung innerhalb dieser Ordnung zukommt, da das Grundgesetz die Gewaltenteilung als eine Funktionengliederung formt, bei der Demokratie und Gewaltenteilung aufeinander bezogen sind. Gewaltenteilung ist nicht gleichbedeutend mit einer Gewaltentrennung, bei der jede Gewalt einen gleich großen Anteil an der Staatsgewalt bekommt. Folglich ist auch unter Berücksichtigung der Gewaltenteilung eine Vormachtstellung eines Organs möglich. Eine Einschränkung von Machtballungen, die zu Machtmissbrauch führen könnten, ist dabei sicherlich einer der Effekte, die die Gewaltenteilung intendiert, ohne dass dies ein selbständiges Gebot wäre. Vielmehr ist die Rolle des Parlaments gerade dadurch geprägt, dass es als Vertretung des Volkes zum Ausgleich widerstreitender Interessen geeignet und bestimmt ist. Demnach kann beim Parlament aufgrund seiner relativen Transparenz in den Entscheidungsprozessen – sowie aufgrund der Beteiligung der ebenfalls demokratisch legitimierten Opposition und der damit verbundenen demokratischen Mehrheitsentscheidung[810] – davon ausgegangen werden, dass es eine Richtigkeitsgewähr bietet[811]. Das Parlament ist folglich prädestiniert dafür, insbesondere im Bereich der Grundrechtsausübung, also bei der Bestimmung des Freiheitsbereiches des

808 S. umfassend zur parlamentarischen Kontrolle *J. Schmidt*, Legitimationsfunktion, S. 63ff.; vgl. zur Funktion der Regierungskontrolle auch *H. H. Klein*, in: HStR III, § 50 Rn. 33ff.

809 Vgl. *F. Becker*, Normsetzung, S. 368f.; *Robbers*, in: BK, Art. 20 Abs. 1 Rn. 813; *Sachs*, in: Sachs, GG, Art. 20 Rn. 38.

810 So *Staupe*, Parlamentsvorbehalt, S. 237; vgl. auch zur fairen Beteiligung aller im Parlament vertretenen Kräfte als Voraussetzung für ein verfassungskonformes Gesetzgebungsverfahren *Schwerin*, Geschäftsordnungsgeber, S. 222ff.; *E. Klein*, Gesetzgebung ohne Parlament, S. 23.

811 Vgl. BVerfGE 68, 1 (109); vgl. auch in ähnlicher Richtung argumentierend *K. Hesse*, Grundzüge des Verfassungsrechts, Rz. 504; *Linke*, in: DÖV 2009, S. 434 (440f.); *Reimer*, in: Hoffmann-Riem/Schmidt-Aßmann/Voßkuhle (Hrsg.), GVwR, Bd. 1, § 9 Rn. 4ff.; *Unger*, Demokratie, S. 268; vgl. auch *Gärditz*, in: Der Staat 49 (2010), S. 331 (343), der darauf hinweist, dass die Demokratie „nicht auf eine – wie auch immer zu bestimmende – materielle Richtigkeit, sondern auf formale Richtigkeit [zielt], die sich allein aus dem Verfahren zur Legitimation politischer Herrschaft ergibt“.

Einzelnen, die wesentlichen Entscheidungen zu treffen[812]. Dabei sind jedoch vom Parlament – wie auch von Judikative und Exekutive – die vom Grundgesetz vorgegebene föderale Ordnung, die Funktionengliederung sowie die Kompetenzordnung zu beachten und zu wahren[813]. Anders als Exekutive und Judikative kommt der Legislative, selbstverständlich unter Wahrung der Kompetenzvorschriften des Grundgesetzes, eine grundsätzliche Allzuständigkeit zu, das Parlament darf also jede beliebige Frage gesetzlich regeln. Zugleich folgt aus Art. 20 Abs. 3 GG der Vorrang des Gesetzes, so dass Verwaltung und Gerichte an die vom Parlament verabschiedeten Gesetze gebunden sind[814].

Im Ergebnis lässt sich festhalten, dass dem Parlament aufgrund der unmittelbaren Volkswahl, die dazu führt, dass es der einzige *notwendige* Legitimationsmittler ist, im Vergleich mit den übrigen Staatsorganen eine herausgehobene Sonderstellung zukommt. Für die Ausübung von Staatsgewalt gibt es somit nur zwei Fixpunkte, die unverzichtbar sind: das Volk als einziges Legitimationssubjekt sowie das Parlament als einziges unentbehrliches Bindeglied zwischen Volk und den übrigen Staatsorganen. Entsprechend kann es auch in Bereichen, in denen demokratische Legitimation notwendig ist, keine vollständig parlamentsfreien Räume geben, da ohne das Parlament demokratische Legitimation unmöglich ist.

---

812 BVerfGE 49, 89 (126); so auch *F. Becker*, Normsetzung, S. 379, der die spezifische Leistung des Gesetzgebungsverfahrens darin sieht, dass es „Deliberation, Publizität und Interessenausgleich gewährleistet"; *Hofmann*, Legitimität, S. 79 sieht sogar vier Gründe für die Vermutung „historisch-konkreter allgemeiner Konsensfähigkeit" der Entscheidungen des Gesetzgebers: „wegen der demokratischen Legitimation durch Volkswahlen und der prinzipiellen demokratischen Offenheit des Gesetzgebungsverfahrens; wegen der ein größeres Maß an Durchsichtigkeit und außerdem Gleichbehandlung verbürgenden höheren Abstraktheit des (allgemeinen) Gesetzes; und schließlich wegen der legislativen Reproduktion der Rechtseinheit der Verfassungsgemeinschaft" (im Originaltext angegebene Nachweise bzw. Verweisungen ausgelassen).

813 Vgl. zum Vorstehenden insgesamt ausführlicher *Jestaedt*, Demokratieprinzip, S. 308ff.; in dieser Richtung auch *H. H. Klein*, in: HStR III, § 50 Rn. 12, der im Parlament den wichtigsten institutionellen Ausdruck des Demokratieprinzips sieht.

814 *Herzog*, in: Maunz/Dürig, Grundgesetz, Art. 20 II Rn. 84 i.d.F. bis zur 57. EL; *Ossenbühl*, in: HStR V, § 101 Rn. 1ff.

b) Vorbehalt des Gesetzes

aa) Wesentlichkeitstheorie und Parlamentsvorbehalt

Das Primat des Parlaments spiegelt sich auch im Vorbehalt des Gesetzes, genauer: in den Institutionen des Parlamentsvorbehalts[815] und der Wesentlichkeitstheorie wider. Der Vorbehalt des Gesetzes folgt u.a. aus dem Demokratieprinzip[816] und grenzt bestimmte Sachbereiche ab, die aufgrund der demokratisch-rechtsstaatlichen Ordnung der Regelung durch den Gesetzgeber bedürfen[817]. Es geht im Kern um eine Kompetenzabgrenzung zwischen Legislative und Exekutive[818], letztlich auch um eine Abgrenzung zu den rechtsfortbildenden Gerichten[819]. Zu den vom Parlament zu regelnden Sachbereichen zählen die wesentlichen Entscheidungen in grundlegenden normativen Bereichen, insbesondere im Bereich der Grundrechtsausübung[820]: „Das Grundgesetz fordert vom Parlament, daß es die Freiheitsgrundrechte durch Parlamentsgesetze selbst ausprägt, die in-

815 Vgl. zu den sprachlichen Abgrenzungen zwischen Gesetzes- und Parlamentsvorbehalt, aber auch zwischen Vorbehalt des Gesetzes und Gesetzesvorbehalt *Lerche*, in: Merten/Papier (Hrsg.), HGR III, § 62 Rn. 9f.

816 BVerfGE 33, 125 (158); 86, 90 (106); 108, 282 (311); 116, 24 (58); *Herzog*, in: Maunz/Dürig, Grundgesetz, Art. 20 II Rn. 85f. i.d.F. bis zur 57. EL; *Möllers*, in: NVwZ 1997, S. 858 (859); *Pieroth*, in: JuS 2010, S. 473 (474); *Robbers*, in: BK, Art. 20 Abs. 1 Rn. 702; ausführlich zum Vorbehalt des Gesetzes auch *Grzeszick*, in: Maunz/Dürig, Grundgesetz, Art. 20 VI Rn. 75ff., auch kritisch zu der Frage der Begründung des Gesetzesvorbehalts aus dem Demokratieprinzip – in Betracht kommen demnach auch Herleitungen aus den Grundrechten, dem Prinzip der Rechtsstaatlichkeit oder differenzierte Ansätze – Rn. 97ff.; s. hierzu auch *Axer*, Normsetzung, S. 353; *Gersdorf*, Staatsfreiheit, S. 133ff.; *Seiler*, Parlamentsvorbehalt, S. 73ff.; *Stern*, Staatsrecht, Bd. 1, S. 811; *Schulze-Fielitz*, in: Dreier, Grundgesetz, Art. 20 (Rechtsstaat) Rn. 105 sieht diesen Grundsatz als „zentrales Element des Rechtsstaatsprinzips", gleichzeitig soll er aber auch Teil des Demokratieprinzips sein.

817 BVerfGE 47, 46 (82); *Robbers*, in: BK, Art. 20 Abs. 1 Rn. 702.

818 *Ossenbühl*, in: HStR V, § 101 Rn. 11; hierbei darf jedoch nicht unberücksichtigt bleiben, dass der Exekutive auch eigenständige Befugnisse von großem Gewicht zukommen wie z.B. die Bestimmung der Richtlinien der Politik aus Art. 65 S. 1 GG, der Antrag auf Auflösung des Bundestages nach einer verlorenen Vertrauensfrage, Art. 68 GG oder die Erklärung des Gesetzgebungsnotstandes nach Art. 81 GG, s. hierzu *Sachs*, in: Sachs, GG, Art. 20 Rn. 88.

819 *Morgenthaler*, Freiheit, S. 259; ähnlich *Lerche*, in: Merten/Papier (Hrsg.), HGR III, § 62 Rn. 69f.

820 BVerfGE 49, 89 (126f.); *Robbers*, in: BK, Art. 20 Abs. 1 Rn. 702 mit zahlreichen weiteren Nachweisen aus der Rechtsprechung; *Schnapp*, in: v. Münch/Kunig, § 20 Rn. 56.

sofern hinreichend bestimmt sind, daß sie zumindest die Eckpunkte des Ausgestaltungsmodells angeben.“[821] Aus dem Vorbehalt des Gesetzes folgt eine Aktivitätssperre für die Exekutive, weil sie für ihr Handeln einer Ermächtigung durch den Gesetzgeber bedarf – für den Gesetzgeber hingegen bedeutet der Vorbehalt des Gesetzes ein Initiativmonopol[822]. Im Gegenzug bestehen jedoch auch Pflichten des Gesetzgebers hinsichtlich der erforderlichen Regelungsdichte eines Gesetzes, da der Gesetzgeber bestimmte Fragen nicht der Verwaltung überlassen darf, sondern diese selbst durch Gesetz entscheiden muss[823]. Dem Parlament kommt eine Legitimations- und Steuerungsverantwortung zu[824]. Der Gesetzesvorbehalt gilt nicht nur für den Bund bzw. den Bundestag, sondern auch im Bereich der Länder. Dabei ist strittig, ob dies unmittelbar aus einer Bindung der Länder durch Art. 20 Abs. 3 GG, oder aus der mittelbaren Bindung über Art. 28 Abs. 1 S. 1 GG folgt. Unstrittig ist jedoch im Ergebnis, dass die Länder an die in Art. 20 Abs. 3 GG enthaltenen Grundsätze gebunden sind[825].

War der Gesetzesvorbehalt in früheren Zeiten an „Eingriffe in Eigentum und Freiheit“ geknüpft[826], gilt inzwischen die vom Bundesverfassungsgericht entwickelte und in die ständige Rechtsprechung überführte sog. Wesentlichkeitstheorie[827]:

---

821 *Morgenthaler*, Freiheit, S. 259.

822 *Herzog*, in: Maunz/Dürig, Grundgesetz, Art. 20 II Rn. 85 i.d.F. bis zur 57. EL.

823 *Grzeszick*, in: Maunz/Dürig, Grundgesetz, Art. 20 VI Rn. 75; vgl. hierzu auch *Axer*, Normsetzung, S. 324.

824 *Dederer*, Staatsgewalt, S. 217; ähnlich *Bauer*, in: Dreier, Grundgesetz, Art. 80 Rn. 11, der dies jedoch unter „Funktionssicherungs- und Begrenzungsfunktion“ fasst.

825 Vgl. hierzu *Grzeszick*, in: Maunz/Dürig, Grundgesetz, Art. 20 VI Rn. 150ff.

826 Ausführlich hierzu und zum Wandel von Freiheit und Eigentum zur heutigen Wesentlichkeitstheorie *Seiler*, Parlamentsvorbehalt, S. 51ff.; s. auch *Herzog*, in: Maunz/Dürig, Grundgesetz, Art. 20 II Rn. 87 i.d.F. bis zur 57. EL; *E. Klein*, Gesetzgebung ohne Parlament?, S. 22f.; *Lerche*, in: Merten/Papier (Hrsg.), HGR III, § 62 Rn. 24ff.; *Robbers*, in: BK, Art. 20 Abs. 1 Rn. 703; *Schulze-Fielitz*, in: Dreier, Grundgesetz, Art. 20 (Rechtsstaat) Rn. 107f.

827 BVerfGE 33, 125 (158f.); 47, 46 (78f.); 49, 89 (126); 61, 260 (275); 108, 282 (312); *Robbers*, in: BK, Art. 20 Abs. 1 Rn. 704; *Schulze-Fielitz*, in: Dreier, Grundgesetz, Art. 20 (Rechtsstaat) Rn. 113 mit zahlreichen weiteren Nachweisen aus Rechtsprechung und Literatur; kritisch in Bezug auf die Wesentlichkeitstheorie *Kloepfer*, in: JZ 1984, S. 685 (689f.); *Ossenbühl*, in: Ruffert (Hrsg.), Recht und Organisation, S. 11 (19).

„[D]er Gesetzgeber [ist] verpflichtet, […] in grundlegenden normativen Bereichen, zumal im Bereich der Grundrechtsausübung, soweit diese staatlicher Regelung zugänglich ist, alle wesentlichen Entscheidungen selbst zu treffen“[828].

Das Kriterium der Wesentlichkeit ist dabei nicht nur entscheidend hinsichtlich der Frage, ob das Parlament eingreifen muss, sondern es dirigiert auch die notwendige Regelungsdichte des Gesetzes: Je wesentlicher die Entscheidung ist, desto höher ist die erforderliche Regelungsdichte des Gesetzes, und desto kleiner wird im Umkehrschluss der Entscheidungsspielraum für die Exekutive[829]. Es bleibt allerdings zunächst unklar und auslegungsbedürftig, was unter „wesentlich“ zu verstehen ist[830]. Dazu wurden verschiedene Kriterien entwickelt, anhand derer sich für bestimmte Konstellationen die Wesentlichkeit ermitteln lassen soll. Dabei spielen u.a. die Grundrechtsrelevanz, die Größe des Adressatenkreises sowie die zeitlichen und finanziellen Auswirkungen von Beschlüssen eine Rolle. Auch die politische Bedeutung, etwa bei demokratisch fundamentalen Grundsatzentscheidungen mit Relevanz für die Allgemeinheit oder das Ausmaß des politischen Streits über eine Entscheidung[831] können für „Wesentlichkeit“ sprechen. Sind jedoch flexible Regelungen erforderlich, liegen entwicklungsoffene Sachverhalte vor oder besteht das Bedürfnis nach dezentraler Regelung oder Beteiligung von Betroffenen, so spricht dies eher gegen Wesentlichkeit im Sinn dieser Theorie[832]. Innerhalb der Grenzen der Wesentlichkeitstheorie kommt

828 BVerfGE 49, 89 (126).

829 *Dederer*, Staatsgewalt, S. 217ff.; *Grzeszick*, in: Maunz/Dürig, Grundgesetz, Art. 20 VI Rn. 106.

830 So wurde der Begriff der Wesentlichkeit von *Herzog*, in: NJW 1999, S. 25 (26) als „einer der unbestimmtesten Begriffe [...], die man sich überhaupt ausdenken kann“ bezeichnet; vgl. auch *Axer*, Normsetzung, S. 339; *Stern*, Staatsrecht, Bd. 1, S. 812 m.w.N.; *F. Becker*, Normsetzung, S. 379 spricht von „großen Mysterien der Verfassungsrechtsprechung“ im Hinblick auf die Frage, welche Regelungsgegenstände „wesentlich“ sind; allgemein zu alternativen und kritischen Ansatzpunkten in der Literatur vgl. *Seiler*, Parlamentsvorbehalt, S. 70ff.

831 Hierzu eher kritisch BVerfGE 108, 282 (312), mit Verweis auf BVerfGE 98, 218 (251): „Zwar führt allein der Umstand, dass eine Regelung politisch umstritten ist, nicht dazu, dass diese als wesentlich verstanden werden müsste“; ausführlich zu dieser Diskussion *Burmeister*, Herkunft, S. 204ff.

832 Vgl. zu den Gründen, die für bzw. gegen eine Wesentlichkeit sprechen *Grzeszick*, in: Maunz/Dürig, Grundgesetz, Art. 20 VI Rn. 107; *Reimer*, in: Hoffmann-Riem/Schmidt-Aßmann/Voßkuhle (Hrsg.), GVwR, Bd. 1, § 9 Rn. 48; *Schulze-Fielitz*, Gesetzgebung, S. 164ff.; *dens.*, in: Dreier, Grundgesetz, Art. 20 (Rechtsstaat) Rn. 113ff.; umfassend zu den Kriterien zur Bestimmung der Reichweite des Parlamentsvorbehalts *Staupe*, Parla-

dem Parlament ein weiter Gestaltungsspielraum zu, insbesondere hinsichtlich der Frage, wie die Ausübung einzelner Staatsfunktionen organisiert werden soll, z.B. durch die Ausgestaltung des Verfahrens, die Bildung von Funktionsorganen oder durch inhaltliche Anleitung der ausführenden Organe[833]. Die Anwendung der Wesentlichkeitstheorie unterstreicht die überragende Bedeutung des Parlaments: nur ihm wird in der repräsentativen Demokratie des Grundgesetzes zugetraut und nur ihm kommt die Rolle zu, die wesentlichen Entscheidungen zu treffen. Neben der Unmittelbarkeit der vermittelten demokratischen Legitimation wird die Wesentlichkeitstheorie auch mit den spezifischen Leistungen des Gesetzgebungsverfahrens begründet, das ausführliche Beratung, Öffentlichkeit, Transparenz und Interessenausgleich gewährleistet[834]. Hierdurch soll den Beschlüssen des Parlaments nicht nur ein höheres Maß an Rationalitäts- und Richtigkeitsgewähr zukommen, sie sollen auch durch das gesamte Staatsvolk demokratisch legitimiert sein und somit dem demokratischen Gleichheitsgedanken Rechnung tragen:

> „Nach der Verfassung sind die Einschränkung von grundrechtlichen Freiheiten und der Ausgleich zwischen kollidierenden Grundrechten aber dem Parlament vorbehalten, um sicherzustellen, dass Entscheidungen von solcher Tragweite aus einem Verfahren hervorgehen, das der Öffentlichkeit Gelegenheit bietet, ihre Auffassungen auszubilden und zu vertreten, und die Volksvertretung dazu anhält, Notwendigkeit und Ausmaß von Grundrechtseingriffen in öffentlicher Debatte zu klären (vgl. BVerfGE 85, 386 [403f.])."[835]

Freilich gibt es trotz der Bedeutung des Parlaments keinen parlamentarischen „Totalvorbehalt" in dem Sinne, dass es einer gesetzlichen Ermächtigung für jedes exekutive Handeln bedürfte. So sind vom Parlament die Rechte der Bundesregierung zu achten, zu denen u.a. gehört, dass diese nach Art. 86 S. 2 GG Behörden einrichten und somit auch errichten darf. Zudem ergibt sich aus Art. 86 S. 1 GG, dass die Bundesregierung Verwaltungsvorschriften ohne Mitwirkung

---

mentsvorbehalt, S. 236ff.; vgl. auch *F. Becker*, Normsetzung, S. 379ff.; *Dederer*, Staatsgewalt, S. 217f.

833 *Dederer*, Staatsgewalt, S. 217.

834 Zu den Spezifika parlamentarischer Rechtserzeugung und ihren Auswirkungen auf die „Richtigkeit" von parlamentarischen Entscheidungen auch *Gersdorf*, Staatsfreiheit, S. 140ff.; vgl. auch *Schulze-Fielitz*, Gesetzgebung, S. 208f.; *Seiler*, Parlamentsvorbehalt, S. 83ff.

835 BVerfGE 108, 282 (312); s. hierzu auch *F. Becker*, Normsetzung, S. 379; *Hillgruber*, in: AöR 127 (2002), S. 460 (473); *Unger*, Demokratie, S. 268; kritischer zu dieser Argumentation *Grzeszick*, in: Maunz/Dürig, Grundgesetz, Art. 20 VI Rn. 102.

des Bundestages erlassen und dadurch die Ausübung von Verwaltungsfunktionen steuern darf. Begründet wird dies mit der Gewaltenteilung, die für jede Gewalt spezifische Aufgaben und Funktionen vorsieht, und mit der eigenständigen demokratischen Legitimation, die der Regierung und der Verwaltung zukommt[836].

Ähnlich gelagert ist die Frage des Parlamentsvorbehalts[837]: während der allgemeine Gesetzesvorbehalt davon abhängt, ob ein Regelungsgegenstand so wesentlich ist, dass er einer Regelung bedarf, die durch oder aufgrund eines Gesetzes erlassen wird, betrifft der Parlamentsvorbehalt die Frage, wie detailliert das Gesetz sein muss und welche Entscheidungen nicht im Gesetz getroffen werden müssen, sondern der untergesetzlichen administrativen Normsetzung durch die Exekutive überlassen werden können[838], für welche Bereiche des Gesetzesvorbehalts mithin ein Delegationsverbot besteht[839]. Insbesondere bei konkurrierenden Freiheitsrechten muss der Gesetzgeber auch das Verwaltungsverfahren gesetzlich ausgestalten, um den Grundrechten zur Geltung zu verhelfen[840]. Der Parlamentsvorbehalt kann als Ausprägung der Wesentlichkeitstheorie angesehen werden, da durch diese der Parlamentsvorbehalt konkretisiert bzw. abgesichert wird: nur wesentliche Sachverhalte unterfallen dem Parlamentsvorbehalt; die Qualität der Wesentlichkeit bestimmt die Regelungsdichte und Eindringtiefe, die für das Parlament erforderlich ist[841]. Es bedarf also der Prüfung anhand der Wesentlichkeitstheorie, „was der parlamentarischen Willensbildung vorbehalten ist

---

836 *Dederer*, Staatsgewalt, S. 218; *Grzeszick*, in: Maunz/Dürig, Grundgesetz, Art. 20 VI Rn. 108ff.; *Ossenbühl*, in: HStR V, § 101 Rn. 23ff. m.w.N.; *Seiler*, Parlamentsvorbehalt, S. 122ff.; so auch, mit dem konkreten Beispiel der notwendigen Spielräume an Schulen, *Stern*, Staatsrecht, Bd. 1, S. 814f.

837 Zur Geschichte und Herkunft des Parlamentsvorbehalts sehr ausführlich *Seiler*, Parlamentsvorbehalt, S. 40ff.

838 BVerfGE 58, 257 (274); *Axer*, Normsetzung, S. 323ff.; *F. Becker*, Normsetzung, S. 377; *Erichsen*, in: DVBl. 1985, S. 22 (26f.); *Robbers*, in: BK, Art. 20 Abs. 1 Rn. 706; *Schulze-Fielitz*, in: Dreier, Grundgesetz, Art. 20 (Rechtsstaat) Rn. 119; vgl. zum Verhältnis von Gesetzesvorbehalt und Parlamentsvorbehalt auch *Ossenbühl*, in: HStR V, § 101 Rn. 51.

839 So *Erichsen*, in: DVBl. 1985, S. 22 (27); *Ossenbühl*, in: HStR V, § 101 Rn. 14.

840 *Robbers*, in: BK, Art. 20 Abs. 1 Rn. 708; *Schulze-Fielitz*, in: Dreier, Grundgesetz, Art. 20 (Rechtsstaat) Rn. 120; vgl. auch *Hess*, Gebührenfinanzierung, S. 210f.

841 Vgl. *F. Becker*, Normsetzung, S. 377f.; *Dederer*, Staatsgewalt, S. 217; *Kube*, in: NVwZ 2003, S. 57 (58); *Ossenbühl*, in: HStR V, § 101 Rn. 53; *Robbers*, in: BK, Art. 20 Abs. 1 Rn. 708; *Schulze-Fielitz*, Gesetzgebung, S. 169f.

und was durch gesetzliche Ermächtigung dem Verordnungsgeber übertragen werden darf"[842].

Die Festlegung der Rundfunkgebührenhöhe stellt sich nach diesem Maßstab als „wesentlich" da. Es handelt sich bei der Rundfunkgebühr um eine hoheitlich auferlegte, belastende Abgabe für den Bürger, die die Grundlage für die Ausübung der Rundfunkfreiheit für die öffentlich-rechtlichen Rundfunkanstalten darstellt. Darüber hinaus tangiert sie die privaten Wettbewerber. Entsprechend unterfällt die Entscheidung über die Rundfunkgebührenhöhe dem Vorbehalt des Gesetzes.

bb) Umkehrung der Wesentlichkeitstheorie in der Rechtsprechung des Bundesverfassungsgerichts zu den Rundfunkgebühren

Die Wesentlichkeitstheorie wird vom Bundesverfassungsgericht seit der Facharzt-Entscheidung vom 9. Mai 1972[843] in ständiger Rechtsprechung vertreten. Demnach müssen, wie soeben festgestellt[844], wesentliche Entscheidungen vom Parlament getroffen werden. „Wesentlich" bedeutet im grundrechtsrelevanten Bereich „wesentlich für die Verwirklichung der Grundrechte" [845]. Ein Parlamentsgesetz ist umso eher erforderlich, je intensiver ein Eingriff in Grundrechte ist, je stärker die Verwirklichung der Grundrechte geregelt wird[846]. In Bezug auf

---

842 BVerfGE 58, 257 (274); vgl. hierzu auch *Axer*, Normsetzung, S. 325f.; *H.-P. Schneider*, in: Merten/Papier (Hrsg.), HGR III, § 76 Rn. 24.

843 BVerfGE 33, 125.

844 S. oben 3. Kap. B. I. 2. b) aa).

845 BVerfGE 47, 46 (79); vgl. zu dieser Entscheidung *H.-P. Schneider*, in: Merten/Papier (Hrsg.), HGR III, § 76 Rn. 25: „Wenn also nach der Wesentlichkeitstheorie das Rechtsstaatsprinzip und das Demokratieprinzip des Grundgesetzes den Gesetzgeber verpflichten, wesentliche Entscheidungen im Grundrechtsbereich selbst zu treffen, und zwar namentlich dort, wo es darum geht, widerstreitende Grundrechtspositionen zum Ausgleich zu bringen, dann geht das Bundesverfassungsgericht offenbar davon aus, daß gerade der Grundrechtsschutz bei Parlamenten besser aufgehoben ist als bei Regierung und Verwaltung. Dies wiederum kann nur bedeuten, daß grundrechtsrelevante Maßnahmen der Exekutive trotz deren funktionsäquivalenter Grundrechtsbindung verfassungsrechtlich aus sich selbst heraus noch nicht hinreichend legitimiert sind, sondern wegen ihrer schwerwiegenden Auswirkung auf den konkreten Grundrechtsgebrauch einer zusätzlichen politischen Rechtfertigung durch die unmittelbar demokratisch gewählten und verantwortlichen Parlamente bedürfen. So gesehen verfügen die Parlamente in diesen Fällen sogar über eine Art Schutzprärogative."

846 Vgl. *Schulze-Fielitz*, Gesetzgebung, S. 164 m.w.N.

die Festlegung der Rundfunkgebührenhöhe findet jedoch eine exakte Umkehrung der Wesentlichkeitstheorie statt. Ging das Bundesverfassungsgericht bislang davon aus, dass wesentliche Sachverhalte *durch den Gesetzgeber* geregelt werden müssen, findet die Wesentlichkeitstheorie nun nicht mehr uneingeschränkte Anwendung. Durch die Rundfunkgebührenentscheidungen änderte das Bundesverfassungsgericht – ohne dies näher zu begründen oder diese Abweichung aufzudecken – seine Rechtsprechung dahingehend, dass wegen der besonderen Grundrechtsrelevanz in Bezug auf Art. 5 Abs. 1 S. 2 GG der Gesetzgeber die Entscheidung gerade *nicht* selbst treffen darf[847]. Stattdessen wird ihm die freie Entscheidung durch die weitgehende Bindung an das KEF-Votum im Rahmen eines qualifizierten Gesetzgebungsverfahrens aus der Hand genommen. Im Ergebnis führt diese Rechtsprechung dazu, dass wesentliche Entscheidungen vom Gesetzgeber getroffen werden müssen, *besonders* wesentliche Entscheidungen aber nicht allein vom Gesetzgeber getroffen werden *dürfen*. Für eine solche Umkehrung der Wesentlichkeitstheorie hätte es einer durchschlagenden Begründung durch das Bundesverfassungsgericht bedurft, die in den Rundfunkgebührenurteilen fehlt.

c) Die Rechte des Abgeordneten aus Art. 38 Abs. 1 S. 2 GG

Die Bedeutung des Parlaments zeigt sich zudem in der herausgehobenen Stellung, die den Abgeordneten zukommt[848]. Die Regelungen über die Stellung der Abgeordneten in Art. 38 Abs. 1 S. 2 GG ergänzen die Grundlinien der parlamentarischen Demokratie, die darüber hinaus in Art. 20 und Art. 21 GG festgeschrieben sind[849]. Die Abgeordneten sind demnach Vertreter des ganzen Volkes, an Aufträge und Weisungen nicht gebunden und nur ihrem Gewissen unterworfen. Die Regelung des Art. 38 Abs. 1 S. 2 GG gehört zu den grundlegenden Bestimmungen hinsichtlich der Organisation von Staatsgewalt unter dem

---

847 Kritisch im Hinblick auf die weitgehende Interpretation des Bundesverfassungsgerichts hinsichtlich der Anwendung der Wesentlichkeitstheorie im Bereich der Rundfunkordnung auch *Lerche*, in: Merten/Papier (Hrsg.), HGR III, § 62 Rn. 70.

848 Vgl. zum Status des Abgeordneten ausführlich *Waldhoff*, in: ZParl. 37 (2006), S. 251ff.

849 BVerfGE 44, 125 (138); *Badura*, in: BK, Art. 38 Rn. 1, wobei den Regelungen über die Parteien in Art. 21 GG für die vorliegende Frage keine Bedeutung beigemessen werden muss; vgl. auch *H. H. Klein*, in: Maunz/Dürig, Grundgesetz, Art. 38 Rn. 37, der durch Art. 38 GG das im demokratischen Prinzip aus Art. 20 Abs. 2 GG enthaltene Versprechen, dass alle Staatsgewalt vom Volke ausgeht und durch besondere Organe, hier der Gesetzgebung, ausgeübt wird, eingelöst sieht.

Grundgesetz, da hierdurch der Charakter der repräsentativen Demokratie festgeschrieben wird: Die Staatsgewalt wird zwar gemäß Art. 20 Abs. 2 GG vom Volk – vermittelt durch die Abgeordneten – durch besondere Organe ausgeübt, erst die Freiheit ihres Mandats legt jedoch fest, dass die Abgeordneten in dessen Ausübung frei und keinerlei Weisungen unterworfen sind[850]. Für die Ausübung des Abgeordnetenmandats ist somit nur der höchstpersönliche Entschluss des Abgeordneten maßgeblich. Der Abgeordnete unterliegt keinerlei rechtlichen Verpflichtungen oder auch nur Begründungspflichten gegenüber seinen Wählern, gegenüber seiner Partei, gegenüber seiner Fraktion – es kann folglich auch keinen „Fraktionszwang" geben – oder gegenüber anderen Interessenvertretern[851]. Die Freiheit des Abgeordneten ist dabei nicht schrankenlos verbürgt. Sie kann durch andere Rechtsgüter mit Verfassungsrang – in Betracht kommen insbesondere die gleichen Rechte anderer Abgeordneter, die Integrität, Vertrauenswürdigkeit und Funktionsfähigkeit des Bundestages sowie der Schutz vorrangiger Verfassungsgüter – begrenzt werden[852].

Aus Art. 38 Abs. 1 S. 2 GG folgt, dass sich die Volksvertretung nicht durch die Verlagerung von Aufgaben und Befugnissen ihrer Gestaltungsmacht begeben darf, da anderenfalls die Abgeordnetenrechte inhaltlich entleert würden[853]. Vom freien Mandat des Abgeordneten wird erwartet, dass es zu einer unabhängigen und gemeinwohlorientierten parlamentarischen Entscheidung führt. Dies ist jedoch nicht mehr in vollem Maß möglich, wenn das Parlament nicht mehr oder zumindest nicht im notwendigen Ausmaß die Möglichkeit oder die Kraft zur selbständigen Entscheidungsfindung hat.[854].

Im Ergebnis ist die Stellung des Abgeordneten eng verbunden mit den Regelungen des Art. 20 GG. Nur durch die Freiheit der Abgeordneten und eine damit einhergehende Ablehnung eines wie auch immer gearteten imperativen Mandats kann sich die Demokratie entfalten. Entsprechend unterstreichen die Regelungen

---

850 *Badura*, in: BK, Art. 38 Rn. 1; ähnlich auch *Morlok/Hientzsch*, in: JuS 2011, S. 1 (4).

851 *Badura*, in: BK, Art. 38 Rn. 52f.; *H. H. Klein*, in: Maunz/Dürig, Grundgesetz, Art. 38 Rn. 195, 205; *Morlok*, in: Dreier, Grundgesetz, Art. 38 Rn. 146f.; *v. Münch*, in: v. Münch/Kunig, Art. 38 Rn. 87ff.

852 BVerfGE 84, 304 (321); 99, 19 (32); 118, 277 (324); *H. H. Klein*, in: Maunz/Dürig, Grundgesetz, Art. 38 Rn. 218ff.; *Schreiber*, in: Berliner Kommentar, Art. 38 Rn. 99; *Schwan*, in: BRJ 2010, S. 169 (171).

853 BVerfGE 97, 350 (368f.); *Morlok*, in: Dreier, Grundgesetz, Art. 38 Rn. 28.

854 *Badura*, in: BK, Art. 38 Rn. 104ff.; in etwas anderem Zusammenhang, namentlich bei einer zu starken Einmischung des Bundesverfassungsgerichts in die Kompetenzbereiche des Gesetzgeber, geht *Austermann*, in: DÖV 2011, S. 267 (268) von einer „Minderung des Werts der Wahlentscheidung" aus

des Art. 38 Abs. 1 S. 2 GG die Bedeutung des Parlaments innerhalb der Demokratie und sollen gewährleisten, dass die Entscheidungen möglichst unabhängig von äußeren Einmischungen gefällt werden können.

d) Das grundsätzliche Problem der Entparlamentarisierung staatlicher Entscheidungen

Bei der Betrachtung des Grundrechtsschutzes durch qualifiziertes Gesetzgebungsverfahren ist das generelle Problem der zunehmenden Entparlamentarisierung staatlicher Entscheidungen zu berücksichtigen, da die Gefahr besteht, dass die freie Entscheidung des Parlaments zu Lasten des Demokratieprinzips immer weiter zurückgedrängt wird[855]. Die Ursachen für derartige Entparlamentarisierungsprozesse sind vielfältig[856]: Kompetenzverlagerungen auf internationale Organisationen oder die EU[857], Schwund der nationalen Regelungsfähigkeit von Sachverhalten durch die zunehmende Globalisierung[858], Auslagerung staatlicher Entscheidungen auf unabhängige, weisungsfreie Aufgabenträger[859], Verlust der Steuerungskraft des Haushalts durch langfristige Leistungsverpflichtungen, die Bildung von Nebenhaushalten und der hohe Haushaltsanteil für die Tilgung und Verzinsung von Krediten[860], Delegation von Regelungsbefugnissen an die Exekutive oder der Verzicht auf eigenständige Gestaltung von Gesetzen zugunsten der bloßen „Ratifizierung" von Vorentscheidungen der Regierung, informeller

855 Zum Problem der Entparlamentarisierung vgl. *Brenner*, in: HStR III, § 44 Rn. 5; *Ernst*, in: FS Schmidt-Jortzig, S. 95ff.; *Grimm*, in: FS Badura, S. 145 (156ff.); *Herdegen*, in: VVDStRL 62 (2003), S. 7ff.; *P. Kirchhof*, in: FS Badura, S. 237 (244); *dens.*, in: JZ 2004, S. 981 (984f.); *dens.*, in: NJW 2001, S. 1332ff.; *E. Klein*, Gesetzgebung ohne Parlament?; *H. H. Klein*, in: Maunz/Dürig, Grundgesetz, Art. 38 Rn. 57ff.; *Morlok*, in: VVDStRL 62 (2003), S. 37ff.; *Puhl*, in: HStR III, § 48; *Ruffert*, in: DVBl. 2002, S. 1145ff.; *Unger*, Demokratie, S. 38ff.

856 Vgl. zusammenfassend zu den Ursachen der Entparlamentarisierung *P. Kirchhof*, in: FS Badura, S. 237 (244ff.) m.w.N.; *H. H. Klein*, in: Maunz/Dürig, Grundgesetz, Art. 38 Rn. 57ff.; *Puhl*, in: HStR III, § 48 Rn. 2.

857 S. *Grimm*, in: FS Badura, S. 145 (161ff.); *P. Kirchhof*, in: FS Badura, S. 237 (247ff.); *Puhl*, in: HStR III, § 48 Rn. 1ff.; *Ruffert*, in: DVBl. 2002, S. 1145 (1149).

858 *Herdegen*, in: VVDStRL 62 (2003), S. 7 (11ff., 29ff.).

859 Näher *P. Kirchhof*, in: FS Badura, S. 237 (249ff.); *Puhl*, in: HStR III, § 48 Rn. 41ff.

860 Hierzu *Puhl*, in: HStR III, § 48 Rn. 33ff.; *Ruffert*, in: DVBl. 2002, S. 1145 (1148); vgl. zum Sonderproblem der Entparlamentarisierung des ERP-Sondervermögens *Waldhoff*, in: DÖV 2005, S. 674 (680f.).

Zirkel, „Elefantenrunden" oder Sachverständigenkommissionen[861]. Verfassungsrechtliche Probleme dieser Entwicklung gibt es mit Blick auf die „Parlamentsschutznormen" des Grundgesetzes, insbesondere hinsichtlich der Kompetenzen des Parlaments sowie des Parlamentsvorbehalts. Darüber hinaus sind die Statusrechte der Abgeordneten betroffen, u.a. hinsichtlich der Art der Entscheidungsfindung, die auf das gesamte Parlament rückführbar sein muss[862]. Durch die zunehmende Verschiebung der Gestaltungsmacht vom Parlament auf die Regierung treten zudem Probleme in Bezug auf die Gewaltenteilung auf[863]. Auch das Demokratieprinzip wird durch die Entparlamentarisierung gefährdet[864]. Die Rolle des Parlaments wird in besonderer Weise dort beeinträchtigt, wo ein außerparlamentarischer Konsens die gesetzliche Regelung verdrängt oder wo das Parlament lediglich die förmliche Zustimmung zu bereits festgelegten Inhalten geben kann[865]. Hiermit sind faktische Macht- und Kompetenzeinbußen verbunden[866]. Dabei ist es zunächst gleichgültig, durch welche Mechanismen diese Entwicklung geprägt wird. Von immer größerer Bedeutung sind informelle Zirkel, in denen die wesentlichen politischen Vorhaben besprochen werden, sei es lediglich in Koalitionsrunden, sei es unter Beteiligung von Interessenvertretern oder durch eine weitgehende Vorprägung von Gesetzesvorhaben durch die Ministerialbürokratie[867]. Zunehmend problematisch ist zudem die umfassende Vorformulierung von Gesetzen durch Lobbygruppen oder Anwaltskanzleien. Hinzu kommen teils weitgehende Vorfestlegungen durch den Koalitionsvertrag. Ein weiteres Beispiel für einen Machtverlust des Parlaments stellt die „Konsenspolitik" dar, bei der zwischen Regierung und Industrievertretern, eventuell unter Beteiligung der Partei- oder Fraktionsspitzen der die Regierung tragenden Parteien, konkrete politische Vorhaben vereinbart werden, wie z.B. der „Atomkonsens" vom 14. Juni 2000 oder auch der Beschluss zum „Ausstieg aus dem Ausstieg"

---

861 Vgl. *Grimm*, in: FS Badura, S. 145 (158ff.); *P. Kirchhof*, in: NJW 2001, S. 1332 (1333); *Robbers*, in: BK, Art. 20 Abs. 1 Rn. 804; *Ruffert*, in: DVBl. 2002, S. 1145 (1146ff.).

862 *Morlok*, in: VVDStRL 62 (2003), S. 37 (58f.).

863 *Puhl*, in: HStR III, § 48 Rn. 51ff.; *Ruffert*, in: DVBl. 2002, S. 1145 (1151f.).

864 *Kloepfer/Bruch*, in: JZ 2011, S. 377 (381f.); *Ruffert*, in: DVBl. 2002, S. 1145 (1150f.); *Unger*, Demokratie, S. 46f.; zurückhaltend, wenn nicht gar (zu) optimistisch, *Schmidt-Preuß*, in: FS Leisner, S. 467 (470).

865 *Herdegen*, in: VVDStRL 62 (2003), S. 7 (15); *P. Kirchhof*, in: NJW 2001, S. 1332 (1332f.); *Ruffert*, in: DVBl. 2002, S. 1145 (1147f.).

866 *Puhl*, in: HStR III, § 48 Rn. 47.

867 S. hierzu *Ruffert*, in: DVBl. 2002, S. 1145 (1146f.).

im Jahr 2010[868]. Nicht unproblematisch sind zudem „freiwillige Selbstverpflichtungen der Wirtschaft", durch die ein (vorübergehendes) Unterlassen einer gesetzlichen Regelung zwischen Regierung und Wirtschaft vereinbart wird[869]. Auch der wachsende Einfluss von Sachverständigenkommissionen, z.B. des Nationalen Ethikrates oder der sog. Hartz-Kommission, muss kritisch betrachtet werden[870].

Zwar bedarf es in der Politik aufgrund der zunehmenden Komplexität der Sachverhalte auch externer Beratung durch Sachverständige. Führt diese jedoch zu weitreichendem, nicht demokratisch legitimiertem Einfluss auf die Entscheidungen des Parlaments, droht die Gefahr weiterer Entparlamentarisierung[871]. Dies folgt bereits aus dem faktischen Zwang zur Umsetzung eines Expertenvotums, dem in der Öffentlichkeit wegen seiner vermeintlichen oder tatsächlichen Objektivität besondere Autorität zukommt[872]. Dabei muss berücksichtigt werden, dass die Einbeziehung von Fachkompetenz in staatliche Entscheidungen prinzipiell zu begrüßen ist und eine Voraussetzung für rationale Beschlüsse darstellt[873]. Die sachverständige Beratung wird zudem als Grundlage für „gute Ge-

868 Vgl. zum „Atomkonsens" BVerfGE 104, 149 (267ff.) sowie das Sondervotum von *Udo Di Fabio* und *Rudolf Mellinghoff* (ebd., 276ff.); aus der Literatur s. nur *F. Becker*, Normsetzung, S. 230ff.; *Huber*, in: ZG 2002, S. 245ff.; *Kloepfer*, in: DVBl. 2007, S. 1189 (1190ff.); *dens./Bruch*, in: JZ 2011, S. 377ff.; *Langenfeld*, in: DÖV 2000, S. 929 (926ff.); *Pasemann/Baufeld*, in: ZRP 2002, S. 119ff.; *Schorkopf*, in: NVwZ 2000, S. 1111ff.; *Waldhoff/v. Aswege*, Goldene Brücke, S. 62ff.

869 S. *Mehde*, in: AöR 127 (2002), S. 655 (658f.); ähnlich *E. Klein*, Gesetzgebung ohne Parlament?, S. 14f.

870 Vgl. *Boos*, in: ZRP 2006, 66f.; *P. Kirchhof*, in: FS Badura, S. 237 (257f.); *Schröder*, in: FS Badura, S. 513 (523f.); zur Einrichtung des Ethikrates schon *Schröder*, in: NJW 2001, S. 2144ff.; zur Hartz-Kommission *Meßerschmidt*, in: ZG 2004, S. 330ff.

871 *P. Kirchhof*, in: JZ 2004, S. 981 (984f.); *ders*., in: NJW 2001, S. 1332 (1333); *Morlok*, in: VVDStRL 62 (2003), S. 37 (44); *Ruffert*, in: DVBl. 2002, S. 1145 (1147); vgl. auch *Meßerschmidt*, in: ZG 2004, S. 330 (331ff.); gegen einen Einfluss auf die Entparlamentarisierungstendenzen durch die Bildung von Kommissionen *H. H. Klein*, in: Maunz/Dürig, Grundgesetz, Art. 38 Rn. 62.

872 Vgl. *Reinhardt*, in: NVwZ 2003, S. 1446 (1449f.); s. zur faktischen Bindung an Sachverständigenvoten – zumindest im Bereich der Verwaltung – auch *Di Fabio*, in: VerwArch 81 (1990), S. 193 (217ff.).

873 *Brohm*, in: HStR II, 2. Aufl., § 36 Rn. 1; *Meßerschmidt*, in: ZG 2004, S. 330 (332); *Voßkuhle*, in: HStR III, § 43 Rn. 1; sehr ausführlich zur „Rationalität als Maßstab der Gesetzgebung" *Schulze-Fielitz*, Gesetzgebung, S. 454ff.; zu öffentlichen Anhörungen von Experten als Teil des Grundrechtsschutzes im „normalen" Gesetzgebungsverfahrens *H.-P. Schneider*, in: Merten/Papier (Hrsg.), HGR III, § 76 Rn. 26ff., insb. Rn. 29.

setzgebung“ gesehen[874]: so diene es der Mehrung des Wissens der Abgeordneten, wenn diese im Vorfeld einer Entscheidung Informationen von Sachverständigen erhielten, so dass eine fundiertere Entscheidung gefällt werden könne[875]. Das Bedürfnis für eine Beratung durch Sachverständige steigt in zunehmenden Maß durch die ebenfalls zunehmende Komplexität politischer und tatsächlicher Verhältnisse insbesondere im Hinblick auf technische Fortschritte und die internationale Wirkung nationaler Entscheidungen[876]. Hierbei wird neben dem Rückgriff auf internen Sachverstand in Ministerien, Fraktionen und dem wissenschaftlichen Dienst des Bundestags auch auf externen Sachverstand etwa von Wissenschaftlern, Forschungsinstitutionen sowie Kammern und Verbänden zurückgegriffen[877]. Es darf gleichwohl nicht übersehen werden, dass Sachverständige keine objektive Wahrheit darzustellen vermögen, sondern auf fachlicher Basis ihr Wissen in den politischen Prozess einbringen und dabei durchaus zu divergierenden Ergebnissen kommen können[878]. Die Beratung durch Sachverständige ist dabei keine bloße Information. Sie beeinflussen die Entscheidungsträger regelmäßig so stark, dass teilweise von einer Mitentscheidung ausgegangen werden kann[879]. Der Einfluss von Experten hängt entscheidend davon ab, in welchem Rahmen und zu welchem Zeitpunkt die Beratung stattfindet[880]. Bei einer Beratung, die unabhängig von konkreten politischen Entscheidungen vorgenommen wird, ist der Einfluss vergleichsweise gering. Anders gestaltet sich

874 *Ennuschat*, in: DVBl. 2004, S. 986ff.; *Schulze-Fielitz*, in: JZ 2004, S. 862 (867ff.); ähnlich *Meßerschmidt*, in: ZG 2004, S. 330 (332).

875 *Ennuschat*, in: DVBl. 2004, S. 986 (991); zu den mitunter auch verfolgten verdeckten Funktionen der Beauftragung von Sachverständigen *Voßkuhle*, in: HStR III, § 43 Rn. 26 m.w.N.

876 *Brohm*, in: HStR II, 2. Aufl., § 36 Rn. 1; *E. Klein*, Gesetzgebung ohne Parlament?, S. 12; *Meßerschmidt*, in: ZG 2004, S. 330 (332); *Voßkuhle*, in: HStR III, § 43 Rn. 1; vgl. jedoch *Mehde*, in: AöR 127 (2002), S. 655 (662f.) mit der Analyse, dass kooperatives Regierungshandeln und die Beratung durch Sachverständige kein neues Phänomen ist; so auch *Huber*, in: ZG 2002, S. 245 (245).

877 *Brohm*, in: HStR II, 2. Aufl., § 36 Rn. 4ff.; *Voßkuhle*, in: HStR III, § 43 Rn. 2ff.

878 *Brohm*, in: HStR II, 2. Aufl., § 36 Rn. 14; *Voßkuhle*, in: HStR III, § 43 Rn. 19; ähnlich *Di Fabio*, in: VerwArch 81 (1990), S. 193 (211f.); vgl. hierzu auch *Kleimann*, in: Nennen/Garbe (Hrsg.), Das Expertendilemma, S. 183 (insb. 192ff.); *H. Mohr*, in: Nennen/Garbe (Hrsg.), Das Expertendilemma, S. 3 (6ff.).

879 *Brohm*, in: HStR II, 2. Aufl., § 36 Rn. 31; *Voßkuhle*, in: HStR III, § 43 Rn. 21f.; a.A. *Unkelbach*, in: Sommermann (Hrsg.), Gremienwesen, S. 55 (67f.).

880 Vgl. *Lang*, Politikberatung, S. 85ff. für eine politikwissenschaftliche Sicht des Einflusses einer Enquete-Kommission auf die Politik.

dies, wenn der Entscheidungsträger seine Abweichung vom Sachverständigenvotum begründen muss, wenn der Beratung „präformierende Wirkung" zukommt[881]. Ersetzt die Beratung eine hoheitliche Entscheidung oder sind die Entscheidungsträger an ein Experten-Votum gebunden, liegt keine „Beratung" i.e.S. vor[882]. Da es vielfältige Möglichkeiten der Beratung durch Sachverständige gibt, ist im Einzelfall zu entscheiden, welcher Einfluss dem Votum der Experten zukommt[883]. Eine Bindungswirkung des Gesetzgebers an das Votum von Sachverständigen erscheint mit Blick auf das Demokratieprinzip in besonderem Maß problematisch[884].

Sowohl dem Votum von Sachverständigenkommissionen als auch informellen Vereinbarungen ist gemein, dass die Vorzüge des parlamentarischen Verfahrens zumindest teilweise verloren gehen. Diese sind in erster Linie in der Transparenz, Partizipation und Kontrolle durch die Opposition sowie der Verantwortlichkeit der Abgeordneten zu sehen. Auch wenn die vorgeschlagene Regelung noch das Gesetzgebungsverfahren durchlaufen muss, leidet dieses Verfahren darunter, dass der Spielraum häufig auf Zustimmung oder Ablehnung begrenzt ist, oder das Parlament nur noch als „Notar" fungiert, der das bereits politisch Beschlossene lediglich in geltendes Recht umsetzt[885]. Eine solche Veränderung

881 Ein Beispiel für eine solche Beratung ist die Zulassung bestimmter Arzneimittel nach § 25 Abs. 6 S. 3 AMG, nach dem die Zulassungsbehörde eine Abweichung vom Votum der Zulassungskommission schriftlich begründen muss; ausführlich zu dieser Regelung und der Problematik einer solchen Konstruktion *Di Fabio*, Risikoentscheidungen, S. 192ff. mit zahlreichen Nachweisen.

882 Vgl. zur weiteren Einteilung von Gremien, die bindende Entscheidungen treffen, mit zahlreichen Beispielen und Nachweisen *Jestaedt*, Demokratieprinzip, S. 125ff.; *Unkelbach*, in: Sommermann (Hrsg.), Gremienwesen, S. 55 (57ff.) unterscheidet ebenfalls zwischen Entscheidungs- und Beratungsgremien und sieht hierin die bedeutendste Typisierung, wobei auch bei Beratungsgremien die Frage nach der demokratischen Legitimation gestellt werden müsse, ebd., S. 55 (67f.); *Groß*, in: Sommermann (Hrsg.), Gremienwesen, S. 17 (25f.) möchte mit Blick auf das Demokratieprinzip eine etwas andere Einteilung vornehmen, die nicht auf einen rein formalen Entscheidungsbegriff abstellt.

883 S. zu vorstehender Einteilung des Entscheidungseinflusses von Sachverständigen ausführlicher *Voßkuhle*, in: HStR III, § 43 Rn. 45ff.; vgl. zum Unterschied zwischen Beratung und Entscheidung auch *Jestaedt*, Demokratieprinzip, S. 43ff.

884 *Ennuschat*, in: DVBl. 2004, S. 986 (990); darüber hinaus kann auch die Verfassungsorgantreue betroffen sein, *Mehde*, in: AöR 127 (2002), S. 655 (664ff.).

885 S. hierzu auch *Grimm*, in: FS Badura, S. 145 (158f.); *Mehde*, in: AöR 127 (2002), S. 655 (668ff.); *Ruffert*, in: DVBl. 2002, S. 1145 (1148); *Schröder*, in: FS Badura, S. 513 (523f.); vgl. auch die von Bundestagspräsident *Lammert* geäußerte Kritik am Gesetzgebungsverfahren hinsichtlich des Ausstiegs aus dem Atomausstieg,

des parlamentarischen Gesetzgebungsverfahrens trägt die Gefahr in sich, die Qualität der Entscheidungen dadurch zu beeinträchtigen, dass die Vorteile, die das überkommene Gesetzgebungsverfahren besitzt, verloren gehen. Das Gesetzgebungsverfahren als „Gemeinwohlverfahren" wäre dadurch gefährdet[886].

Es wird jedoch darauf verwiesen, dass das Parlament für seinen Autoritätsverlust selbst verantwortlich sei. Es verfüge über das Maß an Autorität, das es aufgrund seines Handelns verdiene. Dies betreffe sowohl das Handeln der Mehrheit als auch der Opposition[887]. Oder, anders formuliert: das Parlament selbst trage Mitschuld an seiner Entmachtung, da es die Rechte und Mittel weitgehend selbst in der Hand habe, um die entsprechenden Tendenzen durch eigene Anstrengungen zurückzudrängen[888]. Schließlich behalte das Parlament das formale Letztentscheidungsrecht[889]. Die These von der Selbstentmachtung ist grundsätzlich richtig, da es in der Verantwortung des Parlaments liegt, seine Kompetenz als Gesetzgeber zu nutzen. So besteht keine rechtliche Pflicht, die zwischen Regierung und Interessenvertretern ausgehandelten Konsensabsprachen auch in gesetzliche Regelungen umzusetzen[890]. Ebenso wenig ist es in der

---

http://www.faz.net/artikel/C30923/regierungspolitik-lammert-kritisiert-laufzeitverlaengerung-30000691.html (zuletzt aufgerufen am 19. Juni 2012); zur Notarfunktion des Gesetzgebers vgl. *Puhl*, in: HStR III, § 48 Rn. 47.

886 Vgl. *Morlok*, in: VVDStRL 62 (2003), S. 37 (61ff.); ähnlich auch *H. H. Klein*, in: Maunz/Dürig, Grundgesetz, Art. 38 Rn. 62, der jedoch in der förmlichen Einschaltung des Parlaments eine zumindest teilweise Behebung dieses Mangels sieht; Abhilfe schaffen könnte zudem ein transparentes und öffentliches Verfahren von Sachverständigengremien, s. *Morlok*, in: VVDStRL 62 (2003), S. 37 (74f.); auch *Geiger*, in: Neue Entwicklungen im öffentlichen Recht, S. 131 (141) sieht die Wahrung des Gemeinwohls als die natürliche Aufgabe des Gesetzgebers an; so auch *Schulze-Fielitz*, in: JZ 2004, S. 862 (862).

887 *Herdegen*, in: VVDStRL 62 (2003), S. 7 (19).

888 Vgl. *Brenner*, in: HStR III, § 44 Rn. 57; *Ernst*, in: FS Schmidt-Jortzig, S. 95 (115); *Herdegen*, in: VVDStRL 62 (2003), S. 7 (21ff.); *H. H. Klein*, in: Maunz/Dürig, Grundgesetz, Art. 38 Rn. 66; *Meßerschmidt*, in: ZG 2004, S. 330 (335); *Puhl*, in: HStR III, § 48 Rn. 47; *Ruffert*, in: DVBl. 2002, S. 1145 (1149); in dieser Richtung auch *E. Klein*, Gesetzgebung ohne Parlament?, S. 27, der zugleich konstatiert, dass es das Parlament schwerer als die Regierung habe, „sich öffentlich in Szene zu setzen", um dadurch ein größeres Gewicht zu bekommen.

889 *Ruffert*, in: DVBl. 2002, S. 1145 (1150); *Schmidt-Preuß*, in: FS Leisner, S. 467 (470).

890 Vgl. *Gerstenberg*, Gesetzgebungs- und Verwaltungskompetenzen, S. 111; wie wenig realistisch ein Handeln des Parlaments entgegen eines Kabinettsbeschlusses jedoch ist, zeigt schon die mediale Rezeption: häufig wird die Zustimmung des Kabinetts zu einem Gesetzesvorhaben gleichgesetzt mit dem endgültigen Beschluss – der Bundestag müsse

Regel verpflichtet, dem Rat von Expertenkommissionen zu folgen[891]. Ein selbstbewussteres Parlament mit größerem Entscheidungswillen wäre aus demokratischer Sicht wünschenswert, um die zentrale Rolle des Parlaments als unmittelbar demokratisch legitimierter Entscheidungs- und Legitimationsinstanz zu bewahren[892]. Gleichzeitig ist dies jedoch nicht rechtlich zwingend, solange ein ausreichendes Niveau der Entscheidungsfreiheit gewährleistet ist, solange das Parlament bei seinen Entscheidungen nicht derart von Sachzwängen vorgeprägt ist, dass die Entscheidung nicht mehr als seine eigene erscheint, eine juristische Zurechnung nicht mehr möglich wäre[893]. Es könnte zudem ein subjektiver Anspruch der Bürger aus Art. 38 Abs. 1 GG auf Wahrnehmung der demokratischen Rechte durch das Parlament bestehen, dessen Reichweite freilich umstritten ist[894]. Das Bundesverfassungsgericht hat einen solchen Anspruch im Maastricht-Urteil in teilweise anderem Zusammenhang grundsätzlich bejaht. Demnach erstrecke sich die Verbürgung des Art. 38 auch auf dessen grundlegenden demokratischen Gehalt und gewährleiste den Bürgern das subjektive Recht,

> „an der Wahl des Deutschen Bundestages teilzunehmen und dadurch an der Legitimation der Staatsgewalt durch das Volk auf Bundesebene mitzuwirken und auf ihre Ausübung Einfluß zu nehmen. [...] Gibt der Deutsche Bundestag Aufgaben und Befugnisse auf, insbesondere zur Gesetzgebung und zur Wahl und Kontrolle anderer Träger von Staatsgewalt, so berührt das den Sachbereich, auf den der demokratische Gehalt des Art. 38 GG sich bezieht."[895]

Der Gedanke ist, dass aus Art. 38 GG folgt, dass die Wahlberechtigten einen Bundestag wählen können müssen, der die politischen Entscheidungen selbst

---

lediglich noch zustimmen. Dadurch wird die tatsächliche Machtverteilung bereits indiziert, da die die Regierung tragende Parlamentsmehrheit in den seltensten Fällen im Bundestag einen Beschluss entgegen der Auffassung des Kabinetts fassen würde. Mit ähnlicher Analyse *Thierse*, in: NVwZ 2005, S. 153 (156); zur Frage des Einflusses der Medien auf die Macht der Regierung s. *Kube*, in: ZParl. 34 (2003), S. 583 (588ff.); vgl. zum generellen Verhältnis von Regierung und Parlament *Schröder*, in: FS Badura, S. 513ff.; zur faktischen Pflicht der Umsetzung von Kabinettsvorlagen durch das Parlament *Kloepfer/Bruch*, in: ZRP 2011, S. 377 (380f.).

891 Vgl. hier nur *Schröder*, in: FS Badura, S. 513 (523).

892 S. auch *Puhl*, in: HStR III, § 48 Rn. 47.

893 *Ernst*, in: FS Schmidt-Jortzig, S. 95 (116f.), der sich insgesamt kritisch mit den Problemen einer materiellen Entparlamentarisierung durch das Parlament selbst auseinandersetzt.

894 Vgl. umfassend zu dieser Frage *Soppe*, Selbstentmachtung.

895 BVerfGE 89, 155 (171f.); vgl. hierzu auch ausführlich *Soppe*, Selbstentmachtung, S. 62ff.

trifft, und nicht lediglich Entscheidungen anderer Stellen in Gesetzesform gießt, so dass der Wähler durch seine Stimmabgabe auch tatsächlich Einfluss auf die Ausübung der Staatsgewalt hat[896]. Ein Eingriff in den Schutzbereich von Art. 38 GG erscheint jedoch nur möglich, wenn es sich um eine wirkliche Kompetenzverlagerung, beispielsweise auf die EU, handelt – nicht jedoch beim bloßen Einfluss von Sachverständigenkommissionen oder bei der Vorzeichnung von Entscheidungen durch Absprachen u.Ä., da das Parlament hier aufgrund freier, demokratischer Entscheidung seinen politischen Gestaltungsspielraum selbst verengt[897].

Bei der Festlegung der Rundfunkgebührenhöhe ist die Problematik freilich anders gelagert: hier verzichten die Landtage nicht freiwillig auf eine materielle Entscheidung über die Höhe der Gebühr, sie beugen sich nicht freiwillig dem Votum eines Sachverständigengremiums. Vielmehr werden die Landesparlamente durch das Bundesverfassungsgericht dazu verpflichtet, dem Votum der KEF weitestgehend zu folgen. Es liegt kein Fall der „Selbstentmachtung" vor. Aus diesem Grund handelt es sich um einen untypischen, aber gerade deshalb besonders beachtlichen Fall der Entparlamentarisierung: Es handelt sich um einen Fall der Entparlamentarisierung aufgrund einer Juridifizierung, einer Verrechtlichung der Politik[898]. Das Bundesverfassungsgericht hat aufgrund seiner sehr extensiv interpretierten Abwägungskontrolle die parlamentarischen Spiel-

896 *Ernst*, in: FS Schmidt-Jortzig, S. 95 (115f.); *P. Kirchhof*, in: FS Badura, S. 244; *Kloepfer/Bruch*, in: JZ 2011, S. 377 (381); *Ruffert*, in: DVBl. 2002, S. 1145 (1151).

897 Vgl. auch *Ruffert*, in: DVBl. 2002, S. 1145 (1150f.); kritischer jedoch *Ernst*, in: FS Schmidt-Jortzig, S. 95 (116f.).

898 *Badura*, in: FS Knöpfle, S. 1 (6); *Bethge*, in: Piazolo (Hrsg.), Das Bundesverfassungsgericht, S. 141 (163f.); *H. Schiedermair*, in: FS Badura, S. 477 (487f.); s. allgemein zur Problematik der Juridifizierung *Bethge*, in: Maunz/Schmidt-Bleibtreu/Klein/Bethge, BVerfGG, Vorb. Rn. 168ff.; *Herdegen*, in: VVDStRL 62 (2003), S. 7 (25f.) m.w.N.; *Puhl*, in: HStR III, § 48 Rn. 48; vgl. auch *Gounalakis/Wege*, in: NJW 2008, S. 800 (802f.), die in Bezug auf die außerordentliche Machtballung des Bundesverfassungsgerichts feststellen, dass es Recht spricht über eine Rundfunkordnung, die es selbst entworfen hat, womit das Bundesverfassungsgericht zu einem rechtlich-medienpolitischen Akteur wird; kritisch hierzu auch *Böckenförde*, Lage der Grundrechtsdogmatik, S. 54ff.; *Thum*, in: DÖV 2008, S. 653 (656f.); ähnlich, jedoch in Bezug auf die Europäische Integration und das Lissabon-Urteil des Bundesverfassungsgerichts, *Lhotta/Ketelhut*, in: ZParl. 40 (2009), S. 864 (887f.); für den Versuch einer Abgrenzung der Befugnisse von Bundesverfassungsgericht und Gesetzgeber vgl. *Austermann*, in: DÖV 2011, S. 267ff.

räume stark eingeschränkt[899]. Die Rundfunkgebührenrechtsprechung hat dem Gesetzgeber zunächst wenig Spielraum gelassen, ein eigenes Verfahren zu entwickeln, um sodann die Letztentscheidung der Landesgesetzgeber so stark zu beschränken, dass sie das KEF-Votum letztlich nur noch ratifizieren können. Es werden folglich maßgebliche Entscheidungsbefugnisse von den demokratisch legitimierten Parlamenten auf Kommissionen verlagert[900]. Aus diesem Grund wird die Frage der Entparlamentarisierung der Rundfunkgebührenentscheidung durchaus in rechtlicher Hinsicht – insbesondere im Hinblick auf das Demokratieprinzip – relevant[901].

Hinzu kommt, dass auch die Verantwortlichkeiten zunehmend verwischen, wenn das Parlament lediglich noch einen vorgefertigten Gesetzentwurf beschließt, ohne einen entscheidenden Einfluss auf dessen Inhalt zu haben. Dies kann im Ergebnis dazu führen, dass niemand für das Ergebnis Verantwortung übernimmt und der Wähler letztlich durch sein Votum bei der nächsten Wahl niemanden politisch zur Rechenschaft ziehen kann[902]. Um entsprechende Konsequenzen ziehen zu können, muss dem Wähler deutlich werden, wer für welche Entscheidung die Verantwortung trägt. Verantwortung für eine Entscheidung kann jedoch nur entstehen, wenn es echte Entscheidungsalternativen gibt und nicht lediglich eine vorgefertigte Entscheidung „abgenickt“ wird[903]: „Soll ihr [der parlamentarischen Mehrheit] nicht die Verantwortung abgenommen wer-

---

899 *Herdegen*, in: VVDStRL 62 (2003), S. 7 (25); vgl. auch *Morgenthaler*, Freiheit, S. 30ff.; in dieser Richtung auch kritisch *Bethge*, in: Piazolo (Hrsg.), Das Bundesverfassungsgericht, S. 141 (163f.), der in Bezug auf das Arbeitsrecht die extensive Rechtsfortbildung durch die Gerichte als positiv ansieht, da der Gesetzgeber hier untätig geblieben ist, in Bezug auf die Rundfunkfinanzierung jedoch konstatiert, dass das Parlament „zur Exekutive [gerät], die die Karlsruher Quasinormen nur noch vollzieht.“

900 *Degenhart*, in: MP 2004, S. 125 (126).

901 So auch *H. Schiedermair*, in: FS Badura, S. 477 (488), der der Ansicht ist, dass die Verrechtlichung der Politik im Bereich des Rundfunks „das verfassungsrechtliche Argument geradezu herausfordert.“

902 Vgl. *Gerstenberg*, Gesetzgebungs- und Verwaltungskompetenz, S. 114ff. in Bezug auf entsprechende Defizite bei der Verlagerung von Diskussionen und damit Vorentscheidungen auf den Vermittlungsausschuss oder auf Kooperationsgremien.

903 Vgl. hierzu BVerfGE 9, 268 (282); *Dreier*, in: ARSP Beiheft 74 (2000), S. 9 (20ff.); *Ernst*, in: FS Schmidt-Jortzig, S. 95 (115f.); *P. Kirchhof*, in: FS Badura, S. 237 (250f.); *Mehde*, Steuerungsmodell, S. 187; *J. Schmidt*, Legitimationsfunktion, S. 33; *Thierse*, in: NVwZ 2005, S. 153 (156); s. zur Verantwortung auch *Saladin*, Verantwortung, S. 37, der auf die Verkettung von Freiheit und Verantwortung eingeht.

den, darf ihr auch nicht die Handlungsvollmacht entzogen werden."[904] An Entscheidungsalternativen und damit an einer Entscheidungsfreiheit fehlt es, wenn eine materielle Bindung an anderweitige Entscheidungen, z.B. an das Votum einer Sachverständigenkommission, besteht. Dies führt zu einem Konflikt mit der repräsentativen Demokratie, wie sie in Art. 20 Abs. 2 GG normiert ist. Demnach ist das Volk Träger aller Staatsgewalt, das sich in freien Wahlen ein Repräsentationsorgan wählt. Dieses Organ „[handelt] innerhalb eines limitierten Zeitraums, der Wahlperiode, für das Volk und in – durch die nachfolgende Wahl sanktionierter – Verantwortlichkeit ihm gegenüber [...]."[905] Eine Sanktionierung der Rundfunkgebührenentscheidung in Form einer Wahlentscheidung ist jedoch nicht möglich, soweit der Beschluss über die Rundfunkgebührenhöhe materiell nicht dem Parlament zuzurechnen ist, da das Parlament für diese Entscheidung gerade nicht die Verantwortung tragen kann. Sind die Verantwortlichkeiten somit unklar, oder liegen diese, wie bei der Frage der Rundfunkgebühren, letztlich überhaupt nicht bei dem Gremium, das die formale Entscheidung trifft, stellt dies eine Aushöhlung des Demokratieprinzips dar[906]. Auch das Bundesverfassungsgericht stellt einen Zusammenhang zwischen parlamentarischer Verantwortung und demokratischer Legitimation her, indem es in der Osho-Entscheidung vom 26. Juni 2002 eine Ausdehnung des Gesetzesvorbehaltes mit der „Stärkung der parlamentarischen Verantwortung und damit der demokratischen Legitimation staatlichen Handelns" [907] begründet, freilich ohne aus dieser

904 *Hillgruber*, in: AöR 127 (2002), S. 460 (473) in Bezug auf die Entziehung der parlamentarischen Entscheidungsbefugnis durch allzu enge Vorgaben durch das Bundesverfassungsgericht.

905 *H. H. Klein*, in: HStR III, § 50 Rn. 4; vgl. hierzu auch *Böckenförde*, in: HStR III, § 34 Rn. 19, der von einem Verantwortlichkeitszusammenhang zwischen Volk und Parlament ausgeht, der aus der periodischen Neuwahl des Parlaments folgt; s. hierzu weiterhin *Droege*, in: DÖV 2009, S. 649 (654); *Hillgruber*, in: AöR 127 (2002), S. 460 (473); *P. Kirchhof*, in: NJW 2001, S. 1332 (1333); *Lerche*, in: Merten/Papier (Hrsg.), HGR III, § 62 Rn. 16; *H.-P. Schneider*, in: Merten/Papier (Hrsg.), HGR III, § 76 Rn. 9; auch das Bundesverfassungsgericht geht von einer Verantwortlichkeit der obersten politischen Staatsorgane aus, die durch regelmäßigen Wahlen sichergestellt werden muss, BVerfGE 44, 125 (129).

906 Anders sieht *Gerstenberg*, Gesetzgebungs- und Verwaltungskompetenzen, S. 115f. dies für die Diskussionsverlagerung in den Vermittlungsausschuss oder in Kooperationsgremien, da in diesen Fällen die endgültigen Entscheidungen vom Parlament gefällt werden, das auch materiell über die Gesetzesinhalte beschließen kann; ähnlich *Hanebeck*, Bundesstaat, S. 314.

907 BVerfGE 105, 279 (303).

Schlussfolgerung Konsequenzen für seine Rundfunkgebühren-Rechtsprechung zu ziehen.

e) Vergleichbare Konstellationen

Ein Vergleich der Anforderungen der Rundfunkfreiheit in Art. 5 Abs. 1 S. 2 mit den Anforderungen der Wissenschaftsfreiheit aus Art. 5 Abs. 3 S. 1 GG bietet sich an, da beide Grundrechte ähnlich strukturiert sind und durch die Stellung im Grundgesetz einen Zusammenhang aufweisen (aa). Zudem können Vergleiche hinsichtlich der Rolle des Parlaments beim Verfahren der Gebührenfestsetzung und seiner Rolle bei der Zustimmung zu völkerrechtlichen Verträgen (bb) sowie beim Erlass untergesetzlicher Normen (cc) gezogen werden.

aa) Die Wissenschaftsfreiheit aus Art. 5 Abs. 3 S. 1 GG

In Art. 5 GG wird nicht nur die Rundfunkfreiheit, sondern in Abs. 3 auch die Freiheit der Wissenschaft gewährleistet[908]. Ebenso wie die Rundfunkfreiheit enthält die Wissenschaftsfreiheit einen objektiven Gehalt in Form einer institutionellen Garantie[909]. Aus dieser folgen weitreichende Leistungs- und Teilhabegehalte[910]. Die Wissenschaftsfreiheit stellt sich zugleich als Verkörperung einer objektiven Wertordnung dar, die zu einer prinzipiellen Verstärkung der Geltungskraft der Grundrechte führt[911]. Eine ausschließlich auf die Autonomie des Grundrechtsträgers abstellende Betrachtungsweise wird aufgrund der überindividuellen Verantwortung der Wissenschaft und ihres Gemeinwohlbezugs ausge-

---

908 Diesen Vergleich der Rundfunkfreiheit mit der Wissenschaftsfreiheit zieht auch *Scholz*, in: Maunz/Dürig, Grundgesetz, Art. 5 Abs. III Rn. 133, freilich ohne auf die jeweilige Finanzausstattung einzugehen.

909 *Bethge*, in: Sachs, GG, Art. 5 Rn. 201f.; *Jarass*, in: Jarass/Pieroth, Grundgesetz, Art. 5 Rn. 118; *Scholz*, in: Maunz/Dürig, Grundgesetz, Art. 5 Abs. III Rn. 81f, 131ff.; *Stern*, in: Stern, Staatsrecht, Bd. 4/2, S. 796; vgl. auch *Fehling*, in: BK, Art. 5 Abs. 3 Rn. 32, der zwar den Begriff der „institutionellen Garantie" für verzichtbar hält, dennoch den objektiv-rechtlichen grundrechtsschützenden Gehalt der Wissenschaftsfreiheit anerkennt.

910 *Jarass*, in: Jarass/Pieroth, Grundgesetz, Art. 5 Rn. 118; *Wendt*, in: v. Münch/Kunig, Art. 5 Rn. 104; ausführlich zu den Teilhaberechten *Stern*, in: Stern, Staatsrecht, Bd. 4/2, S. 798ff.

911 *Bethge*, in: Sachs, GG, Art. 5 Rn. 201 m.w.N.; vgl. auch BVerfGE 35, 79 (112ff.); 93, 85 (95).

schlossen[912]. Der Staat hat die Hochschulen öffentlich-rechtlich organisiert. Dies sollte jedoch nicht zu einer Verstaatlichung führen, sondern, im Gegenteil, die Hochschulen vor Bedrohungen und Gefährdungen schützen und der Wissenschaftsfreiheit zur Wirkkraft verhelfen. Statt die Wissenschaft zu verstaatlichen, gewährleistet der Staat den Hochschulen Staatsfreiheit[913]. Die Staatsfreiheit im Rahmen der Wissenschaftsfreiheit wird allerdings nicht so strikt ausgelegt wie im Rahmen der Rundfunkfreiheit. Gerade in Bezug auf die Finanzierung wird das vorherrschende System – die Hochschulen werden aus dem Landeshaushalt finanziert, das Parlament legt die Höhe der Finanzen fest, ohne dabei Beschränkungen zu unterliegen – kaum infrage gestellt[914]. Jedoch besteht – parallel zur Rechtsprechung des Bundesverfassungsgerichts zur Rundfunkfreiheit – die Forderung nach einer funktionsgerechten Finanzierung der Hochschulen durch die Länder[915] bzw. nach einer finanziellen Mindestausstattung, die aus Art. 5 Abs. 3 GG folge[916].

Die Festsetzung der den Hochschulen zustehenden Finanzmittel durch den Staat führt dazu, dass die Universitäten mit dem ihnen zugewiesenen Budget (zuzüglich etwaiger Drittmittel) auskommen und ihren Auftrag mit diesen Mitteln erfüllen müssen. Es herrscht somit eher Freiheit der Hochschulen im und durch den Staat als Freiheit vom Staat – anders als es den Rundfunkanstalten zugestanden wird[917]. So müssen es die Hochschulen als ebenfalls mit Autonomie

---

912 *Bethge*, in: Sachs, GG, Art. 5 Rn. 231.

913 *Bethge*, in: Sachs, GG, Art. 5 Rn. 202a; zur Staatsferne der Hochschulen auch BVerfGE 35, 79 (112); *Gärditz*, Hochschulorganisation, S. 393; *Karpen*, Wissenschaftsfreiheit, S. 15; *Stern*, in: Stern, Staatsrecht, Bd. 4/2, S. 746, 756ff.; *Wallerath*, in: WissR 2004, S. 203 (205f.).

914 Anders jedoch jetzt *Dörr/S. Schiedermair*, Finanzierung der Universitäten, S. 69ff., die das dreistufige Modell der Rundfunkgebührenermittlung auf die Festlegung der Finanzmittel für die Universitäten übertragen möchten; vgl. zur Hochschulfinanzautonomie auch *Gärditz*, Hochschulorganisation, S. 397f.; im Jahr 1969 wurde es noch als Ziel angesehen, überhaupt über die zugeteilten Mittel im Sinne eines Globalhaushaltes frei verfügen zu können, und eventuell sogar direkt mit dem Parlament über die Finanzmittel verhandeln zu können, vgl. *Oppermann*, in: WissR 1969, S. 1 (8ff.) sowie hierzu auch noch im Jahr 1983 *Karpen*, Wissenschaftsfreiheit, S. 38

915 *Erichsen/Scherzberg*, in: NVwZ 1990, S. 8 (15f.), die die Universitäten hier mit den Kommunen vergleichen, jedoch kein Verfahren vorschlagen, wie die Höhe der Finanzen so bestimmt werden soll, dass sie als funktionsgerecht angesehen werden kann; so auch *Stern*, in: Stern, Staatsrecht, Bd. 4/2, S. 770f.

916 *F. Kirchhof*, in: JZ 1998, S. 275 (277f.).

917 *Fehling*, in: Die Verwaltung 35 (2002), S. 399 (402 mit Fn. 16).

ausgestattete juristische Personen des öffentlichen Rechts aushalten, dass dem Staat ein deutlich weiterer Gestaltungsspielraum zugestanden wird als im Rundfunkbereich und dass die Finanzierung unmittelbar dem Staatsetat entstammt[918]. Den Hochschulen verbleibt die Autonomie in Wissenschaftsfragen, während dem Staat das parlamentarische Budgetrecht aus gesamtstaatlicher Verantwortung bei politischen Entscheidungen zukommt. Im fachlichen Bereich, wie z.B. Gegenständen, Methoden und Inhalten von Forschung und Lehre bleibt die Universität frei von staatlichem Einfluss, während die Organisation, zu der auch die Ausstattung mit Finanzmitteln gehört, Angelegenheit des Staates ist[919]. Den Rundfunkanstalten wird somit eine deutlich komfortablere Situation zugestanden als den Hochschulen. Dies würde selbst dann noch gelten, wenn den Ländern ein größeres Recht zukäme, vom Gebührenvorschlag der KEF abzuweichen.

Der Vergleich mit der Wissenschaftsfreiheit zeigt, dass die Interpretation der Rundfunkfreiheit durch das Bundesverfassungsgericht nicht zwingend ist und in anderen Bereichen – trotz ähnlicher Ausgangslage – nicht analog verfahren wird. Selbstverständlich ist die Wirkung des Rundfunks auf die Bevölkerung und damit der Einfluss auf die demokratische Willensbildung anders gelagert als die „Wirkung" der Wissenschaft auf den Staat. Gleichwohl handelt es sich um eine wichtige Aufgabe, da ein Einfluss des Staates auf die Inhalte von Forschung und Lehre dazu führen könnte, dass nur bestimmte, dem Staat genehme Bereiche erforscht und gelehrt würden oder dass innerhalb solcher Bereiche Einfluss auf die gelehrten Inhalte genommen wird. Entsprechend wird die Wissenschaftsfreiheit als institutionelle Garantie und als Teil der objektiven Wertordnung verstanden[920]. Auch die Organisation der Hochschulen als Körperschaften des öffentlichen Rechts ist vergleichbar mit der Organisationsform der öffentlich-rechtlichen Rundfunkanstalten. Zudem gilt für beide die Staatsfreiheit. Ein fundamentaler Unterschied besteht dagegen in der Finanzierung, so dass – auch und gerade im Lichte dieses Vergleichs – fraglich ist, ob die Interpretation des Bundesverfassungsgerichts hinsichtlich der Rundfunkfreiheit alternativlos ist.

---

918 *Bethge*, in: AöR 116 (1991), S. 521 (530); *Oppermann/Kilian*, Rechtsgrundsätze, S. 110; *Rupp*, in: Schwartländer/Riedel (Hrsg.), Neue Medien, S. 83 (97f. mit Fn. 35).

919 *F. Kirchhof*, in: JZ 1998, S. 275 (278).

920 Vgl. zu objektiven Gehalten der Grundrechte allgemein *Gärditz*, Hochschulorganisation, S. 313ff., zu den objektiven Aussagen des Art. 5 Abs. 3 S. 1 GG S. 337ff.

bb) Zustimmung zu völkerrechtlichen Verträgen

Auch bei völkerrechtlichen Verträgen nach Art. 59 Abs. 2 S. 1 GG kommt dem Parlament lediglich ein eingeschränkter Spielraum für eigenständige Entscheidungen zu, da gemäß § 82 Abs. 2 GO-BT Änderungsanträge zu völkerrechtlichen Verträgen nicht zulässig sind und das Parlament darauf beschränkt ist, den Gesamtvertrag en bloc anzunehmen oder abzulehnen, ohne dass deren Wortlaut verändert werden kann[921]. Sogar Verfassungsänderungen können nach der – freilich problematischen – Rechtsprechung des Bundesverfassungsgerichts als Teil eines völkerrechtlichen Vertrages in dem Verfahren nach Art. 59 Abs. 2 GG durchgeführt werden[922]. Allerdings darf ein völkerrechtlicher Vertrag erst ratifiziert werden, wenn der Bundestag diesem vorher durch förmliches Gesetz zugestimmt hat, wobei der Bundestag auch Vorbehalte einfügen darf, ohne dass durch diese der Vertrag als solcher in seinem Inhalt geändert würde[923]. Der Beschluss des Bundestages liefert folglich die Ermächtigung für die Bundesregierung zum Vertragsschluss bzw., genauer, zur Vornahme der Ratifikation durch den Bundespräsidenten, ohne dass daraus eine Pflicht zur Ratifikation folgen würde[924]. Ohne Zustimmung kann die Bundesregierung den Vertrag folglich nicht ratifizieren, wodurch dem Bundestag eine eigene politische Mitwirkungsbefugnis im eigentlich der Exekutive vorbehaltenen Bereich der Außenpolitik eingeräumt wird[925]. Auch im Vorfeld eines Zustimmungsbeschlusses hat das

---

921 BVerfGE 90, 286 (358); *Butzer/Haas*, in: Schmidt-Bleibtreu/Hofmann/Hopfauf, Grundgesetz, Art. 59 Rn. 102; *E. Klein*, Gesetzgebung ohne Parlament?, S. 9f.; *Nettesheim*, in: Maunz/Dürig, Grundgesetz, Art. 59 Rn. 147; *Streinz*, in: Sachs, GG, Art. 59 Rn. 51.

922 BVerfGE 82, 316 (320f.); vgl. zu dieser Frage auch *Butzer/Haas*, in: Schmidt-Bleibtreu/Hofmann/Hopfauf, Grundgesetz, Art. 59 Rn. 100; *Nettesheim*, in: Maunz/Dürig, Grundgesetz, Art. 59 Rn. 153f.

923 *Jarass*, in: Jarass/Pieroth, Grundgesetz, Art. 59 Rn. 15; *Nettesheim*, in: Maunz/Dürig, Grundgesetz, Art. 59 Rn. 94; *Streinz*, in: Sachs, GG, Art. 59 Rn. 51.

924 *Butzer/Haas*, in: Schmidt-Bleibtreu/Hofmann/Hopfauf, Grundgesetz, Art. 59 Rn. 109; *Nettesheim*, in: Maunz/Dürig, Grundgesetz, Art. 59 Rn. 95; *Streinz*, in: Sachs, GG, Art. 59 Rn. 59; die Ablehnung eines völkerrechtlichen Vertrags ist allerdings schon aufgrund des damit verbundenen Image-Verlustes der Bundesregierung sehr unwahrscheinlich, vgl. *E. Klein*, Gesetzgebung ohne Parlament?, S. 9.

925 BVerfGE 90, 286 (357); *Jarass*, in: Jarass/Pieroth, Grundgesetz, Art. 59 Rn. 16; *Nettesheim*, in: Maunz/Dürig, Grundgesetz, Art. 59 Rn. 94; gleichzeitig besteht jedoch das Problem der Uminterpretation ohne Änderung des Vertragstexts, die vom Bundesverfassungsgericht sehr weitreichend zugelassen wurde ohne dass der Bundestag erneut

Parlament die Möglichkeit, durch Einwirkung auf die Bundesregierung seine Kontrollfunktion wahrzunehmen und sich in den Willensbildungs- und Entscheidungsprozess einzuschalten[926]. Das letztlich vom Bundestag beschlossene Vertragsgesetz verhilft dem Vertragsinhalt erst zur innerstaatlichen Geltung. Die Beteiligung des Bundesrates richtet sich sodann nach den allgemeinen Regeln[927]. Teilweise wird die Zustimmungspflicht des Art. 59 Abs. 2 GG als Ausdruck der Wesentlichkeitstheorie gesehen, da hierdurch dem Parlament ermöglicht wird, auf die wesentlichen Grundentscheidungen des Staates, hier im Bereich der Außenpolitik, Einfluss zu nehmen[928]. Gleichzeitig zeigt diese Vorschrift, dass es einer Kooperation zwischen Exekutive und Legislative bedarf, da dem Parlament ein Mitentscheidungsrecht zukommt, auch wenn dieses lediglich durch umfassende Zustimmung oder umfassende Ablehnung zum Ausdruck kommen kann[929]. Das im Rahmen der Umsetzung erforderliche Gesetzgebungsverfahren bleibt, mit Ausnahme der Unveränderbarkeit der Vertragsbestimmungen im Gesetzgebungsverfahren, unberührt und richtet sich nach den allgemeinen Regeln der Art. 76ff. GG[930]. Die Einflussmöglichkeiten des Parlaments sind somit auch im Bereich der völkerrechtlichen Verträge eingeschränkt. Dies folgt daraus, dass die Kompetenz für die Außenpolitik v.a. der Bundesregierung zukommt[931]. Entsprechend legt das Grundgesetz in Art. 59 Abs. 2 S. 1 fest, dass der Bundestag zwar mitentscheiden muss. In der Geschäftsordnung des Deutschen Bundestages ist jedoch in § 81 Abs. 4 S. 2 festgelegt, dass der Bundestag

---

damit befasst werden müsste, vgl. BVerfGE 104, 151; zu diesem Problem bereits *Hillgruber*, in: FS Leisner, S. 53ff.

926 BVerfGE 90, 286 (364f.); *Butzer/Haas*, in: Schmidt-Bleibtreu/Hofmann/Hopfauf, Grundgesetz, Art. 59 Rn. 62; *Nettesheim*, in: Maunz/Dürig, Grundgesetz, Art. 59 Rn. 136f.; *H. H. Klein*, in: Maunz/Dürig, Grundgesetz, Art. 38 Rn. 52 bezeichnet dies als „mitwirkende Kontrolle"; ausführlich zur Rolle des Parlaments beim Zustandekommen von völkerrechtlichen Verträgen am Beispiel der Doppelbesteuerungsabkommen *Lehner*, in: Symposium zu Ehren von Klaus Vogel, S. 95ff.

927 *Nettesheim*, in: Maunz/Dürig, Grundgesetz, Art. 59 Rn. 148; *Streinz*, in: Sachs, GG, Art. 59 Rn. 47ff.

928 *Butzer/Haas*, in: Schmidt-Bleibtreu/Hofmann/Hopfauf, Grundgesetz, Art. 59 Rn. 55.

929 Vgl. *Butzer/Haas*, in: Schmidt-Bleibtreu/Hofmann/Hopfauf, Grundgesetz, Art. 59 Rn. 56.

930 *Nettesheim*, in: Maunz/Dürig, Grundgesetz, Art. 59 Rn. 147; eine Ausnahme ist in § 78 Abs. 1 GO-BT festgelegt, nach dem die Zahl der Lesungen grundsätzlich auf zwei verkürzt ist.

931 BVerfGE 90, 286 (358); *Jarass*, in: Jarass/Pieroth, Grundgesetz, Art. 59 Rn. 6; *Nettesheim*, in: Maunz/Dürig, Grundgesetz, Art. 59 Rn. 53.

lediglich den Vertrag im Ganzen annehmen oder ablehnen kann, ihm also keine Kompetenz zur Einforderung von Änderungen am Vertragstext zukommt. Dadurch fällt ein zentrales legitimierendes Element des parlamentarischen Prozesses weg. Insofern liegt auf den ersten Blick eine Vergleichbarkeit zum Verfahren bei der Festlegung der Rundfunkgebührenhöhe vor, da auch hier das Parlament in seinen Entscheidungskompetenzen beschränkt wird. Gewichtige Unterschiede ergeben sich jedoch daraus, dass die Beschränkung im Bereich von völkerrechtlichen Verträgen ausdrücklich in der Geschäftsordnung des Deutschen Bundestages normiert ist und dem Bundestag die Möglichkeit bleibt, den völkerrechtlichen Vertrag abzulehnen was im Ergebnis meist zu neuen Verhandlungen führen dürfte, bei denen die Kritik des Parlaments berücksichtigt werden müsste[932]. Die Möglichkeit der Ablehnung ist den Landesparlamenten in Bezug auf den Staatsvertrag, in dem die Rundfunkgebührenhöhe neu geregelt wird, verstellt, da dies nach der Rechtsprechung des Bundesverfassungsgerichts eine Verletzung der Rundfunkfreiheit darstellen würde. Somit zeigt sich, dass es auch auf Bundesebene Fälle gibt, in denen dem Parlament eine umfassende Mitwirkung an der Rechtsetzung verweigert wird. Die Unterschiede dieser Einschränkung der Entscheidungsfreiheit des Parlaments im Vergleich mit der in dieser Untersuchung relevanten Situation sind freilich derartig, dass daraus keine Argumente für die Rechtfertigung der Parlamentsbeschränkungen im KEF-Verfahren gezogen werden können.

---

932 Zu einer vergleichbaren Situation kam es im Februar 2010 bei der Ablehnung des neuen Swift-Abkommens zwischen EU und USA, bei dem das EU-Parlament die nach dem Lissabon-Vertrag notwendige Zustimmung verweigerte. Entsprechend kam es zu Neuverhandlungen, bei denen die Ablehnungsgründe des EU-Parlaments zumindest teilweise berücksichtigt wurden, so dass es dem neu verhandelten Vertrag nun zustimmen konnte; vgl. zum Scheitern des Abkommens http://www.zeit.de/politik/ausland/2010-02/swift-abkommen-gescheitert (zuletzt aufgerufen am 19. Juni 2012), s. zum Inkrafttreten des überarbeiteten Abkommens im August 2010 http://www.tagesschau.de/ausland/swift172.html (zuletzt aufgerufen am 19. Juni 2012). Auch die Ablehnung des Jugendmedienschutzstaatsvertrages durch den nordrhein-westfälischen Landtag im Dezember 2010 wird voraussichtlich zu neuen Verhandlungen führen, an deren Ende ein neuer Vertragsentwurf steht, dem dann alle Länder zustimmen können. Dies zeigt, dass dem Parlament durchaus Macht zukommt, auch wenn keine konkreten Änderungsanträge gestellt werden können. Vgl. zu den Folgen der Ablehnung in Nordrhein-Westfalen *Knothe*, in: ZRP 2011, S. 78ff., der zu der Schlussfolgerung kommt, dass es künftig einer noch besseren Planung und Abstimmung zwischen den Regierungen und den Parlamenten bedarf, um das Scheitern weiterer Staatsverträge zu verhindern.

cc) Die Rolle des Parlaments beim Erlass untergesetzlicher Normen

Die untergesetzliche, delegierte Rechtsetzung, insbesondere durch Rechtsverordnungen, wird zunehmend wichtiger und ist letztlich unentbehrlich, da einerseits der parlamentarische Gesetzgeber entlastet wird, und andererseits Sachverhalte durch den Erlass von Rechtsverordnungen schneller und detaillierter geregelt werden können[933]. Rechtsverordnungen sind nicht auf Organisations- und Verfahrensregelungen beschränkt. Sie können auch materielle Detailregelungen enthalten und mitunter grundrechtsrelevant sein. Gleichwohl bleiben die Verfahrensregelungen im Hinblick auf den Erlass von Rechtsverordnungen deutlich hinter den Regelungen im Gesetzgebungsverfahren zurück. Die grundgesetzlichen Regelungen in Art. 80 und 82 GG enthalten allenfalls rudimentäre Verfahrenserfordernisse: So muss die Ermächtigungsgrundlage ein Gesetz sein, in dem Inhalt, Ausmaß und Zweck der Verordnung geregelt ist, die Rechtsverordnung muss ihre Rechtsgrundlage angeben und die Rechtsverordnung muss, wie ein formelles Gesetz, gemäß Art. 82 GG ausgefertigt und verkündet werden[934]. Darüber hinaus sind in der Gemeinsamen Geschäftsordnung der Bundesministerien (GGO) Verfahrensregelungen festgeschrieben[935]. Demnach gelten gemäß § 62 Abs. 2 S. 1 GGO die gleichen Verfahrensregeln wie für Gesetze. Allerdings bezieht sich dies nur auf das interne Verfahren innerhalb und zwischen den Ministerien während der Vorbereitung von Verordnungen. Demnach müssen gemäß § 62 Abs. 2 S. 1 i.V.m. § 47 Abs. 3 GGO auch Zentral- und Gesamtverbände sowie Fachkreise bei der Ausarbeitung beteiligt werden. Anders als im Gesetzgebungsverfahren ist jedoch keine öffentliche Behandlung des Entwurfs vorgesehen – auch öffentliche Expertenanhörungen finden grundsätzlich nicht statt. Die Anhörung von Sachverständigen kann allenfalls in der Ermächtigungsnorm festgeschrieben werden[936].

Die weitgehende Freiheit des Verordnungsgebers von Verfahrensanforderungen steht in klarem Gegensatz zu den detaillierten Verfahrensvorschriften, die das Bundesverfassungsgericht hinsichtlich der Festsetzung der Gebührenhöhe für das entsprechende Gesetzgebungsverfahren gefordert hat. Im Falle der Rundfunkgebühren wird dem Gesetzgeber auferlegt, zusätzlich zu den vorhan-

933 Vgl. nur *Brenner*, in: v. Mangoldt/Klein/Starck, Grundgesetz, Art. 80 Rn. 7f.

934 S. auch *Bryde*, in: v. Münch/Kunig, Art. 80 Rn. 35, der das Verfahren der Verordnungsgebung durch die Regelungen in Art. 80 und 82 GG als im Normalfall erschöpfend geregelt ansieht.

935 Vgl. auch *Nierhaus*, in: BK, Art. 80 Abs. 1 Rn. 380ff., allerdings noch zu den inzwischen in die GGO überführten Regelungen der GGO II.

936 S. *Maunz*, in: Maunz/Dürig, Grundgesetz, Art. 80 Rn. 35.

denen allgemeinen Verfahrensregelungen für den Erlass von Gesetzen ein Sachverständigengremium einzubeziehen, das faktische Mitentscheidungskompetenz besitzt. Im Fall des Erlasses von Rechtsverordnungen darf die Exekutive – selbstverständlich innerhalb der Grenzen der Ermächtigungsnorm und unter Berücksichtigung des Parlamentsvorbehalts – ohne festgelegtes Verfahren Sachverhalte regeln. Lediglich mittelbar – durch das Gesetzgebungsverfahren beim Erlass der Ermächtigungsnorm – findet eine öffentliche Behandlung statt, während die konkrete Verordnung ohne Öffentlichkeit und Expertenanhörung entsteht und in Kraft gesetzt wird[937]. Eine gewisse Diskrepanz lässt sich nicht leugnen. Während beim Gebührenfestsetzungsverfahren das „normale" Gesetzgebungsverfahren nicht genügen soll, um die Grundrechte zu wahren, bleibt der Erlass von Rechtsverordnungen weitgehend ohne festgelegtes Verfahren.

f) Rückschlüsse aus der Rechtsprechung des Bundesverfassungsgerichts im Hartz-IV-Urteil vom 9. Februar 2010

In seinem Urteil zur Festsetzung der Regelleistungen nach SGB II („Hartz IV") vom 9. Februar 2010 stellt das Bundesverfassungsgericht fest:

> „Zur Konkretisierung des Anspruchs hat der Gesetzgeber alle existenznotwendigen Aufwendungen folgerichtig in einem transparenten und sachgerechten Verfahren nach dem tatsächlichen Bedarf, also realitätsgerecht, zu bemessen (vgl. BVerfGE 66, 214 [223]; 68, 143 [153]; 82, 60 [88]; 99, 246 [260]; 112, 268 [280]; 120, 125 [155]). Hierzu hat er zunächst die Bedarfsarten sowie die dafür aufzuwendenden Kosten zu ermitteln und auf dieser Basis die Höhe des Gesamtbedarfs zu bestimmen. Das Grundgesetz schreibt ihm dafür keine bestimmte Methode vor (ebenso bei grundrechtlichen Schutzpflichten vgl. BVerfGE 46, 160 [164]; 96, 56 [64]; 115, 118 [160]); er darf sie vielmehr im Rahmen der Tauglichkeit und Sachgerechtigkeit selbst auswählen. Abweichungen von der gewählten Methode bedürfen allerdings der sachlichen Rechtfertigung."[938]

Damit hat das Bundesverfassungsgericht auch in diesem Bereich festgelegt, dass der Grundrechtsschutz durch ein qualifiziertes Gesetzgebungsverfahren gewährleistet werden soll. Allerdings räumt es hier dem Gesetzgeber einen weiteren Spielraum ein als bei der Festlegung der Rundfunkgebühren, da es kein Verfahren detailliert vorgibt. So komme auch eine Schätzung auf fundierter empirischer Grundlage in Betracht, während eine Schätzung „ins Blaue hinein" ausgeschlossen sei. Zudem treffe den Gesetzgeber die Obliegenheit, die Entscheidung

937 Vgl. zu diesem Problem auch *Soppe*, Selbstentmachtung, S. 52f.
938 BVerfGE 125, 175 (225).

über die Höhe der Sozialleistungen nachvollziehbar zu begründen, insbesondere wenn der Gesetzgeber von der einmal gewählten Berechnungsmethode abweiche[939].

Wie schon in Bezug auf den Grundrechtsschutz durch ein qualifiziertes Gesetzgebungsverfahren im Bereich der Rundfunkfinanzierung hat die auch in dieser Entscheidung gewählte Konstruktion des Bundesverfassungsgerichts kaum Widerhall bzw. Widerspruch in der Literatur erfahren. Nur wenige Autoren gehen ausführlicher auf diesen Punkt ein[940]. Dabei wird der Ansatz des Bundesverfassungsgerichts mehrheitlich gelobt, da u.a. die Ermittlungs-, Transparenz- und Begründungspflichten des Gesetzgebers einen rationalitätsverbürgenden politischen Diskurs ermöglichten[941]. Hierdurch erhalte der Gesetzgeber die Macht, innerhalb der dargestellten Regeln die Sozialpolitik selbständig und demokratisch zu gestalten. Dabei sei es notwendig, die Grundrechtskonkretisierung durch ein qualifiziertes Gesetzgebungsverfahren zu ergänzen[942]. Der Freiraum des Gesetzgebers im Rahmen des entsprechenden Verfahrens gehe einher mit einer eingeschränkten Gerichtskontrolle, da nunmehr lediglich das Verfahren, nicht jedoch das Ergebnis kontrolliert würde[943]. Die geforderte Transparenz des

939 BVerfGE 125, 175 (237f.); im Ergebnis muss jedoch von einer Begründungspflicht statt von einer Begründungsobliegenheit ausgegangen werden, da ein Begründungsmangel zur Grundrechtsverletzung führt und somit ein subjektives Recht auf „hinreichende" Begründung besteht, vgl. *Rixen*, in: SGb 2010, S. 240 (243f.).

940 Vgl. im Gegensatz zu den vielen Besprechungen, die den Grundrechtsschutz durch Verfahren nicht erwähnen, die Anmerkungen von *Berlit*, in: KJ 2010, S. 145 (149f.); *Hebeler*, in: DÖV 2010, S. 754 (761f.); *Hohm*, in: ZFSH SGB 2010, S. 269 (272, 275ff.); *Rixen*, in: SGb 2010, S. 240 (242ff.); *Rothkegel*, in: ZFSH SGB 2010, S. 135 (140f., 145f.).

941 *Berlit*, in: KJ 2010, S. 145 (149).

942 *Rixen*, in: SGb 2010, S. 240 (243f.); *Rothkegel*, in: ZFSH SGB 2010, S. 135 (141) möchte die verfahrensgesicherte „normative Vergewisserung" des Gesetzgebers auch für andere Rechtsgebiete generalisieren, jedenfalls soweit Grundrechtspositionen konkretisiert und berührt werden.

943 Vgl. hinsichtlich der vergleichbaren Konstellation beim Rundfunkgebührenfestsetzungsverfahren *Badura*, in: FS Knöpfle, S. 1 (5), der dazu kritisch schreibt: „Das Gericht [i.e. das Bundesverfassungsgericht] verlagert die Verteidigungslinie des Grundrechts [i.e. Art. 5 Abs. 1 S. 2 GG] im Fall der Gebührenentscheidung, die ohne Zweifel die Arbeitsfähigkeit und Funktionstüchtigkeit der Rundfunkanstalten grundlegend berührt, aber die konkrete Programmgestaltung nur über mehrere Zwischenfaktoren mittelbar erreichen kann, sehr weit nach vorn und überdehnt unvermeidlich die Nachschublinien belastbarer juristischer Argumentation und Begründung beträchtlich.".

Verfahrens ermögliche dabei erst die gerichtliche Verfahrenskontrolle[944]. *Hohm* möchte die im Hartz-IV-Urteil aufgestellten Grundsätze gar auf die Leistungen nach dem Asylbewerberleistungsgesetz ausweiten und propagiert auch hier einen Grundrechtsschutz durch Verfahren. Hierdurch solle verhindert werden, dass die Leistungen auf bloßen Kostenschätzungen beruhten und stattdessen ein transparentes und sachgerechtes Verfahren eingeführt werde, bei dem alle existenznotwendigen Aufwendungen folgerichtig bemessen würden[945].

Die Vorgaben im Hartz-IV-Urteil sind insgesamt vergleichbar mit denjenigen, die das Bundesverfassungsgericht dem Gesetzgeber hinsichtlich des Verfahrens zur Festlegung der Rundfunkgebührenhöhe macht, auch wenn der Spielraum des Gesetzgebers in Bezug auf die Sozialleistungen größer ist. In beiden Fällen verfolgt das Bundesverfassungsgericht das Konzept eines Grundrechtsschutzes durch qualifiziertes Gesetzgebungsverfahren, ohne dieses Modell grundlegend herzuleiten, zu begründen oder auch nur auszuführen, dass damit verfassungsrechtliches Neuland betreten wird. Bei den bisherigen Urteilsbesprechungen stellt lediglich *Hebeler* die grundsätzliche Frage, ob diese Konstruktion verfassungskonform ist[946]. Entsprechend bleibt das wesentliche Problem auch nach diesem Urteil ungelöst. Das Urteil könnte jedoch einen Hinweis auf eine sich festigende Rechtsprechung geben, bei der der Grundrechtsschutz durch ein qualifiziertes Gesetzgebungsverfahren gewährleistet werden soll.

3. Zusammenfassende Würdigung des Grundrechtsschutzes durch ein qualifiziertes Gesetzgebungsverfahren

Das Modell des Grundrechtsschutzes durch Verfahren ist anerkannt für Verwaltungs- und Gerichtsverfahren[947]. In Bezug auf das Gesetzgebungsverfahren besteht für den prozeduralen Grundrechtsschutz jedoch keine entsprechende Dogmatik[948]. Lediglich für einen Sonderfall besteht bislang Einigkeit, dass dieses

---

944 *Rothkegel*, in: ZFSH SGB 2010, S. 135 (145f.).

945 *Hohm*, in: ZFSH SGB 2010, S. 269 (275ff.).

946 *Hebeler*, in: DÖV 2010, S. 754 (761f.).

947 Vgl. nur *Hebeler*, in: DÖV 2010, S. 754 (762); *Schmidt-Aßmann*, in: Merten/Papier (Hrsg.), HGR II, § 45 Rn. 14ff.; zwar wertet *Goerlich*, Verfahrensgarantien, S. 217ff. das Gesetzgebungsverfahren auch dem Bereich der aus den Grundrechten folgenden Verfahrensgarantien zu, gleichzeitig bezieht er dies jedoch lediglich auf das normierte Gesetzgebungsverfahren, nicht auf darüber hinausgehende Anforderungen an das Verfahren.

948 Vgl. hierzu explizit den Anwendungsbereich des Grundrechtsschutzes durch Verfahren auf Verwaltungs- und Gerichtsverfahren begrenzend *Hebeler*, in: DÖV 2010, S. 754

Modell angewandt werden soll: trifft der Gesetzgeber konkrete Entscheidungen, weicht also vom allgemeinen Regelungsauftrag ab und tritt quasi anstelle der Verwaltung eine Einzelfallentscheidung, kommt ein Grundrechtsschutz durch Verfahren in Betracht. Dies ist z.B. der Fall, wenn Trassenplanungen durch Gesetz vorgenommen werden. Eine solche Legalplanung ist zwar nicht per se verfassungswidrig, wegen ihrer enteignungsrechtlichen Vorwirkung muss der Gesetzgeber jedoch selbst den entscheidungsrelevanten Sachverhalt zutreffend und vollständig ermitteln und die betroffenen Grundstückseigentümer und Gemeinden anhören[949]. Über diesen Spezialfall hinaus – dessen Rechtfertigung sich aus der Nähe zum regelmäßig in solchen Fällen vorgesehenen Verwaltungsverfahren ergibt – lassen sich Anhörungsrechte in anderen Gesetzgebungsverfahren nicht aus dem Grundgesetz ableiten[950]. Auch Begründungspflichten des Gesetzgebers für seine Entscheidungen sind nicht aus den Grundrechten herzuleiten, sondern ergeben sich, sofern überhaupt von einer verfassungsrechtlichen Pflicht zur Begründung von Gesetzen ausgegangen wird, aus der rechtsstaatlichen Rechtfertigungspflicht des Gesetzgebers gegenüber dem Volk[951]. Der Gesetzgeber kann

---

(762); *Schmidt-Aßmann*, in: Merten/Papier (Hrsg.), HGR II, § 45 Rn. 20; implizit, weil nur auf das behördliche und gerichtliche Verfahren eingehend, wird diese Beschränkung ferner benannt von *Bethge*, in: NJW 1982, S. 1 (4f.); *Britz*, in: Der Staat 42 (2003), S. 35 (37, 57); *Denninger*, in: HStR V, 2. Aufl., § 113 Rn. 2; auch *Gärditz*, Hochschulorganisation, S. 340ff. bezieht den Grundrechtsschutz durch Organisation und Verfahren lediglich auf die Regelung „hochschulinterner Allokationsentscheidungen" (S. 341) und weist darauf hin, dass sich diese Grundrechtsfunktion in erster Linie „gesetzesmediatisiert" (S. 344) verwirklicht.

949 BVerfGE 95, 1 (22f.); vgl. auch *Lerche*, in: ders./Schmitt Glaeser/Schmidt-Aßmann, Verfahren, S. 97 (114); *Schmidt-Aßmann*, in: Merten/Papier (Hrsg.), HGR II, § 45 Rn. 20.

950 *Hebeler*, in: DÖV 2010, S. 754 (762); *Schmidt-Aßmann*, in: Merten/Papier (Hrsg.), HGR II, § 45 Rn. 20, 38.

951 *Gusy*, in: ZRP 1985, S. 291 (298); *Hebeler*, in: DÖV 2010, S. 754ff.; *Kischel*, Begründung, S. 136, 261ff.; *Rixecker*, in: FS Ellscheid, S. 126ff.; *Schmidt-Aßmann*, in: Merten/Papier (Hrsg.), HGR II, § 45 Rn. 20; a.A. BVerfGE 125, 175 (238), das kontextbezogene Begründungspflichten aus grundrechtlicher Sicht für notwendig hält, wie z.B. in Bezug auf die Berechnung von Sozialleistungen nach dem SGB II; ähnlich auch *Gärditz*, Hochschulorganisation, S. 193; für begründungspflichtig hält *Lücke*, Begründungszwang, S. 219ff., jedes Staatshandeln, inklusive der Gesetzgebung; für ein „Mindestbegründungsgebot" *Blum*, in: DJT 65 (2004), Bd. I, S. I 1 (I 123ff.); ausführlich zur Begründungspflicht der Legislative auch *Heinz*, Gesetzgebungsverfahren, S. 268ff.; gegen die Annahme einer Begründungspflicht des Gesetzgebers vgl. nur *Waldhoff*, in: FS Isensee, S. 325ff. mit zahlreichen Nachweisen, u.a. zur in diesem Punkt uneinheitlichen

allenfalls nach dem Grundgesetz verpflichtet sein, Regelungen über Organisation und Verfahren gesetzlich festzulegen, die für das Verwaltungsverfahren gelten[952].

Das Bundesverfassungsgericht hat den prozeduralen Grundrechtsschutz in seinen Rundfunkgebührenentscheidungen auf das Gesetzgebungsverfahren ausgeweitet und fordert vom Gesetzgeber ein qualifiziertes Gesetzgebungsverfahren für die Festlegung der Rundfunkgebührenhöhe. Es setzt sich allerdings in seinen Urteilen nicht mit der grundlegenden Frage auseinander, ob eine solche Ausweitung des prozeduralen Grundrechtsschutzes verfassungsrechtliche Probleme aufwerfen könnte. In der zweiten Rundfunkgebührenentscheidung wird als Nachweis für den prozeduralen Grundrechtsschutz lediglich auf die erste Rundfunkgebührenentscheidung verwiesen[953]. Die erste Rundfunkgebührenentscheidung wiederum enthält zwar einen Nachweis auf die ältere Rechtsprechung des Bundesverfassungsgerichts[954], allerdings wird hier lediglich auf die Mülheim-Kärlich-Entscheidung verwiesen, die den Grundrechtsschutz durch *Verwaltungsverfahren* zum Schwerpunkt hatte und sich nicht mit dem Grundrechtsschutz durch Gesetzgebungsverfahren beschäftigt[955]. Das Bundesverfassungsgericht wendet somit die Figur des Grundrechtsschutzes durch das Verwaltungsverfahren eins zu eins auf das Gesetzgebungsverfahren an, ohne dieses näher zu erläutern oder auch nur zu erwähnen. Dieses Modell diente ursprünglich der Legitimierung und Stärkung bestimmter Verwaltungsverfahren. Nun wird es zur Modifikation des Gesetzgebungsverfahrens angewendet, ohne dass sich dies unmittelbar aus der Verfassung herleiten ließe. Dies hätte vom Bundesverfassungsgericht zumindest sehr gut begründet werden müssen. Es verkennt in seinen Rundfunkgebührenurteilen, dass das Gesetzgebungsverfahren nicht ohne Weiteres mit dem Verwaltungsverfahren vergleichbar ist. Dieser Aspekt wird auch in der rechtswissenschaftlichen Literatur, insbesondere in Urteilsbesprechungen der Rundfunkgebührenentscheidungen, nicht weiter aufgegriffen. Das Bundesverfassungsgericht stützt seine Rechtsprechung zugunsten des prozedura-

---

Rechtsprechung des Bundesverfassungsgerichts; *Dolzer*, in: DÖV 1985, S. 9 (18); *Schwarz/Bravidor*, in: JZ 2011, S. 653ff.

952 *Bethge*, in: NJW 1982, S. 1 (2); *Kischel*, Begründung, S. 126; ausführlich hierzu *Britz*, in: Der Staat 42 (2003), S. 35 (51ff.).

953 BVerfGE 119, 181 (222).

954 BVerfGE 90, 60 (96).

955 BVerfGE 53, 30 (65f.); vgl. dazu auch, den abweichenden Bezugspunkt ebenso vernachlässigend wie das Bundesverfassungsgericht, *Dörr*, in: VerwArch 92 (2001), S. 149 (167).

len Grundrechtsschutz in erster Linie auf das „Subgrundrecht“ der Staatsfreiheit. Dieser kommt, gerade in der Rechtsprechung des Bundesverfassungsgerichts, eine große Bedeutung zu. Sie ist eine der Lehren, die aus der NS-Zeit für die Organisation des Rundfunks gezogen wurden[956]. Die Gefahr einer Einflussnahme des Staates auf den Rundfunk ist trotz der wachsenden Bedeutung des Internets weiterhin relevant. Vor diesem Hintergrund ist der Ansatz des Gerichts zu bewerten, die Staatsfreiheit bei der Festsetzung der Rundfunkgebührenhöhe durch ein qualifiziertes Gesetzgebungsverfahren zu gewährleisten.

Entscheidende Gründe sprechen jedoch – wie zu zeigen sein wird – gegen die Argumentation des Gerichts. Bereits das „normale“ Gesetzgebungsverfahren verwirklicht Grundrechtsschutz, da dieses Verfahren vorzüglich geeignet ist, verschiedene Grundrechtspositionen in einen Ausgleich zu bringen[957]: „Der Ausgleich grundrechtlich angelegter Positionen erscheint als normales gesetzgeberisches Geschäft“[958]. Es ist ureigenste funktionale Aufgabe des unmittelbar demokratisch legitimierten Gesetzgebers, Grundrechtskollisionen aufzulösen und zu einer verfassungskonformen Regelung zu kommen[959]. Gerade aus diesem

956 Andererseits kann sicherlich auch gelten, was *Scheel* zur Frage der historischen Erfahrungen formuliert: „Vielleicht ist es mehr als 60 Jahre nach den Propagandareden *Goebbels'* ganz generell an der Zeit, dem Staat auch im Rundfunkwesen nicht mehr mit tiefstem Misstrauen zu begegnen.“, *Scheel*, in: FS Dittmann, S. 29 (50f.).

957 *Goerlich*, Verfahrensgarantien, S. 217ff.; *Kaelble*, Verfahrensgerechtigkeit, S. 166; *H.-P. Schneider*, in: Merten/Papier (Hrsg.), HGR III, § 76 Rn. 25ff.; so aber auch BVerfGE 108, 282 (312); vgl. jedoch auch *Meermagen/Schultzky*, in: VerwArch 101 (2010), S. 539ff., die sich kritisch mit der häufig mangelnden Durchsetzung des Gesetzgebungsverfahrens durch das Bundesverfassungsgericht auseinandersetzen; vgl. zur Grundrechtsverwirklichung durch Gesetz noch *Jestaedt*, Grundrechtsentfaltung, S. 78f.

958 *Lerche*, in: ders./Schmitt Glaeser/Schmidt-Aßmann, Verfahren, S. 97 (107); bereits *Kant* sieht den Ausgleich der unterschiedlichen Interessen als eine der wesentlichen Aufgaben des Rechts an: „Das Recht ist also der Inbegriff der Bedingungen, unter denen die Willkür des einen mit der Willkür des andern nach einem allgemeinen Gesetze der Freiheit zusammen vereinigt werden kann.“, *Kant*, Metaphysik der Sitten, Rechtslehre, AA Bd. VI, S. 230.

959 *Britz*, in: Der Staat 42 (2003), S. 35 (36) m.w.N.; so auch *Jestaedt*, Demokratieprinzip, S. 309; vgl. hierzu *Geiger*, in: Neue Entwicklungen im öffentlichen Recht, S. 131 (141); in eine ähnliche Richtung argumentiert der damalige Bundestagspräsident *Thierse*, in: NVwZ 2005, S. 153 (156): „Das Gesetzgebungsverfahren – drei Lesungen im Plenum, intensive Beratung in den Ausschüssen – ermöglicht es, zahlreiche Experten, Beteiligte, Betroffene einzubeziehen. Die Abwägung aller Interessen und die Zusammenführung möglichst vieler Interessen ist die Arbeit, die die Abgeordneten tagtäglich zu leisten ha-

Grund ist es dem Gesetzgeber vorbehalten, wesentliche Entscheidungen, insbesondere Entscheidungen mit Grundrechtsbezug, selbst zu treffen, damit diese in einem Verfahren getroffen werden, das der Öffentlichkeit nicht vorenthalten wird und das das Parlament zwingt, Notwendigkeit und Ausmaß von Grundrechtseingriffen öffentlich zu debattieren[960]. Daraus folgt, dass das parlamentarische Verfahren – insbesondere im Hinblick auf Grundrechtsschutz und Grundrechtsverwirklichung – nicht mit dem Verwaltungsverfahren gleichgesetzt werden kann[961].

Wenn Demokratie lebendig bleiben soll, kann die politische Kompromissfindung nicht durch Expertengremien oder andere Einrichtungen komplett rationalisiert werden, da die öffentliche Diskussion ein kennzeichnender und integraler Teil der Gesetzgebung ist[962]. „Entpolitisierung" – ohnehin oftmals ein Trugschluss – wird zu einer vor dem demokratischen Verfassungsprinzip problematischen Tendenz zur „Expertokratie" führen[963]. Die große Bedeutung des Parlaments innerhalb der repräsentativen Demokratie des Grundgesetzes bedingt, dass dem Gesetzgeber weite politische Entscheidungsspielräume übertragen sind, die durch die Verfassung zwar eingeschränkt werden. Diese gibt aber lediglich einen Rahmen für die politische Entscheidung[964]. Dem Gesetzgeber kommt die Aufgabe der Erstinterpretation der Verfassung zu[965]. Auch setzt die Grundrechtsbindung des Parlaments aus Art. 20 Abs. 3 GG lediglich Schranken für die Gestaltungsfreiheit des Gesetzgebers, so dass das Bundesverfassungsgericht als „Zweitinterpret" der Verfassung[966] auf eine Korrekturfunktion beschränkt sein sollte[967]. Hierbei hat es grundsätzlich das materielle Recht als

---

ben."; zur Rolle der Kompromissfindung im Gesetzgebungsverfahren *Schulze-Fielitz*, Gesetzgebung, S. 404ff.

960 S. oben 3. Kap. B. I. 2. b).

961 *Blum*, in: DJT 65 (2004), Bd. I, S. I 1 (I 37ff.); *Groß*, in: DÖV 2006, S. 856 (861); *ders.*, in: KJ 2002, S. 1 (15f.); *Schlaich*, in: VVDStRL 39 (1981), S. 99 (108f.).

962 *Groß*, in: DÖV 2006, S. 856 (861); *Gusy*, in: ZRP 1985, S. 291 (298); *Kube*, in: ZParl. 34 (2003), S. 583 (585f.); vgl. auch *Gärditz*, in: Der Staat 49 (2010), S. 331 (344f.).

963 Kritisch hierzu auch *E. Klein*, Gesetzgebung ohne Parlament?, S. 12f.; *Voßkuhle*, in: HStR III, § 43 Rn. 51; *Vierhaus*, in: NVwZ 1993, S. 36 (37).

964 *Böckenförde*, in: ders., Staat, Verfassung, Demokratie, S. 53 (86); *Groß*, in: DÖV 2006, S. 856 (861); *Schlink*, in: FS 50 Jahre BVerfG, Bd. 2, S. 445 (461).

965 BVerfGE 101, 158 (217f., 236); *P. Kirchhof*, in: Symposium für Peter Lerche, S. 5 (16); *Jung*, Länderfinanzausgleich, S. 92.

966 *P. Kirchhof*, in: Symposium für Peter Lerche, S. 5 (16).

967 *Groß*, in: DÖV 2006, S. 856 (861); bereits *Geiger*, in: Neue Entwicklungen im öffentlichen Recht, S. 131 (142) hält fest: „Das Verfassungsgericht hat das Gesetz auf seine

Grundlage für seine Entscheidung heranzuziehen und nicht Verfahrensvorschriften. *Gusy* merkt hierzu in beeindruckender Klarheit an:

> „Er [der Gesetzgeber] unterliegt weder verfassungsrechtlichen Optimierungspflichten im Verfahren noch einer Begründungspflicht für seine Maßnahmen. Dementsprechend ist es unzulässig, materielle Verfassungsnormen mit inhaltlichen Anforderungen an Gesetze von Kontroll- in Handlungsmaßstäbe umzudeuten. In diesem Sinne hat das *BVerfG* die Vereinbarkeit eines Gesetzes mit dem Grundgesetz, nicht in verselbständigter Weise diejenige des Verfahrens mit der Verfassung zu prüfen. Normenkontrolle ist Kontrolle der Norm, nicht des optimierten Normsetzungsverfahrens. In diesem Sinne schuldet auch die Legislative das verfassungskonforme Gesetz, nicht die verfassungsgemäßen Ziele und Begründungen. Insbesondere ist es ein Trugschluß, von der Verfassungsmäßigkeit des Verfahrens auf die Verfassungsmäßigkeit des Gesetzes zu schließen: Es gibt keinen theoretischen Zusammenhang zwischen ‚richtigem' Verfahren und ‚richtigem' Verfahrensziel; und nicht zufällig hat das Grundgesetz einen besonderen Akzent gerade auf die inhaltliche Vereinbarkeit von Verfassung und Gesetz gelegt. Schon damit bringt es zum Ausdruck, daß es – zu Recht – dem Verfahren allein mißtraut."[968]

Verfassungsmäßigkeit zu prüfen, nicht die Motive, die Erwägungen, die Prognosen, die Wertungen und Akzentuierungen, die Präferenzen und Abwägungen des Gesetzgebers. [...] Und dieses Gesetz ist unabhängig von den bei seiner Entstehung wirksamen Einflüssen der verschiedensten Art Objekt der Prüfung, und gemäß seinem objektiven Inhalt verfassungsmäßig, wenn es mit den Vorschriften der Verfassung, die als Prüfungsmaßstab einschlägig sind, vereinbar ist."; ähnlich *Cornils*, Ausgestaltung, S. 657ff.; vgl. hierzu auch *Säcker*, in: Piazolo (Hrsg.), Das Bundesverfassungsgericht, S. 189 (225), der allgemein für eine größere Zurückhaltung des Bundesverfassungsgerichts plädiert, indem es „vielleicht häufiger zu der Feststellung gelangen sollte, daß das Grundgesetz zu dem konkret behaupteten Verfassungsverstoß des Gesetzgebers nichts aussagt. Denn über die von der Verfassung offengelassenen Fragen zu entscheiden, ist im demokratischen Staat der parlamentarische Gesetzgeber berufen"

968 *Gusy*, in: ZRP 1985, S. 291 (298); dies unterstützend *Ennuschat*, in: DVBl. 2004, S. 986 (994); ähnlich bereits *Schlaich*, in: VVDStRL 39 (1981), S. 99 (109): „Der Gesetzgeber schuldet gar nichts anderes als das Gesetz", entsprechend dürfe die Normenkontrolle den Gesetzgeber nicht in ein „Gesetzgebungsverwaltungsverfahrensgesetz" einspannen, da ein solches nicht im Grundgesetz seine Verankerung finde; dabei beruft sich *Schlaich* auf *Geiger*, der bereits zuvor darauf hinwies, dass der Gesetzgeber auch dem Bundesverfassungsgericht lediglich das Gesetz schulde, nicht aber Begründung oder „Darlegung aller seiner Motive, Erwägungen und Abwägungen", *Geiger*, in: Neue Entwicklungen im öffentlichen Recht, S. 131 (141); diese These mit ausführlicher Begründung unterstützend *Waldhoff*, in: FS Isensee, S. 325ff.; zustimmend auch *Korinek*, in: Stern (Hrsg.), 40 Jahre Grundgesetz, S. 107 (112); a.A. jedoch *Mengel*, Gesetzgebung,

Dem Parlament kommt kein Gewaltenmonismus bzw. kein allumfassender Parlamentsvorbehalt und auch keine umfassende Souveränität zu. Darüber hinaus bleibt es an die Verfassung gebunden und hat die staatsorganisatorischen Regelungen ebenso zu beachten wie die Grundrechte. Entsprechend darf es nicht in den Bereich eingreifen, der der Regierung oder den Gerichten vorbehalten ist. Umgekehrt muss gelten, dass weder Gerichte noch Exekutive in den Kernbereich der Parlamentstätigkeit eingreifen dürfen. Bezogen auf die Judikative gilt dies jedoch nicht, wenn ein Verstoß gegen Verfassungsvorschriften vorliegt. In einem solchen Fall muss das Bundesverfassungsgericht seiner Kontrollfunktion nachkommen. Im Übrigen kommt dem Parlament aufgrund seiner Stellung in der Demokratie das Recht zu, im Rahmen eines Gesetzgebungsverfahrens Entscheidungen mit Grundrechtsbezug zu treffen, die in erster Linie materiell vom Bundesverfassungsgericht zu überprüfen sind:

> „Durch die Gewährung von Autonomie an die Gesetzgebungsorgane ist diesen ein Freiraum in der Gestaltung ihres Verfahrens eingeräumt, den das BVerfG nicht interpretativ, etwa durch Mobilisierung von Verfassungsprinzipien, einschränken darf.“ [969]

Mit dieser besonderen Stellung und mit dem Gesetzgebungsverfahren verträgt es sich grundsätzlich, dass Experten in die Entscheidungen einbezogen werden. Dies geschieht regelmäßig schon in den Anhörungen der Ausschüsse. Gegen die Einbeziehung von Sachverstand in politische Entscheidungen ist grundsätzlich nichts einzuwenden. Dies gilt gleichermaßen für externen Sachverstand in Anhörungen u.Ä. wie für internen Sachverstand in den Ministerien oder durch den wissenschaftlichen Dienst des Bundestages. Teilweise wird eine Beteiligung von Sachverständigen sogar im Sinne einer „good governance“ explizit gefordert[970].

S. 326ff., der sowohl die These *Schlaichs* als auch seine Berufung auf *Geiger* kritisiert (insb. Fn. 635).

969 *Bryde*, Verfassungsentwicklung, S. 327.

970 Vgl. *Blum*, in: DJT 65 (2004), Bd. I, S. I 1 (I 48ff.); s. auch *Heinz*, Gesetzgebungsverfahren, S. 261f., die dies jedoch nicht nur auf die Einbeziehung von Sachverständigen bezieht, sondern sich auch ausführlich mit der Frage beschäftigt, ob ein „inneres Gesetzgebungsverfahren“ verfassungsrechtlich gefordert ist, bei dem eine Pflicht zur Heranziehung der einschlägigen Fakten, zur Aufbereitung des Materials für eine Analyse des bisherigen Zustands und zur Abwägung in Bezug auf verschiedene Lösungsalternativen besteht, wobei diese Frage unabhängig ist von einem festgelegten Gesetzgebungsverfahren unter Einbeziehung einer Kommission, deren Beschlüsse bindend sind, ebd., S. 224ff. mit Verweis auf *Schwerdtfeger*, in: FS Ipsen, S. 173ff., der sich bereits 1977 ausführlich mit dieser Frage beschäftigt hat; ähnlich auch zum „optimalen Gesetzgebungsverfahren“ *Gusy*, in: ZRP 1985, S. 291 (292ff.), der jedoch darauf verweist, dass

Es wäre jedoch problematisch, wenn die Legitimation des Parlaments gegen die Qualifikation von Sachverständigen ausgespielt würde[971]. Genau dies ist freilich der Fall, wenn dem Parlament vorgeschrieben wird, dass es ein bestimmtes, nicht in der Verfassung geregeltes Verfahren zu befolgen habe, bei dem ein sachverständiges Gremium einbezogen wird, an dessen Votum es weitestgehend gebunden sein soll, also nur eine „gebundene Entscheidung“[972] treffen kann. Dies folgt auch daraus, dass sich demokratische Entscheidungen nicht nur funktional und organisatorisch, sondern auch inhaltlich auf den Willen des Volkes zurückführen lassen müssen[973]. Eine entsprechende Legitimation wäre gegeben, wenn der Gesetzgeber selbst die Entscheidung trifft, an das Votum eines Expertengremiums weitestgehend gebunden zu sein. Hierin läge eine Art Selbstentmachtung. Eine solche Entmachtung könnte – wenn überhaupt – nur das Parlament durch seine freie Entscheidung beschließen. Wird das Parlament jedoch durch die Rechtsprechung des Bundesverfassungsgerichts teilweise entmachtet, gerät dies in einen erheblichen Konflikt mit dem Demokratieprinzip. Durch eine solche Entmachtung wandelt sich die sinnvolle Einbeziehung von Sachverstand in eine Einschränkung der Entscheidungsfreiheit des Parlaments. Dies widerspricht der Idee der „good governance“, wie *Blum* in seinem Gutachten für den Deutschen Juristentag 2004 formuliert:

> „Wir betrachten es auch als Kriterium ‚guter‘ Gesetzgebung, dass das Parlament nicht nur einen nach formellem und materiellem Verfassungsrecht ordnungsgemäßen Gesetzesbeschluss fasst, sondern dass dem auch ein Verfahren vorausgeht, das die Legitimationswirkung des Gesetzesbeschlusses mit inhaltlichem Gehalt erfüllt. Ein ‚gutes‘ parlamentarisches Gesetzgebungsverfahren unterscheidet sich in diesem Sinne von einem weniger guten darin, dass es vor der Öffentlichkeit deutlich macht, dass sich das Parlament als – einziges durch Wahl legitimiertes – Ganzes inhaltlich mit dem Entwurf befasst hat und dass der Gesetzesbeschluss Ausdruck eines eigenständigen Urteils über ihn ist“[974].

Optimierungspflichten des Gesetzgebers „in mehrfacher Hinsicht gegen zwingende Normen des Verfassungsrechts [verstoßen]“, S. 298; mit einem vermittelnden Ansatz, der zusätzlich zum grundgesetzlich vorgeschriebenen Verfahren lediglich verlangt, dass der maßgebliche Sachverhalt zutreffend ermittelt wurde und das Parlament die ihm zur Verfügung stehenden Informationen sachgerecht und nachvollziehbar ausgewertet hat *Schwerin*, Geschäftsordnungsgeber, S. 218ff.

971 So *P. Kirchhof*, in: JZ 2004, S. 981 (985).

972 So BVerfGE 90, 60 (104); 119, 181 (226).

973 *Kruis*, in: DÖV 2003, S. 10 (13).

974 *Blum*, in: DJT 65 (2004), Bd. I, S. I 1 (I 115) mit Verweis auf *Janssen*, Grenzen, S. 196.

Bereits bei bloß beratenden Gremien wird die Frage aufgeworfen, ob diese aufgrund der faktischen Bindungswirkung – immerhin werden die Ergebnisse regelmäßig veröffentlicht, so dass sich das Parlament aufgrund der Öffentlichkeit an die Entscheidung eines sachverständigen Gremiums gebunden fühlen könnte – zu einem Konflikt mit dem Demokratieprinzip führen[975]. Auch in Bezug auf den – bloß beratenden – nationalen Ethikrat wird die Notwendigkeit gesehen, „an die verfassungsrechtlich zwingende Entscheidungsverantwortung der Verfassungsorgane und an die Gewissensentscheidung der Abgeordneten (Art. 38 I 2 GG) in ethischen Fragen zu erinnern“[976].

Es ist im Fall der Rundfunkgebührenfestsetzung darüber hinaus nicht notwendig und verfassungsrechtlich nicht geboten, den Parlamenten das Recht zur Gebührenfestlegung bis auf die förmliche Letztentscheidung aus der Hand zu nehmen, um mittelbare Einflüsse auf die Rundfunkanstalten abzuwehren. Die Entscheidung über die Rundfunkgebührenhöhe und damit die staatlichen Einflussmöglichkeiten sind „föderalistisch gebrochen“[977], da dem Rundfunkgebührenstaatsvertrag alle 16 Länder zustimmen müssen. Eine einheitliche Einflussnahme auf das Programm der öffentlich-rechtlichen Rundfunkanstalten erscheint aufgrund der Heterogenität der Länder und Landesregierungen bzw. der Mehrheiten in den Landesparlamenten unwahrscheinlich. Zur Vermeidung unerlaubter Einflüsse auf die Rundfunkanstalten ist vielmehr das transparente Verfahren geeignet, das durch das „normale“ Gesetzgebungsverfahren mit Ausschussanhörungen und Aussprachen im Plenum gewährleistet wird[978]. Eine umfangreiche

---

975 Vgl. *Reinhardt*, in: NVwZ 2003, S. 1446 (1449f.); kritisch auch zur Arbeit von Sachverständigengremien hinsichtlich des Problems der Entparlamentarisierung *Morlok*, in: VVDStRL 62 (2003), S. 37 (44); s. auch *Isensee*, in: VVDStRL 62 (2003), S. 91.

976 So *Schröder*, in: NJW 2001, S. 2144 (2145); in die gleiche Richtung argumentierend *Kube*, in: ZParl. 34 (2003), S. 583 (585f.).

977 So, in Bezug auf die Besetzung von Gremien der Rundfunkanstalten, BayVerfGHE 42, 11 (20); ThürVerfGH LVerfGE 8, 337 (357); *Degenhart*, in: NVwZ 2010, S. 877 (880); *Jarass*, Freiheit des Rundfunks, S. 42, 50; desgleichen bezüglich der einvernehmlichen Berufung der Mitglieder der KEK durch die Ministerpräsidenten *Schuller-Harms*, in: Hahn/Vesting, § 35 RStV Rn. 22; dagegen jedoch tendenziell *Möller*, in: AfP 2001, S. 275 (277), ohne jedoch den Effekt der föderalistischen Brechung an sich infrage zu stellen; s. auch *Ricker/Schiwy*, Rundfunkverfassungsrecht, Kap. D Rn. 26.

978 Vgl. allgemein zum Grundrechtsschutz auf dem „Parlamentsweg“ *H.-P. Schneider*, in: Merten/Papier (Hrsg.), HGR III, § 76 Rn. 84, der anmerkt: „Zusammenfassend ist festzustellen, daß der Grundrechtsschutz durch Parlamente, gleichviel ob sie in ihrer Gesetzgebungs-, Kontroll- oder Willensbildungsfunktion tätig werden, sich bei genauerer Prüfung und umfassender Analyse als äußerst vielseitig und facettenreich erweist.“

öffentliche politische Diskussion gab es sowohl bei den vergangenen Rundfunkgebührenerhöhungen als auch bei anderen relevanten Themen, die die öffentlich-rechtlichen Rundfunkanstalten betrafen[979]. Mittelbare Einflussnahme auf die Rundfunkanstalten durch interne Absprachen wird somit bereits durch das Gesetzgebungsverfahren weitgehend verhindert.

Zudem zeigt der Vergleich des Verfahrens zur Festsetzung der Rundfunkgebührenhöhe mit anderen Gebieten, dass die Lösung des Bundesverfassungsgerichts nicht zwingend ist. Bereits auf dem Gebiet der Rundfunkfreiheit zeigt sich, dass der Umgang des Bundesverfassungsgerichts mit staatlichen Vertretern in den Rundfunkgremien großzügiger ist, als der Umgang mit der Rundfunkgebühr. Demnach ist eine weitgehende Staatsfreiheit in den Rundfunkgremien nicht notwendig. Dies erstaunt im Vergleich mit der Rundfunkgebührenrechtsprechung, da der Programmbezug bei der Gremienbesetzung größer ist als bei der Festlegung der Rundfunkgebührenhöhe[980]. Darüber hinaus geben weder die Regelungen für die Hochschulfinanzierung – die nicht staatsfrei ist – noch die Rechtsprechung aus dem Hartz-IV-Urteil Anlass zu der Einschätzung, dass ein Grundrechtsschutz durch ein qualifiziertes Gesetzgebungsverfahren im Bereich der Rundfunkfinanzierung die einzige Möglichkeit darstellt, die Rundfunkfreiheit zu schützen. Im Gegenteil: es ist nicht ersichtlich, wie die in der Demokratie fundamentale Gesetzgebungsgewalt der vom Volk gewählten Parlamente mit einer Bindung des Gesetzgebers an das Votum einer durch die Exekutive berufenen Sachverständigenkommission in Einklang gebracht werden soll. Die Rolle des Gesetzgebers kann bei der Gebührenfestsetzung nicht darauf beschränkt sein, das Votum der KEF zu „ratifizieren", da dies nur schwer mit der Stellung des Parlaments zu vereinbaren wäre. Es ist Ausdruck seiner Verantwortung für das Legitimationssubjekt Volk, dass der Gesetzgeber selbst – und nicht ein Sachverständigengremium, dessen Aufgabe die Überprüfung des Finanzbedarfs der öffentlich-rechtlichen Rundfunkanstalten ist – die Angemessenheit der Belastung der Rundfunkteilnehmer berücksichtigt und damit auch seiner sozial-

---

979 *Gounalakis/Wege*, in: NJW 2008, S. 800 (801); für eine öffentliche Diskussion innerhalb der Medien sorgen erfahrungsgemäß schon die privaten Rundfunkveranstalter sowie die Presseorgane, die durch eine Erhöhung der Rundfunkgebühren eine Verschlechterung ihrer Wettbewerbsbedingungen befürchten und entsprechend jede Änderung zugunsten der öffentlich-rechtlichen Rundfunkanstalten – etwas euphemistisch ausgedrückt – kritisch begleiten; zur offen geführten Auseinandersetzung des 8. RÄndStV, der Gegenstand des zweiten Rundfunkgebührenurteils war, *Degenhart*, in: K&R 2005, S. 295 (296f.).

980 *Scheel*, in: FS Dittmann, S. 29 (50).

staatlichen Verantwortung gerecht wird. Diese Interessen hat das Parlament mit der Rundfunkfreiheit der öffentlich-rechtlichen Rundfunkanstalten in einen schonenden Ausgleich zu bringen.

Der vom Bundesverfassungsgericht geforderte Grundrechtsschutz durch qualifiziertes Gesetzgebungsverfahren ist mit dem verfassungsrechtlichen Demokratieprinzip kaum vereinbar, da die Entscheidungsfreiheit des Parlaments und des einzelnen Abgeordneten stark eingeschränkt wird.

II. Schlussfolgerungen

Dem Gesetzgeber muss ein größerer Einfluss auf die Festlegung der Rundfunkgebührenhöhe zuteilwerden als vom Bundesverfassungsgericht vorgesehen. Dabei darf der Gesetzgeber aufgrund der Staatsfreiheit des Rundfunks – die gewährleistet sein muss – die Programmgestaltung nicht beeinflussen. Ein Grundrechtsschutz durch ein qualifiziertes Gesetzgebungsverfahren gerät jedoch in einen erheblichen Konflikt mit dem verfassungsrechtlichen Demokratieprinzip. Eine neutrale, ohne Einfluss auf den Inhalt der Rundfunkprogramme vorgenommene, Festsetzung der Finanzausstattung der öffentlich-rechtlichen Rundfunkanstalten seitens der Länder muss möglich sein, damit der Gesetzgeber die widerstreitenden Grundrechtsgüter zu einem „gerechten" und demokratischen Ausgleich bringen kann. Der Entscheidung des Parlaments muss folglich ein substanzielles Gewicht zukommen, damit es seiner Aufgabe gerecht werden kann. Es muss dabei berücksichtigt werden, dass es im Hinblick auf die Freiheit der Rundfunkanstalten schonender ist, wenn der Gesetzgeber ihnen ein – eventuell vom KEF-Votum abweichendes – Gebührenaufkommen sichert, dass dem Gesetzgeber angemessen erscheint, als wenn er durch Gestaltung der Rundfunkordnung, insbesondere durch eine Änderung von §§ 11b, 11c RStV, die Anzahl der Programme beschränkt. Durch Letzteres käme er zwar auch im Ergebnis zu einer Gebührensenkung, da der Finanzbedarf in der nächsten Gebührenperiode geringer ausfiele, gleichzeitig wäre die Einflussnahme auf die Programmgestaltung größer als wenn der Gesetzgeber es den Rundfunkanstalten überlässt, an welcher Stelle die notwendigen Einsparungen greifen sollen.

Es begegnet grundsätzlich keinen Einwänden, wenn sich der Gesetzgeber eines sachverständigen Gremiums bedient, um den Finanzbedarf der öffentlich-rechtlichen Rundfunkanstalten zu prüfen – wie er es im Übrigen bereits vor dem ersten Rundfunkgebührenurteil getan hat. Gleichzeitig kann das Ergebnis dieser Prüfung aufgrund des verfassungsrechtlichen Demokratieprinzips keine Bindungswirkung entfalten. Der Gesetzgeber kann, anders als vom Bundesverfassungsgericht entschieden, vom Votum der KEF abweichen, ohne dass hierin stets eine Verletzung der Rundfunkfreiheit der öffentlich-rechtlichen Rundfunkanstalten liegt. Er darf jedoch die Gewährung eines bestimmten Gebührenaufkommens nicht von der Erfüllung von Aufträgen, Weisungen oder Bedingungen abhängig machen oder anderweitig in die Programmgestaltung eingreifen. Sollte der Gesetzgeber jedoch aufgrund autonomer Entscheidung zu dem Ergebnis kommen, dass eine von der KEF geforderte Gebührensteigerung eine unangemessene Belastung der Rundfunkteilnehmer darstellen würde, so müssten die öffentlich-rechtlichen Rundfunkanstalten mit einem niedrigeren Budget auskommen[981], solange die Funktionsfähigkeit des öffentlich-rechtlichen Rundfunks mit seiner Grundversorgungsaufgabe nicht beeinträchtigt ist.

Die Vorgabe, dass der Gesetzgeber die Rundfunkfreiheit der öffentlich-rechtlichen Rundfunkanstalten durch ein qualifiziertes Gesetzgebungsverfahren schützen muss, erscheint bedenklich. Bereits das „normale" Gesetzgebungsverfahren bewirkt durch seine Ausgestaltung einen Grundrechtsschutz, da das Parlament in öffentlichen Diskussionen widerstreitende Verfassungsgüter in einen schonenden Ausgleich bringen muss. Die Argumentation des Bundesverfassungsgerichts, dass bei einer besonders großen Gefahr für die Grundrechte die Entscheidungskompetenz auf ein sachverständiges Gremium übergehen müsse und es eines prozeduralen Grundrechtsschutzes bedürfe, überzeugt nicht. Eine solche Umkehrung der Wesentlichkeitstheorie – Wesentliches muss, besonders Wesentliches darf aber nicht vom Gesetzgeber entschieden werden – stößt an die Grenze, die das verfassungsrechtliche Demokratieprinzip zieht.

981 Was im Übrigen angesichts von Kürzungen bei Hochschulen, im Sozialbereich, bei Polizei und Bundeswehr und in vielen anderen Gebieten der öffentlichen Daseinsvorsorge eher Normalität in Deutschland ist.

Zusammenfassung in Thesen

1. Die Inhalte der Rundfunkfreiheit in Art. 5 Abs. 1 S. 2 GG wurden durch eine umfangreiche und detaillierte Rechtsprechung des Bundesverfassungsgerichts geprägt. Dessen Interpretationen gehen soweit, dass sich das Bundesverfassungsgericht vielfach den Vorwurf gefallen lassen musste, es sei zum „Ersatzgesetzgeber" für das Rundfunkrecht mutiert. Das Bundesverfassungsgericht sieht den Rundfunk dabei nicht nur als „Medium" der öffentlichen Meinungsbildung an, sondern als eminenten „Faktor" in der Vorformung des demokratischen Willensbildungsprozesses. Aus diesem Grund darf der Rundfunk weder dem Staat noch einer gesellschaftlichen Gruppe ausgeliefert sein. Er darf auch nicht dem freien Spiel der Kräfte überlassen werden, um der Gefahr des Missbrauchs zum Zweck einseitiger Einflussnahme entgegenzuwirken. Zudem bestand nach Ansicht des Bundesverfassungsgerichts aufgrund der technischen und finanziellen Voraussetzungen, die an den Betrieb eines Rundfunkprogramms gestellt waren, eine Sondersituation – gerade auch im Vergleich zur Presse. Später wurde die Sondersituation mit der Breitenwirkung, Aktualität und Suggestivkraft des Rundfunks begründet. Die Rundfunkfreiheit wird in erster Linie als institutionelle Garantie angesehen, so dass der Staat eine Rundfunkordnung ausgestalten muss, die die Meinungsvielfalt durch den Rundfunk gewährleistet. Den öffentlich-rechtlichen Rundfunkanstalten kommt nach der Interpretation des Bundesverfassungsgerichts eine Bestands- und Entwicklungsgarantie zu, die mit dem Anspruch auf eine funktionsgerechte Finanzierung einhergeht.

2. Zunehmend betont das Bundesverfassungsgericht die Staatsfreiheit des Rundfunks, die inzwischen zu einer Art „Subgrundrecht" geworden ist. Die Staatsfreiheit wird aus der Rundfunkfreiheit, dem Demokratieprinzip oder auch dem Gewaltenteilungsgrundsatz hergeleitet, wobei die einzelnen Deduktionen nicht zwangsläufig in einem Konkurrenzverhältnis zueinander stehen. Die Staatsfreiheit richtet sich in erster Linie gegen Einflüsse der Exekutive, aber auch der Legislative. Der Rundfunk muss aufgrund seiner wichtigen Rolle im öffentlichen Kommunikationsprozess frei sein von staatlichen Einflussnahmen, da sich die Meinungsbildung im demokratischen Staat von unten nach oben, und nicht umgekehrt vollziehen soll. Die Staatsfreiheit ist dabei im Kern programmakzessorisch. Für den Bereich der Rundfunkorganisation besteht ein Auslieferungs- und Beherrschungsverbot, während für den Programmbereich eine weitgehende Staatsfreiheit gilt. Dies gilt nicht nur für unmittelbare, sondern auch für mittelbare Einwirkungen auf den Rundfunk. Eine mittelbare Einflussnahme wird vom Bundesverfassungsgericht insbesondere bei der Rundfunkfinanzierung be-

fürchtet, weshalb ein staatsfernes Verfahren zur Festlegung der Rundfunkgebührenhöhe verlangt wird.

3. Aufgrund des Rundfunkgebührenurteils vom 22. Februar 1994 haben die Länder ein staatsfernes Gebührenfestsetzungsverfahren beschlossen. Seitdem existiert gem. §§ 14 RStV, 1-7 RFinStV ein dreistufiges Verfahren. Auf der ersten Stufe melden die öffentlich-rechtlichen Rundfunkanstalten ihren Finanzbedarf an. Damit wird gleichzeitig eine Finanzbedarfseinschätzungsprärogative der öffentlich-rechtlichen Rundfunkanstalten normiert. Im Anschluss wird der angemeldete Finanzbedarf von der KEF im Hinblick auf die Vereinbarkeit mit dem Rundfunkauftrag und hinsichtlich Wirtschaftlichkeit und Sparsamkeit geprüft. Die KEF gibt ein Votum ab, zu welchem Zeitpunkt und in welcher Höhe eine Anpassung der Rundfunkgebühren notwendig ist. Die KEF besteht aus 16 Mitgliedern – von jedem Land wird eines benannt. Es handelt sich bei den Mitgliedern um Experten aus den Gebieten Wirtschaft, Technik und Medien sowie um Mitglieder der Landesrechnungshöfe. Auf der dritten Stufe wird die Höhe der Rundfunkgebühr durch die Länder mittels Staatsvertrag festgesetzt. Dies geschieht auf Grundlage des Gebührenvorschlags der KEF, wobei gemäß dem zweiten Rundfunkgebührenurteil des Bundesverfassungsgerichts eine weitestgehende Bindung an das KEF-Votum besteht. Als Abweichungsgründe kommen demnach lediglich die Sicherung des Informationszugangs und die Angemessenheit der Belastung infrage. Eine Abweichung muss zudem substantiiert begründet werden, wofür hohe Hürden gelten. Die starke Bindung an den Gebührenvorschlag der KEF hat in der Literatur sowohl zu Zustimmung als auch zu Kritik geführt, u.a. weil eine Bindung des Gesetzgebers an das Votum eines Sachverständigengremiums mit dem verfassungsrechtlichen Demokratieprinzip in Konflikt gerät.

4. Das Demokratieprinzip aus Art. 20 Abs. 1 und 2 GG gehört zu den „Staatsfundamentalnormen" und ist unter den besonderen Schutz der „Ewigkeitsgarantie" des Art. 79 Abs. 3 GG gestellt. Aufgrund des identitätsbestimmenden Inhalts des Demokratieprinzips und des Schutzes durch die „Ewigkeitsgarantie" kommt diesem eine hervorgehobene Stellung innerhalb der Rechtsordnung zu. Das Demokratieprinzip gilt aufgrund des Homogenitätsprinzips aus Art. 28 Abs. 1 S. 1 GG auch für die Länder. Demokratie bedeutet in erster Linie „Volkssouveränität", so dass im demokratischen Staat alle Staatsgewalt vom Volk ausgehen, jede Ausübung von Staatsgewalt auf das Volk rückführbar sein muss.

5. Die herrschende Interpretation des Demokratieprinzips wurde grundlegend von *Böckenförde* und *Herzog* vorgenommen und vom Bundesverfassungs-

gericht übernommen. Demnach steht im Mittelpunkt die demokratische Legitimation. Legitimationsobjekt ist dabei jedes amtliche Handeln mit Entscheidungscharakter, Legitimationssubjekt ist das deutsche Volk. Die demokratische Legitimation lässt sich unterteilen in funktionelle, institutionelle, organisatorisch-personelle und sachlich-inhaltliche demokratische Legitimation. Die institutionelle und funktionelle Legitimation hat als Bezugspunkt das Grundgesetz und fragt nach der Konstituierung der Institutionen selbst durch den Verfassungsgesetzgeber. Die organisatorisch-personelle Legitimation verlangt eine Legitimation jedes einzelnen Amtsträgers. Diese muss durch eine ununterbrochene Legitimationskette zwischen dem Volk und dem Amtsträger hergestellt werden. Die sachlich-inhaltliche demokratische Legitimation setzt voraus, dass das staatliche Handeln auch materiell auf das Volk rückführbar ist. Dies ist möglich durch eine strikte Gesetzesbindung und durch die Verantwortlichkeit der Handelnden, die letztlich durch Parlamentswahlen vom Volk sanktioniert werden können. Es kommt bei der demokratischen Legitimierung jedoch nicht auf jede einzelne Form demokratischer Legitimation gleich stark an. Entscheidend ist vielmehr ein in der Gesamtschau ausreichendes Legitimationsniveau.

6. Die KEF muss aufgrund ihrer Mitentscheidungsbefugnis im Bereich der Rundfunkfinanzierung demokratisch legitimiert sein. Auch wenn die KEF aufgrund der mangelnden Kontrolle einen ministerialfreien Raum darstellt, ist dieser durch die Rundfunkfreiheit verfassungsrechtlich gerechtfertigt, da eine Kontrolle der KEF ihrem Status als unabhängigem Sachverständigengremium widersprechen würde.

7. Es bestehen jedoch Bedenken dagegen, dass das Bundesverfassungsgericht *dem Gesetzgeber* vorschreibt, für einen Grundrechtsschutz durch Verfahren zu sorgen. Zwar ist diese Konstruktion allgemein anerkannt und kann sich auf eine entsprechende Dogmatik stützen. Diese bezieht sich jedoch auf Verwaltungs- sowie Gerichtsverfahren. In der Literatur wird im Hinblick auf das Gesetzgebungsverfahren ein über die grundgesetzlichen Verfahrensregelungen hinausgehender prozeduraler Grundrechtsschutz weitgehend abgelehnt, da es ohnehin Aufgabe des demokratisch unmittelbar legitimierten Gesetzgebers ist, für einen Ausgleich der widerstreitenden Grundrechtspositionen zu sorgen. Dies wird mit der herausragenden Stellung begründet, die das Parlament in der Demokratie des Grundgesetzes einnimmt. Diese bedeutsame Rolle des Parlaments wird durch den Vorbehalt des Gesetzes und die Rechte der Abgeordneten aus Art. 38 Abs. 1 S. 2 GG unterstrichen. Ein zusätzlicher prozeduraler Grundrechtsschutz im Gesetzgebungsverfahren wird nur in Fällen vorausgesetzt, in denen das Parlament in der Sache Verwaltungsaufgaben wahrnimmt: Auch hier

ist das Parlament, wie es die Verwaltung im gleichen Fall wäre, verpflichtet, beispielsweise Anhörungen von Betroffenen durchzuführen.

8. Die Verpflichtung des Gesetzgebers zur Schaffung eines Grundrechtsschutzes durch ein qualifiziertes Gesetzgebungsverfahren in Bezug auf die Festlegung der Rundfunkgebührenhöhe – ausgesprochen durch das Bundesverfassungsgericht selbst – ist kaum mit dem verfassungsrechtlichen Demokratieprinzip vereinbar. Zwar ist die Staatsfreiheit des Rundfunks die wesentliche Voraussetzung dafür, dass der Rundfunk seine Funktion innerhalb der Demokratie wahrnehmen kann, indem er zur öffentlichen Meinungsbildung beiträgt. Gleichzeitig wird die Staatsfreiheit jedoch durch das Bundesverfassungsgericht stark überhöht. Die neutrale Festlegung der Rundfunkgebührenhöhe durch den parlamentarischen Gesetzgeber stellt keinen ungerechtfertigten Eingriff in die Staatsfreiheit dar. Aufgrund der Bedeutung des Parlaments innerhalb der Demokratie kommt diesem die Aufgabe zu, wesentliche Sachverhalte gesetzlich zu regeln. Dabei ist die Rundfunkgebührenhöhe sowohl für die öffentlich-rechtlichen Rundfunkanstalten als auch für den Gebührenzahler und die konkurrierenden privaten Rundfunkunternehmen von wesentlicher Bedeutung. Insofern liegt es in der Verantwortung des Parlaments, die Rundfunkgebührenhöhe selbständig festzulegen. Bliebe dem Parlament lediglich die Ratifizierung des KEF-Votums, so wäre dies eine unzulässige, da nicht selbst verantwortete, Entparlamentarisierung. Zudem könnte das Parlament für diese Entscheidung nicht mehr vom Volk verantwortlich gemacht werden. Ein Vergleich mit der Hochschulfinanzierung zeigt, dass im Bereich des Art. 5 GG den Parlamenten die Möglichkeit offensteht, selbstverantwortete, eigenständige Entscheidungen zu treffen.

9. Die Regelung in § 7 Abs. 2 S. 1 RFinStV ist aus diesem Grund verfassungskonform dahingehend zu interpretieren, dass dem Gesetzgeber ein hinreichender eigener Entscheidungsspielraum bleibt. Dabei muss berücksichtigt werden, dass durch die Festlegung der Rundfunkgebührenhöhe kein Einfluss auf die Programmgestaltung genommen werden darf. Zudem muss die Rundfunkgebühr so hoch sein, dass die öffentlich-rechtlichen Rundfunkanstalten ihre Grundversorgungsaufgabe erfüllen können. Dies kann vom Bundesverfassungsgericht überprüft werden.

Literaturverzeichnis

Alexy, Robert, Theorie der Grundrechte, Baden-Baden 1985

Arnim, Hans Herbert von, Begrenzung öffentlicher Ausgaben durch Verfassungsrecht, in: DVBl. 1985, S. 1286ff.

Ders., Wirtschaftlichkeit als Rechtsprinzip, Berlin 1988

Austermann, Philipp, Die rechtlichen Grenzen des Bundesverfassungsgerichts im Verhältnis zum Gesetzgeber, in: DÖV 2011, S. 267ff.

Axer, Peter, Normsetzung der Exekutive in der Sozialversicherung, Tübingen 2000

Baars, Wiebke, Kooperation und Kommunikation durch Landesmedienanstalten, Baden-Baden 1999

Badura, Peter, Rechtsetzung durch Gemeinden, in: DÖV 1963, S. 561ff.

Ders., Verfassungsrechtliche Bindungen der Rundfunkgesetzgebung, Frankfurt/Main 1980

Ders., Rundfunkfreiheit und Finanzautonomie, Frankfurt/Main 1986

Ders., Die steinerne Hand, in: Töpper, Bernhard (Hrsg.), Wie würden Sie entscheiden?, Festschrift für Gerd Jauch zum 65. Geburtstag, München 1990, S. 1ff.

Ders., Gewährleistung der Freiheit des Rundfunks, „Funktion" des Rundfunks und „öffentliche Aufgabe" der Rundfunkveranstalter, in: Merten, Detlef/Schmidt, Reiner/Stettner, Rupert (Hrsg.), Der Verwaltungsstaat im Wandel, Festschrift für Franz Knöpfle zum 70. Geburtstag, München 1996, S. 1ff.

Ders., Die parlamentarische Demokratie, in: Isensee, Josef/Kirchhof, Paul (Hrsg.), Handbuch des Staatsrechts der Bundesrepublik Deutschland, Band II: Verfassungsstaat, 3. Auflage, Heidelberg 2004, § 25

Ders., Staatsrecht, 4. Auflage München 2010

Bamberger, Heinz Georg, Einführung in das Medienrecht, Darmstadt 1986

Bardelle, Lutz, Statt Rundfunk"gebühr" künftig wohnungs- oder betriebsbezogener Rundfunk"beitrag"! – zugleich Buchbesprechung: Paul Kirchhof, Die Finanzierung des öffentlich-rechtlichen Rundfunks –, in: NdsVBl. 2011, S. 107ff.

Battis, Ulrich, Grenzen der Einschränkung gerichtlicher Planungskontrolle, in: DÖV 1981, S. 433ff.

Ders./Krautzberger, Michael/Löhr, Rolf-Peter (Hrsg.), Baugesetzbuch, 11. Auflage, München 2009

Bausch, Hans, Rundfunkpolitik nach 1945, Erster Teil: 1945-1962, in: Bausch, Hans (Hrsg.), Rundfunk in Deutschland, Band 3, München 1980

Ders., Rundfunkpolitik nach 1945, Zweiter Teil: 1962-1980, in: Bausch, Hans (Hrsg.), Rundfunk in Deutschland, Band 4, München 1980

Beater, Axel, Medienrecht, Tübingen 2007

Becker, Florian, Kooperative und konsensuale Strukturen in der Normsetzung, Tübingen 2005

Becker, Joachim, Das Demokratieprinzip und die Mitwirkung Privater an der Erfüllung öffentlicher Aufgaben, in: DÖV 2004, S. 910ff.

Becker, Udo, Existenzgrundlagen öffentlich-rechtlicher und privater Rundfunkveranstalter nach dem Rundfunkstaatsvertrag, Baden-Baden 1992

Berendes, Konrad, Die Staatsaufsicht über den Rundfunk, Berlin 1973

Berg, Klaus, Grundversorgung und Programmzeitschriften des öffentlich-rechtlichen Rundfunks nach dem 6. Rundfunkurteil des Bundesverfassungsgerichts, in: Media-Perspektiven 1991, S. 217ff.

Bergner, Daniel, Grundrechtsschutz durch Verfahren, München 1998

Berlit, Uwe, Paukenschlag mit Kompromisscharakter – zum SGB II-Regelleistungsurteil des Bundesverfassungsgerichts vom 9. Februar 2010, in: KJ 2010, S. 145ff.

Bermanseder, Markus, Wann sind Mediendienste dem Rundfunk zuzuordnen?, in: ZRP 1997, S. 330ff.

Bethge, Herbert, Verfassungsrechtsprobleme der Reorganisation des öffentlich-rechtlichen Rundfunks, Frankfurt/Main 1978

Ders., Grundrechtsverwirklichung und Grundrechtssicherung durch Organisation und Verfahren, in: NJW 1982, S. 1ff.

Ders., Rundfunkfreiheit in der Perspektive von Bundes- und Landesverfassungsgerichtsbarkeit, in: ZUM 1987, S. 199ff.

Ders., Zur Existenz und Relevanz eines Finanzgewährleistungsanspruchs einer Rundfunkanstalt gegen den Staat, in: DÖV 1988, S. 97ff.

Ders., Zweites Kapitel, Verfassungsrechtliche Grundlagen, in: Fuhr, Ernst W./Rudolf, Walter/Wasserburg, Klaus (Hrsg.), Recht der Neuen Medien, Heidelberg 1989, S. 74ff.

Ders., Die Problematik des Gesetzesvorbehalts bei der Finanzierung des öffentlichrechtlichen Rundfunks, in: NJW 1990, S. 2451ff.

Ders., Funktionsgerechte Finanzierung der Rundfunkanstalten durch den Staat, in: AöR 116 (1991), S. 521ff.

Ders., Stand und Entwicklung des öffentlich-rechtlichen Rundfunks, in: ZUM 1991, S. 337ff.

Ders., Zur Funktion und Relevanz eines Medienverwaltungsrechts, in: Die Verwaltung 27 (1994), S. 433ff.

Ders., Gebührenfinanzierung im Lichte der Rundfunkfreiheit, in: Piazolo, Michael (Hrsg.), Das Bundesverfassungsgericht, Mainz-München 1995, S. 141ff.

Ders., Die Perspektive des öffentlich-rechtlichen Rundfunks in der dualen Rundfunkordnung, in: ZUM 1995, S. 514ff.

Ders., Die verfassungsrechtliche Position des öffentlich-rechtlichen Rundfunks in der dualen Rundfunkordnung, Baden-Baden 1996

Ders., Der Grundrechtsstatus privater Rundfunkveranstalter, in: NVwZ 1997, S. 1ff.

Bettermann, Karl August, Rundfunkfreiheit und Rundfunkorganisation, in: DVBl. 1963, S. 41ff.

Betz, Jürgen, Vorschläge für ein verfassungskonformes Gebührenfestsetzungsverfahren, in: Media-Perspektiven 1995, S. 298ff.

Betzinger, Michael/Müller, Sebastian, Rundfunkfinanzierung – Gebührenpflicht internetfähiger PCs, in: NVwZ 2010, S. 1131ff.

Blanke, Thomas, Antidemokratische Effekte der verfassungsgerichtlichen Demokratietheorie, in: KJ 1998, S. 452ff.

Ders., Funktionale Selbstverwaltung und Demokratieprinzip, in: Redaktion Kritische Justiz (Hrsg.), Demokratie und Grundgesetz, Baden-Baden 2000, S. 32ff.

Blümel, Willi, Grundrechtsschutz durch Verfahrensgestaltung, in: Blümel, Willi (Hrsg.), Frühzeitige Bürgerbeteiligung bei Planungen, Berlin 1982, S. 23ff.

Blum, Peter, Wege zu besserer Gesetzgebung – sachverständige Beratung, Begründung, Folgeabschätzung und Wirkungskontrolle, in: Ständige Reputation des Deutschen Juristentages (Hrsg.), Verhandlungen des fünfundsechzigsten Deutschen Juristentages, Band 1 (Gutachten), München 2004, S. I 1ff.

Böckenförde, Ernst-Wolfgang, Demokratie als Verfassungsprinzip, in: Isensee, Josef/Kirchhof, Paul (Hrsg.), Handbuch des Staatsrechts der Bundesrepublik Deutschland, Band I: Grundlagen von Staat und Verfassung, 1. Auflage, Heidelberg 1987, § 22

Ders., Zur Lage der Grundrechtsdogmatik nach 40 Jahren Grundgesetz, München-Nymphenburg 1990

Ders., Die Methoden der Verfassungsinterpretation – Bestandsaufnahme und Kritik, in: Böckenförde, Ernst-Wolfgang, Staat, Verfassung, Demokratie, Frankfurt/Main 1991, S. 53ff.

Ders., Demokratie als Verfassungsprinzip, in: Isensee, Josef/Kirchhof, Paul (Hrsg.), Handbuch des Staatsrechts der Bundesrepublik Deutschland, Band II: Verfassungsstaat, 3. Auflage, Heidelberg 2004, § 24

Ders., Demokratische Willensbildung und Repräsentation, in: Isensee, Josef/Kirchhof, Paul (Hrsg.), Handbuch des Staatsrechts der Bundesrepublik Deutschland, Band III: Demokratie – Bundesorgane, 3. Auflage, Heidelberg 2005, § 34

Boos, Sabine, Entparlamentarisierung durch Sachverständigenkommissionen der Bundesregierung?, in: ZRP 2006, S. 66f.

Bosman, Wieland, Verfassungsrechtliche Aspekte eines Werbeverbots für den öffentlich-rechtlichen Rundfunk, in: ZUM 2003, S. 444ff.

Brack, Hans/Hübner, Heinz/Oehler, Dietrich/Stern, Klaus (Hrsg.), Rechtsprobleme der privaten Rundfunkordnung von Heinz Hübner, Ernst Benda, Stefan Pelny, Helmut Thoma, Wolf-Dieter Ring, Friedrich Kübler, Werner F. Ebke, München 1992

Brand, Torsten, Rundfunk im Sinne des Art. 5 Abs. 1 Satz 2 GG, Berlin 2002

Braum-Schleicher, Tanja, Daseinsvorsorge und service public durch den öffentlich-rechtlichen Rundfunk, Frankfurt/Main 2006

Bredow, Hans, Dem „Deutschen Rundfunk“ zum Geleit!, in: Der Deutsche Rundfunk vom 14. Oktober 1923, S. 1f.

Ders., Vorschlag für ein Rundfunkgesetz, in: Archiv für das Post- und Fernmeldewesen 1949, S. 333ff.

Bredt, Stephan, Die demokratische Legitimation unabhängiger Institutionen, Tübingen 2006

Bremer, Eckhard/Esser, Michael/Hoffmann, Martin, Der Rundfunk in der Verfassungs- und Wirtschaftsordnung in Deutschland, Baden-Baden 1992

Brenner, Michael, Das Prinzip Parlamentarismus, in: Isensee, Josef/Kirchhof, Paul (Hrsg.), Handbuch des Staatsrechts der Bundesrepublik Deutschland, Band III: Demokratie – Bundesorgane, 3. Auflage, Heidelberg 2005, § 44

Britz, Gabriele, Prozedurale Lösung von Grundrechtskollisionen durch „grundrechtliches Vorverfahren“, in: Der Staat 42 (2003), S. 35ff.

Brohm, Winfried, Sachverständige und Politik, in: Schnur, Roman (Hrsg.), Festschrift für Ernst Forsthoff zum 70. Geburtstag, 2. Auflage, München 1974

Ders., Sachverständige Beratung des Staates, in: Isensee, Josef/Kirchhof, Paul (Hrsg.), Handbuch des Staatsrechts der Bundesrepublik Deutschland, Band II: Demokratische Willensbildung – Die Staatsorgane des Bundes, 2. Auflage, Heidelberg 1998, § 36

Brosius-Gersdorf, Frauke, Deutsche Bundesbank und Demokratieprinzip, Berlin 1997

Dies./Gersdorf, Hubertus, Rechtsfragen des Teilnehmerentgeltsystems nach bayerischem Rundfunkrecht, München 1997

Brugger, Winfried, Rundfunkfreiheit und Verfassungsinterpretation, Heidelberg 1991

Bryde, Brun-Otto, Verfassungsentwicklung, Baden-Baden 1982

Ders., Ausländerwahlrecht und grundgesetzliche Demokratie, in: JZ 1989, S. 257ff.

Ders., Die bundesrepublikanische Volksdemokratie als Irrweg der Demokratietheorie, in: Staatswissenschaften und Staatspraxis 4 (1994), S. 305ff.

Ders., Das Demokratieprinzip des Grundgesetzes als Optimierungsaufgabe, in: Redaktion Kritische Justiz (Hrsg.), Demokratie und Grundgesetz, Baden-Baden 2000, S. 59ff.

Bücking, Kai, Die Beteiligung von Ausländern an Wahlen zum Deutschen Bundestag, zu den Parlamenten der Länder und den kommunalen Vertretungskörperschaften unter besonderer Berücksichtigung der Wahlen zu den hamburgischen Bezirksversammlungen, Frankfurt/Main u.a. 1992

Bullinger, Martin, Freiheit von Presse, Rundfunk, Film, in: Isensee, Josef/Kirchhof, Paul (Hrsg.), Handbuch des Staatsrechts der Bundesrepublik Deutschland, Band VII: Freiheitsrechte, 3. Auflage, Heidelberg 2009, § 163

Bumke, Ulrike, Die öffentliche Aufgabe der Landesmedienanstalten, München 1995

Burmeister, Günter Cornelius, Herkunft, Inhalt und Stellung des institutionellen Gesetzesvorbehalts, Berlin 1991

Castendyk, Oliver/Böttcher, Kathrin, Ein neuer Rundfunkbegriff für Deutschland? – Die Richtlinie für audiovisuelle Mediendienste und der deutsche Rundfunkbegriff, in: Multimedia und Recht 2008, S. 13ff.

Charissé, Peter, Die Rundfunkveranstaltungsfreiheit und das Zulassungsregime der Rundfunk- und Mediengesetze, Frankfurt/Main u.a. 1999

Chen, Yaw-Shyang, Die Grundversorgungsaufgabe als Rechtfertigungsgrundlage der Gebührenfinanzierung des öffentlich-rechtlichen Rundfunks im dualen Rundfunksystem, Frankfurt/Main u.a. 2003

Chuang, Kou-Jung, Zur Frage der Organisation und Legitimation der rundfunkrechtlichen Kontrollorgane, München 1999

Classen, Claus Dieter, Demokratische Legitimation im offenen Rechtsstaat, Tübingen 2009

Clausen-Muradian, Elisabeth, Konzentrationstendenzen und Wettbewerb im Bereich des privaten kommerziellen Rundfunks und die Rechtsprobleme staatlicher Rundfunkaufsicht, Frankfurt/Main u.a. 1998

Conrad, Rainer, Die bisherige Praxis der Bemessung der Rundfunkgebühren – Darstellung und Kritik, in: Manfred Kops (Hrsg.), Die Finanzierung des öffentlich-rechtlichen Rundfunks nach dem Gebührenurteil des Bundesverfassungsgerichts, Berlin 1995, S. 49ff.

Ders., Gebührenurteil und heutige Rolle der KEF, in: Media-Perspektiven 2004, S. 127f.

Cordes, Malte, Medienbeteiligungen politischer Parteien, Göttingen 2009

Ders., Medienbeteiligungen politischer Parteien – zugleich eine Besprechung des Urteils des Bundesverfassungsgerichts vom 12. März 2009 – 2 BvF 4/03, in: ZParl. 40 (2009), S. 123ff.

Cornils, Matthias, Die Ausgestaltung der Grundrechte, Tübingen 2005

Ders., Parteilicher Rundfunk? – Die politischen Parteien als Gegenstand und Faktor der Berichterstattung im Privatfunk, in: Zeitschrift für das Juristische Studium 2009, S. 465ff.

Czajka, Dieter, Pressefreiheit und „öffentliche Aufgabe" der Presse, Stuttgart u.a. 1968

Dahl, Peter, Arbeitersender und Volksempfänger, Frankfurt/Main 1978

Dargel, Christian, Die Rundfunkgebühr, Frankfurt/Main u.a. 2002

Dederer, Hans-Georg, Organisatorisch-personelle Legitimation der funktionalen Selbstverwaltung, in: NVwZ 2000, S. 403

Ders., Korporative Staatsgewalt, Tübingen 2004

Degenhart, Christoph, Rundfunkfreiheit in gesetzgeberischer Beliebigkeit?, in: DVBl. 1991, S. 510ff.

Ders., Verfassungsrechtliche Determinanten der Rundfunkfinanzierung – Gestaltungsfreiheit und Systemkonsequenz, in: Badura, Peter/Scholz, Rupert (Hrsg.), Wege und Verfahren des Verfassungslebens, Festschrift für Peter Lerche zum 65. Geburtstag, München 1993, S. 611ff.

Ders., Programmfunktionen des öffentlich-rechtlichen Rundfunks und Aufgabenbestimmung durch den Gesetzgeber, in: ZUM 2000, S. 356ff.

Ders., Gebührenurteil und Gebührenfestsetzungsverfahren aus heutiger Sicht, in: Media-Perspektiven 2004, S. 125f.

Ders., Achter Rundfunkänderungsstaatsvertrag vor dem Sächsischen Landtag, in: SächsVBl. 2005, S. 129ff.

Ders., Öffentlich-rechtlicher Rundfunkauftrag und Rundfunkgebühr nach dem siebten und achten Rundfunkänderungsstaatsvertrag, in: Kommunikation & Recht 2005, S. 295ff.

Ders., Rundfunkrecht in der Entwicklung, in: Kommunikation & Recht 2008, S. 214ff.

Ders., Die Entwicklung des Rundfunkrechts im Jahr 2008, in: Kommunikation & Recht 2009, S. 289ff.

Ders., Rechtsfragen einer Neuordnung der Rundfunkgebühr, in: ZUM 2009, S. 374ff.

Ders., Verfassungswidrige Zusammensetzung der Gremien des ZDF? – Anmerkungen zum aktuellen Verfassungskonflikt, in: NVwZ 2010, S. 877ff.

Ders., Wozu die Aufregung?, Anmerkungen zur Causa Brender aus verfassungsrechtlicher Sicht, in: Kommunikation & Recht 2010, S. 8f.

Ders., Verfassungsrechtliche Zweifelsfragen des Rundfunkbeitragsstaatsvertrags, in: ZUM 2011, S. 193ff.

Dencker, Friedrich, Stichwort „Funkrecht", in: Stier-Somlo, Fritz/Elster, Alexander (Hrsg.), Handwörterbuch der Rechtswissenschaft, Zweiter Band, Deichverbände – Giroverkehr, Berlin u.a. 1927, S. 547ff.

Denninger, Erhard, Staatliche Hilfe zur Grundrechtsausübung durch Verfahren, Organisation und Finanzierung, in: Isensee, Josef/Kirchhof, Paul (Hrsg.), Handbuch des Staatsrechts der Bundesrepublik Deutschland, Band V: Allgemeine Grundrechtslehren, 2. Auflage, Heidelberg 2000, § 113

Derksen, Roland, Fünftes Gesetz zur Änderung des Stasi-Unterlagen-Gesetzes, in: NVwZ 2004, S. 551ff.

Di Fabio, Udo, Verwaltungsentscheidungen durch externen Sachverstand, in: VerwArch 81 (1990), S. 193ff.

Ders., Risikoentscheidungen im Rechtsstaat, Tübingen 1994

Ders., Demokratie im System des Grundgesetzes, in: Brenner, Michael/Huber, Peter M./Möstl, Markus (Hrsg.), Der Staat des Grundgesetzes – Kontinuität und Wandel, Festschrift für Peter Badura zum siebzigsten Geburtstag, Tübingen 2004, S. 77ff.

Diller, Ansgar, Rundfunkpolitik im Dritten Reich, in: Bausch, Hans (Hrsg.), Rundfunk in Deutschland, Band 2, München 1980

Dittmann, Armin, Die Neuen Medien in der Verfassungsordnung. Teledienste und Mediendienste als Teil einer bipolaren Medienordnung, in: Classen, Claus Dieter/Dittmann, Armin/Fechner, Frank/Gassner, Ulrich M./Kilian, Michael (Hrsg.), „In einem vereinten Europa dem Frieden der Welt zu dienen…", Liber amicorum Thomas Oppermann, Berlin 2001, S. 571ff.

Ders./Scheel, Tobias, Die Finanzierung des öffentlich-rechtlichen Rundfunks durch eine Medienabgabe, Baden-Baden 2009

Dörr, Dieter, Eine rundfunkrechtliche Beurteilung des Verfassungsgerichtsurteils zur Gebührenbemessung, in: Manfred Kops (Hrsg.), Die Finanzierung des öffentlich-rechtlichen Rundfunks nach dem Gebührenurteil des Bundesverfassungsgerichts, Berlin 1995, S. 99ff.

Ders., Programmvielfalt im öffentlich-rechtlichen Rundfunk durch funktionsgerechte Finanzausstattung, Baden-Baden 1997/98

Ders., Die verfassungsrechtliche Stellung der Deutschen Welle, München 1998

Ders., Der Einfluss der Judikatur des Bundesverfassungsgerichts auf das Medienrecht, in: VerwArch 92 (2001), S. 149ff.

Ders., Öffentlich-rechtlicher Rundfunk und Gebührenregelung unter dem Druck des Gemeinschaftsrechts, in: Kommunikation & Recht 2001, S. 233ff.

Ders., Diskussionsbemerkung, in: VVDStRL 62 (2003), S. 93f.

Ders., Die Gebührenfrage und die Debatte um die Strukturreform, in: Bröhmer, Jürgen/Bieber, Roland/Callies, Christian/Langenfeld, Christine/Weber, Stefan/Wolf, Joachim (Hrsg.), Internationale Gemeinschaft und Menschenrecht, Festschrift für Georg Ress zum 70. Geburtstag am 21. Januar 2005, Köln 2005, S. 1151ff.

Ders., Die Mitwirkung des Verwaltungsrats bei der Bestellung des ZDF-Chefredakteurs und das Problem der Gremienzusammensetzung, in: Kommunikation & Recht 2009, S. 555ff.

Ders./Charissé, Peter, Wege zur funktionsgerechten Rundfunkfinanzierung, Mainz 1999

Ders./Schiedermair, Stephanie, Die Deutsche Welle, Frankfurt/Main 2003

Ders./Schiedermair, Stephanie, Die zukünftige Finanzierung der deutschen Universitäten, Rechtsgutachten im Auftrag des deutschen Hochschulverbandes, 2004

Dolzer, Rudolf, Zum Begründungsgebot im geltenden Verwaltungsrecht, in: DÖV 1985, S. 9ff.

Ders./Kahl, Wolfgang/Waldhoff, Christian/Graßhof, Karin (Hrsg.), Bonner Kommentar zum Grundgesetz, Heidelberg, Loseblattsammlung, Stand des Gesamtwerks: 152. EL, Juni 2011

Dreier, Horst, Hierarchische Verwaltung im demokratischen Staat, Tübingen 1991

Ders., Verantwortung im demokratischen Verfassungsstaat, in: Neumann, Ulfrid/Schulz, Lorenz (Hrsg.), Verantwortung in Recht und Moral, Archiv für Rechts- und Sozialphilosophie, Beiheft 74 (2000), S. 9ff.

Ders. (Hrsg.), Grundgesetz. Kommentar, Band I, Präambel, Art. 1-19, 2. Auflage, Tübingen 2004

Ders. (Hrsg.), Grundgesetz. Kommentar, Band II, Art. 20-82, 2. Auflage, Tübingen 2006

Ders. (Hrsg.), Grundgesetz. Kommentar, Band III: Art. 83-146, 2. Auflage, Tübingen 2008

Droege, Michael, Herrschaft auf Zeit: Wahltage und Übergangszeiten in der repräsentativen Demokratie, in: DÖV 2009, S. 649ff.

Dücker, Hans-Gerd von, Der Richter als Ersatzgesetzgeber, in: Geis, Max-Emanuel/Lorenz, Dieter (Hrsg.), Staat, Kirche, Verwaltung, Festschrift für Hartmut Maurer zum 70. Geburtstag, München 2001, S. 49ff.

Dussel, Konrad, Deutsche Rundfunkgeschichte, 2. Auflage, Konstanz 2004

Eberle, Carl-Eugen, Die Rundfunkgebühr, in: AfP 1995, S. 559ff.

Ders., Rundfunkübertragung, Berlin 1989

Ders., Medien – Mittler zwischen Bürger, Gesellschaft und Staat, in: Heldrich, Andreas (Hrsg.), Medien zwischen Spruch und Informationsinteresse, Festschrift für Robert Schweizer zum 60. Geburtstag, Baden-Baden 1999, S. 139ff.

Ders., Referat, in: Ständige Reputation des Deutschen Juristentages (Hrsg.), Verhandlungen des vierundsechzigsten Deutschen Juristentages, Band II/1 (Sitzungsberichte – Referate und Beschlüsse), München 2002, S. M 11ff.

Ders., Kapitel I, Erscheinungsformen der Neuen Medien, in: Eberle, Carl-Eugen/Rudolf, Walter/Wasserburg, Klaus (Hrsg.), Mainzer Rechtshandbuch der Neuen Medien, Heidelberg 2003, S. 1ff.

Ehlers, Dirk, Mitbestimmung in der öffentlichen Verwaltung, in: Jura 1997, S. 180ff.

Eicher, Hermann, Die Reform der Rundfunkfinanzierung – zum Stand der Debatte, in: Knothe, Matthias/Potthast, Klaus-Peter (Hrsg.), Das Wunder von Mainz – Rundfunk als gestaltete Freiheit, Festschrift für Hans-Dieter Drewitz, Baden-Baden 2009, S. 213ff.

Ders./Schneider, Axel, Die Rundfunkgebührenpflicht in Zeiten der Medienkonvergenz, in: NVwZ 2009, S. 741ff.

Eifert, Martin, Konkretisierung des Programmauftrags des öffentlich-rechtlichen Rundfunks, Baden-Baden 2002

Ders., Gebührenurteil: Die Bedeutung liegt in der Kontinuität, in: Media-Perspektiven 2007, S. 602ff.

Emde, Ernst Thomas, Die demokratische Legitimation der funktionalen Selbstverwaltung, Berlin 1991

Engel, Christoph, Rundfunk in Freiheit, in: AfP 1994, S. 185ff.

Ders., Multimedia und das deutsche Verfassungsrecht, in: Hoffmann-Riem, Wolfgang/Vesting, Thomas (Hrsg.), Perspektiven der Informationsgesellschaft, Baden-Baden u.a. 1995, S. 155ff.

Ders., Medienordnungsrecht, Baden-Baden 1996

Ennuschat, Jörg, Wege zu besserer Gesetzgebung – sachverständige Beratung, Begründung, Folgenabschätzung und Wirkungskontrolle, in: DVBl. 2004, S. 986ff.

Epping, Volker/Hillgruber, Christian (Hrsg.), Grundgesetz. Kommentar, München 2009

Erdsiek, Gerhard, Umwelt und Recht, in: NJW 1963, S. 1390ff.

Erichsen, Hans-Uwe, Die sog. unbestimmten Rechtsbegriffe als Steuerungs- und Kontrollmaßgaben im Verhältnis von Gesetzgebung, Verwaltung und Rechtsprechung, in: DVBl. 1985, S. 22ff.

Ders./Scherzberg, Arno, Verfassungsrechtliche Determinanten staatlicher Hochschulpolitik, in: NVwZ 1990, S. 8ff.

Ernst, Christian, Normative Voraussetzungen und praktische Handhabung parlamentarischer Entscheidungsprozesse, in: Schliesky, Utz/Ernst, Christian (Hrsg.), Recht und Politik, Wissenschaftliches Symposium für Edzard Schmidt-Jortzig zum 65. Geburtstag, Köln u.a. 2007, S. 95ff.

Faßbender, Kurt, Das jüngste Rundfunkgebührenurteil des BVerfG, in: NVwZ 2007, S. 1265ff.

Fechner, Frank, Entscheidungen zum Medienrecht, 2. Auflage, Tübingen 2010

Ders., Medienrecht, 12. Auflage, Tübingen 2011

Fehling, Michael, Verwaltung zwischen Unparteilichkeit und Gestaltungsaufgabe, Tübingen 2001

Ders., Neue Herausforderungen an die Selbstverwaltung in Hochschule und Wissenschaft, in: Die Verwaltung 35 (2002), S. 399ff.

Ferreau, Frederik/Poth, Hans-Christian, Der Rundfunkbeitragsstaatsvertrag – Rundfunkfinanzierung im Digitalzeitalter, in: NVwZ 2011, S. 714ff.

Fichtmüller, Carl Peter, Zulässigkeit ministerialfreien Raums in der Bundesverwaltung, in: AöR 91 (1966), S. 297ff.

Fiebig, André, Gerätebezogene Rundfunkgebührenpflicht und Medienkonvergenz, Berlin 2008

Fink, Udo, Erster Teil. Allgemeines, in: Spindler, Gerald/Schuster, Fabian (Hrsg.), Recht der elektronischen Medien, 2. Auflage, München 2011

Fisahn, Andreas, Demokratie: Aufhebung der Besonderung des Staates, in: Redaktion Kritische Justiz (Hrsg.), Demokratie und Grundgesetz, Baden-Baden 2000, S. 71ff.

Forsthoff, Martin, Grenzen des Rundfunkmonopols, in: AfP 1975, S. 739ff.

Frank, Götz, Erzeugung von „Politikfreiheit" durch die politische Entscheidung von Parlamenten?, in: KJ 1995, S. 77ff.

Ders., Statt Staatsferne Parteienproporz, in: Nahamowitz, Peter/Breuer, Stefan (Hrsg.), Politik – Verfassung – Gesellschaft, Otwin Massing zum 60. Geburtstag, Baden-Baden 1995, S. 321ff.

Ders./Meyerholt, Ulrich, Abschied von der Rundfunkgebühr? Über die Schwierigkeiten im Umgang mit der Rundfunkfinanzierung, in: Marcinkowski, Frank (Hrsg.), Die Politik der Massenmedien, Heribert Schatz zum 65. Geburtstag, Köln 2001, S. 149ff.

Freund, Martin, Der deutsche Rundfunk, Aschaffenburg 1933

Friauf, Karl Heinrich/Höfling, Wolfram (Hrsg.), Berliner Kommentar zum Grundgesetz, Berlin, Loseblattsammlung, Stand des Gesamtwerks: 33. EL, Juli 2011

Frye, Bernhard, Die Staatsaufsicht über die öffentlich-rechtlichen Rundfunkanstalten, Berlin 2001

Füßlein, Peter, Ministerialfreie Verwaltung: Begriff, Erscheinungsformen und Vereinbarkeit mit dem Grundgesetz, Bonn 1972

Fuhr, Ernst-W., Der öffentlich-rechtliche Rundfunk im dualen Rundfunksystem, in: ZUM 1987, S. 145ff.

Ders., Fünftes Kapitel, Organisationsrecht (Rundfunk- und Mediengesetze), in: Fuhr, Ernst W./Rudolf, Walter/Wasserburg, Klaus (Hrsg.), Recht der Neuen Medien, Heidelberg 1989, S. 251ff.

Gärditz, Klaus Ferdinand, Hochschulorganisation und verwaltungsrechtliche Systembildung, Tübingen 2009

Ders., Strafbegründung und Demokratieprinzip, in: Der Staat 49 (2010), S. 331ff.

Gall, Andreas, Die Rundfunkgebühr – Garant der dualen Rundfunkordnung, in: ZUM 1991, S. 167ff.

Geiger, Willi, Gegenwartsprobleme der Verfassungsgerichtsbarkeit aus deutscher Sicht, in: Berberich, Thomas/Holl, Wolfgang/Maaß, Kurt-Jürgen (Hrsg.), Neue Entwicklungen im öffentlichen Recht, Stuttgart u.a. 1979, S. 131ff.

Gellermann, Martin, Grundrechte in einfachgesetzlichem Gewande, Tübingen 2000

Gersdorf, Hubertus, Staatsfreiheit des Rundfunks in der dualen Rundfunkordnung der Bundesrepublik Deutschland, Berlin 1991

Ders., Die Rundfunkgebühr als „politischer Preis"?, in: AfP 1994, S. 108ff.

Ders., Der verfassungsrechtliche Rundfunkbegriff im Lichte der Digitalisierung der Telekommunikation: ein Rechtsgutachten im Auftrag der Hamburgischen Anstalt für Neue Medien, Berlin 1995

Ders., Grundzüge des Rundfunkrechts, München 2003

Ders., Kapitel III, Medienordnungsrecht, in: Eberle, Carl-Eugen/Rudolf, Walter/Wasserburg, Klaus (Hrsg.), Mainzer Rechtshandbuch der Neuen Medien, Heidelberg 2003, S. 81ff.

Ders., Medienbeteiligung politischer Parteien im Lichte des Rundfunkverfassungsrechts, in: Morlok, Martin/Alemann, Ulrich von/Streit, Thilo (Hrsg.), Medienbeteiligung politischer Parteien, Baden-Baden 2004, S. 69ff.

Ders., Der Rundfunkbegriff, München 2007

Gerstenberg, Katrin, Zu den Gesetzgebungs- und Verwaltungskompetenzen nach der Föderalismusreform, Berlin 2009

Goebel, Gerhart, Staatssekretär a.D. Dr.-Ing. E.h. Hans Bredow und der deutsche Funk, in: Archiv für das Post- und Fernmeldewesen 1955, S. 153ff.

Goerlich, Helmut, Grundrechte als Verfahrensgarantien, Baden-Baden 1981

Ders., Schutzpflicht – Grundrechte – Verfahrensschutz, in: NJW 1981, S. 2616ff.

Ders., Zur „Finanzbedarfseinschätzungsprärogative" der ARD-Anstalten als Element der Garantie freier Berichterstattung durch Rundfunk gemäß Art. 5 Abs. 1 S. 2 GG, in: ZUM 1996, S. 390ff.

Ders., Anmerkung zu BVerfG 1 BvR 1013/99, Kammerbeschluss vom 6.9.1999, in: JZ 2000, S. 566ff.

Ders./Laier, René, „Parlamentsfernsehen" und Öffentlichkeitsarbeit des Deutschen Bundestages, in: ZUM 2008, S. 475ff.

Götz von Olenhusen, Albrecht, Handbuch des Medienrechts, Rundfunkrecht, Freiburg (Breisgau) 1988

Gotzmann, Claudia, Die Staatsaufsicht über die öffentlich-rechtlichen Rundfunkanstalten, München 2003

Gounalakis, Georgios/Wege, Christoph, Öffentlich-rechtlicher Rundfunk hat seinen Preis – Das Karlsruher Gebührenurteil vom 11.9.2007, in: NJW 2008, S. 800ff.

Gounalakis, Georgios/Zagouras, Georgios, Medienkonzentrationsrecht, München 2008

Grimberg, Steffen, Die Keine-Wahl-Wahl, in: TAZ vom 14. April 2010, S. 17

Grimm, Dieter, Verfahrensfehler als Grundrechtsverstöße, in: NVwZ 1985, S. 865ff.

Ders., Das Grundgesetz nach 50 Jahren – Versuch einer staatsrechtlichen Würdigung, in: Bundesministerium des Innern (Hrsg.), Bewährung und Herausforderung, Die Verfassung vor der Zukunft, Opladen 1999, S. 39ff.

Ders., Die Verfassung im Prozess der Entstaatlichung, in: Brenner, Michael/Huber, Peter M./Möstl, Markus (Hrsg.), Der Staat des Grundgesetzes – Kontinuität und Wandel, Festschrift für Peter Badura zum siebzigsten Geburtstag, Tübingen 2004, S. 145ff.

Gröpl, Christoph, GEZetert, GEZankt, GEZwungen: Rundfunkfinanzierung zwischen Anstaltsautonomie und politischer Einflussnahme, in: DÖV 2006, S. 105ff.

Ders., Wirtschaftlichkeit und Sparsamkeit staatlichen Handelns, in: Isensee, Josef/Kirchhof, Paul (Hrsg.), Handbuch des Staatsrechts der Bundesrepublik Deutschland, Band V: Rechtsquellen, Organisation, Finanzen, 3. Auflage, Heidelberg 2007, § 121

Ders., Die Rundfunkgebühr in ihrer geschichtlichen Entwicklung, in: Chiusi, Tiziana J./Gergen, Thomas/Jung, Heike (Hrsg.), Das Recht und seine historischen Grundlagen, Festschrift für Elmar Wadle zum 70. Geburtstag, Berlin 2008, S. 317ff.

Groß, Thomas, Grundlinien einer pluralistischen Interpretation des Demokratieprinzips, in: Redaktion Kritische Justiz (Hrsg.), Demokratie und Grundgesetz, Baden-Baden 2000, S. 93ff.

Ders., Gremienwesen und demokratische Legitimation, in: Sommermann, Karl-Peter (Hrsg.), Gremienwesen und staatliche Gemeinwohlverantwortung, Berlin 2001, S. 17ff.

Ders., Terrorbekämpfung und Grundrechte, in: KJ 2002, S. 1ff.

Ders., Von der Kontrolle der Polizei zur Kontrolle des Gesetzgebers, in: DÖV 2006, S. 856ff.

Grupp, Alfred, Grundfragen des Rundfunkgebührenrechts, Frankfurt/Main 1983

Grupp, Klaus, Die „Grundsätze der Wirtschaftlichkeit und Sparsamkeit“ im Haushaltsrecht, in: JZ 1982, S. 231ff.

Gundlach, Hardy, Die öffentlich-rechtlichen Rundfunkunternehmen zwischen öffentlichem Auftrag und marktwirtschaftlichem Wettbewerb, Berlin 1998

Gusy, Christoph, Das Grundgesetz als normative Gesetzgebungslehre?, in: ZRP 1985, S. 291ff.

Häberle, Peter, Grundrechte im Leistungsstaat, in: VVDStRL 30 (1972), S. 43ff.

Hahn, Daniel, Kontrolle des öffentlich-rechtlichen Rundfunks, Rundfunkrat und Parteien, in: Mitteilungen des Instituts für Deutsches und Internationales Parteienrecht und Parteienforschung 2000, S. 18ff.

Hahn, Werner, „Gutes Urteil, schlechte Presse!“, in: Multimedia und Recht 2007, S. 613f.

Ders./Vesting, Thomas (Hrsg.), Beck'scher Kommentar zum Rundfunkrecht, 2. Auflage, München 2008

Hain, Karl-Eberhard, Rundfunkfreiheit und Rundfunkordnung, Baden-Baden 1993

Ders., Die Grundsätze des Grundgesetzes, Baden-Baden 1999

Ders., Die zweite Gebührenentscheidung des Bundesverfassungsgerichts – Kontinuität in Zeiten der Konvergenz, in: JZ 2008, S. 128ff.

Ders., Die öffentlich-rechtlichen Rundfunkanstalten – Träger mittelbarer Staatsverwaltung?, in: Kommunikation & Recht 2010, S. 242ff.

Ders./Ferreau, Frederik, Rechtliche Bindungen des ZDF-Verwaltungsrats?, in: Kommunikation & Recht 2009, S. 692ff.

Ders./Poth, Hans-Christian, Ausgestaltung und Beschränkung der „dienenden" Rundfunkfreiheit, in: JA 2010, S. 572ff.

Hanebeck, Alexander, Der demokratische Bundesstaat des Grundgesetzes, Berlin 2004

Ders., Bundesverfassungsgericht und Demokratieprinzip, in: DÖV 2004, S. 901ff.

Hanfeld, Michael, Die totale Gebühr, in: FAZ vom 17. Dezember 2009, S. 29

Hanschmann, Felix, „Die Ewigkeit dauert lange, besonders gegen Ende" – eine rechtliche (Neu-)Bewertung des kommunalen Wahlrechts für Drittstaatsangehörige, in: ZParl. 40 (2009), S. 74ff.

Hartstein, Reinhard/Ring, Wolf-Dieter/Kreile, Johannes u.a., Rundfunkstaatsvertrag, Kommentar, München, Loseblattsammlung, Stand des Gesamtwerks: 48. EL, November 2010

Hasse, Arne, Die Finanzierung des öffentlich-rechtlichen Rundfunks, Berlin 2005

Hebeler, Timo, Ist der Gesetzgeber verfassungsrechtlich verpflichtet, Gesetze zu begründen?, in: DÖV 2010, S. 754ff.

Hecker, Wolfgang H.-W., „Medienmacht" und Rezipientenfreiheit, Frankfurt/Main u.a. 1987

Heinicke, Thomas, „Mainz bleibt Mainz"? Das ZDF und die Causa Brender, in: KJ 2010, S. 458ff.

Heinz, Vanessa, Der Schleier des Nichtwissens im Gesetzgebungsverfahren, Baden-Baden 2009

Henneke, Hans-Günter, Finanzierungsformen im Abgabenstaat, Teil I: Steuern, in: Jura 1990, S. 63ff.

Ders., Öffentliches Finanzwesen, Finanzverfassung, 2. Auflage, Heidelberg 2000

Herdegen, Matthias, Informalisierung und Entparlamentarisierung politischer Entscheidungen als Gefährdung der Verfassung, in: VVDStRL 62 (Jahrestagung 2003), S. 7ff.

Ders., Diskussionsbemerkung, in: VVDStRL 62 (2003), S. 114ff.

Hermes, Reinhard, Der Bereich des Parlamentsgesetzes, Berlin 1988

Herrmann, Günter, Fernsehen und Hörfunk in der Verfassung der Bundesrepublik Deutschland, Tübingen 1975

Ders./Lausen, Matthias, Rundfunkrecht, 2. Auflage, bearbeitet von Matthias Lausen, München 2004

Herzog, Roman, Allgemeine Staatslehre, Frankfurt/Main 1971

Ders., Diskussionsbemerkung, in: VVDStRL 39 (1981), S. 390f.

Ders., Gesetzgebung und Einzelfallgerechtigkeit, in: NJW 1999, S. 25ff.

Hess, Wolfgang, Verfassungsrechtliche Probleme der Gebührenfinanzierung im dualen Rundfunksystem, Köln 1996

Hesse, Albrecht, Funktionsgerechte Finanzierung des öffentlich-rechtlichen Rundfunks – Anmerkung zum „Hessen-3"-Beschluß des BVerfG, in: ZUM 1993, S. 606ff.

Ders., Staatsfreiheit des Rundfunks und SWR-Staatsvertrag, in: JZ 1997, S. 1083ff.

Ders., Rundfunkrecht, 3. Auflage, München 2003

Hesse, Konrad, Grundzüge des Verfassungsrechts der Bundesrepublik Deutschland, 20. Auflage, Heidelberg 1995

Heun, Werner, Die Sonderabgaben als verfassungsrechtlicher Abgabentypus, in: DVBl. 1990, S. 666ff.

Heydt, Volker, Rundfunkfinanzierung aus dem Staatshaushalt, in: AöR 100 (1975), S. 584ff.

Hill, Hermann, Das fehlerhafte Verfahren und seine Folgen im Verwaltungsrecht, Heidelberg 1986

Hillgruber, Christian, Die Fortentwicklung völkerrechtlicher Verträge als staatsrechtliches Problem: Wie weit trägt der Rechtsanwendungsbefehl des Zustimmungsgesetzes nach Art. 59 Abs. 2 Satz 1 GG?, in: Isensee, Josef/Lecheler, Helmut (Hrsg.), Freiheit und Eigentum, Festschrift für Walter Leisner zum 70. Geburtstag, Berlin 1999, S. 53ff.

Ders., Die Herrschaft der Mehrheit, in: AöR 127 (2002), S. 460ff.

Hobe, Stephan, Das Staatsvolk nach dem Grundgesetz, in: JZ 1994, S. 191ff.

Hochstein, Reiner, Teledienste, Mediendienste und Rundfunkbegriff – Anmerkungen zur praktischen Abgrenzung multimedialer Erscheinungsformen, in: NJW 1997, S. 2977ff.

Hoffmann-Riem, Wolfgang, Anmerkung zu BayVGH, Beschluß v. 7.7.1988 – 25 B 87.00860 (VG München), in: JZ 1989, S. 247ff.

Ders., Kommunikations- und Medienfreiheit, in: Benda, Ernst/Maihofer, Werner/Vogel, Hans-Jochen (Hrsg.), Handbuch des Verfassungsrechts, 2. Auflage, Berlin u.a. 1994, § 7

Ders., Multimedia-Politik vor neuen Herausforderungen, in: Rundfunk und Fernsehen 43 (1995), S. 125ff.

Ders., Rundfunkaufsicht zwischen Staatsfreiheit und Staatseinfluß, Berlin 1995

Ders./Starck, Christian (Hrsg.), Das Niedersächsische Rundfunkgesetz vor dem Bundesverfassungsgericht, Baden-Baden 1987

Hofmann, Hasso, Legitimität und Rechtsgeltung, Berlin 1977

Hohm, Karl-Heinz, Menschenwürdiges Existenzminimum für Leistungsberechtigte nach dem Asylbewerberleistungsgesetz, in: Zeitschrift für die sozialrechtliche Praxis 2010, S. 269ff.

Hohmann-Dennhardt, Christine, Schranken des Demokratieprinzips , in: Redaktion Kritische Justiz (Hrsg.), Demokratie und Grundgesetz, Baden-Baden 2000, S. 102ff.

Holtzbrinck, Stefan von, Definitions- und Rangfolgeprobleme bei der Einspeisung von Rundfunkprogrammen in Kabelanlagen, Berlin 1990

Holznagel, Bernd, Rundfunkrecht in Europa, Tübingen 1996

Ders., Anmerkung zum Urteil des Bundesverfassungsgerichts, in: Multimedia und Recht 2008, S. 596f.

Hoppe, Bernd, Der preußische Verfassungskonflikt von 1862-1866, in: JA 1993, S. 146ff.

Huber, Peter-Michael, Grundrechtsschutz durch Organisation und Verfahren als Kompetenzproblem in der Gewaltenteilung und im Bundesstaat, München 1988

Ders., Konsensvereinbarungen und Gesetzgebung, in: Zeitschrift für Gesetzgebung 2002, S. 245ff.

Ders., Medienbeteiligungen politischer Parteien, in: Kommunikation & Recht 2004, S. 216ff.

Ders., Der Anwendungsvorrang der Staatsverträge – Am Beispiel von Rundfunkstaatsvertrag und Landesmediengesetzen –, in: Knothe, Matthias/Potthast, Klaus-Peter (Hrsg.), Das Wunder von Mainz – Rundfunk als gestaltete Freiheit, Festschrift für Hans-Dieter Drewitz, Baden-Baden 2009, S. 75ff.

Ders., Die Staatsfreiheit des Rundfunks – Erosion und Neujustierung, in: Detterbeck, Steffen/Rozek, Jochen/Coelln, Christian von (Hrsg.), Recht als Medium der Staatlichkeit, Festschrift für Herbert Bethge zum 70. Geburtstag, Berlin 2009, S. 497ff.

Hüsken, Felix Benjamin, Staatsaufsicht über die Landesmedienanstalten und Sportwettenwerbung im Privatfernsehen, Baden-Baden 2008

Hufen, Friedhelm, Heilung und Unbeachtlichkeit grundrechtsrelevanter Verfahrensfehler? Zur verfassungskonformen Auslegung der §§ 45 und 46 VwVfG, in: NJW 1981, S. 2160ff.

Hümmerich, Klaus, Rundfunkgebühren: Staatsvertragliche Entwürfe zur Umsetzung des 8. Rundfunkurteils, in: AfP 1996, S. 25ff.

Ders., Proceduraler Grundrechtsschutz durch Rollenkonsistenz, in: AfP 1996, S. 118ff.

Ders./Beucher, Klaus, Rundfunkfinanzierung auf dem Prüfstand, in: AfP 1989, S. 708ff.

Ders./Heinze, Matthias, Vom politischen Brotpreis zur fachlichen Bedarfsfeststellung – das 8. Rundfunkurteil und die KEF, in: ZUM 1994, S. 488ff.

Hummel, Lars, Zur Grundrechtsberechtigung grundrechtsdienender juristischer Personen des öffentlichen Rechts, in: DVBl. 2008, S. 1215ff.

Ipsen, Hans Peter, Die Rundfunkgebühr, 1. Auflage, Hamburg 1953

Ders., Mitbestimmung im Rundfunk, Frankfurt/Main 1972

Isensee, Josef, Grundrechte und Demokratie, in: Der Staat 20 (1981), S. 161ff.

Ders., Kommunalwahlrecht für Ausländer aus der Sicht der Landesverfassung Nordrhein-Westfalens und der Bundesverfassung, in: KritV 1987, S. 300ff.

Ders., Abschied der Demokratie vom Demos, in: Schwab, Dieter/Giesen, Dieter/Listl, Joseph/Strätz, Hans-Wolfgang (Hrsg.), Staat, Kirch, Wissenschaft in einer pluralistischen Gesellschaft, Festschrift zum 65. Geburtstag von Paul Mikat, Berlin 1989, S. 705ff.

Ders., Vom Ethos des Interpreten, in: Haller, Herbert u.a. (Hrsg.), Staat und Recht, Festschrift für Günther Winkler, Wien, New York 1997, S. 367ff.

Ders., Diskussionsbemerkung, in: VVDStRL 62 (2003), S. 90f.

Janik, Viktor, Der deutsche Rundfunkbegriff im Spiegel technischer Entwicklungen, in: AfP 2000, S. 7ff.

Janssen, Albert, Über die Grenzen des legislativen Zugriffsrechts, Tübingen 1990

Ders., Die verfassungsrechtliche Bedeutung des Volkswillens für die Legitimation der Staatsgewalt, in: DÖV 2010, S. 949ff.

Jarass, Hans Dieter, Die Freiheit der Massenmedien, Baden-Baden 1978

Ders., Die Freiheit des Rundfunks vom Staat, Berlin 1981

Ders./Pieroth, Bodo (Hrsg.), Grundgesetz für die Bundesrepublik Deutschland, Kommentar, 11. Auflage, München 2011

Jestaedt, Matthias, Demokratieprinzip und Kondominialverwaltung, Berlin 1993

Ders., Grundrechtsentfaltung im Gesetz, Tübingen 1999

Ders., Demokratische Legitimation – quo vadis?, in: JuS 2004, S. 649ff.

Jung, Adrian, Maßstäbegerechtigkeit und Länderfinanzausgleich, Berlin 2008

Jungheim, Stephanie, Das Urteil des Bundesverfassungsgerichts vom 11. September 2007 zu den Rundfunkgebühren – eine verpasste Chance, in: ZUM 2008, S. 493ff.

Jutzi, Siegfried, Informationsfreiheit und Rundfunkgebührenpflicht, in: NVwZ 2008, S. 603ff.

Kaelble, Hendrik, Vergabeentscheidung und Verfahrensgerechtigkeit, Berlin 2008

Kahl, Wolfgang, Die Staatsaufsicht, Tübingen 2000

Ders., Grundrechtsschutz durch Verfahren in Deutschland und in der EU, in: VerwArch 95 (2004), S. 1ff.

Kant, Immanuel, Akademie-Ausgabe Band VI: Die Religion innerhalb der Grenzen der bloßen Vernunft. Die Metaphysik der Sitten, Berlin 1907: Die Metaphysik der Sitten, 1793

Karpen, Ulrich, Wissenschaftsfreiheit und Hochschulfinanzierung, Berlin 1983

Ders., Das lange „verlorene" Jahrhundert – Deutsche Verfassungsgeschichte der Demokratie bis zum Zusammentritt der Weimarer Nationalversammlung vor 90 Jahren, in: JZ 2009, S. 749ff.

Kaufmann, Marcel, Europäische Integration und Demokratieprinzip, Baden-Baden 1997

Kaysers, Hans Henning, Die letzten Stunden, in: Deutschland Archiv 43 (2010), S. 613ff.

KEF, 13. Bericht der Kommission zur Ermittlung des Finanzbedarfs der Rundfunkanstalten, Dezember 2001

Dies., 14. Bericht der Kommission zur Ermittlung des Finanzbedarfs der Rundfunkanstalten, Dezember 2003

Dies., 15. Bericht der Kommission zur Ermittlung des Finanzbedarfs der Rundfunkanstalten, Band 1, Dezember 2005

Dies., 16. Bericht der Kommission zur Ermittlung des Finanzbedarfs der Rundfunkanstalten, Dezember 2007

Dies., 17. Bericht der Kommission zur Ermittlung des Finanzbedarfs der Rundfunkanstalten, Dezember 2009

Kevenhörster, Paul, Politikwissenschaft, Band 1: Entscheidungen und Strukturen der Politik, 3. Auflage, Wiesbaden 2008

Kewenig, Wilhelm Alexander, Zu Inhalt und Grenzen der Rundfunkfreiheit, Berlin 1978

Kirchhof, Ferdinand, Das Haushaltsrecht als Steuerungsressource, in: DÖV 1997, S. 749ff.

Ders., Rechtliche Grundsätze der Universitätsfinanzierung, in: JZ 1998, S. 275ff.

Kirchhof, Paul, Besteuerung und Eigentum, in: VVDStRL 39 (1981), S. 213ff.

Ders., Der demokratische Rechtsstaat – die Staatsform der Zugehörigen, in: Isensee, Josef/Kirchhof, Paul (Hrsg.), Handbuch des Staatsrechts der Bundesrepublik Deutschland, Band IX: Die Einheit Deutschlands – Festigung und Übergang –, Heidelberg 1997, § 221

Ders., Verfassungsgerichtsbarkeit und Gesetzgebung, in: Badura, Peter/Scholz, Rupert (Hrsg.), Verfassungsgerichtsbarkeit und Gesetzgebung, Symposium aus Anlass des 70. Geburtstages von Peter Lerche, München 1998, S. 5ff.

Ders., Demokratie ohne parlamentarische Gesetzgebung?, in: NJW 2001, S. 1332ff.

Ders., Das Parlament als Mitte der Demokratie, in: Brenner, Michael/Huber, Peter M./Möstl, Markus (Hrsg.), Der Staat des Grundgesetzes – Kontinuität und Wandel, Festschrift für Peter Badura zum siebzigsten Geburtstag, Tübingen 2004, S. 237ff.

Ders., Die Zukunft der Demokratie im Verfassungsstaat, in: JZ 2004, S. 981ff.

Ders., Nichtsteuerliche Abgaben, in: Isensee, Josef/Kirchhof, Paul (Hrsg.), Handbuch des Staatsrechts der Bundesrepublik Deutschland, Band V: Rechtsquellen, Organisation, Finanzen, 3. Auflage, Heidelberg 2007, § 119

Ders., Die Finanzierung des öffentlich-rechtlichen Rundfunks, Baden-Baden 2010

Kischel, Uwe, Die Begründung, Tübingen 2003

Kitz, Volker, Rundfunkgebühren auf internetfähige PC und Mobiltelefone – Zur Auslegung des neuen Rundfunkgebührenstaatsvertrages, in: NJW 2006, S. 406ff.

Klaes, Roland L., Verfassungsrechtlicher Rundfunkbegriff und Internet, in: ZUM 2009, S. 135ff.

Kleber, Claus, Privater Rundfunk – Gestaltungsmöglichkeiten im Verfassungsrahmen, Bamberg 1986

Kleimann, Bernd, Das Dilemma mit den Experten – ein Expertendilemma?, in: Nennen, Heinz-Ulrich/Garbe, Detlef (Hrsg.), Das Expertendilemma, Berlin u.a. 1996, S. 183ff.

Klein, Eckart, Die verfassungsrechtliche Problematik des ministerialfreien Raumes, Berlin 1974

Ders., Gesetzgebung ohne Parlament?, Berlin 2004

Klein, Hans Hugo, Die Rundfunkfreiheit, München 1978

Ders., Medienbeteiligung politischer Parteien – Verfassungsrechtliche Betrachtungen, in: Morlok, Martin/Alemann, Ulrich von/Streit, Thilo (Hrsg.), Medienbeteiligung politischer Parteien, Baden-Baden 2004, S. 69ff.

Ders., Stellung und Aufgaben des Bundestages, in: Isensee, Josef/Kirchhof, Paul (Hrsg.), Handbuch des Staatsrechts der Bundesrepublik Deutschland, Band III: Demokratie – Bundesorgane, 3. Auflage, Heidelberg 2005, § 50

Ders., Macht braucht Kontrolle, in: FAZ vom 17. Dezember 2009, S. 8

Kleine-Cosack, Michael, Berufsständische Autonomie und Grundgesetz, Baden-Baden 1986

Kloepfer, Michael, Der Vorbehalt des Gesetzes im Wandel, in: JZ 1984, S. 685ff.

Ders., Rechtsfragen zur geordneten Beendigung gewerblicher Kernenergienutzung in Deutschland, in: DVBl. 2007, S. 1189ff.

Ders., Stichwort „Finanzverfassung, Finanzausgleich“, in: Herzog, Roman/Kunst, Hermann/Schlaich, Klaus/Schneemelcher, Wilhelm (Hrsg.), Evangelisches Staatslexikon, Bd. 1: A-M, 3. Auflage, Stuttgart 1987, Sp. 878ff.

Ders., Informationsrecht, München 2002

Ders., Technik und Recht im wechselseitigen Werden, Berlin 2002

Ders./Bruch, David, Die Laufzeitverlängerung im Atomrecht zwischen Gesetz und Vertrag, in: JZ 2011, S. 377ff.

Kluth, Winfried, Die demokratische Legitimation der Europäischen Union, Berlin 1995

Ders., Funktionale Selbstverwaltung, Tübingen 1997

Ders., Funktionale Selbstverwaltung, in: Die Verwaltung 35 (2002), S. 349ff.

Knothe, Matthias, Die neuen Institutionen des Rundfunkstaatsvertrages zwischen Rechtsaufsicht und Staatsfreiheit, Bargstedt/Holstein 2000

Ders., (Rundfunk-)Staatsverträge – Faktische Gesetzgebung der Regierungen unter Ausschluss der Parlamente?, in: ZRP 2010, S. 181ff.

Ders., Störfall im Föderalismus, in: ZRP 2011, S. 78ff.

Ders./Wanckel, Endress, Rechtsaufsicht und Staatsfreiheit des Rundfunks – ein Widerspruch?, in: DÖV 1995, S. 365ff.

Koch, Steffen, Möglichkeiten der Beteiligung privater Rundfunkveranstalter am Rundfunkgebührenaufkommen der Bundesrepublik Deutschland, Frankfurt/Main u.a. 1998

Köller, Sandra, Funktionale Selbstverwaltung und ihre demokratische Legitimation, Berlin 2009

Kohl, Helmut (Hrsg.), Die Freiheit des Rundfunks nach dem Nordrhein-Westfalen-Urteil des Bundesverfassungsgerichts, Konstanz 1991

Kollek, Andreas, Rechtsfragen der Rundfunkfinanzierung, Frankfurt/Main u.a. 1987

Komorowski, Alexis von, Demokratieprinzip und Europäische Union, Berlin 2010

Konrad, Hans-Joachim, Parlamentarische Autonomie und Verfassungsbindung im Gesetzgebungsverfahren, in: DÖV 1971, S. 80ff.

Koreng, Ansgar, Staatliche Internetpräsenzen zwischen legitimer Öffentlichkeitsarbeit und dem Verbot des Staatsrundfunks, in: AfP 2009, S. 117ff.

Korinek, Karl, Die Tatsachenermittlung im verfassungsgerichtlichen Verfahren, in: Stern, Klaus (Hrsg.), 40 Jahre Grundgesetz, München 1990, S. 107ff.

Koschnick, Wolfgang J., Medien- und Journalistenjahrbuch, Berlin 1996

Krause-Ablaß, Günter, Die Bedeutung des Fernsehurteils des Bundesverfassungsgerichts für die Verfassung des deutschen Rundfunks, in: JZ 1962, S. 158ff.

Krausnick, Daniel, Das deutsche Rundfunksystem unter dem Einfluss des Europarechts, Berlin 2005

Ders., Verfassungsrechtliche Ewigkeitsgarantie für den öffentlich-rechtlichen Rundfunk? Eine Erwiderung auf Josef Franz Lindner, AfP 2005 S. 429 ff., in: AfP 2006, S. 125ff.

Kresse, Hermann/Kennel, Tilman, Das Gebührenurteil des Bundesverfassungsgerichts – praktikable Maßstäbe zur Weiterentwicklung der dualen Rundfunkordnung?, in: ZUM 1994, S. 159ff.

Krey, Alexander, Die (Re-)Konstruktion eines demokratischen Rundfunks in Deutschland nach 1945 und die Verteidigung des öffentlich-rechtlichen Rundfunks gegen staatlichen Begehrlichkeiten, Norderstedt 2006

Kriele, Martin, Das demokratische Prinzip im Grundgesetz, in: VVDStRL 29 (1971), S. 46ff.

Krone, Daniel, Gebührenfinanzierter Rundfunk und Beihilferecht, Hamburg 2010

Kronsberger Kreis, Mehr Markt – weniger Staat, Landsberg/Lech 1997

Krüger, Peter R., Die Rundfunkstiftung, München 1976

Kruis, Konrad, Finanzautonomie und Demokratie im Bundesstaat, in: DÖV 2003, S. 10ff.

Kube, Hanno, Auf dem Wege zu einer faktisch autonomen Gubernative? Ein Zwischenruf zu politischem Strukturwandel und modernen Medien, in: ZParl. 34 (2003), S. 583ff.

Ders., Vom Gesetzesvorbehalt des Parlaments zum formellen Gesetz der Verwaltung, in: NVwZ 2003, S. 57ff.

Kübler, Friedrich, Massenkommunikation und Medienverfassung, in: Badura, Peter/Scholz, Rupert (Hrsg.), Wege und Verfahren des Verfassungslebens, Festschrift für Peter Lerche zum 65. Geburtstag, München 1993, S. 707ff.

Ders., Europäisches Beihilferecht, Transparenzrichtlinie und Rundfunkgebühr, in: Fuchs, Andreas/Schwintowski, Hans-Peter/Zimmer, Daniel (Hrsg.), Wirtschafts- und Privatrecht im Spannungsfeld von Privatautonomie, Wettbewerb und Regulierung, Festschrift für Ulrich Immenga zum 70. Geburtstag, München 2004, S. 231ff.

Ders., Medien, Menschenrechte und Demokratie, Heidelberg 2008

Kübler, Hans-Dieter, Kommunikation und Massenkommunikation, Münster u.a. 1994

Kuch, Hansjörg, Die Finanzierung des öffentlich-rechtlichen und privaten Rundfunks im Lichte der Rechtsprechung des Bundesverfassungsgerichts, in: ZUM 1995, S. 161ff.

Kühn, Friedrich, Rundfunkrecht in Indien und Deutschland, Berlin 2006

Kull, Edgar, Verschüttung und Ausgrabung der Rundfunkfreiheit, in: AfP 1971, S. 98ff.

Ders., Rundfunkgleichheit statt Rundfunkfreiheit, in: AfP 1981, S. 381ff.

Ders., Realitätsferne und dogmatische Inkonsequenz, in: AfP 1987, S. 568ff.

Ders., Für den Rundfunkgesetzgeber fast ein Pleinpouvoir, in: AfP 1991, S. 716ff..

Ladeur, Karl-Heinz, Finanzierung „nicht kommerzieller Rundfunkprogramme“ aus der Rundfunkgebühr?, in: ZUM 1993, S. 385ff.

Ders./Gostomzyk, Tobias, Rundfunkfreiheit und Rechtsdogmatik – Zum Doppelcharakter des Art. 5 I 2 GG in der Rechtsprechung des BVerfG, in: JuS 2002, S. 1145ff.

Lang, Tobias, Politikberatung auf parlamentarischer Ebene, Baden-Baden 2010

Langenfeld, Christine, Die rechtlichen Rahmenbedingungen für einen Ausstieg aus der friedlichen Nutzung der Kernenergie, in: DÖV 2000, S. 929ff.

Larenz, Karl, Methodenlehre der Rechtswissenschaft, 6. Auflage, Berlin u.a. 1991

Lehment, Cornelis, Das Gebührenurteil des Bundesverfassungsgerichts – Grundlagen und Konsequenzen für die Rundfunkgesetzgebung, in: ZUM 1994, S. 617ff.

Lehner, Moris, Die Rolle des Parlaments beim Zustandekommen von Doppelbesteuerungsabkommen, in: Steuern im Verfassungsstaat. Symposium zu Ehren von Klaus Vogel aus Anlaß seines 65. Geburtstags, München 1996, S. 95ff.

Lehr, Gernot, Das Mandat im Medienrecht, in: Johlen, Heribert/Oerder, Michael (Hrsg.), Münchener Anwalts Handbuch Verwaltungsrecht, 2. Auflage, München 2003, § 23

Leibholz, Gerhard, Das Wesen der Repräsentation und der Gestaltwandel der Demokratie im 20. Jahrhundert, 3. Auflage, Berlin 1966

Leidinger, Adalbert, Programmverantwortung im Spannungsfeld von Programmgrundsätzen und Rundfunkfreiheit, in: DVBl. 1989, S. 230ff.

Leisner, Walter, Von der Verfassungsmäßigkeit der Gesetze zur Gesetzmäßigkeit der Verfassung, Tübingen 1964

Ders., Demokratie – Selbstzerstörung einer Staatsform?, Berlin 1979

Ders., Demokratie: Betrachtungen zur Entwicklung einer Staatsform, Berlin 1998

Ders., Stuttgart 21: „Wir sind das Volk!“ – Wer?, in: NJW 2011, S. 33ff.

Lent, Wolfgang, Rundfunk-, Medien-, Teledienste, Frankfurt/Main u.a. 2001

Lepsius, Oliver, Steuerungsdiskussion, Systemtheorie und Parlamentarismuskritik, Tübingen 1999

Lerche, Peter, Landesbericht Bundesrepublik Deutschland, in: Bullinger, Martin/Kübler, Friedrich (Hrsg.), Rundfunkorganisation und Kommunikationsfreiheit, Baden-Baden 1979

Ders., Vorbereitung grundrechtlichen Ausgleichs durch gesetzgeberisches Verfahren, in: Lerche, Peter/Schmitt Glaeser, Walter/Schmidt-Aßmann, Eberhard, Verfahren als staats- und verwaltungsrechtliche Kategorie, Heidelberg 1984, S. 97ff.

Ders., Ambivalences in the Fixing of Broadcasting Fees in Germany, in: Einhorn, Talia (Hrsg.), Spontaneous Order, Organization and the Law, Liber Amicorum Ernst-Joachim Mestmäcker, Baden-Baden 2003, S. 275ff.

Ders., Vorbehalt des Gesetzes und Wesentlichkeitstheorie, in: Merten, Detlef/Papier, Hans-Jürgen (Hrsg.), Handbuch der Grundrechte in Deutschland und Europa, Band III, Grundrechte in Deutschland: Allgemeine Lehren II, Heidelberg 2009, § 62

Lerg, Wilfried B., Rundfunkpolitik in der Weimarer Republik, in: Bausch, Hans (Hrsg.), Rundfunk in Deutschland, Band 1, München 1980

Lhotta, Roland/Ketelhut, Jörn, Integrationsverantwortung und parlamentarische Demokratie: Das Bundesverfassungsgericht als Agent des „verfassten politischen Primärraums“?, in: ZParl. 40 (2009), S. 864ff.

Libertus, Michael, Verfassungsrechtliche Determination des gegenwärtigen und eines zukünftigen Verfahrens der Rundfunkgebührenfestsetzung, in: DÖV 1990, S. 635ff.

Ders., Grundversorgungsauftrag und Funktionsgarantie, München 1991

Ders., Die Grundsätze von Wirtschaftlichkeit und Sparsamkeit im neuen Rundfunkgebührenfestsetzungsverfahren zwischen verfassungsrechtlichen Vorgaben und staatsvertraglicher Realität, in: ZUM 1996, S. 947ff.

Ders., Zur Frage der Eindringtiefe und Reichweite der Prüfungskompetenz der Kommission zur Ermittlung des Finanzbedarfs der Rundfunkanstalten (KEF) bei den Parametern Wirtschaftlichkeit und Sparsamkeit, in: ZUM 2000, S. 1064ff.

Ders., Rechtsschutz gegen die staatsvertragliche Rundfunkgebührenfestsetzung, in: AfP 2001, S. 23ff.

Ders./Hans, Christoph/Marci, Markus, Unmittelbare oder inzidente Justitiabilität der Rundfunkgebührenvorschläge der Kommission zur Ermittlung des Finanzbedarfs der Rundfunkanstalten (KEF), in: ZUM 1998, S. 961ff.

Lieb, Wolfgang, Kabelfernsehen und Rundfunkgesetze, Berlin 1974

Linck, Joachim, Parlament und Rundfunk – Zur Zulässigkeit parlamentarisch-politischer Grundrechtseingriffe, in: NJW 1984, S. 2433ff.

Lindner, Franz Josef, Verfassungsrechtliche Ewigkeitsgarantie für den öffentlich-rechtlichen Rundfunk? Optionen für den Rundfunkgesetzgeber, in: AfP 2005, S. 429ff.

Linke, Tobias, Der Bundespräsident als Staatsnotar oder das vermeintliche „formelle" und „materielle" Prüfungsrecht, in: DÖV 2009, S. 434ff.

Löwer, Wolfgang, Zuständigkeiten und Verfahren des Bundesverfassungsgerichts, in: Isensee, Josef/Kirchhof, Paul (Hrsg.), Handbuch des Staatsrechts, Band III: Demokratie – Bundesorgane, 3. Auflage, Heidelberg 2005, § 70

Lohbeck, Anna-Katharina, Die Verfassungsmäßigkeit der Rundfunkgebühr in ihrer gegenwärtigen Gestalt in der gegenwärtigen und einer zukünftigen Rundfunkordnung, Hamburg 2000

Loschelder, Wolfgang, Weisungshierarchie und persönliche Verantwortung in der Exekutive, in: Isensee, Josef/Kirchhof, Paul (Hrsg.), Handbuch des Staatsrechts der Bundesrepublik Deutschland, Band V: Rechtsquellen, Organisation, Finanzen, 3. Auflage, Heidelberg 2007, § 107

Lücke, Jörg, Begründungszwang und Verfassung, Tübingen 1987

Lütgens, Lars, Das Demokratieprinzip als Auslegungsgrundsatz und Norm im Integrationskontext, Berlin 2004

Magnus, Kurt, Erinnerungen an Hans Bredow, in: Rundfunk und Fernsehen 7 (1959), S. 260ff.

Mahrenholz, Ernst Gottfried, Die gesellschaftliche Bedeutung des öffentlich-rechtlichen Rundfunks, in: ZUM 1995, S. 508ff.

Ders., Grundversorgung und Programmfreiheit, in: Assmann, Heinz Dieter/Brinkmann, Tomas/Gounalakis, Georgios/Kohl, Helmut/Walz, Rainer (Hrsg.), Wirtschafts- und Medienrecht in der offenen Demokratie, Freundesgabe für Friedrich Kübler zum 65. Geburtstag, Heidelberg 1997, S. 251ff.

Maletzke, Gerhard, Kommunikationswissenschaft im Überblick, Opladen u.a. 1998

Mangoldt, Hermann von Klein, Friedrich/Starck, Christian (Hrsg.), Kommentar zum Grundgesetz, Band 1: Präambel, Artikel 1 bis 19, 6. Auflage München 2010

Dies. (Hrsg.), Kommentar zum Grundgesetz, Band 2: Artikel 20 bis 82, 6. Auflage, München 2010

Dies. (Hrsg.), Kommentar zum Grundgesetz, Band 3: Artikel 83 bis 146, 6. Auflage, München 2010

Martin, Guido, Staatsaufsicht über die Landesmedienanstalten, in: ZUM 1993, S. 515ff.

Maunz, Theodor/Dürig, Günter, Grundgesetz. Kommentar, München, Loseblattsammlung, Stand des Gesamtwerks: 62. EL, Mai 2011

Maunz, Theodor/Schmidt-Bleibtreu, Bruno/Klein, Franz/Bethge, Herbert (Hrsg.), Bundesverfassungsgerichtsgesetz, Kommentar, 34. EL, Januar 2011, München

Maurer, Hartmut, Staatsrecht I, 6. Auflage, München 2010

Maurer, Torsten, Fernsehen – als Quelle politischer Information überschätzt? Eine Bestandsaufnahme des Angebots und der Nutzung des „politischen Leitmediums", in: Marcinkowski, Frank/ Pfetsch, Barbara (Hrsg.), Politik in der Mediendemokratie, Wiesbaden 2009, S. 129ff.

Mayen, Thomas, Verwaltung durch unabhängige Einrichtungen, in: DÖV 2004, S. 45ff.

Meermagen, Bettina/Schultzky, Hendrik, Das Verfahren der Gesetzgebung vor dem Bundesverfassungsgericht, in: VerwArch 101 (2010), S. 539ff.

Mehde, Veith, Neues Steuerungsmodell und Demokratieprinzip, Berlin 2000

Ders., Die Ministerverantwortlichkeit nach dem Grundgesetz, in: DVBl. 2001, S. 13ff.

Ders., Kooperatives Regierungshandeln, in: AöR 127 (2002), S. 655ff.

Mengel, Hans-Joachim, Gesetzgebung und Verfahren, Berlin 1997

Merten, Detlef, Das Prinzip Freiheit im Gefüge der Staatsfundamentalbestimmungen, in: Merten, Detlef/Papier, Hans-Jürgen (Hrsg.), Handbuch der Grundrechte in Deutschland und Europa, Band II, Grundrechte in Deutschland: Allgemeine Lehren I, Heidelberg 2006, § 27

Meßerschmidt, Klaus, Die Hartz-Kommission und das Verfassungsrecht, in: Zeitschrift für Gesetzgebung 2004, S. 330ff.

Mestmäcker, Ernst-Joachim, Medienkonzentration und Meinungsvielfalt, Baden-Baden 1978

Meyer, Hans, Wahlsystem und Verfassungsordnung, Frankfurt/Main 1973

Ders., Die Stellung der Parlamente in der Verfassungsordnung des Grundgesetzes, in: Schneider, Hans-Peter/Zeh, Wolfgang (Hrsg.), Parlamentsrecht und Parlamentspraxis in der Bundesrepublik Deutschland, Berlin u.a. 1989, § 4

Michel, Eva-Maria, Senden als konstitutiver Bestandteil des Rundfunkbegriffs?, in: ZUM 2009, S. 453ff.

Mikrouleas, Ilias, Freiheit des Rundfunks und Ordnungsfreiheit des Gesetzgebers in Deutschland und Griechenland im Lichte des EG-Rechts, Frankfurt/Main u.a. 1999

Möller, Hauke, Die Stellung der „gesellschaftlich relevanten Gruppen" im öffentlich-rechtlichen Rundfunk, in: AfP 2001, S. 275ff.

Möllers, Christoph, Zur demokratischen Legitimation der Enteignungsbehörden nach dem Baugesetzbuch, in: NVwZ 1997, S. 858ff.

Ders., Demokratie – Zumutungen und Versprechen, Berlin 2008

Mohr, Hans, Das Expertendilemma, in: Nennen, Heinz-Ulrich/Garbe, Detlef (Hrsg.), Das Expertendilemma, Berlin u.a. 1996, S. 3ff.

Morgenthaler, Gerd, Freiheit durch Gesetz, Tübingen 1999

Morlok, Martin, Informalisierung und Entparlamentarisierung politischer Entscheidungen als Gefährdung der Verfassung, in: VVDStRL 62 (2003), S. 37ff.

Ders./Hientzsch, Christina, Das Parlament als Zentralorgan der Demokratie, in: JuS 2011, S. 1ff.

Müller, Friedrich, Die Einheit der Verfassung, Berlin 1979

Müller, Michael, Partei-TV? – Zur Vergewisserung der Dogmatik der Rundfunkfreiheit, in: AfP 2009, S. 433ff.

Müller, Wolfgang, Ministerialfreie Räume, in: JuS 1985, S. 497ff.

Münch, Ingo von, Wie lange noch Rundfunk-Zwangsgebühr?, in: NJW 2000, S. 634ff.

Ders., Die Rundfunkgebühr: Ein verfassungsrechtlich unhaltbares Fossil?, in: Osterloh, Lerke/Schmidt, Karsten/Weber, Hermann (Hrsg.), Staat, Wirtschaft, Finanzverfassung, Festschrift für Peter Selmer zum 70. Geburtstag, Berlin 2004, S. 821ff.

Ders., Die verlorene Freiheit des Gebührenzahlers, in: FAZ vom 14. Dezember 2010, S. 35

Ders./Kunig, Philip (Hrsg.), Grundgesetz-Kommentar, Band 1: Präambel bis Art. 19, 5. Auflage, München 2000

Dies. (Hrsg.), Grundgesetz-Kommentar, Band 2: Art. 20 – 69, 5. Auflage, München 2001

Dies. (Hrsg.), Grundgesetz-Kommentar, Band 3: Art. 70 – 146, 5. Auflage, München 2003

Neuberger, Christoph, Medienrecht und Medienwandel aus kommunikationswissenschaftlicher Sicht, in: AfP 2009, S. 537ff.

Neumann, Volker, Demokratieprinzip und funktionale Selbstverwaltung, in: Christensen, Ralph/Pieroth, Bodo (Hrsg.), Rechtstheorie in rechtspraktischer Absicht, Freundesgabe zum 70. Geburtstag von Friedrich Müller, Berlin 2008, S. 155ff.

Never, Henning, Meinungsfreiheit, Wettbewerb und Marktversagen im Rundfunk, Baden-Baden 2002

Nickel, Barbara, Indexierung der Rundfunkgebühr, in: ZUM 2006, S. 737ff.

Nolden, Christine/Schramm, Marc, Anmerkung zu VG Münster, MMR 2009, S. 64f., in: Multimedia und Recht 2009, S. 65ff.

Oebbecke, Janbernd, Weisungs- und unterrichtungsfreie Räume in der Verwaltung, Köln 1986

Ohler, Christoph, Der institutionelle Vorbehalt des Gesetzes, in: AöR 131 (2006), S. 336ff,

Oppermann, Thomas, Hochschulfinanzierung – Status, Tendenzen und Chancen, in: WissR 1969, S. 1ff.

Ders., Rundfunkgebühr – Rundfunkordnung – Rundfunkideologie, in: JZ 1994, S. 499ff.

Ders., Deutsche Rundfunkgebühren und europäisches Beihilferecht, Berlin 1997

Ders./Kilian, Michael, Rechtsgrundsätze der Finanzierung öffentlich-rechtlichen Rundfunks in der dualen Rundfunkverfassung der Bundesrepublik Deutschland, Frankfurt/Main u.a. 1989

Ory, Stephan, Marktchancen und Meinungsfreiheit, in: ZUM 1987, S. 427ff.

Ders., Anmerkung zum sechsten Rundfunkurteil, in: AfP 1991, S. 402ff.

Ders., Das Dilemma mit den Rundfunkgebühren – Oder: Prozeduraler Grundrechtsschutz, in: ZUM 1994, S. 610ff.

Ders., Gebührenurteil 2.0 – Ein Update aus Karlsruhe, in: AfP 2007, S. 401ff.

Ossenbühl, Fritz, Verwaltungsvorschriften und Grundgesetz, Bad Homburg v.d.H. u.a. 1968

Ders., Kernenergie im Spiegel des Verfassungsrechts, in: DÖV 1981, S. 1ff.

Ders., Rundfunkfreiheit und Rechnungsprüfung, Frankfurt/Main u.a. 1984

Ders., Bundesverfassungsgericht und Gesetzgebung, in: Badura, Peter/Dreier, Horst (Hrsg.), Festschrift 50 Jahre Bundesverfassungsgericht, 1. Band, Verfassungsgerichtsbarkeit –Verfassungsprozess, Tübingen 2001, S. 33ff.

Ders., Grundlagen und Reichweite des parlamentarischen Organisationsvorbehaltes, in: Ruffert, Matthias (Hrsg.), Recht und Organisation, Vorträge und Diskussionen zum Symposium anläßlich des 60. Geburtstags von Prof. Dr. Meinhard Schröder in Trier, Berlin 2003, S. 11ff.

Ders., Spielräume des Gesetzgebers bei der Gebührenfestsetzung, in: Media-Perspektiven 2004, S. 129f.

Ders., 10 Jahre Rundfunkgebührenurteil des Bundesverfassungsgerichts – Was bleibt, was ist vergangen, Medienrechtliche Diskussionsrunde, in: Media-Perspektiven 2004, S. 133ff.

Ders., Vorrang und Vorbehalt des Gesetzes, in: Isensee, Josef/Kirchhof, Paul (Hrsg.), Handbuch des Staatsrechts der Bundesrepublik Deutschland, Band V: Rechtsquellen, Organisation, Finanzen, 3. Auflage, Heidelberg 2007, § 101

Ossyra, Markus, Konzentrationskontrolle über private Rundfunkveranstalter, Frankfurt/Main u.a. 1999

Papier, Hans-Jürgen, Verfassungsfragen des kommunalen Ausländerwahlrechts, in: KritV 1987, S. 309ff.

Ders., Zur Selbstverwaltung der Dritten Gewalt, in: NJW 2002, S. 2858ff.

Paschke, Marian, Medienrecht, 2. Auflage, Berlin u.a. 2001

Dies., Medienrecht, 3. Auflage, Heidelberg u.a. 2009

Dies./Berlit, Wolfgang/Meyer, Claus (Hrsg.), Hamburger Kommentar: gesamtes Medienrecht, Baden-Baden 2008

Pasemann, Birthe/Baufeld, Stefan, Verfassungsrecht und Gesetzgebung auf Grundlage von Konsensvereinbarungen, in: ZRP 2002, S. 119ff.

Perten, Volker, Werbefinanzierung im öffentlich-rechtlichen Rundfunk in: Kommunikation & Recht 2010, S. 703ff.

Petersen, Jens, Medienrecht, 5. Auflage, München 2010

Petersen, Niels, Demokratie als teleologisches Prinzip, Berlin u.a. 2004

Pieper, Antje Karin/Hess, Wolfgang, Wesentliche Eckpunkte des Gebührenurteils des Bundesverfassungsgerichts vom 22. Februar 1994 (Az.: 1 BvL 30/88), in: ZUM 1994, S. 484ff.

Pieroth, Bodo, Das Demokratieprinzip des Grundgesetzes, in: JuS 2010, S. 473ff.

Pietzcker, Jost, Das Verwaltungsverfahren zwischen Verwaltungseffizienz und Rechtsschutzauftrag, in: VVDStRL 41 (1983), S. 193ff.

Ders., Verfahrensrechte und Folgen von Verfahrensfehlern, in: Geis, Max-Emanuel/Lorenz, Dieter (Hrsg.), Staat, Kirche, Verwaltung, Festschrift für Hartmut Maurer zum 70. Geburtstag, München 2001, S. 695ff.

Pohle, Heinz, Der Rundfunk als Instrument der Politik, Hamburg 1955

Polenz, Sven, Grundrechtsschutz durch Verfahren, in: Kilian, Wolfgang/Heussen, Benno (Hrsg.), Computerrechts-Handbuch, Informationstechnologie in der Rechts- und Wirtschaftspraxis, München, Loseblattsammlung, Stand des Gesamtwerks: 29. EL, Februar 2011, Kapitel 134

Prokisch, Rainer, Die Justiziabilität der Finanzverfassung, Baden-Baden 1993

Puhl, Thomas, Entparlamentarisierung und Auslagerung staatlicher Entscheidungsverantwortung, in: Isensee, Josef/Kirchhof, Paul (Hrsg.), Handbuch des Staatsrechts der Bundesrepublik Deutschland, Band III: Demokratie – Bundesorgane, 3. Auflage, Heidelberg 2005, § 48

Puppe, Ingeborg, Kleine Schule des juristischen Denkens, Göttingen 2008

Radbruch, Gustav, Rechtsphilosophie, 4. Auflage, Stuttgart 1950

Reffken, Hendrik, Politische Parteien und ihre Beteiligung an Medienunternehmen, Baden-Baden 2007

Ders., Rundfunkbeteiligung politischer Parteien, in: NVwZ 2008, S. 857ff.

Reimer, Franz, Das Parlamentsgesetz als Steuerungsmittel und Kontrollmaßstab, in: Hoffmann-Riem, Wolfgang/Schmidt-Aßmann, Eberhard/Voßkuhle, Andreas (Hrsg.), Grundlagen des Verwaltungsrechts, Bd. 1: Methoden, Maßstäbe, Aufgaben, Organisation, München 2006, § 9

Reinemann, Carsten, Medialisierung ohne Ende?, in: Zeitschrift für Politik 2010, S. 278ff.

Reinhardt, Michael, Materielle Entscheidungsbefugnisse im Gentechnikrecht, in: NVwZ 2003, S. 1446ff.

Reislhuber, Anna Maria, Rundfunkgebührenpflicht für internetfähige PCs, in: Multimedia und Recht 2010, S. 459ff.

Reuters, Annette W., Die Rundfunkgebühr auf dem Prüfstand der Finanzverfassung, Frankfurt/Main u.a. 2009

Ricker, Reinhart, Freiheit und Ordnung des Rundfunks nach dem dritten Rundfunkurteil des Bundesverfassungsgerichts, in: NJW 1981, S. 1925ff.

Ders., Der Rundfunkstaatsvertrag – Grundlage einer dualen Rundfunkordnung in der Bundesrepublik Deutschland, in: NJW 1988, S. 453ff.

Ders., Staatsfreiheit und Rundfunkfinanzierung, in: NJW 1994, S. 2199f.

Ders./Schiwy, Peter, Rundfunkverfassungsrecht, München 1997

Ring, Wolf-Dieter, Gefährdung der Rundfunkfreiheit, in: Badura, Peter/Scholz, Rupert (Hrsg.), Wege und Verfahren des Verfassungslebens, Festschrift für Peter Lerche zum 65. Geburtstag, München 1993, S. 707ff.

Rinken, Alfred, Demokratie und Hierarchie. Zum Demokratieverständnis des Zweiten Senats des Bundesverfassungsgerichts, in: Redaktion Kritische Justiz (Hrsg.), Demokratie und Grundgesetz, Baden-Baden 2000, S. 125ff.

Ritlewski, Kristoff, Pluralismus als Strukturprinzip im Rundfunk, Frankfurt/Main u.a. 2009

Rixecker, Roland, Müssen Gesetze begründet werden?, in: Jung, Heike/Neumann, Ulfrid (Hrsg.), Rechtsbegründung – Rechtsbegründungen, Günter Ellscheid zum 65. Geburtstag, Baden-Baden 1999, S. 126ff.

Rixen, Stephan, Was folgt aus der Folgerichtigkeit? „Hartz IV" auf dem Prüfstand des Bundesverfassungsgerichts – Erste Anmerkung zum Urteil des BVerfG vom 9.2.2010 –, in: Die Sozialgerichtsbarkeit 2010, S. 240ff.

Rossen, Helge, Freie Meinungsbildung durch den Rundfunk, Baden-Baden 1988

Ders., Staatsfreie Rundfunkaufsicht?, in: ZUM 1992, S. 408ff.

Rossen-Stadtfeld, Helge, Grenzen der Staatsfreiheit im Bereich des kommerziellen Rundfunks, in: ZUM 2008, S. 1ff.

Rothkegel, Ralf, Ein Danaergeschenk für den Gesetzgeber, in: Zeitschrift für die sozialrechtliche Praxis 2010, S. 135ff.

Ruck, Silke, Zur Unterscheidung von Ausgestaltungs- und Schrankengesetzen im Bereich der Rundfunkfreiheit, in: AöR 117 (1992), S. 543ff.

Rudolf, Walter, Presse und Rundfunk, in: Münch, Ingo von (Hrsg.), Besonderes Verwaltungsrecht, 8. Auflage, Berlin u.a. 1988

Ders., Drittes Kapitel, Völkerrecht und Europarecht, in: Fuhr, Ernst W./Rudolf, Walter/Wasserburg, Klaus (Hrsg.), Recht der Neuen Medien, Heidelberg 1989, S. 148ff.

Ders./Meng, Werner, Rechtliche Konsequenzen der Entwicklung auf dem Gebiet der Breitbandkommunikation für die Kirchen, Bonn 1978

Rühl, Ulli F. H., Die Finanzierung des öffentlich-rechtlichen Rundfunks in der Rechtsprechung des Bundesverfassungsgerichts, in: ZUM 1995, S. 167ff.

Rüthers, Bernd/Fischer, Christian, Rechtstheorie, 5. Auflage, München 2010

Ruffert, Matthias, Entformalisierung und Entparlamentarisierung politischer Entscheidungen als Gefährdung der Verfassung?, in: DVBl. 2002, S. 1145ff.

Rupp, Hans Heinrich, Bedeutungsgehalte und Auswirkungen der Kommunikationsfreiheit im Grundgesetz, in: Schwartländer, Johannes/Riedel, Eibe (Hrsg.), Neue Medien und Meinungsfreiheit, Kehl u.a. 1990, S. 83ff.

Sachs, Michael, Verfassungsrecht II. Grundrechte, 2. Auflage, Berlin u.a. 2003

Ders. (Hrsg.), Grundgesetz. Kommentar, 5. Auflage, München 2009

Säcker, Horst, Gesetzgebung durch das Bundesverfassungsgericht?, in: Piazolo, Michael (Hrsg.), Das Bundesverfassungsgericht, Mainz u.a. 1995, S. 189ff.

Saladin, Peter, Verantwortung als Staatsprinzip, Bern, Stuttgart 1984

Scharpf, Fritz, Demokratietheorie zwischen Utopie und Anpassung, Konstanz 1970

Scheble, Roland, Grundversorgung – Definition und Umfang, in: ZUM 1995, S. 383ff.

Scheel, Tobias, Zur Staatsfreiheit des Rundfunks – Grundlagen und Grenzen eines Strukturprinzips am Beispiel der Aufsichtsgremienbesetzung öffentlich-rechtlicher Rundfunkanstalten, in: Sander, Gerald G./Scheel, Tobias/Scorl, Konrad (Hrsg.), Aktuelle Rechtsfragen im Spannungsfeld von Staat, Wirtschaft und Europa, Beiträge zum 60. Geburtstag von Armin Dittmann, Frankfurt/Main u.a. 2005, S. 29ff.

Ders., Die staatliche Festsetzung der Rundfunkgebühr, Berlin 2007

Ders., Die staatliche Festsetzung der Rundfunkgebühr im Praxistest – Zum Entscheidungsspielraum der Länder bei der Festsetzung der Rundfunkgebühr nach der Entscheidung des Bundesverfassungsgerichts vom 11.9.2007, in: VBlBW 2008, S. 51ff.

Schefold, Dian, Gewaltenteilung und alternative Modelle demokratischer Legitimation, in: Redaktion Kritische Justiz (Hrsg.), Demokratie und Grundgesetz, Baden-Baden 2000, S. 148ff.

Schenk, Michael, Medienwirkungsforschung, 3. Auflage, Tübingen 2007

Scheuner, Ulrich, Das Grundrecht der Rundfunkfreiheit, Berlin 1982

Schiedermair, Hartmut, Das Bundesverfassungsgericht auf der Grenze zwischen dem Recht und der Politik, in: Brenner, Michael/Huber, Peter M./Möstl, Markus (Hrsg.), Der Staat des Grundgesetzes – Kontinuität und Wandel, Festschrift für Peter Badura zum siebzigsten Geburtstag, Tübingen 2004, S. 477ff.

Schlaich, Klaus, Die Verfassungsgerichtsbarkeit im Gefüge der Staatsfunktionen, in: VVDStRL 39 (1981), S. 99ff.

Schliesky, Utz, Souveränität und Legitimität von Herrschaftsgewalt, Tübingen 2004

Schlink, Bernhard, Der Grundsatz der Verhältnismäßigkeit, in: Badura, Peter/Dreier, Horst (Hrsg.), Festschrift 50 Jahre Bundesverfassungsgericht, 2. Band, Klärung und Fortbildung des Verfassungsrechts, Tübingen 2001, S. 445ff.

Schlotterbeck, Karlheinz, Nachbarschutz im anlagenbezogenen Immissionsschutzrecht, in: NJW 1991, S. 2669ff.

Schmidt, Hans-Martin, Rundfunkgebührenfinanzierung unter dem GATS, Frankfurt/Main 2008

Schmidt, Jörg, Die demokratische Legitimationsfunktion der parlamentarischen Kontrolle, Berlin 2007

Schmidt, Reiner, Öffentliches Wirtschaftsrecht, Allgemeiner Teil, Berlin u.a. 1990

Schmidt, Walter, Der „Aufsichtsgroschen“, in: Media-Perspektiven 1986, S. 162ff.

Ders., Die Rundfunkgebühr in der dualen Rundfunkordnung, Rechtsgutachten, Neuwied 1989

Schmidt-Aßmann, Eberhard, Verwaltungslegitimation als Rechtsbegriff, in: AöR 116 (1991), S. 329ff.

Ders., Grundrechtsschutz durch Verfahrensgestaltung – Perspektive oder nur Erinnerungsposten, in: Walter Krebs (Hrsg.), Liber amicorum Hans-Uwe Erichsen, Köln 2004, S. 207ff.

Ders., Grundrechte als Organisations- und Verfahrensgarantien, in: Merten, Detlef/Papier, Hans-Jürgen (Hrsg.), Handbuch der Grundrechte in Deutschland und Europa, Band II, Grundrechte in Deutschland: Allgemeine Lehren I, Heidelberg 2006, § 45

Ders., Verwaltungsverfahren, in: Isensee, Josef/Kirchhof, Paul (Hrsg.), Handbuch des Staatsrechts der Bundesrepublik Deutschland, Band V: Rechtsquellen, Organisation, Finanzen, 3. Auflage, Heidelberg 2007, § 109

Schmidt-Bleibtreu, Bruno/Hofmann, Hans/Hopfauf, Axel (Hrsg.), Kommentar zum Grundgesetz, 12. Auflage, Köln u.a. 2011

Schmidt-Husson, Franck, Rundfunkfreiheit für die Deutsche Welle?, Berlin 2006

Schmidt-Preuß, Matthias, Gestaltungskräfte im parlamentarischen Regierungssystem der Bundesrepublik Deutschland, in: Isensee, Josef/Lecheler, Helmut (Hrsg.), Freiheit und Eigentum, Festschrift für Walter Leisner zum 70. Geburtstag, Berlin 1999, S. 467ff.

Schmitt Glaeser, Walter, Partizipation an Verwaltungsentscheidungen, in: VVDStRL 31 (1973), S. 179ff.

Ders., Kabelkommunikation und Verfassung, Berlin 1979

Ders., Art. 5 Abs. 1 S. 2 GG als „Ewigkeitsgarantie" des öffentlich-rechtlichen Rundfunks, in: DÖV 1987, S. 837ff.

Ders., Die Rundfunkfreiheit in der Rechtsprechung des Bundesverfassungsgerichts, in: AöR 112 (1987), S. 215ff.

Schmitz, Alfred, Rundfunkfinanzierung, Köln 1990

Schnapp, Friedrich E., Zur Grundrechtsberechtigung juristischer Personen des öffentlichen Rechts, in: Merten, Detlef/Papier, Hans-Jürgen (Hrsg.), Handbuch der Grundrechte in Deutschland und Europa, Band II, Grundrechte in Deutschland: Allgemeine Lehren I, Heidelberg 2006, § 52

Schneider, Franz, Presse- und Meinungsfreiheit nach dem Grundgesetz, München 1962

Schneider, Hans-Peter, Grundrechtsschutz durch parlamentarische Kontrolle, in: Merten, Detlef/Papier, Hans-Jürgen (Hrsg.), Handbuch der Grundrechte in Deutschland und Europa, Band III, Grundrechte in Deutschland: Allgemeine Lehren II, Heidelberg 2009, § 76

Ders./Radeck, Bernd, Verfassungsprobleme der Rundfunkfinanzierung aus Werbeeinnahmen, Frankfurt/Main 1989

Schneider-Freyermuth, Georg, Einige Aspekte zur Auswirkung des Gebots der Staatsfreiheit der öffentlich-rechtlichen Rundfunkanstalten, in: ZUM 2000, S. 564ff.

Scholz, Rupert, Private Rundfunkfreiheit und öffentlicher Rundfunkvorbehalt – BVerwGE 39, 159, in: JuS 1974, S. 299ff.

Ders., Das dritte Fernsehurteil des Bundesverfassungsgerichts, in: JZ 1981, S. 561ff.

Ders., Zukunft von Rundfunk und Fernsehen: Freiheit der Nachfrage oder reglementiertes Angebot?, in: AfP 1995, S. 357ff.

Schorkopf. Frank, Die ‚vereinbarte' Novellierung des Atomgesetzes, in: NVwZ 2000, S. 1111ff.

Schreier, Torsten, Das Selbstverwaltungsrecht der öffentlich-rechtlichen Rundfunkanstalten, Frankfurt/Main 2001

Schröder, Meinhard, Die Institutionalisierung des Nationalen Ethikrates: Ein bedenklicher Regierungsakt?, in: NJW 2001, S. 2144ff.

Ders., Kritische Tendenzen im normativen Umriss von Regierung und Parlament, in: Brenner, Michael/Huber, Peter M./Möstl, Markus (Hrsg.), Der Staat des Grundgesetzes – Kontinuität und Wandel, Festschrift für Peter Badura zum siebzigsten Geburtstag, Tübingen 2004, S. 513ff.

Schüller, Valérie, Die Auftragsdefinition für den öffentlich-rechtlichen Rundfunk nach dem 7. und 8. Rundfunkänderungsstaatsvertrag, Frankfurt/Main 2007

Schürmann, Frank, Staatliche Mediennutzung, in: AfP 1993, S. 435ff.

Schütz, Raimund, Rundfunkbegriff: Neutralität der Inhalte oder der Übertragung? – Konvergenz und Innovation, in: Multimedia und Recht 2009, S. 228ff.

Schulze-Fielitz, Helmuth, Theorie und Praxis parlamentarischer Gesetzgebung, Berlin 1988

Ders., Wege, Umwege oder Holzwege besserer Gesetzgebung, in: JZ 2004, S. 862ff.

Schunda, Regine, Das Wahlrecht von Unionsbürgern bei Kommunalwahlen in Deutschland, Frankfurt/Main 2003

Schuster, Detlev, Meinungsvielfalt in der dualen Rundfunkordnung, Berlin 1990

Schuster, Fritz, Funkhoheit und Unterhaltungsrundfunk nebst den in den drei westlichen Besatzungszonen geltenden Rundfunkgesetzen, in: Archiv für das Post- und Fernmeldewesen 1949, S. 309ff.

Schwan, Tobias, Die verfassungsrechtlichen Anforderungen an eine Einschränkung von Abgeordnetenrechten am Beispiel des Nutzungsverbots für Notebooks im Plenum des Deutschen Bundestags, in: Bonner Rechtsjournal 2010, S. 169ff.

Schwarz, Kyrill-A./Bravidor, Christoph, Kunst der Gesetzgebung und Begründungspflichten des Gesetzgebers, in: JZ 2011, S. 653ff.

Schwendinger, Gerd, Gemeinschaftsrechtliche Grenzen öffentlicher Rundfunkfinanzierung, Baden-Baden 2007

Schwerdtfeger, Gunther, Optimale Methodik der Gesetzgebung als Verfassungspflicht, in: Stödter, Rolf/Thieme, Werner (Hrsg.), Hamburg, Deutschland, Europa, Festschrift für Hans Peter Ipsen zum siebzigsten Geburtstag, Tübingen 1977, S. 173ff.

Schwerin, Thomas, Der Deutsche Bundestag als Geschäftsordnungsgeber, Berlin 1998

Seemann, Klaus, Das 4. Rundfunkurteil des Bundesverfassungsgerichts im Lichte der Rechtsauffassung der Bundesregierung, in: DÖV 1987, S. 127ff.

Ders., Das „Fünfte Rundfunkurteil" des Bundesverfassungsgerichts, in: DÖV 1987, S. 844ff.

Seidel, Norbert, Eine ökonomische Beurteilung des Verfassungsgerichtsurteils zur Gebührenbemessung, in: Manfred Kops (Hrsg.), Die Finanzierung des öffentlich-rechtlichen Rundfunks nach dem Gebührenurteil des Bundesverfassungsgerichts, Berlin 1995, S. 105ff.

Seiler, Christian, Der einheitliche Parlamentsvorbehalt, Berlin 2000

Selmer, Peter/Gersdorf, Hubertus, Rechtsprobleme einer Beteiligung privater Rundfunkveranstalter am Aufkommen der Rundfunkgebühr, in: DVBl. 1992, S. 79ff.

Dies., Die Finanzierung des Rundfunks in der Bundesrepublik Deutschland auf dem Prüfstand des EG-Beihilferegimes, Berlin 1994

Sennekamp, Christoph, Alle Staatsgewalt geht vom Volke aus! Demokratieprinzip und Selbstverwaltung der Justiz, in: NVwZ 2010, S. 213ff.

Siegel, Thomas, Entscheidungsfindung im Verwaltungsverbund, Tübingen 2009

Sieger, Ferdinand, Von der Zensur zur Selbstzensur?, in: Archiv für Urheber- und Medienrecht 90 (1981), S. 21ff.

Smith, Annette, Das System der deutschen Rundfunkgebühr, Hamburg 2010

Sodan, Helge, Die institutionelle und funktionelle Legitimation des Bundesausschusses der Ärzte und Krankenkassen, in: Neue Zeitschrift für Sozialrecht 2000, S. 581ff.

Soppe, Martin, Parlamentarische Selbstentmachtung als faktische Wahlrechtsbeeinträchtigung, Berlin 2002

Starck, Christian, Rundfunkräte und Rundfunkfreiheit, in: ZRP 1970, S. 217ff.

Ders., Regelungskompetenzen im Bereich des Art. 12 Abs. 1 GG und ärztliches Berufsrecht, in: NJW 1972, S. 1489ff.

Ders., Rundfunkfreiheit als Organisationsproblem, Tübingen 1973

Ders., „Grundversorgung" und Rundfunkfreiheit, in: NJW 1992, S. 3257ff.

Ders., „Grundversorgung" und Programmauftrag des öffentlich-rechtlichen Rundfunks, in: Burmeister, Joachim (Hrsg.), Verfassungsstaatlichkeit, Festschrift für Klaus Stern zum 65. Geburtstag, München 1997, S. 777ff.

Ders., Grundrechtliche und demokratische Freiheitsidee, in: Isensee, Josef/Kirchhof, Paul (Hrsg.), Handbuch des Staatsrechts der Bundesrepublik Deutschland, Band III: Demokratie – Bundesorgane, 3. Auflage, Heidelberg 2005, § 33

Ders., Teilnahmerechte, in: Merten, Detlef/Papier, Hans-Jürgen (Hrsg.), Handbuch der Grundrechte in Deutschland und Europa, Band II, Grundrechte in Deutschland: Allgemeine Lehren I, Heidelberg 2006, § 41

Staupe, Jürgen, Parlamentsvorbehalt und Delegationsbefugnis, Berlin 1986

Steinwärder, Philipp, Die Arbeitsgemeinschaft der öffentlich-rechtlichen Rundfunkanstalten der Bundesrepublik Deutschland, Baden-Baden u.a. 1998

Stender, Jutta, „Staatsferne" und „Gruppenferne" in einem außenpluralistisch organisierten privaten Rundfunksystem, Regensburg 1987

Stern, Klaus, Das Staatsrecht der Bundesrepublik Deutschland, Band 1: Grundbegriffe und Grundlagen des Staatsrechts, Strukturprinzipien der Verfassung, 2. Auflage, München 1984

Ders., Das Staatsrecht der Bundesrepublik Deutschland, Band 2: Staatsorgane, Staatsfunktionen, Finanz- und Haushaltsverfassung, Notstandsverfassung, München 1980

Ders., Das Staatsrecht der Bundesrepublik Deutschland, Band 4: Die einzelnen Grundrechte, 1. Halbband, in Verbindung mit Michael Sachs und Johannes Dietlein, München 2006

Ders., Das Staatsrecht der Bundesrepublik Deutschland, Band 4: Die einzelnen Grundrechte, 2. Halbband, in Verbindung mit Michael Sachs und Johannes Dietlein, München 2011

Ders./Bethge, Herbert, Funktionsgerechte Finanzierung der Rundfunkanstalten durch den Staat, München 1968

Stettner, Rupert, Rundfunkstruktur im Wandel, München 1988

Ders., Ist es öffentlich-rechtlichen Rundfunkanstalten, insbesondere dem Zweiten Deutschen Fernsehen (ZDF), gestattet, Pay-TV zu veranstalten?, in: ZUM 1995, S. 293ff.

Ders., Der Verfassungsstreit in Sachsen – ein Angelpunkt in der jüngeren Entwicklung des Medienrechts, in: ZUM 1997, S. 673ff.

Stober, Rolf, Grundrechtsschutz der Wirtschaftstätigkeit, Köln u.a. 1989

Stock, Martin, Medienfreiheit als Funktionsgrundrecht, München 1985

Ders., Das vierte Rundfunkurteil des Bundesverfassungsgerichts: Kontinuität oder Wende?, in: NJW 1987, S. 217ff.

Ders., Das Nordrhein-Westfalen-Urteil des Bundesverfassungsgerichts, in: Media-Perspektiven 1991, S. 133ff.

Stöber, Rudolf, Mediengeschichte: Die Evolution „neuer" Medien von Gutenberg bis Gates. Eine Einführung, Band 2: Film – Rundfunk – Multimedia, Wiesbaden 2003

Stuiber, Heinz-Werner, Medien in Deutschland, Band 2: Rundfunk, 1. Teil, Konstanz 1998

Tettinger, Peter J., Neue Medien und Verfassungsrecht, München 1980

Thierse, Wolfgang, Wege zu besserer Gesetzgebung – sachverständige Beratung, Begründung, Folgeabschätzung und Wirkungskontrolle, in: NVwZ 2005, S. 153ff.

Thum, Kai, Vereinbarkeit der Gebührenfinanzierung des öffentlich-rechtlichen Rundfunks mit EG-Beihilferecht, in: NVwZ 2007, S. 521ff.

Ders., Das Grundrecht der Rundfunkfreiheit nach deutschem und europäischem Recht, in: DÖV 2008, S. 653ff.

Tschentscher, Axel, Demokratische Legitimation der dritten Gewalt, Tübingen 2006

Umbach, Dieter C./Clemens, Thomas, Grundgesetz, Mitarbeiterkommentar und Handbuch, Band 1, Heidelberg 2002

Unger, Sebastian, Das Verfassungsprinzip der Demokratie, Tübingen 2008

Unkelbach, Alexandra, „Die Vorbereitung und Übernahme staatlicher Entscheidungen durch plural zusammengesetzte Gremien", in: Sommermann,

Karl-Peter (Hrsg.), Gremienwesen und staatliche Gemeinwohlverantwortung, Berlin 2001, S. 55ff.

Unterreitmeier, Johannes, Die allgemeine Wehrgerechtigkeit – eine kritische Analyse, in: ZRP 2007, S. 163ff.

Uphoff, Boris, Fernsehmarkt und Grundversorgung, Konstanz 1996

Vahrenhold, Olaf, Die Stellung der Privatfunkaufsicht im System staatlicher Aufsicht, Baden-Baden 1992

Verband Privater Rundfunk und Telekommunikation e.V. (Hrsg.), Öffentlich-rechtlicher Rundfunk und Werbefinanzierung, Berlin 1995

Vesting, Thomas, Prozedurales Rundfunkrecht, Baden-Baden 1997

Ders., Verfassungsrechtliche Anforderungen an die Finanzierung des öffentlich-rechtlichen Rundfunks, in: Pethig, Rüdiger/Blind, Sofia (Hrsg.), Fernsehfinanzierung, Opladen u.a. 1998, S. 170ff.

Vierhaus, Hans-Peter, Sachverstand als Vierte Gewalt?, in: NVwZ 1993, S. 36ff.

Vogel, Klaus, Diskussionsbemerkung, in: VVDStRL 39 (1981), S. 414f.

Ders./Waldhoff, Christian, Grundlagen des Finanzverfassungsrechts: Sonderausgabe des Bonner Kommentars zum Grundgesetz (Vorbemerkung zu Art. 104a bis 115 GG), Heidelberg 1999

Vomhof, Martin, Rechtsprobleme der Einbindung von sachverständigen Gremien in das Umwelt- und Technikrecht, Frankfurt/Main u.a. 2000

Voßkuhle, Andreas, Sachverständige Beratung des Staates, in: Isensee, Josef/Kirchhof, Paul (Hrsg.), Handbuch des Staatsrechts der Bundesrepublik Deutschland, Band III: Demokratie – Bundesorgane, 3. Auflage, Heidelberg 2005, § 43

Ders./Kaiser, Anna-Bettina, Grundwissen – Öffentliches Recht: Demokratische Legitimation, in: JuS 2009, S. 803ff.

Waechter, Kay, Geminderte demokratische Legitimation staatlicher Institutionen im parlamentarischen Regierungssystem, Berlin 1994

Wagner, Christoph, Die Landesmedienanstalten, Baden-Baden 1990

Wahl, Rainer, Elemente der Verfassungsstaatlichkeit, in: JuS 2001, S. 1041ff.

Waldhoff, Christian, Verfassungsrechtliche Vorgaben für die Steuergesetzgebung im Vergleich Deutschland – Schweiz, München 1997

Ders., Verfassungsrechtliche Probleme des ERP-Sondervermögens, in: DÖV 2005, S. 674ff.

Ders., Das missverstandene Mandat: Verfassungsrechtliche Maßstäbe zur Normierung der erweiterten Offenlegungspflicht der Abgeordneten des Deutschen Bundestags, in: ZParl. 37 (2006), S. 251ff.

Ders., „Der Gesetzgeber schuldet nichts als das Gesetz", in: Depenheuer, Otto/Heintzen, Markus/Jestaedt, Matthias/Axer, Peter (Hrsg.), Staat im Wort, Festschrift für Josef Isensee, Heidelberg 2007, S. 325ff.

Ders., Grundzüge des Finanzrechts des Grundgesetzes, in: Isensee, Josef/Kirchhof, Paul (Hrsg.), Handbuch des Staatsrechts der Bundesrepublik Deutschland, Band V: Rechtsquellen, Organisation, Finanzen, 3. Auflage, Heidelberg 2007, § 116

Ders., Struktur und Funktion des Steuertatbestands, in: Mellinghoff, Rudolf/Schön, Wolfgang/ Viskorf, Hermann-Ulrich (Hrsg.), Steuerrecht im Rechtsstaat, Festschrift für Wolfgang Spindler zum 65. Geburtstag, Köln 2011, S. 853ff.

Ders., Verfassungsrechtliche Fragen einer Steuer-/Haushaltsfinanzierung des öffentlich-rechtlichen Rundfunks, in: AfP 2011, S. 1ff.

Ders./Aswege, Hanka von, Kernenergie als „Goldene Brücke“, Baden-Baden 2010

Ders./Mohr, Philipp, Die Steuerfinanzierung als rundfunk- und finanzverfassungsrechtlich adäquate Finanzierungsform des öffentlich-rechtlichen Rundfunks, Unveröffentlichtes Rechtsgutachten erstattet im Auftrag der Staatsregierung des Freistaats Thüringen, Bonn 2010

Wallenberg, Gabriela von, Fortentwicklung des dualen Rundfunksystems zur Überwindung der wettbewerblichen Schieflage zwischen privatem und öffentlich-rechtlichem Rundfunk, in: ZUM 2004, S. 875ff.

Dies., Strukturelle Vorgaben für den öffentlich-rechtlichen Rundfunk im 8. Rundfunkänderungsstaatsvertrag, in: Multimedia und Recht 2005, S. 88ff.

Wallerath, Maximilian, Der Universitätskanzler in der Hochschulleitung, in: WissR 2004, S. 203ff.

Weber-Grellet, Heinrich, Eigenständigkeit und Demokratisierung der Justiz, in: ZRP 2003, S. 145ff.

Wegge, Georg, Zur normativen Bedeutung des Demokratieprinzips nach Art. 79 Abs. 3 GG, Baden-Baden 1996

Wenzel, Frank, Fernsehgebühr – Äquivalenz- oder Alimentationsprinzip, in: ZUM 1990, S. 497ff.

Westphal, Dietrich, Föderale Privatrundfunkaufsicht im demokratischen Verfassungsstaat, Berlin 2007

Wiedemann, Verena, Der Programmauftrag des öffentlich-rechtlichen Rundfunks in der digitalen Ära in Deutschland und Europa, in: ZUM 2007, S. 800ff.

Wiederin, Ewald, Über Inkorporationsgebote und andere Strategien zur Sicherung der Einheit der Verfassung, in: Zeitschrift für Öffentliches Recht 59 (2004), S. 174ff.

Wieland, Joachim, Die Freiheit des Rundfunks, Berlin 1984

Wilhelmi, Martin, Verfassungsrechtliche Probleme des öffentlich-rechtlichen Rundfunks in den neuen Bundesländern, Berlin 1995

Wilke, Jürgen, Die zweite Säule des „dualen Systems“: Privater Rundfunk, in: Aus Politik und Zeitgeschichte 9-10/2009, 23. Februar 2009, S. 12ff.

Wittig-Terhardt, Margret, Erstes Kapitel, Zum Tatbestand der Neuen Medien, C. Elektronische Textkommunikation, in: Fuhr, Ernst W./Rudolf, Walter/Wasserburg, Klaus (Hrsg.), Recht der Neuen Medien, Heidelberg 1989, S. 38ff.

Dies./Rüggeberg, Jörg (Hrsg.), Das Landesmediengesetz Baden-Württemberg vor dem Bundesverfassungsgericht, Baden-Baden 1989

Wittreck, Fabian, Die Verwaltung der Dritten Gewalt, Tübingen 2006

Wojahn, Michael, Die Organisationsstrukturen der Hauptorgane der Landesmedienanstalten unter dem Grundsatz der Staatsfreiheit, Konstanz 2002

Wufka, Eduard, Die verfassungsrechtlich-dogmatischen Grundlagen der Rundfunkfreiheit, Frankfurt/Main u.a. 1971

Zehner, Günter (Hrsg.), Der Fernsehstreit vor dem Bundesverfassungsgericht, Band 1, Karlsruhe 1964

Ders. (Hrsg.), Der Fernsehstreit vor dem Bundesverfassungsgericht, Band 2, Karlsruhe 1965

Zippelius, Reinhold, Juristische Methodenlehre, 10. Auflage, München 2006

Studien zum deutschen und europäischen Medienrecht

Herausgegeben von Dieter Dörr und Udo Fink
mit Unterstützung der Dr. Feldbausch Stiftung

Band 1 Peter Charissé: Die Rundfunkveranstaltungsfreiheit und das Zulassungsregime der Rundfunk- und Mediengesetze. Eine verfassungs- und europarechtliche Untersuchung der subjektiv-rechtlichen Stellung privater Rundfunkveranstalter. 1999.

Band 2 Dieter Dörr: Umfang und Grenzen der Rechtsaufsicht über die Deutsche Welle. 2000.

Band 3 Claudia Braml: Das Teleshopping und die Rundfunkfreiheit. Eine verfassungs- und europarechtliche Untersuchung im Hinblick auf den Rundfunkstaatsvertrag, den Mediendienste-Staatsvertrag, das Teledienstegesetz und die EG-Fernsehrichtlinie. 2000.

Band 4 Dieter Dörr, unter Mitarbeit von Mark D. Cole: *Big Brother* und die Menschenwürde. Die Menschenwürde und die Programmfreiheit am Beispiel eines neuen Sendeformats. 2000.

Band 5 Martin Stock: Medienfreiheit in der EU-Grundrechtscharta: Art. 10 EMRK ergänzen und modernisieren! 2000.

Band 6 Wolfgang Lent: Rundfunk-, Medien-, Teledienste. Eine verfassungsrechtliche Untersuchung des Rundfunkbegriffs und der Gewährleistungsbereiche öffentlich-rechtlicher Rundfunkanstalten unter Berücksichtigung einfachrechtlicher Abgrenzungsfragen zwischen Rundfunkstaatsvertrag, Mediendienstestaatsvertrag und Teledienstegesetz. 2001.

Band 7 Torsten Schreier: Das Selbstverwaltungsrecht der öffentlich-rechtlichen Rundfunkanstalten. 2001.

Band 8 Dieter Dörr: Sport im Fernsehen. Die Funktionen des öffentlich-rechtlichen Rundfunks bei der Sportberichterstattung. 2000.

Band 9 Dieter Dörr (Hrsg.): www.otello.de. Klassik nur noch im Internet oder per pay? Symposium aus Anlass des 85. Geburtstages von Professor Dr. Heinz Hübner. 2000.

Band 10 Markus Nauheim: Die Rechtmäßigkeit des Must-Carry-Prinzips im Bereich des digitalisierten Kabelfernsehens in der Bundesrepublik Deutschland. Illustriert anhand des Vierten Rundfunkänderungsstaatsvertrages. 2001.

Band 11 Stefan Sporn: Die Ländermedienanstalt. Zur Zukunft der Aufsicht über den privaten Rundfunk in Deutschland und Europa. 2001.

Band 12 Christian Ebsen: Fensterprogramme im Privatrundfunk als Mittel zur Sicherung von Meinungsvielfalt. 2003.

Band 13 Dieter Dörr / Stephanie Schiedermair: Rundfunk und Datenschutz. Die Stellung des Datenschutzbeauftragten des Norddeutschen Rundfunks. Eine Untersuchung unter besonderer Berücksichtigung der verfassungsrechtlichen und europarechtlichen Vorgaben. 2002.

Band 14 Dieter Dörr (Hrsg.): Rundfunk über Gebühr. Die Finanzierung des öffentlich-rechtlichen Rundfunks im Zeitalter der technischen Konvergenz. 3. Mainzer Mediengespräch. 2003.

Band 15 Dieter Dörr / Stephanie Schiedermair: Die Deutsche Welle. Die Funktion, der Auftrag, die Aufgaben und die Finanzierung heute. 2003.

Band 16 Frauke Blechschmidt: Das Instrumentarium audiovisueller Politik der Europäischen Gemeinschaft aus kompetenzrechtlicher Sicht. 2003.

Band 17 Christine Jury: Die Maßgeblichkeit von Art. 49 EG für nationale rundfunkpolitische Ordnungsentscheidungen unter besonderer Berücksichtigung von Art. 151 EG. Eine Untersuchung am Beispiel öffentlich-rechtlicher Spartenkanäle. 2005.

Band 18 Sabine Groh: Die Bonusregelungen des § 26 Abs. 2 S. 3 des Rundfunkstaatsvertrages. 2005.

Band 19 Sylke Wagner: Das *Websurfen* und der Datenschutz. Ein Rechtsvergleich unter besonderer Berücksichtigung der Zulässigkeit sogenannter *Cookies* und *Web Bugs* am Beispiel des deutschen und U.S.-amerikanischen Rechts. 2006.

Band 20 Stephanie Reese: Der Funktionsauftrag des öffentlich-rechtlichen Rundfunks vor dem Hintergrund der Digitalisierung. Zur Konkretisierung des Funktionsauftrages in § 11 Rundfunkstaatsvertrag. 2006.

Band 21 Henrike Maaß: Der Dokumentarfilm – Bürgerlichrechtliche und urheberrechtliche Grundlagen der Produktion. 2006.

Band 22 Dorit Bosch: Die „Regulierte Selbstregulierung“ im Jugendmedienschutz-Staatsvertrag. Eine Bewertung des neuen Aufsichtsmodells anhand verfassungs- und europarechtlicher Vorgaben. 2007.

Band 23 Johannes Gerhard Reitzel: Arbeitsrechtliche Aspekte der Arbeitnehmerähnlichen im Rundfunk. 2007.

Band 24 Ulf Böge / Jürgen Doetz / Dieter Dörr / Rolf Schwartmann: Wieviel Macht verträgt die Vielfalt? Möglichkeiten und Grenzen von Medienfusionen. 2007.

Band 25 Valérie Schüller: Die Auftragsdefinition für den öffentlich-rechtlichen Rundfunk nach dem 7. und 8. Rundfunkänderungsstaatsvertrag. 2007.

Band 26 Simone Naumann: Die arbeitnehmerähnliche Person in Fernsehunternehmen. 2007.

Band 27 Nathalie Hellmuth: ARTE – Europa auf Sendung. Verfassungsrechtliche Rahmenbedingungen für die Beteiligung von ARD und ZDF an supranationalen Gemeinschaftssendern am Beispiel des Europäischen Kulturkanals ARTE. 2007.

Band 28 Dieter Dörr / Stephanie Schiedermair: Ein kohärentes Konzentrationsrecht für die Medienlandschaft in Deutschland. 2007.

Band 29 Dieter Dörr / Simone Sanftenberg / Rolf Schwartmann (Hrsg.): Medienherausforderungen der Zukunft. Seminar zum nationalen und internationalen Medienrecht. Vom 06.–10. Dezember 2006 in Lech am Arlberg (Österreich). 2008.

Band 30 Nina Nicole Hütt: Zur Frage der Existenz von Hörfunkrechten des Sportveranstalters unter besonderer Berücksichtigung der Fußball-Bundesliga. 2008.

Band 31 Hans-Martin Schmidt: Rundfunkgebührenfinanzierung unter dem GATS. 2008.

Band 32 Julia Niebler: Die Stärkung der Regionalfensterprogramme im Privaten Rundfunk als Mittel zur Sicherung der Meinungsvielfalt durch den Achten Rundfunkänderungsstaatsvertrag. 2009.

Band 33 Jörg Michael Voß: Pluraler Rundfunk in Europa – ein duales System für Europa? Rahmenbedingungen für den öffentlich-rechtlichen Rundfunk in einer europäischen dualen Rundfunkordnung. Unter Berücksichtigung der Anforderungen der europäischen Meinungs- und Medienfreiheit. 2008.

Band 34 Nina Knorre: Die Abwicklung des Arbeitsverhältnisses nach erfolgreicher Statusklage im Rundfunk. 2008.

Band 35 Kai Friedrich Zentara: Medienordnung und Öffentlicher Diskurs. Die Pflicht des Staates zur Gewährleistung der Funktionstüchtigkeit des Öffentlichen Diskurses. 2009.

Band 36 Daniel Rudolph: Erhalt von Vielfalt im Pressewesen. Unter besonderer Berücksichtigung des publizistischen Wettbewerbs. 2009.

Band 37 Felix Heimann: Der Pressekodex im Spannungsfeld zwischen Medienrecht und Medienethik. 2009.

Band 38 Christine Scheunert: Europäischer Jugendschutz für das Fernsehen.Bestimmungen eines kohärenten Harmonisierungsgrades unter Berücksichtigung der Jugendschutzsysteme in Großbritannien, den Niederlanden, Deutschland und Polen. 2009.

Band 39 Kristoff M. Ritlewski: Pluralismus als Strukturprinzip im Rundfunk. Anforderungen aus dem Funktionsauftrag und Regelungen zur Sicherung in Deutschland und Polen. 2009.

Band 40 Carola Drechsler: Europäische Förderung audiovisueller Medien zwischen Welthandel und Anspruch auf kulturelle Vielfalt. Unter besonderer Berücksichtigung der Kulturkompetenz der Europäischen Gemeinschaft. 2009.

Band 41 Marco Rau: Der internationale Schutz von Domainnamen und Markenrechten im Internet. Analyse unter Berücksichtigung deutschen Rechts. 2010.

Band 42 Caroline Hahn: Die Aufsicht des öffentlich-rechtlichen Rundfunks. Bestandsaufnahme und Zukunftsperspektiven. 2010.

Band 43 Harald Bretschneider: Bewertung crossmedialer Verflechtungen im Medienkonzentrationsrecht. Eine rechtsvergleichende Untersuchung unter besonderer Berücksichtigung Deutschlands, Großbritanniens sowie der Entwicklung in der EU. 2010.

Band 44 Rolf Schwartmann: Die Beteiligung von Presseunternehmen am Rundfunk. Rechtsgutachten zur Novellierung des § 33 Abs. 3 LMG NRW. 2010.

Band 45 Christopher Wolf: Der Kulturauftrag des öffentlich-rechtlichen Rundfunks in der Rechtsprechung des Bundesverfassungsgerichts. 2010.

Band 46 Dieter Dörr (Hrsg.): Die Medienordnung der Zukunft. Zum 10jährigen Bestehen des Mainzer Medieninstituts. 2011.

Band 47 Laura Johanna Reinlein: Medienfreiheit und Medienvielfalt. Kontrolle crossmedialer Konzentration in Zeiten der Konvergenz. 2011.

Band 48 Eva Ellen Wagner: Abkehr von der geräteabhängigen Rundfunkgebühr. Die Neuordnung der Rundfunkfinanzierung. 2011.

Band 49 Dieter Dörr (Hrsg.): Die Macht der Medien. Medienrechtliches Kolloquium zum 75. Geburtstag von Hartmut Schiedermair. 2011.

Band 50 Christine Seehaus: Das Pornographieverbot im Rundfunk und in den elektronischen Medien. 2011.

Band 51 Eva Aernecke: Der Schutz elektronischer Daten im Verfassungsrecht. Bedrohungen durch neue Ermittlungsmethoden. 2012.

Band 52 Armin Kühne: Haftung von Suchmaschinenbetreibern. 2012.

Band 53 Christian Gehweiler: Immaterialgüterrechtliche Vorbenutzungsrechte. 2012.

Band 54 Philipp Karl Julius Mohr: Legitimationsdefizite bei der Bestimmung der Höhe der Rundfunkgebühr. Eine verfassungsrechtliche Untersuchung zu dem Spannungsverhältnis zwischen Rundfunkfreiheit und Demokratieprinzip. 2012.